D1664615

Identität

DANKE

Danke meinen Mitarbeitern, die mit mir die Forschung und die Beratung zu Marken vorangetrieben und mich dabei tatkräftig unterstützt sowie inspiriert haben.

Danke meinem verstorbenen akademischen Lehrvater Werner Kroeber-Riel, der mich immer gefördert hat, von dem ich viel lernen durfte und der mir Vorbild war.

Danke den Managern und Eigentümern der Unternehmen und Marken, die uns ihr Vertrauen geschenkt haben und mit denen wir die Marken und Unternehmen weiterentwickeln durften.

Danke allen Wegbegleitern aus Universitäten, Verbänden und Medien für den stets anregenden, inspirierenden und kritischen Diskurs zur Marke.

Danke meiner Familie, die mich rückhaltlos unterstützt, mir kritisch den Spiegel vorhält, emotionalen Halt gibt und zeigt, dass es ein Leben neben der Marke gibt.

Prof. Dr. Franz-Rudolf Esch steht seit über 25 Jahren im Dienste der Marke. Laut der Zeitschrift *Absatzwirtschaft* ist Professor Esch der bekannteste lehrende Marketingforscher in Deutschland. Er steht wie kein anderer für Marke und Kommunikation. Franz-Rudolf Esch ist Direktor des Instituts für Marken- und Kommunikationsforschung (IMK) an der EBS Universität für Wirtschaft und Recht in Oestrich-Winkel/Wiesbaden und führt das Beratungsunternehmen ESCH. The Brand Consultants, Saarlouis und Köln.

Franz-Rudolf Esch

Identität

Das Rückgrat starker Marken

Campus Verlag
Frankfurt/New York

ISBN 978-3-593-50576-3 Print
ISBN 978-3-593-43442-1 E-Book (PDF)
ISBN 978-3-593-43462-9-Book (EPUB)

Das Werk einschließlich aller seiner Teile ist urheberrechtlich geschützt.
Jede Verwertung ist ohne Zustimmung des Verlags unzulässig. Das gilt
insbesondere für Vervielfältigungen, Übersetzungen, Mikroverfilmungen
und die Einspeicherung und Verarbeitung in elektronischen Systemen.
Copyright © 2016 Campus Verlag GmbH, Frankfurt am Main.
Umschlaggestaltung: total italic, Thierry Wijnberg, Amsterdam/Berlin
Satz: Fotosatz L. Huhn, Linsengericht
Gesetzt aus: Neue Helvetica und Sabon
Druck und Bindung: Beltz Bad Langensalza
Printed in Germany

www.campus.de

Inhalt

Für Rezepte empfehle ich Kochbücher

Dieses Buch ist mir ein Anliegen, denn ich schildere darin meine persönliche Sicht auf den Aufbau und die Stärkung erfolgreicher Marken. Sie beruht auf 25 Jahren Forschung und Beratung in Sachen Marke. In dieser Zeit habe ich mehr als 400 Markenprojekte für die unterschiedlichsten Unternehmen begleitet: von B2C über Dienstleistungen bis hin zum B2B-Bereich, von DAX-Unternehmen über Familienbetriebe bis zu Hidden Champions, vom Hardcore-Business wie bei BASF, Schaeffler oder Würth über Dienstleistungsunternehmen wie R+V, Provinzial, TargoBank oder Konsumgüterunternehmen wie Ferrero, Bitburger und Nestlé bis hin zur Inspiration bei Swarovski oder Walt Disney. Ich hatte die Freude, mit mehr als 140 Marken zusammenarbeiten zu dürfen, und habe viel aus diesen Projekten für mich persönlich mitgenommen.

Sie müssen nicht alle in diesem Buch vertretenen Ansichten teilen, wenngleich mich dies freuen würde. Aber Sie können sie in Bezug zu stellen zu dem, was Sie tun.

Wenn Sie ein Rezeptbuch erwarten, muss ich Sie enttäuschen. *Die Welt ist nicht schwarz oder weiß, sie ist bunt.* Deshalb sind mir die heilbringenden Promotoren suspekt, die einseitig neue Erfolgsansätze propagieren, weil diese für die (Eigen-)Vermarktung nützlich sind. Themen gibt es hier zuhauf: von neuronaler Markenführung über Markenliebe, alles erklärende Key-Performance-Indikatoren wie den Net Promoter Score (also die Weiterempfehlungsbereitschaft) bis hin zur Digitalisierung der Welt.

Schon der große Managementvordenker Peter F. Drucker fand, dass Führungskräfte sich zu oft mit Managementtrends und -moden, aber zu wenig mit grundlegenden und wichtigen Fragen auseinandersetzen. Er hatte Recht: Moden zu folgen macht Spaß, ist inspirierend, schafft Gesprächsstoff unter Gleichgesinnten und verpflichtet zu nichts.

Das ist übrigens nicht nur bei Managern so. In mir schlagen zwei Herzen: das des Wissenschaftlers und das des Praktikers. Und mir geht es genauso. Natürlich lassen sich auch Wissenschaftler leicht verführen: durch neue Ansätze, Methoden und Modelle. Oft ist der Fortschritt im Sinne des Erkenntnisgewinns dahinter jedoch marginal.

Bei der neuronalen Forschung ist beispielsweise längst Ernüchterung eingetreten, weil die hochgesteckten Erwartungen (noch) bei Weitem nicht erfüllt werden. Mit Rationalität hat dies oft wenig zu tun. Aber das ist nur menschlich: Über 90 Prozent der Professoren glauben beispielsweise, dass sie besser sind als der Durchschnitt aller Kollegen.[1] Wie ist das möglich? Und wie kommt es, dass ich mich selbstverständlich auch dazuzähle?

Warum diese »Erfolgsansätze« vielleicht Denkanstöße geben mögen, aber oft nicht übertragbar sind, ist leicht erklärt: Keine zwei Marken sind gleich. Keine zwei Märkte sind gleich, geschweige denn die Kundengruppen, die Wettbewerbssituation, die Dynamik im Markt mit technischen und sonstigen Entwicklungen, die Manager und Mitarbeiter im Unternehmen und deren Glaubensbekenntnisse, die anderen Anspruchsgruppen und so weiter.

Lassen sich dann Rezepte einfach übertragen, sind sie überhaupt gültig für jeden Bereich? Oder wäre es für sie nicht sinnvoller, sich mit grundlegenden strategischen Fragen zur eigenen Marke auseinanderzusetzen und zu versuchen, allgemeingültige Erkenntnisse mit Blick auf die eigene Situation zu übertragen, sofern diese relevant sind?

In manchen Büchern betonen Autoren, dass Markenliebe als stärkster Ausdruck der Verbindung von Mensch und Marke erstrebenswert sei. Es folgen dann immer die gleichen Beispiele für diese tiefe Form der emotionalen Bindung, an vorderster Front Apple. Lässt sich diese Forderung auch wirklich auf andere Bereiche und Marken übertragen?

Wenn Sie bei Kopfschmerzen auf eine bewährte Marke wie Aspirin zurückgreifen, lieben Sie dann diese Marke? Ist das überhaupt möglich oder handelt es sich um eine Zweckbeziehung? Möglicherweise brauchen Sie die Marke, sind sogar abhängig von der Wirkung, aber ist das »echte« Liebe, wie sie Fans von Borussia Dortmund für ihren Verein empfinden? Wohl kaum. Und verhält es sich anders, wenn Sie im B2B-Business C-Teile von Würth geliefert bekommen oder BASF Ihnen verlässlich Chemikalien auf den Hof bringt? Ganz offensichtlich stehen dahinter andere Mechanismen, die Sie kennen und verstehen müssen, um die richtigen Maßnahmen zu ergreifen.

Es ist auch bekannt und belegt, dass sich eine emotionale Markenbindung auszahlt. Dahinter stehen aber oft andere Treiber: Am Institut für Marken- und Kommunikationsforschung habe ich mit meinen Mitarbeitern die unterschiedlichen Facetten der Markenbindung untersucht. Apple hat eine hohe Markenbindung, weil Kunden diese Marke lieben und ihre Fans sind, Nivea hat hingegen eine hohe Markenbindung, die durch Sozialisation erworben wurde. Die Nutzer fühlen sich der Marke verbunden, weil schon die Eltern Nivea nutzten und sie die Marke dadurch kennen- und schätzen gelernt haben. Es ist nur logisch, dass dies gerade für die Eroberung ausländischer Märkte andere Konsequenzen für Nivea hat als für Apple.

Erfolgreiche Markenführung hat viel mit grundlegenden Fragestellungen und mit Liebe zum Detail zu tun. Wie Peter F. Drucker glaube auch ich: Die einfachsten Fragen sind die besten.

Auf den folgenden Seiten finden Sie diese einfachen Fragen, die Sie als Bausteine für eine erfolgreiche Markenführung verwenden können. Dabei schält sich für mich ein Kern der Marke heraus, der auf dem Fundament der Identität beruht. Anders als in anderen Ansätzen, etwa zur Positionierung, bei denen der Fokus auf dem Kunden liegt und eine Marke primär relevant und eigenständig im Kopf der Kunden platziert werden soll, ist der Identitätsansatz zunächst innenorientiert. Insofern verhält es sich genauso wie bei bekannten Persönlichkeiten, die wissen, was sie antreibt, die über eine klare Identität und Werte verfügen, eine Zukunftsvision entwickeln und diese in die Tat umsetzen und dabei viele Mitstreiter und Protagonisten finden.

Menschen wie Marken sind einem ständigen Anpassungsprozess unterworfen. Nichts ist so beständig wie der Wandel. Das wird auch immer so bleiben. Dennoch bin ich der festen Überzeugung, dass es zeitlose Prinzipien der Markenführung gibt. Von der Erfindung der Elektrizität über das Telefon, das Automobil, das Radio und das Fernsehen, die Digitalisierung bis zum Internet der Dinge: Wichtige Markenprinzipien überdauern trotz des ständigen Wandels.

Auch Menschen müssen sich den rasanten Entwicklungen anpassen. Das ist natürlich möglich – bis zu einem gewissen Punkt. Aber verändern wir dadurch auch unsere Identität oder das, woran wir glauben? Es ist bekannt und belegt, dass sich unsere Verhaltensprogramme bei Weitem nicht so schnell anpassen können, wie es erforderlich wäre. Zum Teil reagieren wir auf die moderne Umwelt noch mit Programmen aus der Steinzeit. Das Verhalten von Autofahrern auf der Autobahn, die sich teilweise aufführen wie wild gewordene Gorillas, wenn sie bei Überholvorgängen gestört werden, ist nur ein Beispiel von vielen. Mit unserer Rationalität ist es nicht so weit her. Deshalb sagte der Hirnforscher Antonio Damásio auch treffend: »Ich fühle, also bin ich.«[2] Zuerst kommen die Gefühle, danach die Ratio. Somit wird unser Verhalten auch immer durch Emotionen beeinflusst – mal mehr, mal weniger.

Je komplexer die Umwelt, umso mehr suchen Menschen nach Orientierung und nach Vereinfachung.

Menschen sind Sinnsucher. Marken stiften Orientierung und geben Sinn. Dadurch vereinfachen sie unser Leben.

Teil I:

Von großen Persönlichkeiten und starken Marken

Kapitel 1

Von Mahatma Gandhi und Mutter Teresa lernen

Schon Hans Domizlaff, der Begründer der Markentechnik, war der Meinung, dass Marken ein Gesicht wie ein Mensch haben.[3] Vielleicht geht es Ihnen dabei so wie mir, dass es nicht immer die schönen und jungen Gesichter sind, die Sie am meisten anziehen. Auf mich wirken häufig Gesichter reizvoller, in denen ich den Lauf der Zeit, die Erfahrung und das Erlebte erahnen kann.

Marken lassen sich durch ähnliche Persönlichkeitsmerkmale beschreiben wie Menschen und weisen auch Beziehungsmerkmale auf. Die Markenpersönlichkeit von Apple ist eher jung, lässig, cool und verknüpft mit relaxten Menschen in Jeans und Freizeitoutfit. Kunden pflegen mit der Marke eine freundschaftliche Beziehung, manche sprechen gar von einer Liebesbeziehung. Die Markenpersönlichkeit von IBM ist eher formell geprägt, IBM wirkt älter und seriös. Wahrscheinlich haben Sie einen Mann im dunklen Anzug vor Augen.

Doch wie bei jeder Analogie hinkt auch dieser Vergleich. Die sogenannten Big Five sind die in der Psychologie anerkannten Dimensionen zur Beschreibung der Persönlichkeit von Menschen:

- Neurotizismus,
- Introversion/Extraversion,
- Offenheit für Erfahrungen,
- Gewissenhaftigkeit und
- Verträglichkeit.

Sie stimmen allerdings nur graduell mit den Persönlichkeitsdimensionen von Marken überein.[4] Und während die Big Five der menschlichen Persönlichkeit stabil sind, ist dies bei Marken nicht der Fall.

Sie können Menschen in Timbuktu, Stellenbosch, Rom oder New York danach beurteilen, ob sie eher extravertiert oder introvertiert, gewissenhaft oder neurotisch sind. So stabil Persönlichkeitsdimensionen bei Menschen sind, so stark schwanken sie von Marke zu Marke und von Branche zu Branche und dienen somit maximal zur Beschreibung, hingegen kaum zur

Klassifikation von Marken.[5] Walt Disney wäre dann eher extravertiert und offen für Erfahrungen, die R+V-Versicherung eher gewissenhaft und verträglich im Sinne von kooperativ, freundlich oder mitfühlend.

Wenngleich sich die Erkenntnisse zur menschlichen Persönlichkeit nicht eins zu eins auf Marken übertragen lassen, entfaltet die Analogie eine magische Wirkung, weil gewisse Phänomene, Kennzeichen und Mechaniken sowohl bei Menschen als auch bei Marken beobachtbar sind. Es sind Erfolgsmuster, die Menschen einzigartig und wertvoll machen. Um kein Missverständnis aufkommen zu lassen: Jeder Mensch ist wertvoll, aber wie bei Marken kann der Wirkungskreis dieser Persönlichkeiten stark schwanken. Und dafür gibt es Gründe.

Manche Menschen haben eine große Gefolgschaft, andere nicht. Mahatma Gandhi hat Massen bewegt, Mutter Teresa hat Massen berührt und war für viele Vorbild, Martin Luther King hat Massen gefesselt und die Stimme gegen Unterdrückung erhoben. Seine Rede »I have a dream« gilt als die beste Rede des vergangenen Jahrtausends. Sie fesselt, berührt, bewegt und sie schildert ein begehrliches Zukunftsbild für farbige Menschen in den USA. Wenn wir unseren eigenen Wirkungskreis spiegeln, so mag dieser vielleicht größer sein als bei anderen Menschen in unserem persönlichen Umfeld, allerdings relativiert sich das Bild sehr schnell im Vergleich zu herausragenden Persönlichkeiten, die in Geschichtsbüchern verewigt wurden.

Apple und Google bewegen Menschen ähnlich stark wie Nelson Mandela oder Mahatma Gandhi, allerdings in anderen Bereichen. Das begründet ihren Wert als stärkste Marken der Welt. Doch welche konstituierenden Merkmale kennzeichnen große Persönlichkeiten?

Große Persönlichkeiten haben einen »reason for being«

Sie wissen, warum sie auf der Welt sind. Sie wissen, was sie antreibt. Ihr Leben folgt einem bestimmten Zweck. Das stiftet Sinn und gibt Orientierung. Mutter Teresa verspürte auf einer Fahrt durch Kalkutta beim Anblick eines Kruzifixes die Berufung, den Armen zu helfen. Sie brachte dies in folgendem Satz zum Ausdruck: »Die Armut wurde nicht von Gott geschaffen, die haben wir hervorgebracht, ich und du mit unserem Egoismus.«[6] Fortan widmete sie ihr ganzes Leben dem Kampf gegen Armut. Für ihr Wirken erhielt sie im Jahr 1979 den Friedensnobelpreis und wurde von der katholischen Kirche im Jahr 2003 seliggesprochen. Bei allen großen Persönlichkeiten können wir unschwer einen Zweck, eine Mission ausmachen, die sie antrieb: Carl Benz war beseelt davon, ein Automobil zu bauen und ihm zum Durchbruch zu verhelfen, Ingvar Kamprad wollte den Menschen ein besseres Leben ermöglichen.

Ich habe das Privileg, viel mit jungen Menschen zusammenzuarbeiten, die intelligent, ehrgeizig und voller Ideen sind. Die Frage nach ihrer Mission macht diese jungen Menschen aber oft sprachlos. Die meisten haben keine Antwort darauf. Ich hätte sie früher auch nicht gehabt. Dabei stellen schon Kleinkinder, sobald sie sprechen können, ihren Eltern oft die Sinnfrage: Warum gibt es mich? Als ich zum ersten Mal die Frage hörte, war ich als Vater überrascht und sprachlos. Die Zeugungsgeschichte ist hier definitiv die falsche Antwort. Menschen sind Sinnsucher. Sie brauchen einen »reason for being«: Was ist der Grund für meine Existenz? Das schafft Orientierung, Antrieb und tiefe Zufriedenheit.

Große Persönlichkeiten stehen für klare Werte

Diese Werte dienen ihnen als Richtschnur für ihr Verhalten. Es sind Grundsätze, an denen sie sich orientieren und für die sie einstehen. Für Mahatma Gandhi waren drei Grundsätze essenziell, an denen er sich sein Leben lang orientierte: Wahrheit, Gewaltlosigkeit und Selbstbestimmung.

Die Geschichten, die sich um diese Werte ranken, und die Konsequenz, mit der Gandhi diese Werte lebte, sind legendär. Gandhi handelte nach dem Motto »Walk your Talk«.

Eine dieser Geschichten bringt dies – stellvertretend für viele andere – eindrucksvoll zum Ausdruck. Es geht um das Thema Wahrheit. Der Erzählung zufolge wurde Gandhi von einer Mutter aufgesucht, die bei ihm Hilfe und Rat suchte. Es ging um ihren Sohn, der massives Übergewicht hatte. Die Mutter war verzweifelt, sie fand keinen Zugang zu ihrem Jungen, um ihn auf den richtigen Weg zu bringen. Gandhi hörte zunächst die Geschichte der Mutter und bat dann den Sohn, zu schildern, wie er seinen Tag verbrachte und was er gerne aß und trank. Der Sohn hatte wohl ein großes Faible für Süßes. Dies war ein wesentlicher Grund für seine Fettleibigkeit.

Nachdem Gandhi über die Details durch die Erzählungen von Mutter und Sohn im Bilde war, erhoffte sich die Mutter einen Rat – vergeblich. Stattdessen wurde sie vertröstet. Gandhi bat sie, ihn in vier Wochen nochmals mit ihrem Sohn zu besuchen. Zum vereinbarten Termin erschien die Frau mit ihrem Sohn wieder bei Gandhi. Nachdem die beiden Platz genommen hatten, schaute Gandhi den Jungen an und sagte eindringlich und voller Überzeugung: »Iss nichts Süßes mehr.« Mehr nicht. Die Mutter war verblüfft. Sie fragte Gandhi, warum er diesen Appell nicht schon vor vier Wochen an ihren Sohn gerichtet hatte. Die Antwort war ebenso einfach wie verblüffend. Sie lautete: »Weil ich vor vier Wochen selbst noch Süßes gegessen habe.«[7]

Walk your Talk – folgen Sie den Grundsätzen, für die Sie einstehen.

Gandhi leistete in Indien gewaltlosen Widerstand gegen die Kolonialherrschaft und hatte damit Erfolg. Er führte ein selbstbestimmtes Leben. Wer kann das heute schon von sich behaupten? Und welches sind die Werte und Grundsätze, für die Sie selbst als Mensch einstehen? Sind sie Ihnen bewusst und folgen Sie diesen Werten konsequent? Oder machen Sie hier und da faule Kompromisse, weil es vielleicht einfacher und bequemer für Sie ist?

Und wie steht es dann erst mit Ihrer Marke? Wenn Sie manchmal mit den eigenen Grundsätzen brechen, ist der Schritt, dies auch bei der Marke zu tun, ein kleiner.

Große Persönlichkeiten verfügen über eine klare Identität

Ohne Frage lassen sich Persönlichkeiten anhand charakteristischer Merkmale beschreiben: wie sie handeln, was sie tun, wie sie auftreten, wie die Persönlichkeit empfunden wird. Bei manchen Menschen haben Sie sogar ein klares Bild vor Augen. Machen Sie den Selbsttest: Womit verknüpfen Sie Charlie Chaplin, Winston Churchill oder Adolf Hitler? Es ist kein Zufall, dass auf dem weißen Cover des Bestsellers *Er ist wieder da* von Timur Vermes einzig und allein der charakteristische schwarze, seitlich gescheitelte Haarschopf zu sehen ist, während der Buchtitel die Form und Position eines schwarzen Schnurrbarts hat. Jeder weiß, wer gemeint ist.

Es gibt eine spannende Analogie aus der Psychologie. Danach lassen sich Menschen mit einem Eisberg vergleichen: Ein kleiner Teil der menschlichen Persönlichkeit wird über der Wasseroberfläche sichtbar, ein großer Teil schlummert hingegen unsichtbar unter der Wasseroberfläche. Für andere erkennbar sind unser Auftreten in der Öffentlichkeit, die Kleidung, die Verhaltensweisen und die Gestik, das, was wir äußern und wozu wir Stellung beziehen. Bei Marken wäre dies das Erscheinungsbild der Marke und wofür diese erkennbar steht.

Der größere Teil, der unter der Wasseroberfläche schlummert, ist für andere hingegen kaum wahrnehmbar. Er umfasst die tiefen Gefühle, unsere Ängste und Sorgen, die wir oft nicht nach außen tragen, ein Bild von uns, das wir vor anderen verschließen. Es mag in Extremsituationen spürbar sein, sonst aber nicht.

Große Persönlichkeiten haben einen klaren Fokus. Sie machen nicht alles, aber das, was sie machen, machen sie richtig gut.

Wolf Schneider beschreibt dies in seinem Buch *Die Sieger* sehr anschaulich. Er analysiert darin die Erfolgsmuster großer Persönlichkeiten aus den unterschiedlichsten Bereichen (Kunst, Wissenschaft, Wirtschaft, Politik). Schneider kommt zu dem Schluss, dass jede dieser Persönlichkeiten eine ganze Reihe von ausgeprägten Fähigkeiten hatte. Allen war allerdings gemein, dass sie im Laufe ihres Lebens die Entscheidung getroffen haben, sich auf eine einzige Gabe zu fokussieren: Mozart auf das Komponieren von Musik, Einstein auf Physik, Picasso auf das Malen und so weiter.[8]

Heute werden diese Persönlichkeiten genau damit verbunden und mit nichts anderem. Mancher Künstler hat seinen eigenen Stil geprägt und lässt sich daran erkennen, wie Gerhard Richter, der die Hitliste der höchstdotierten Maler weltweit anführt. Und wenn in einem Gemälde Menschen und Tiere auf dem Kopf stehen, muss es sich um ein Werk des Künstlers Georg Baselitz handeln.

Große Persönlichkeiten haben eine klare Vision

Sie haben ein großes Ziel vor Augen, das sie erreichen wollen. Altbundeskanzler Helmut Schmidt meinte einmal: »Wer Visionen hat, sollte zum Arzt gehen.« Er irrte. Ich glaube, dass er Visionen mit Träumen verwechselte. Wie heißt es so schön: Träume sind Schäume. Jeder von uns hat viele Träume und Wünsche, die meisten davon werden allerdings nie realisiert, weil wir uns nicht dafür anstrengen und einsetzen. Genau das macht allerdings den Unterschied zwischen Träumen und Visionen aus. Insofern müsste die Rede von Martin Luther King auch eher lauten: »I have a vision«, aber offen gestanden klingt »I have a dream« verkaufswirksamer.

Visionen sind langfristig gesteckte Ziele, die für erreichbar gehalten werden. Es geht also nicht um Einjahres-, Zweijahres- oder Fünfjahresziele, sondern um einen Zeitraum von 10 bis 30 Jahren.

Nelson Mandela hatte die Vision eines geeinten, demokratischen Südafrika, frei von Rassismus. Mandela verbrachte 27 Jahre als politischer Gefangener in Haft. 1964 wurde er nach Robben Island gebracht. Die karge Insel wurde seit dem 16. Jahrhundert als Sträflingskolonie benutzt; sie war berüchtigt und es kursierten grausame Geschichten. Der Wind pfiff oft eiskalt über die Felsen. Niemandem war jemals die Flucht gelungen. Die wenigen, die es versucht hatten, waren in der starken Strömung rund um die Insel jämmerlich ertrunken.

Das Leben auf Robben Island war hart und monoton. Unter der Woche mussten die Gefangenen Schwerstarbeit im Steinbruch leisten. Zu essen gab es Maisbrei. Mandela und die anderen ANC-Führer wurden als hochrangige politische Gefangene fernab der anderen Häftlinge auf der Isolierstation untergebracht. Den Staatsfeinden sollte in ihrer Isolation endgültig das Rückgrat gebrochen werden – allen voran Mandela, der schillerndsten Figur des ANC.

Mandela resignierte nicht, im Gegenteil: Er setzte sich für die Rechte der Häftlinge ein – beharrlich und bestimmt. Er erkannte, dass die Wärter der Schlüssel zum Erfolg waren, behandelte sie immer höflich und hatte stets ein freundliches Wort für sie übrig. Dadurch verschaffte er sich Respekt und wurde gehört. Über die Jahre konnte er so etliche Verbesserungen durchsetzen, zum Beispiel besseres Essen und bessere Kleidung sowie das Recht auf Bildung.[9] Mandela lehnte eine vorzeitige Begnadigung ab, weil er dann mit seinen Grundsätzen und Überzeugungen hätte brechen müssen.

Andere wären an einer so langen Haft zerbrochen. Als Mandela 1990 aus dem Gefängnis entlassen wurde, leitete er in einer Rede vor 120 000 Zuhörern in einem Stadion in Soweto öffentlich seine Politik der Versöhnung ein. Er forderte alle Menschen zur Mitarbeit an einem nicht rassistischen, geeinten und demokratischen Südafrika auf. Der Rest ist Geschichte.

Visionen haben nichts mit geistigen Verirrungen zu tun, die einer medizinischen Behandlung bedürfen. Visionen, also große Ziele, sind notwendig – für Menschen wie für Marken. Sie helfen Menschen, auch dann dranzubleiben, wenn ihnen der Wind heftig ins Gesicht weht. Wie sagte Bertha Benz in ihren Memoiren: »Mein Traum ist länger als die Nacht.«[10]

Große Visionen spornen zur Höchstleistung an.

Als Reinhold Messner sich zum Ziel nahm, das erste Mal ohne Sauerstoffmaske den Mount Everest zu besteigen, war dies zwar ein großes Ziel, aber er war kein Hasardeur. Vielmehr hatte er Respekt vor dem Berg. Er kannte die Mühen und Schmerzen, die er auf sich nehmen musste, um Erfolg zu haben. Deshalb ließ er sich mit einem Helikopter zur Spitze des Mount Everest fliegen und öffnete dort die Tür, um zu prüfen, ob das Atmen in dieser Höhe ohne Sauerstoffmaske möglich ist. Messner hatte seine Ziele immer klar vor Augen und tat alles, um sie auch zu realisieren. War eine Vision realisiert, entwickelte er die nächste. Nach der Besteigung aller Achttausender waren dies die Durchquerung der Wüste Gobi oder der Antarktis. Ist eine Vision erreicht, muss die nächste her.[11]

Bei Marken ist es im Kern nicht anders. Unternehmensmarken brauchen einen Zweck, an dem sie sich orientieren können. Zudem ist es auch hier wichtig, dass sich die Mitarbeiter an Werten und Grundsätzen orientieren können. Das gibt Halt. Eine Vision spornt hingegen an und bündelt die Kräfte auf ein gemeinsames Ziel.

Kapitel 2

Warum manche Marken glänzen und andere nicht

Dies haben Marken und Menschen gemeinsam: Manche stehen im Rampenlicht, andere nicht. Um einem Missverständnis vorzubeugen: Rampenlicht ist nicht gleichbedeutend mit Glamour oder »Sexiness«. Letzteres ist oft eine Forderung, die von Werbeagenturen an Marken gestellt wird. Vielmehr stehen Menschen im Rampenlicht, weil andere sie kennen und wissen, wofür sie stehen, und weil sie im Denken, Fühlen und Handeln authentisch sind. Ähnliches gilt für Marken. Stehen sie im Rampenlicht, so gilt das Motto: »The winner takes it all.«

Marken schaffen Wert

Apple ist eine solche Marke – laut Interbrand mit rund 119 Milliarden US-Dollar die wertvollste der Welt.[12] Kunden lieben diese Marke, sie haben eine starke Bindung zu ihr. Kommen neue Produkte auf den Markt, bilden sich Schlangen vor den Geschäftslokalen. Die iWatch war schon lange vor ihrer Markteinführung durch Vorbestellungen ausverkauft.

Auch Google ist eine solche Marke. Vor 15 Jahren war uns Google noch völlig unbekannt, heute können wir uns ein Leben ohne kaum noch vorstellen. Es vergeht kein Tag, an dem ich diese Suchmaschine nicht nutze, um mich zu informieren oder inspirieren zu lassen. Folgerichtig ist Google mit 107 Milliarden US-Dollar die zweitstärkste Marke der Welt.

Marken sind kein Selbstzweck: Sie schaffen Wert für Kunden und Unternehmen.

Laut PWC können 50 Prozent des Unternehmenswertes auf den Wert der Marke zurückgeführt werden.[13] Nicht zuletzt deshalb lautete das Ergebnis einer Podiumsdiskussion mit Top-Managern auf dem Weltwirtschaftsforum in Davos zu Erfolgsfaktoren des 21. Jahrhunderts: »Menschen und Marken statt Maschinen.«[14] Dahinter steht die Einsicht, dass Tangibles wie Produkte oder Fabriken an Bedeutung verlieren, Intangibles hingegen an Bedeutung gewinnen. Dow kann ähnlich gute und effiziente Fabriken bauen wie die BASF; Audi und BMW produzieren vergleichbare Autos; die Joghurts von Landliebe und von Weihenstephan haben eine hohe Qualität; eine Lebensversicherung von der Provinzial ist so gut wie die der Allianz.

Nun könnten Sie zu dem Schluss kommen, dass Kunden dann im Zweifelsfall die günstigste Marke wählen. Ohne Frage kann dies der Fall sein: Der Aufstieg der Handelsmarken, die vergleichbare Produktqualitäten günstiger anbieten als Herstellermarken, ist beredtes Zeugnis dafür. Allerdings gilt dies vor allem dann, wenn Marken wenig profiliert sind. Interessanterweise zeigten beispielsweise die Marktforschungsergebnisse bei der BASF in den wesentlichen Kernländern, dass selbst bei Commodities die Kunden bereit waren, einen kleinen Preisaufschlag für Produkte der BASF zu zahlen, weil sie wussten, dass dieses Unternehmen ein verlässlicher Partner ist, der liefert, wenn die Ware zugesagt wurde.

Marken dienen der Orientierung und geben Halt

Kunden kaufen allerdings keine Produkte – sie kaufen Marken, eben weil diese Marken in ihren Augen den Unterschied ausmachen und für klare Versprechen stehen. Marken dienen im Meer der Angebote als Orientierung und geben Halt, weil Kunden wissen, wofür sie stehen.[15]

Natürlich sind auch die Mitarbeiter wertvoll für das Unternehmen: mit ihrem Wissen, ihrem Engagement, ihren Ideen und ihrem Commitment. Es ist ein sich selbst verstärkender Prozess, da sich gerade High Potentials oft bei den besten Marken bewerben. Acht der zehn beliebtesten Marken bei Absolventen der Wirtschaftswissenschaften gehören zu den 100 stärksten Marken der Welt, bei Ingenieuren sind es immerhin noch sechs.[16] Und die restlichen Unternehmen in der Top-Ten-Liste sind auch nicht von Pappe. Unternehmen wie Bosch werden allerdings nicht in dem Ranking geführt.

Dennoch ist nicht jede Marke wertvoll, manche sind gar überflüssig. Laut Havas würden es Europäer bei 93 Prozent aller Marken nicht bedauern, wenn es sie morgen nicht mehr gäbe.[17] Stellen Sie sich bildhaft gesprochen ein Regal mit 100 Marken vor, aus dem Sie 93 entfernen könnten. Das sind alarmierende Ergebnisse.

Was macht Marken stark?

Es stellt sich somit die Frage, was Marken stark macht, warum manche Marken glänzen und andere verzichtbar sind. Ist Ihre eigene Marke verzichtbar oder hat sie einen festen Platz bei Ihren Kunden?

Marken sind Vorstellungsbilder in den Köpfen der Menschen.

Der Wert einer Marke liegt nicht im Unternehmen, er reflektiert sich vielmehr in den Köpfen der Kunden. Meiner Auffassung nach sind Marken Vorstellungsbilder in den Köpfen der Kunden und anderer Anspruchsgruppen, welche die Marke im Meer der Angebote erkennbar und unterscheidbar machen.[18] Mit Marken, die glänzen, meine ich Marken, die wir kennen, klar vor unserem inneren Auge abrufen können und von denen wir wissen, wofür sie stehen. Sofern es für uns relevant ist, würden wir diese Marke auch wählen. Wir alle kennen solche Marken, die wir gern kaufen, für die wir gern arbeiten würden oder in die wir investieren möchten.

Bei dem Unternehmen Dr. C. Soldan war Ricola, das Schweizer Kräuterbonbon, die Benchmark. Erklärtes Ziel für Em-eukal war, ein ähnlich starkes Vorstellungsbild zur Marke aufzubauen, wie es Ricola gelungen ist. Ich habe von der Marktforschung selten ein so klares Markenbild widergespiegelt bekommen wie in diesem Fall, wo die Schweizer Bergwelt, die gelbe Verpackung mit den Kräutern darauf und viele andere Details minutiös zusammenspielen.

Starke Marken sind bekannt und akzeptiert

Sie können sich das sehr schnell im Selbsttest vor Augen führen. Schreiben Sie Marken der folgenden Kategorien auf, die Ihnen bekannt sind, und notieren Sie, was Sie mit ihnen verbinden:

- Suchmaschinen
- Notebooks
- Handys
- Versicherungen
- Banken
- Höschenwindeln
- Automobile
- Frühstückscerealien

- Bier
- Deodorants

Ohne genau zu wissen, wie Ihre Antworten aussehen, stelle ich folgende Vermutungen an:

Bei Suchmaschinen und Höschenwindeln haben Sie vielleicht nur je eine Marke genannt, nämlich Google und Pampers. Es gibt Marken, die eine Kategorie prägen und für diese stehen. Sie blockieren dann den Zugang zu anderen Marken. Auch hier wird es immer Ausnahmen geben: Mütter kennen mehr Marken als Pampers, Computerfreaks mehr Suchmaschinen als nur Google. Eine solche Position ist schön, kann jedoch zum Wachstumsbegrenzer für eine Marke werden. Doch dazu mehr in Kapitel 19.

Zweitens vermute ich, dass Sie im Durchschnitt maximal sechs Marken in jeder Kategorie genannt haben. Dabei war immer die Marke dabei, die Sie auch selbst nutzen oder besitzen. Das wäre schon nicht wenig. Aus der Forschung ist bekannt, dass im Durchschnitt drei bis sechs Marken aktiv genannt werden. Vergleichen Sie dies mit der Zahl aller Marken in der jeweiligen Kategorie, ist das Ergebnis allerdings mehr als spärlich.

Die Bekanntheit einer Marke ist somit notwendig für den Markenerfolg, aber meist nicht hinreichend: Kunden kennen zwar viele Marken, würden aber nicht jede davon wählen.

Meine dritte Vermutung geht in die Richtung einer Spreizung der Zahl der Nennungen je nach Interesse an der Kategorie. Bei Interesse an Automobilen werden Sie dort mehr Marken nennen als bei einer Kategorie, die Sie nicht interessiert. Das Involvement entscheidet somit darüber, wie viel Sie wissen und wie gut Sie sich in einer Kategorie auskennen.

Wenn Sie sich bei der Aufgabe richtig ins Zeug gelegt haben, würde ich zudem viertens vermuten, dass Sie sich an die ersten Marken schnell erinnern und dann etwas intensiver nachdenken mussten, um weitere nennen zu können. Auch dieses Phänomen ist typisch. Meistens sind die Kaufwahrscheinlichkeit und die tatsächliche Kaufhäufigkeit für die erstgenannten Marken höher als für die später genannten Marken.

So oder ähnlich könnten Sie die Aufgabe gelöst haben:

- Suchmaschinen: Google
- Notebooks: Toshiba, Lenovo, Apple
- Handys: Apple, Samsung, HTC, Sony
- Versicherungen: Allianz, HUK, ERGO
- Banken: Deutsche Bank, ING Diba, Commerzbank, Postbank
- Höschenwindeln: Pampers
- Automobile: BMW, Audi, Mercedes-Benz, Porsche

- Frühstückscerealien: Kellogg's
- Bier: Beck's, Bitburger, Krombacher
- Deodorants: Nivea, Fa, Balea, Axe

Selbst wenn ich mehr als 80 Prozent Ihrer Antworten erraten hätte, kann ich dennoch Ihre Zukunft nicht vorhersagen. Es sind sogenannte »Best Guesses« auf Basis von Erfahrungswerten. Gerade bei Bier sind Vorhersagen schwierig, weil in Bayern wohl eher Marken wie Paulaner, Erdinger und so weiter genannt würden, im Osten eher Radeberger und Wernesgrüner.

Marken kennen und nennen zu können heißt noch lange nicht, sie auch in die Auswahl möglicher relevanter Alternativen aufzunehmen und damit klare Vorstellungen verbinden zu können. So ist es schon überraschend, dass die Zahl der Marken in unterschiedlichen Kategorien steigt und die Qual der Wahl somit größer wird, allerdings seit Beginn des 30 000er Panels der GfK Konsumenten im Durchschnitt genau drei Marken angeben, die für sie persönlich infrage kommen. Daran hat sich über die Jahre nichts geändert.[19]

Sofern Männer bei Deodorants Axe genannt haben, vermute ich, dass sie schon ein klares Bild von dem »Wirkversprechen« dieser Marke bezüglich der Anziehungskraft auf Frauen haben und entweder jung oder zumindest jung geblieben sind. Einen Rückschluss darauf, ob sie noch ledig sind oder eine gute Ehe führen, lässt dies zumindest nicht zu. Manchmal kann schließlich auch die Fantasie beflügeln.

Starke Marken verfügen über klare Images

Somit sind wir beim zweiten Punkt, der neben der Markenbekanntheit ausschlaggebend ist: dem Image der Marke. Es ist zu erwarten, dass Sie zu den meisten der von Ihnen genannten Marken über ein klares inneres Bild im Kopf verfügen. Bei Apple denken Sie vielleicht an schönes, klares und puristisches Design, an Ästhetik und einfache Bedienbarkeit. Es ist einfach cool und jugendlich, einen Apple zu haben. Bei Beck's denken Sie an das grüne Schiff und die maritime Welt, an Frische, Herbheit und die Farbe Grün. Bei Nivea denken Sie an die blaue Dose, die weiße Schrift, Pflege, den prägnanten Duft, das Gefühl der Creme auf der Haut, es mag Sie an Ihre Kindheit erinnern. Bei Allianz denken Sie an die Farbe Blau, an Sicherheit, »hoffentlich Allianz«, an die Autorität im Markt, auf die Verlass ist.

Wenn Ihnen solche Bilder in den Sinn kommen, hat es eine Marke meiner Überzeugung nach geschafft und eine starke Position im Markt eingenommen.

Und hier wird es spannend: Vereinfacht gesprochen haben wir Schemavorstellungen zu Marken, Produkten und Dienstleistungen im Kopf. Schemata sind typische, standardisierte Vorstellungen, die Menschen zu Objekten, Ereignissen und Situationen haben.[20] Stellen Sie sich dies wie eine Kommode mit vielen Schubladen vor. Wenn Sie einen bestimmten Namen hören, öffnen Sie eine ganz bestimmte Schublade und entnehmen alle darin enthaltenen Inhalte zu dem Namen.

Gäbe ich Paris vor, würden Sie eine Schublade öffnen und wahrscheinlich zunächst den Eiffelturm herausholen, dann vielleicht den Louvre, die Kathedrale Notre Dame, die Champs-Elysées, Montmartre, das Centre Pompidou, den Arc de Triomphe, die Ile de la Cité und so weiter. Manche dieser Schemavorstellungen sind eher abstrakt gespeichert, andere konkret und mit eigenen Erfahrungen garniert, wie der Eiffelturm und dessen Besteigung an einem schönen Sommertag. Wahrscheinlich wären Sie sogar in der Lage, dessen Konturen zu zeichnen. Wenn Sie schon einmal dort waren, können Sie auch konkret sagen, wie viele Plattformen er hat.

Wäre die Vorgabe Charlie Chaplin, würden Sie automatisch an Humor und Komik denken, an den schwarzen Frack und das weiße Hemd, Fliege, Schnurrbart und den unverkennbaren Hut, den Gehstock und die skurril zur Seite gestellten Füße mit den übergroßen Schuhen.

Starke Marken sind gespeicherte Schemata oder positive Vorurteile

Genauso ist es auch bei Marken. Schemavorstellungen zur Marke können als Netzwerke mit Knoten und Achsen dargestellt werden. Die Knoten umfassen Inhalte zur Marke, die Achsen kennzeichnen Verbindungen zwischen den Inhalten und der Marke.[21] Um die im Zusammenhang mit einer Marke stehenden Schemavorstellungen zu veranschaulichen, lässt sich die Netzwerkstruktur auf ein Blatt Papier aufzeichnen.

Im menschlichen Gehirn entspricht dieses Schema den neuronalen Beziehungen, die durch Wiederholung gebahnt werden. Je öfter wir mit einer Marke konfrontiert sind, umso intensiver können die Bahnungen werden. Dies vertieft die Schemavorstellungen. Neurowissenschaftler sprechen von der Neuroplastizität des Gehirns. Das heißt, durch Übung können sich bestimmte Gehirnregionen stärker ausprägen, weil eine intensivere Bahnung erfolgt.[22]

Bei Milka denken Sie an die lila Kuh, die Farbe Lila, an die natürliche Alpenwelt, an zarte Schokolade (im Gegensatz zu Ritter Sport, die eher knackig ist), an verschiedene Sorten und so weiter. Die zuerst genannten Vorstellungen sind am stärksten mit der Marke verknüpft; unsere Neuronen feuern schneller und stellen somit eine Beziehung dazu her. Im Bild: Je dichter zwei Knoten beieinanderliegen, umso schneller evoziert die eine Vorstellung die andere.

Um uns gedanklich zu entlasten, verfügt unser Gehirn über Vereinfachungsmechanismen. So werden alle Vorstellungen zu einer Produktkategorie (zum Beispiel Schokolade ist aus Milch und Kakao gemacht) automatisch auf jede Marke der Kategorie übertragen. Marken sind hierarchisch einer Kategorie untergeordnet, sodass Vererbungsmechanismen stattfinden können. Daraus ergibt sich, dass starke Marken über Vorstellungen verfügen müssen, die über die der Kategorie hinausgehen.

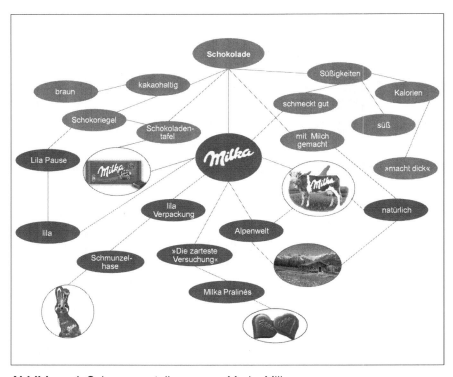

Abbildung 1: Schemavorstellungen zur Marke Milka

Starke Marken verfügen über die gleichen konstituierenden Kennzeichen

Mit meinen Forschungskollegen Tobias Langner, Bernd Schmitt und Patrick Geus belegte ich in dem Beitrag »Are brands forever« für verschiedene Produktkategorien, denen Kunden entweder großes oder eher geringes Produktinteresse entgegenbringen, dass sich starke Marken von schwachen Marken durch folgende Kennzeichen unterscheiden:[23]

- Mit starken Marken werden signifikant *mehr Assoziationen* verbunden als mit schwachen Marken. Der Grund ist offensichtlich: Schwache Marken verfügen meist nur über kategoriespezifische Vorstellungen. Machen Sie den Selbsttest: Audi versus Hyundai, Nespresso versus Melitta, Apple versus Sony.
- Mit starken Marken werden *mehr eigenständige Vorstellungen* verknüpft als mit schwachen Marken. Bei Dallmayr sind dies beispielsweise Exklusivität, Tradition sowie das Münchner Stammhaus – und bei Onko Kaffee?
- Mit starken Marken werden *mehr bildhafte Vorstellungen* verknüpft als mit schwachen Marken. Bei Burberry ist es das unverkennbare Muster, bei Beck's Bier das grüne Schiff, bei BMW die typische Niere im Grill. Aber was wäre es bei Strenesse, König Pilsener oder KIA?
- Mit starken Marken werden *mehr relevante Vorstellungen* verknüpft als mit schwachen Marken. Aldi vereinfacht den Einkauf, hat ein sehr gutes Preis-Leistungs-Verhältnis, ist aufgeräumt und überschaubar, der Einkauf geht schnell, es gibt tolle wechselnde Angebote.
- Mit starken Marken werden *stärker bestimmte Vorstellungen* verknüpft als mit schwachen Marken. »Frosch ist Reinigungsmittel« ist solch eine typische Bahnung, »Meister Proper ist stark und bringt Glanz« eine andere. Bang & Olufsen ist Design, aber was ist Panasonic?
- Mit starken Marken werden *mehr positive Inhalte* verknüpft als mit schwachen Marken. So wird das Bild von BMW oder Hilti primär durch positive Inhalte geprägt, ganz anders, als dies bei Opel oder Makita der Fall ist.
- Mit starken Marken werden *mehr emotionale Inhalte* verknüpft als mit schwachen Marken. Bacardi und Red Bull sind primär durch Emotionen geprägt, das ist der Schutzschirm gegenüber den Handelsmarken in diesen Kategorien.

Starke Marken sind Emotionen pur

Eine besonders wichtige Rolle spielen dabei aus neuronaler Sicht Emotionen. Dies konnte ich mit meinen Kollegen in dem Beitrag »Brands on the Brain« belegen.[24] Hier hatten wir die Stärke von 100 Marken unterschiedlichster Kategorien auf herkömmliche Weise mittels Befragung gemessen und daraus zehn starke Marken ausgewählt, darunter BMW, Langnese oder eBay, sowie zehn schwache Marken wie Opel, Oettinger oder Yahoo. Anschließend wurde die Reaktion auf diese Marken in einem funktionalen Magnetresonanztomographen untersucht. Dieses Verfahren ist ein Fenster ins Gehirn der Konsumenten und misst, welche Hirnareale aktiv sind, wenn Menschen eine bestimmte Marke gezeigt wird. Aktive Hirnareale werden dadurch sichtbar, dass sie stärker mit Blut und Sauerstoff versorgt werden (Bold-Effekt).

Beim Vergleich zwischen starken und schwachen Marken zeigte sich, dass starke Marken im Vergleich zu schwachen positive Gefühle auslösten. Mit diesem Ergebnis hatten wir gerechnet. Überrascht hat uns allerdings, dass dies der einzige messbare Unterschied zwischen starken und schwachen Marken war. Wurden hingegen schwache Marken mit starken Marken verglichen, lösten Erstere sogar negative Gefühle aus. Auch dies war der einzige messbare Unterschied.

Wie Sie an den beiden vorgestellten Ergebnissen sehen, geht es bei diesem Messverfahren immer nur um den relativen Vergleich: Beim Vergleich der Hirnaktivitäten von schwachen Marken mit starken Marken kann somit ein anderes Ergebnis produziert werden, als wenn der Vergleich umgekehrt durchgeführt wird.

Das letzte Ergebnis war wirklich überraschend, weil Wissenschaftler davon ausgehen, dass mehr Kontakte mit einer Marke, die Marken wie Opel und Oettinger zweifelsfrei hatten, automatisch auch zu mehr Sympathie führen. Es zählt aber wohl nicht nur die Zahl der Kontakte, sondern eindeutig auch deren Qualität.

Sigmund Freud hat Recht mit seiner Aussage:

Der Mensch spürt nur den Unterschied.

Was starke Marken somit von schwachen Marken unterscheidet, sind die Emotionen, die mit diesen Marken verbunden werden. Interessant ist dabei auch, dass wir bei den klassischen Imagemessungen durch Befragung bei den 100 eingangs erwähnten Marken keine negativen Bewertungen der schwachen Marken ermitteln konnten. Allerdings war dieser Effekt messbar, wenn die Testpersonen offen assoziieren sollten, was sie mit den jeweiligen Marken verbinden. Bei schwachen Marken wie Opel kamen dann Aussagen wie: »Jeder Popel fährt einen Opel.« Die Ergebnisse, die bei der Hirnstrommessung erfasst wurden, spiegelten sich somit auch in den Äußerungen zu den Vorstellungen zur Marke.

Bekannte (starke und schwache) Marken unterschieden sich hingegen von unbekannten Marken durch den Wissensabruf, während beim Vergleich unbekannter mit bekannten Marken Hirnbereiche aktiviert wurden, die für das Lesen der Markennamen zuständig sind, weil die Testpersonen dazu eben über kein Wissen verfügten.

Bei starken Marken setzt der Verstand aus

Das ist das Fazit einer neuronalen Studie meines Kollegen Kenning. Er stellte fest, dass starke Marken im Entscheidungsprozess zu einer »kortikalen Entlastung« bei Menschen führen.[25] Es wurden danach im Rahmen der Entscheidung weniger die kognitiven Bereiche des Gehirns aktiviert, sondern eher die emotionalen. Das ist auch der Grund, weshalb Kunden im Supermarkt am Regal einfach nach solchen Marken greifen, ohne groß darüber nachzudenken.

Starke Marken genießen Vertrauen

Das Vertrauen in starke Marken ist sehr groß. Sie können es an Ihrem eigenen Verhalten beobachten: Sie wissen zu schätzen, was Sie an solchen Marken haben. Dies würde ich fast schon sprichwörtlich bei einer Marke wie Volkswagen sagen. Es darf somit auch nicht verwundern, dass die laut Reader's Digest vertrauenswürdigsten Marken in den verschiedenen Kategorien uns allen bekannte Marken sind: Lufthansa bei Airlines, Nivea bei Körperpflege, Allianz bei Versicherungen, bei Waschmitteln ist es Persil und bei Autos eben VW.

Das renommierte Henley-Institut hat in England das Vertrauen in Institutionen abgefragt: Auf Nummer eins der Hitliste stand der Hausarzt mit 85 Prozent Zustimmung. Das ist plausibel, weil wir im Falle einer Krankheit dem Hausarzt quasi unser Leben in die Hände legen und darauf angewiesen sind, dass seine Diagnosen korrekt sind und er die richtigen Entscheidungen für unsere Gesundheit trifft.

Überraschend ist jedoch, dass Kellogg's mit 84 Prozent Zustimmung dem

Hausarzt hart auf den Fersen ist, ebenso wie Heinz Ketchup mit 81 Prozent. Die Kirche und die Polizei rangieren hingegen erst hinter Coca-Cola mit 64 und 62 Prozent Zustimmung.[26] Wir verlassen uns oft blind auf Marken, die wir zum Teil schon durch Sozialisation von unseren Eltern übernommen oder mit denen wir gute Erfahrungen gemacht haben. Das Vertrauen in starke Marken ist oft größer als das in die Kirche. Marken ersetzen somit zunehmend andere kulturelle Werte.

Zu starken Marken bauen Kunden eine Bindung auf

Ziel der Markenführung ist, einen loyalen Kundenstamm aufzubauen. Das zahlt sich insofern aus, als markentreue Kunden gegenüber anderen Marken weniger aufgeschlossen sind, häufiger die eigene Marke kaufen und eine höhere Zahlungsbereitschaft aufweisen. So ist die Marke Miele bei Waschmaschinen mit Abstand Marktführer in Deutschland und erzielt zudem ein Preispremium, das etwa 70 Prozent über dem Durchschnittspreis der anderen Hersteller liegt.[27]

Allerdings sind markentreue Käufer nicht zwangsläufig emotional an eine Marke gebunden. Kunden können eine Marke wiederholt kaufen, ohne eine echte Markenpräferenz zu haben, etwa aufgrund hohen Werbedrucks oder eines Mangels an Alternativen. Die Markenbindung geht somit darüber hinaus und gibt die gefühlsmäßige Bindung zur Marke wieder.

Markenbindung setzt auch nicht zwangsläufig den Kauf der Marke voraus. Es gibt sicherlich viele Ferrari-Fans, die eine starke Bindung zur Marke empfinden, sich aber selbst keinen Ferrari leisten können, sondern sich stattdessen auf Merchandisingartikel der Marke beschränken müssen. Ich konnte in Studien im Versicherungsbereich immer wieder feststellen, dass Allianz-Kunden eine starke Bindung zu ihrer Marke aufweisen. In Fokusgruppen gaben die Kunden zwar an, dass die Allianz teurer ist als andere Versicherungen, aber das war es ihnen schlicht auch wert. Bei anderen Versicherungsmarken würden sie sich hingegen darüber beklagen.

Starke Marken sind Ausdruck unserer Identität

Marken sind Ausdruck der eigenen Identität – oder der, die wir uns wünschen. Sie grenzen somit ein und aus. Das gilt umso mehr, je begehrlicher

Marken werden, und trifft besonders auf Luxusmarken zu. Luxus erklärt sich durch die Distanz zwischen Begehrlichkeit und Erreichbarkeit: Je höher die Begehrlichkeit und je geringer die Erreichbarkeit (aufgrund des Preises), desto höher der Luxus.[28]

Der Vergleich einer Kelly Bag von Hermès mit einer Handtasche von Louis Vuitton macht dies deutlich: Eine Louis-Vuitton-Tasche können Sie jederzeit in einem der Louis-Vuitton-Stores kaufen. Auf die Kelly Bag von Hermès müssen Kunden zwei Jahre warten, nachdem sie ihre Wunschtasche konfiguriert haben. Die Preise gehen – je nach Ausstattung – in den sechsstelligen Eurobereich hinein. Zum Teil erhalten Sie aber auch schlicht die Botschaft, dass Sie im Moment gar keine Tasche ordern können.

Fast jeder wird einen Porsche zeichnen können. Meist ist es die Kontur des 911. Manche hassen allerdings das Auto, während andere es lieben. Bilder, die das Letztere belegen, kursieren in großer Zahl. In Starnberg ist ein Porsche 911 mit folgendem Nummernschild zugelassen: STA-TT 6. Wenn das kein Statement ist!

Starke Marken sind ein soziales Phänomen

Seit jeher gibt es das Phänomen der Gruppenbildung. Menschen fühlen sich bestimmten Bezugsgruppen zugehörig oder möchten sich umgekehrt von deren Einstellungen, Meinungen und Verhalten abgrenzen. Oft dienen Marken als sichtbares Signal der Zugehörigkeit oder Abgrenzung, gerade wenn sie öffentlich konsumiert werden.

Die Bohrmaschine eines Heimwerkers oder die Waschmaschine zu Hause im Keller dienen weniger als Zugehörigkeitssignal als ein Apple-Handy, eine Louis-Vuitton-Tasche, eine Rolex oder ein Montblanc-Kugelschreiber, der bei Sitzungen oftmals ganz natürlich gut sichtbar auf dem Tisch platziert wird.

Der logische Schluss daraus ist, dass Luxusmarken zwangsläufig mehr ausgrenzen als eingrenzen: Je größer die Distanz zwischen Begehrlichkeit und Erreichbarkeit, umso größer ist der Luxusstatus einer Marke, der dann auch die teilweise horrenden Preise rechtfertigt. Insofern kaufen Kunden Marken wie beispielsweise einen Bentley Continental GT immer ein Stück weit für sich selbst, aber auch, um die Zugehörigkeit zu bestimmten Gruppen (hier wohlhabenden Personen, die etwas im Leben erreicht haben) zu konnotieren und gleichzeitig andere auszugrenzen.

Vielleicht ist dies auch eine Erklärung dafür, dass gerade bei Automobilen das Fahrerimage einen nicht unwesentlichen Einfluss auf das Image der Marke besitzt. Stellen Sie sich Prinz Charles vor, der seine Wahl bestätigt sieht, wenn der Fürst von Monaco ebenfalls Bentley fährt, aber möglicherweise schockiert ist, wenn ein unbekannter Rockstar mit langer Mähne, Tattoos und Piercings ein solches Auto steuert.

Gerade der Aspekt, dass Marken auch Massenphänomene darstellen und der Aus- oder Eingrenzung dienen, zeigt deutlich, dass sie identitätsbildend wirken. Dies gilt vor allem für solche Marken, die als authentisch erlebt werden. Dazu mehr im nächsten Kapitel.

Kapitel 3

Identität schafft Authentizität – bei Persönlichkeiten und bei Marken

Menschen sind Sinnsucher. Marken sind Sinnstifter.

Diese Aussage bringt für mich auf den Punkt, worum es in der Markenführung geht. Auch in Zeiten permanenten Wandels wird sich das nicht ändern, im Gegenteil: Marken müssen mehr denn je zu Sinnstiftern werden in einer Welt, die für Menschen kaum noch überschaubar ist und uns vielfach überfordert.

Das Fernsehen als exemplarisches Beispiel und Kulturspiegel mag dies verdeutlichen. Vor 60 Jahren konnten nur wenige Menschen fernsehen, und das auch nur in Schwarz-Weiß. Es gab ein Programm: die ARD; das ZDF kam erst im Jahr 1963 hinzu. Highlights für Kinder waren *Lassie* und *Fury*. Kinder, die mit den Eltern fernsehen durften oder es einmal bis zum Testbild nach Programmschluss schafften, fühlten sich wie Helden.

Heute konsumieren viele Kinder und Jugendliche ungeschützt und bequem vor der Mattscheibe, was ihnen vor die Flinte kommt: von Gewaltfilmen über Reality-Soaps bis hin zu Pornos ist alles drin, die Auswahl mit 427 Programmanbietern (Stand 2014) ist riesig.[29] Das Programm wird erweitert um digitale Medien, die den Konsum jederzeit und überall ermöglichen.

Den Wandel können Sie greifen und spüren:

- Von der Überschaubarkeit der Angebote zur kaum noch beherrschbaren Angebotsvielfalt und Komplexität. Consumer Confusion ist das Ergebnis.
- Von wenigen Medien und kommunikativen Botschaften zur Kommunikationsexplosion. Informationsstress und Abschotten sind die Folge.
- Vom Mangel zum Überfluss. Wenn Menschen kaum noch wissen, wo der Schuh drückt, ändern sich die Ansprüche von Needs zu Wants. Qualität ist notwendig, Erleben macht den Unterschied.
- Von der Gemeinschaft zur Individualität in selbst gewählter Gemeinschaft. Selbstverwirklichung, Sinnsuche und die Verwirklichung der eigenen Karriere stehen ganz vorne, das Wohl des Unternehmens kommt erst danach.

- Vom Informationskonsum zum Informationspicken. Die Ansprache der Kunden muss schnell und einfach erfolgen.
- Vom Informieren zum Inszenieren. Was nicht unterhaltsam ist, wird kaum beachtet.
- Von persönlichen zu medialen Kontakten. Macht Entkopplung einsam? Kennen die Vorstände ihre Kunden noch?
- Von begrenzter Erreichbarkeit zum ständigen Auf-Sendung-Sein.
- Von langen zu verkürzten Arbeitszeiten mit fortgesetzter Beschleunigung der Tätigkeiten und des Anspruchsniveaus.
- Von Zufriedenheit und Optimismus zu Stress und Zukunftsangst trotz verkürzter Arbeitszeit.

Die Liste wäre problemlos erweiterbar. Nun könnten Sie aus dem Fluss der Änderungen und des andauernden Wandels schließen, dass sich auch für die Marke einiges ändert, dass sie sogar obsolet werden könnte. Doch entgegen den Aussagen der Protagonisten von Digital und Social Media werden Marken nicht überflüssig, im Gegenteil: Sie werden immer wichtiger.

Dies wirkt auf den ersten Blick kontraintuitiv, schließlich ermöglicht die Digitalisierung den Zugang zu jedweder Information, wann der Kunde will, wo er will und wie er will. Menschen können selbstbestimmt das suchen, was sie interessiert. Mehr noch: Durch Social Media können sie sich anderen mitteilen und auf deren Meinung Einfluss nehmen. In Ägypten wurde eine Regierung gestürzt, weil der Shitstorm und die Solidarisierung in den sozialen Medien nicht mehr zu stoppen waren und die ägyptische Gesellschaft mitgerissen haben.

Auch Marken bekommen dies zu spüren: Fehlverhalten wird auf dem Fuße bestraft, die zunehmende Transparenz fordert ihren Tribut. Grundsätzlich ist das auch gut so. So wie ein Mensch für sein Fehlverhalten eintreten muss, muss das auch eine Marke. Es gibt allerdings einen kleinen und feinen Unterschied: Das Fehlverhalten von Marken wird entweder durch Führungskräfte oder durch Mitarbeiter ausgelöst.

Wenn sich ein Franchisenehmer bei Burger King nicht an die Spielregeln hält, wie im Jahr 2014 geschehen, zieht das die ganze Marke und alle davon Abhängigen mit in den Schmutz. Die Umsatzeinbrüche bei Burger King sind nur eines von vielen Beispielen.

Wenn der Mensch nun so selbstbestimmt ist, zählen dann nicht nur noch die richtigen Informationen und die Qualität, die er sich wünscht? Ist dann der Abgesang auf die Marke wirklich eingeläutet, vor allem weil sich auch die Machtverhältnisse anscheinend zugunsten der Konsumenten verschieben?

Wohl kaum. Es wird Managern so suggeriert, allerdings werden dabei aus meiner Sicht ein paar wesentliche Punkte übersehen.

Wer steuert, was auf die Menükarte der Kunden kommt?

Nicht die Informationen sind das Problem, sondern der Zugriff darauf. Bereits im Jahr 2003 wurden Ergebnissen der University of Berkeley zufolge auf allen bekannten Datenträgern, von Print bis Internet, fünf Exabyte (!) neue Informationen gespeichert. Dieser gigantische Informationszuwachs entspricht allen jemals von Menschen auf der Erde gesprochenen Wörtern.[30] Bis zum Jahr 2020 wird eine Verzehnfachung des weltweiten Datenvolumens auf 44 Billionen Gigabyte erwartet. Dieses Informationsvolumen gleicht dabei in etwa der Anzahl von Sternen in unserem Universum oder der 57-fachen Anzahl der Sandkörner aller Strände dieser Erde.[31]

Das Angebot ist riesig. Aber wie viel davon nutzen wir wirklich und was nutzen wir?

Hier gibt es vereinfacht zwei Zugänge: Wir suchen nach Dingen die uns interessieren, oder nach solchen, die unsere Aufmerksamkeit wecken. Der Jazzfan interessiert sich für alles, was mit Jazz zu tun hat. Er sucht nach Konzerten, Interpreten, neuen Aufnahmen und saugt Informationen dazu auf. Er macht dies selbstbestimmt, wenngleich er auch hier dem Einfluss seines sozialen Umfeldes unterliegt, zum Beispiel von Freunden mit der gleichen Leidenschaft.[32]

Ein Großteil dessen, was wir konsumieren, wird uns jedoch als Menükarte serviert: durch Massenmedien getrieben, von Freunden, Bekannten, Verwandten und Arbeitskollegen verstärkt. Wir meinen dann zwar, selbstgesteuert zu sein, sind es aber in vielen Fällen nicht. Das Agenda Setting erfolgt durch die Medien, die bestimmen, was auf die Tagesordnung kommt.[33] Deshalb wird montags mehr über Fußball gesprochen als an anderen Wochentagen, um die Ergebnisse des Spieltags am Wochenende zu verarbeiten. Deshalb diskutieren wir über den Konflikt zwischen Russland und der Ukraine, obwohl in anderen Ländern zum gleichen Zeitpunkt viel mehr Menschen in Kriegen sterben.

Bei Marken ist das nicht anders. Worüber wir sprechen, wird stark durch Kommunikation beeinflusst, die bestimmte Themen erst auf unsere Agenda bringt. Wie die Untersuchung von Graham und Havlena zeigt, wirkt Kommunikation signifikant auf die Offline- und Online-Mundpropaganda sowie auf Suchanfragen im Internet und Besuche von Webseiten.[34] Massen-

kommunikation setzt somit Impulse zur Multiplikation durch Meinungsführer in der persönlichen Kommunikation und im Internet.[35]

Wie groß ist unser Interesse, aktiv zu suchen?

Oftmals wird das Interesse von Kunden dramatisch überschätzt. Es gibt
zwar Produkte und Dienstleistungen, denen wir ein großes Involvement
entgegenbringen, weil der Kauf mit wirtschaftlichen, funktionalen und
sozialen Risiken verbunden ist, wie etwa bei Automobilen, Lebensversiche-
rungen oder Anzügen. Allerdings sind wir häufig nur wenig interessiert an
Kategorien wie zum Beispiel Toilettenpapier oder Gefrierbeuteln.

Der Grund ist simpel: Wenn Produkte zunehmend austauschbarer werden, sehen Kunden kaum noch ein Risiko beim Kauf. Ausnahmen bestätigen die Regel. So involviert heute der Kauf einer Jeans mehr als der einer
Waschmaschine, weil der Kunde beim Kauf einer Jeans ein hohes soziales
Risiko hat, nämlich das der Akzeptanz in seiner Bezugsgruppe.

Das Produktinvolvement alleine reicht aber bei Weitem nicht aus, um die
Informationssuche zu erklären. Menschen mit einem persönlichen Interesse
an Automobilen werden sich anders darüber informieren als solche ohne.
Unmittelbar vor einem Kauf werden sie aktiver als außerhalb der Kaufphase, teilweise haben sie auch schlicht und ergreifend nicht genug Zeit
zur aktiven Suche. Wenn das so ist, dann dürfen wir auch nicht erwarten,
dass Kunden autark ihre Suche starten und durchführen. Vielmehr müssen
Manager sich überlegen, wo sie diese Konsumenten erreichen können und
wie sie einen Markenchip im Hirn der Kunden implementieren können,
damit ihre Marke beim Kauf Berücksichtigung findet.

Haben wir die Kapazitäten, um uns intensiv mit dem Informationsangebot auseinanderzusetzen?

Menschen sind »Cognitive Misers«, es ist ihnen zu anstrengend, sich mit
etwas intensiv auseinanderzusetzen. Schon im Jahr 1956 zeigte Miller mit
seiner bahnbrechenden Publikation *The Magical Number Seven +/– Two*,
dass unseren Informationsverarbeitungskapazitäten enge Grenzen gesetzt
sind.[36] Innerhalb einer bestimmten Zeit können wir nur sieben plus/minus
zwei Informationen sinnvoll verarbeiten.

Wenn Sie eine Werbeanzeige betrachten und 40 Sekunden bräuchten, um alle Informationen aufzunehmen, sich allerdings nur zwei Sekunden dieser Anzeige widmen, wäre dies im Bereich der *Magical Number 7*: Sie hätten bei einem Blickaufzeichnungstest etwa sieben Fixationen, also Punkte, an denen Sie tatsächlich Informationen aufnehmen können, mit jeweils rund 200 bis 300 Millisekunden Betrachtungszeit, sowie entsprechend viele Saccaden, also Sprünge, die der Orientierung dienen. Beides summiert sich grob auf zwei Sekunden.[37]

Alle neueren Studien bestätigen diese Erkenntnis in sämtlichen Lebensbereichen. Der Engpass ist immer unser Arbeitsspeicher, der eingehende Informationen sinnvoll verarbeiten muss, damit sie auch gespeichert werden können. Wir reagieren auf die Beschleunigung unserer Umwelt mit den Programmen aus der Steinzeit.

Wenn auf der einen Seite das Informationsangebot ständig steigt, auf der anderen Seite die Informationsverarbeitungsfähigkeiten jedoch konstant bleiben, muss dies in einer gigantischen Informationsüberflutung enden. Die meisten angebotenen Informationen landen ungenutzt auf dem Informationsmüll. Bereits im Jahr 1986 haben wir am Institut für Konsum- und Verhaltensforschung eine *Informationsüberlastung* von 98 Prozent errechnet.[38] Nur ein Bruchteil der Informationen wird bewusst verarbeitet, vieles passiert implizit, ohne dass wir uns dessen bewusst werden oder darüber nachdenken. Bei Weitem die meisten Informationen erreichen uns allerdings nie. Menschen werden zu Informationspickern: Sie greifen das heraus, was sie interessiert oder was ihre Aufmerksamkeit erregt.

Die Medien stellen sich darauf ein. Die meisten Menschen schauen im Internet auf das Bild und auf die Headline von Nachrichten und glauben dann, die relevanten Informationen zu haben. Mehr noch: Auf der Basis dieser »Informationen« diskutieren sie die Themen mit anderen. Oft ist das nicht sinnstiftend, sondern sinnentleerend. Das Schöne daran ist, dass es kaum jemandem auffällt, weil andere es auch tun. Wir erliegen alle einer Informationsillusion.

Menschen werden zu Informationspickern.

Dieses Picken setzt sich weiter fort, unabhängig vom Medium. Wenn Sie mittels Suchmaschine nach etwas suchen, können Sie es im Selbsttest prüfen: Gehen Sie überhaupt noch auf die zweite Seite der Suchergebnisse? Wahrscheinlich nur dann, wenn die erste Seite nicht die gewünschten Ergebnisse brachte. Meistens bleiben Sie jedoch auf der ersten Seite hängen, mehr Aufwand ist eben auch hier anstrengend. Wenn Sie nun auf der ersten Seite eine bekannte oder eine unbekannte Marke aufrufen können, welcher würden Sie dann den Vorzug geben? Die Forschungserkenntnisse dazu sind eindeutig: Die Angebote auf der ersten Seite der Suchanfrage werden häufiger genutzt als auf den Folgeseiten, bekannte Marken werden dabei klar bevorzugt. Und tauchen in bestimmten Kategorien, in denen Sie suchen, überhaupt unbekannte Marken auf?

Lassen Sie sich bei Informationsseiten auch von Bewertungen leiten, und bevorzugen Sie ein Fünf-Sterne-Angebot gegenüber einem mit nur vier Sternen? Viele Unternehmen versuchen, die Bewertung durch Kunden zu forcieren, weil sie wissen, was es ihnen an Mehrumsatz bringt, wenn sich die Bewertung verbessert.

Das oft blinde Vertrauen auf Bewertungen kann allerdings zu beträchtlichen Fehlsteuerungen führen, zum Beispiel dann, wenn die fünf Sterne auf nur einer Bewertung, die vier Sterne hingegen auf 50 Bewertungen beruhen. Ein Freund lud uns einmal in ein australisches Restaurant ein, das Bestbewertungen in einem Gastroführer im Internet hatte. Mich wunderte zwar die Wahl, weil Australien nicht unbedingt für eine herausragende Küche bekannt ist, aber ich vertraute dem Urteil meines Freundes. Es war das schlechteste Abendessen, an das ich mich in den letzten 20 Jahren erinnern kann. Und: Es gab nur eine Bewertung, wahrscheinlich von einem Freund des Restaurantinhabers.

Informationsillusion heißt, dass wir alle auf Informationen zugreifen und uns damit vertiefend auseinandersetzen können, wenn wir wollen. Meistens ist uns das jedoch zu anstrengend.

Deutlich wahrnehmbar ist hingegen, dass wir zunehmend mit Botschaften und Reizen bombardiert werden. Dies führt laut Institut für Demoskopie in Allensbach bei immer mehr Menschen zu einem Gefühl des Unbehagens und der Frustration, weil Kunden nicht mehr finden, was sie suchen, obwohl es verfügbar ist. Hier gilt oft: Weniger ist mehr.[39]

Man könnte nun behaupten, diese drei Punkte seien noch lange kein Beweis dafür, dass Marken im Zeitalter von Digital und Social Media sinnstiftender denn je sind. Allerdings ist die empirische Evidenz zur Rolle der Marke erdrückend.[40]

- Es ist bekannt und belegt, dass Kunden mehr nach starken als nach schwachen oder unbekannten Marken im Internet suchen.
- Es ist bekannt und belegt, dass Kunden mehr über starke Marken im Netz sprechen, die sie gut dastehen lassen, als über schwache Marken.

Im Klartext: Wenn Audi auf Facebook 700 000 Fans mehr hat als Opel, liegt dies an der Markenstärke von Audi und weniger an der überragenden Qualität der Social-Media-Konzepte. Wenn H&M 60 Mal so viele Follower auf Twitter hat wie Bonprix, liegt das an der Marke und nicht nur an dem getwitterten

Content. Wenn Levi's-Spots auf YouTube fünf Mal häufiger betrachtet werden als die von Jack & Jones, woran mag das wohl liegen?

Es hat dieselben Gründe wie die Erklärungsnot von Top-Managern, die Digital Awards für ihre Marke entgegennehmen und darstellen sollen, was sie denn konkret für diesen Erfolg anders machen als andere Marken. Nach kurzem Nachdenken kommt dann häufig der Verweis auf … die guten Produkte und die Marke.

Sinnsucher

Viktor Frankl ist der Begründer der Logotherapie. Sein bekanntestes Werk *Man's Search for Meaning* wurde 9 000 000 Mal verkauft. Die Library of Congress nennt es »one of the ten most influential books in America«. Auslöser für dieses Buch waren zum einen die Erfahrungen, die Viktor Frankl als Therapeut machte, zum anderen seine Erlebnisse im Konzentrationslager in Auschwitz.[41]

Seine Eindrücke und Erfahrungen in den Konzentrationslagern verarbeitete er in dem Buch *Trotzdem Ja zum Leben sagen: Ein Psychologe erlebt das Konzentrationslager.* Hätte er sich willenlos in die Situation im Konzentrationslager gefügt, hätte er sicher die Qualen und Ängste nicht überlebt. Er war fest davon überzeugt, dass das Leben einen Sinn hat und ihn auch unter allen Umständen behält, selbst im Leiden. Die Suche nach dem Sinn hat ihn überleben lassen. Sie ist ein starker Antrieb für uns alle, den Frankl wie folgt zum Ausdruck brachte: »Zwischen Reiz und Reaktion liegt ein Raum. In diesem Raum liegt unsere Macht zur Wahl unserer Reaktion. In unserer Reaktion liegen unsere Entwicklung und unsere Freiheit.«[42]

Offensichtlich sieht das die Generation Y genauso. Es handelt sich um ausgesuchte Sinnsucher. Vielleicht ist dies auch eine Reaktion auf die Verhaltensweisen ihrer Eltern, die geprägt waren vom *Immer besser, schöner, größer und mehr.* Die Jagd nach mehr vergräbt manchmal den Sinn des Tuns.

Sinnstifter

Marken stiften Sinn. Sie dienen der Orientierung im Meer der Angebote. Sie und ich wissen, wofür bestimmte Marken stehen. Die Voraussetzung dafür ist allerdings, dass eine Marke über eine klare Identität verfügt.

Bei der Identität geht es darum, die Gesamtheit der Eigenschaften und Eigentümlichkeiten zu erfassen, die eine Marke oder ein Individuum von anderen unterscheidet. Psychologisch und soziologisch steht dabei im Vordergrund, welche Merkmale im Selbstverständnis von Individuen oder Gruppen als wesentlich erachtet werden.

Identität ist nicht unveränderlich

Identität heißt nicht, dass immer alles gleich bleibt, im Gegenteil: Fast sämtliche Zellen des menschlichen Körpers werden im Laufe des Lebens mehrfach ausgetauscht. Die Analogie zu Marken liegt nahe. Ulrich Lehner, ehemaliger Vorstandsvorsitzender von Henkel, brachte dies wie folgt zum Ausdruck: »Persil bleibt Persil, weil Persil nicht Persil bleibt.«[43] Er meinte damit, dass Marken sich natürlich mit der Zeit weiterentwickeln und den veränderten Marktanforderungen anpassen müssen, jedoch ihren Kern bewahren. Ebenso wenig wie das heutige Persil etwas mit dem ersten Produkt zu tun hat, ist ein BMW 3.0 CSI von 1973 mit einem 650 CSI von 2015 vergleichbar. Auch hier fand ein »Zelltausch« statt.

Mutter Teresa war nicht von Geburt an Mutter Teresa. Sie wurde es im Laufe ihres Lebens und blieb es dann bis zu ihrem Tod. Die Psychologen Franz Neyer und Judith Lehnart beschreiben diesen Vorgang sehr plastisch: »Wir ändern uns, weil wir uns den Anforderungen des Lebens anpassen. Und wir bleiben, wer wir sind, weil wir dies auf die uns eigene Art und Weise tun.«[44] Wenn sich durch Digital und Social Media das Spielfeld des Austauschs erweitert und beschleunigt, heißt das noch lange nicht, dass sich dadurch auch die Spielregeln der Identitätsbildung ändern, wohl aber die identitätsgetriebenen Antworten auf das neue Spielfeld. Nintendo hat vor 100 Jahren noch Spielkarten produziert, heute entwickelt das Unternehmen digitale Spiele und nutzt dazu intelligent neue Technologien.

Identität entsteht im Wechselspiel zwischen Ich und Umfeld

Da Identität auf Unterscheidung beruht und die Unterscheidung ein Verfahren ist, das ein Ganzes untergliedert (»scheidet«), kann ein Körper nur als Ganzes Identität erlangen. So wird verständlich, weshalb Menschen ihre Identität in einem Wechselspiel von »Dazugehören« und »Abgrenzen« entwickeln.[45]

Die psychische Identität wird einerseits durch Gruppenzugehörigkeiten und soziale Rollen bestimmt: das Wir. Hier wird schon die Rolle der Marke klar: Sie konnotiert Gruppenzugehörigkeit gerade dann, wenn sie nach außen sichtbar wird. Für die Akzeptanz unter Jugendlichen sind das Tragen der »richtigen« Jeans oder bestimmter Kopfhörer solche Identitätssymbole. Zugleich dient dies auch der Abgrenzung von anderen Gruppen, denen sie sich nicht zugehörig fühlen.

Eine Identität basiert jedoch nicht nur auf diesem Wir. Ergänzt wird das Wir durch die Erfahrung der Einzigartigkeit im Ich, in dem eine Person sich als anders erlebt. Eine Marke kann auch das Ich speisen, indem sie mit den Persönlichkeitsmerkmalen der Person übereinstimmt.

In dem Buch *Selbst im Spiegel* bringt der Psychologie- und Kognitionsforscher Wolfgang Prinz in einer Selbstbetrachtung das Ganze auf den Punkt: »Was wir für unser Ich halten, ist letztlich nur ein Konstrukt, das im sozialen Kontext entsteht.«[46]

Identitätsverlust ist Gesichtsverlust

Für Menschen ist ein ungewollter Identitätsverlust psychisch ein großes Problem, wenn wichtige Gruppenzugehörigkeiten (zum Beispiel Familie, Freunde, Volk) verloren gehen. Wenn eine Person sich nicht mehr mit diesen Gruppen identifizieren kann, wird sie physisch und psychisch isoliert.

Ist es bei Marken anders? Joop! erlitt einen maximalen Identitätsverlust, als diese Premium-Marke plötzlich auch Wühltische in Kaufhäusern und Billigketten bediente. Es war eine Entwertung der aufgebauten Markenidentität, die von den Kunden mit Abwendung bestraft wurde.

Identität ist die Voraussetzung für Authentizität

Wie authentisch sind wir nun wirklich? Pausenlos optimieren wir unser Spiegelbild im Abbild anderer. Im Büro sind wir zuverlässig und gewissenhaft, bei Freunden entspannt und locker, im Fußballstadion werden wir zu lautstarken Fans. Kurt Lewin hat es in seiner Feldtheorie trocken, aber korrekt formuliert: »Das Verhalten ist immer eine Funktion von Persönlichkeitsvariablen und dem Umfeld, in dem wir uns gerade befinden.«[47]

Sind wir vergleichbar mit einem Chamäleon und somit mitnichten authentisch, also echt? Und wie verhält sich ein Chamäleon in einem Spiegelkabinett? Passt es sich der Umgebung an? Nimmt es ständig neue Farben an oder bleibt es bei seiner anfänglichen Farbe? Wird es womöglich in den Farbwahnsinn getrieben? Bis heute ist diese merkwürdige Frage ungeklärt. Kevin Kelly, Mitbegründer des Magazins *Wired*, beobachtete zwar einmal, wie ein Chamäleon in einem Spiegelkabinett die Farbe von Dunkelbraun zu Grün wechselte, die Ergebnisse ließen jedoch jeden Interpretationsspielraum zu. Es überrascht allerdings schon, dass der Wechsel zu der Farbe erfolgte, die bei Furcht eingenommen wird. Grün also als Stress vor sich selbst?[48]

Werden wir nicht auch immer mehr in Schablonen gedrängt? Ist die Selbstoptimierung beim Hochladen von Selfies auf Facebook oder auf YouTube ebenfalls stresserzeugend? Und geht es Marken nicht genauso? Wie viele Monomarken gibt es heute noch? Und lässt sich die Identität für alle Angebote unter dieser Marke aufrechterhalten, sodass die Marke authentisch wirkt?

Auf der einen Seite ist alles im Fluss, auf der anderen Seite wächst die Suche nach Echtheit. Der Medienwissenschaftler Bernd Pörksen spricht von einem »Kult des Authentischen«. Dies ist sicher auch ein Grund dafür, weshalb die Wutrede des Bundesaußenministers Frank-Walter Steinmeier vor der Europawahl millionenfach im Netz angeklickt wurde. Sie war echt. Dies wird auch immer mehr zur Vorgabe von Managern an Agenturen: Die Marke muss authentisch dargestellt sein. Dabei ist allerdings darauf zu achten, dass das Ganze auch positiv besetzt ist, damit es werbewirksam ist.

Die Frage ist nur: Wie finden wir das, was wir authentisch nennen? Die Antwort: Es erwächst aus unserer Identität, unserem Selbstbild. Plastisch demonstrierte dies Peter Drucker mit einer Anekdote. Danach sollte ein Mitarbeiter der Deutschen Botschaft in London für den englischen König ein Dinner organisieren. Für den sinnenfrohen König sollten Prostituierte eingeladen werden. Der Mitarbeiter trat lieber von seinem Posten zurück, als von seinen Moralvorstellungen abzuweichen. Diese radikale Entscheidung begründete er damit, dass er die Vorstellung nicht ausgehalten hätte, »morgens beim Rasieren in das Gesicht eines Zuhälters zu blicken«.[49]

Menschen fällt es oft schwer, sich selbst treu zu bleiben. Wie ist das dann erst bei Marken? Wer hält der Marke den Spiegel vor und überwacht die Einhaltung des Selbstbildes und der dahinterstehenden Werte im Unternehmen? Ist das delegierbar oder ist es Chefsache? Und reicht der Chef alleine aus oder muss jeder Mitarbeiter seinen Beitrag dazu leisten, die Identität der Marke wirksam umzusetzen?

Authentisch zu sein heißt, in unterschiedlichen Situationen seine Identität zu wahren. Dabei ist die Identität ein dynamisches Ganzes, das stets Veränderungen unterliegt, was gleichzeitig eine Stärke menschlicher Entwicklung genannt werden kann. Die Identität ist nach dem amerikanischen Anthropologen Michael Tomasello eine Eigenschaft des Menschen, die ihn von sämtlichen Tieren unterscheidet.

Da Marken von Menschen gestaltet werden, lassen sich die Mechanismen der Identitätsbildung auch auf Marken übertragen.

Was macht Authentizität aus?

Diese Frage haben meine Kollegin Felicitas Morhart und ihre Forschungspartner jüngst beantwortet.[50] Die Authentizität von Marken ist danach in dem Ausmaß vorhanden, in dem eine Marke ehrlich und echt gegenüber sich und den Kunden ist und diese dabei unterstützt, auch ehrlich zu sich selbst zu sein. Die Wissenschaftler haben in ihren Studien vier Dimensionen der wahrgenommenen Markenauthentizität identifiziert:

1. *Kontinuität*: Authentische Marken wie Heinz Ketchup, Nivea oder BMW bleiben sich selbst treu.
2. *Glaubwürdigkeit*: Hier geht es darum, dass die Marke das liefert, was Kunden von ihr erwarten. Bei Victorinox-Messern gehen Kunden davon aus, dass sie bei der Nutzung nicht kaputtgehen, bei Aldi erwartet man günstige Preise und gute Qualität.
3. *Integrität* lässt Kunden in den Handlungen und der Kommunikation der Marke erkennen, dass sie Verantwortung übernimmt und für klare Moralvorstellungen steht. So steht die Marke Frosch für Ökologie und Nachhaltigkeit. Ähnliches ist bei Greenpeace zu beobachten, wo die Protagonisten mit aller Kraft für die eigenen Werte kämpfen.
4. *Symbolismus* dient dazu, dass Kunden über den symbolischen Wert der Marke klar definieren können, wer sie sind und wer nicht. Rolex ist in diesem Sinne Symbol für Erfolg.

Wie die Identität der Marke so entwickelt und umgesetzt werden kann, dass sie authentisch wirkt, ist Gegenstand der folgenden Kapitel.

Teil II:
Identität bilden

Kapitel 4

Den Unterschied spüren

Wenn ich mit bestimmten Unternehmen in Kontakt trete, von bestimmten Marken berührt werde, spüre ich sofort einen »Spirit«, andere wirken hingegen leblos, fad und blass.

Es ist so wie bei Menschen: Manche ziehen einen schnell in den Bann. Sie erkennen sofort, wer vor Ihnen steht, und spüren eine bestimmte Haltung. Götz Werner, der Gründer des Drogeriemarktes dm, ist ein solcher Mensch. Es bedarf nur weniger Minuten und Sie spüren, dass er von einer Vision getrieben ist und für klare Werte einsteht. Der Mensch steht bei Werner im Zentrum seiner Betrachtungen. Nicht umsonst heißt der Slogan seines Unternehmens dm: »Hier bin ich Mensch, hier kann ich's sein.« Mitarbeiterentwicklung, Verantwortung, Sinnstiftung durch die Arbeit sind die logische Konsequenz.

Bei Reinhold Würth, der ein Unternehmen aufgebaut hat, das Weltmarktführer im Bereich Schrauben und C-Teilen ist, ist das genauso. Er ist ein Verkaufsgenie mit großer Überzeugungskraft, der Dinge einfach auf den Punkt bringt und dies mit schon sprichwörtlichen Aussagen untermauert: »Net schwätze, schaffe!«

Natürlich gibt es auch Manager, die ich hier auflisten könnte. Es ist allerdings kein Zufall, dass ich mich auf Unternehmer beschränkt habe. Götz Werner hat dm gegründet und großgemacht, Reinhold Würth ist nach dem Zweiten Weltkrieg als junger Mann mit einem Ziehwagen losmarschiert und hat Schrauben verkauft. Daraus erwuchs die Würth-Gruppe, die heute 10 Milliarden Euro Umsatz macht.[51] Der Geist der Gründer ist in diesen Unternehmen zu spüren. Bei manchen managergeführten Unternehmen habe ich hingegen den Eindruck, dass sie mit wachsender Zahl der Führungsverantwortlichen und durch häufige Strategiewechsel zunehmend an Sinn verlieren.

Die jeweilige Marke steht dabei nicht am Anfang eines solchen Prozesses. Marken entstehen nicht aus dem Nichts. Dies gilt für Produktmarken wie für Unternehmensmarken. Am Anfang steht immer eine Geschäftsidee und somit eine Leistung, für die Kunden zu zahlen bereit sind, weil sie Wert schafft. Somit sind zuerst die Geschäftsidee und das Geschäftsmodell da, durch das diese Leistung erbracht werden kann. Unter einem Geschäftsmodell verstehe ich die Beschreibung und Festlegung der Grundlagen, wie ein Unternehmen Wert schaffen, liefern und bewahren kann.[52] Eine Marke wird dann durch die Leistungen des Unternehmens und durch die vielfältigen Erfahrungen der Anspruchsgruppen mit diesen Leistungen an den unterschiedlichsten Berührungspunkten mit dem Unternehmen aufgeladen.

Keine Marke existiert ohne eine konkrete Leistung oder Idee beziehungsweise ohne ein Geschäftsmodell.

Götz Werner wollte einen Drogeriemarkt mit Dauerniedrigpreisen aufziehen. Er empfand Preisnachlässe nicht als kundenfreundlich, weil der Kunde sich dann nach den Angeboten des Geschäftes richten muss, wenn er bestimmte Produkte günstig einkaufen will. dm ist das einfache Kürzel für Drogeriemarkt.

Die vier Freunde, die Ergobag ins Leben riefen, kamen bei einer Feier im Gespräch mit einer Physiotherapeutin auf die Idee, den Ansatz verstellbarer Rucksäcke zum Bergsteigen auf Schulranzen zu übertragen. Bergsteigerrucksäcke können optimal auf die Größe des Trägers justiert werden. Zudem verteilt ein Trägergurt um die Hüfte das Gewicht anders. Die Übertragung dieser Idee auf Schul- und Kindergartenrucksäcke bietet maximalen Tragekomfort und entlastet die Rücken der Kinder. Die Unternehmer verbanden dies mit der Idee der Nachhaltigkeit. Mittlerweile haben sie bereits 7,5 Millionen recycelte PET-Flaschen zur Produktion ihrer ergonomischen Rucksäcke verwendet und sich einen guten Ruf im Fachhandel, bei Lehrkräften und Eltern erworben. Sie haben den Markt in kürzester Zeit aufgerollt und beachtliche Marktanteile erkämpft.

Marken sind ohne konkrete Leistung und Geschäftsmodell nicht denkbar. Oft entwickelt sich aber das künftige Geschäftsmodell aus der Stärke der Marke.

Nespresso würde ebenso wenig ohne die Idee der Espressokapseln existieren wie Starbucks ohne die Idee der Coffee Shops mit den vielen ansprechenden Kaffeevarianten. Heute ist allerdings die Marke Nespresso mit spezifischen Inhalten verknüpft und weit verbreitet: An jedem Kontaktpunkt mit Nespresso, von der Kommunikation mit George Clooney bis zu den Nespresso Shops oder den Verpackungen der Espressokapseln, werden Exklusivität und ein gehobener Lebensstil mit Genuss vermittelt.

Die Marke wurde bei den Kunden durch die kohärenten Erfahrungen an diesen Kontaktpunkten aufgeladen und mit einem Image versehen, das

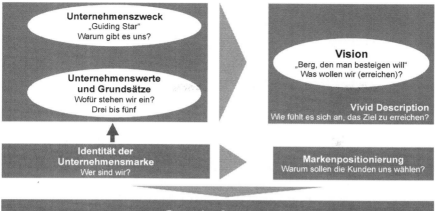

Abbildung 2: Beziehung zwischen Geschäftsmodell und dem normativen Markengerüst

ihre Identität widerspiegelt. Nespresso hat sogar eine eigene Sprache für die Produkte entwickelt. Kunden wissen beispielsweise heute, was »Lungo« bedeutet. So wie es sich mit der Markenidentität verhält, so ist es auch mit der Unternehmensphilosophie und der Vision: Unternehmen geben sich einen normativen Rahmen als Vorgabe ihrer weiteren Geschäftstätigkeit. Die daraus folgende Logik ist klar und überzeugend: Die Maßnahmen und das Geschäftsmodell müssen diesen normativen Rahmen als Vorgabe berücksichtigen.

Bei erfolgreichen Marken wie IKEA oder Hilti zeigt sich eine große Kohärenz zwischen Markenidentität, Unternehmensphilosophie und Geschäftsmodell. Bei Hilti ist das Markenversprechen »Outperform – Outlast« mit herausragenden Produkten und Services auch die Basis des Geschäftsmodells.

Peter F. Drucker betonte zu Recht, dass die häufig gelehrten Managementtechniken wie Outsourcing, Downsizing, Total Quality Management et cetera allzu oft im Fokus der Unternehmen stehen.[53] Hier steht die Frage »Wie mache ich es?« im Vordergrund. Allerdings gewinnt die Frage »Was mache ich?« zunehmend an Bedeutung. Es ist die tiefere Frage nach dem Sinn.

Gerade in Zeiten des Wandels hilft die Sinnfrage. Das Marketing kann den Wandel nicht stoppen. Es sollte ihm allerdings auch nicht erliegen, selbst wenn die Gefahr groß ist. Viele Manager folgen immer neuen, wohlklingenden Managementmethoden, konzentrieren sich stärker auf die eigene Karriere als auf das Unternehmen, betreiben mehr Politik als Sacharbeit, sind immer mehr fremd- statt selbstgesteuert, haben Druck zum kurzfristigen Erfolg und sind zunehmend entkoppelt vom Kunden und dessen Bedürfnissen.

Die Sinnsuche und die Sinnbestimmung einer Marke bleiben oft auf der Strecke.

Kapitel 5

Den Zweck bestimmen und die Grundsätze festlegen

Warum gibt es mich, was treibt mich an?

Der Unternehmenszweck beschreibt die Daseinsberechtigung eines Unternehmens. Die Mission ist somit der Grund für die Existenz des Unternehmens. Sie spiegelt die idealistische Motivation der Mitarbeiter wider, für das Unternehmen zu arbeiten. Sie enthält die Seele des Unternehmens und sollte für mindestens 100 Jahre Bestand haben. Die Mission dient somit als ein wegweisender Stern am Horizont, dem die Mitarbeiter immer folgen, aber den sie nie erreichen.[54]

Um die Mission zu bestimmen, ist es aus meiner Sicht sinnvoll, sich nicht alleine davon lenken zu lassen, was das Unternehmen gerade macht. Dies wäre eine zu enge Fokussierung auf das jeweilige Business und damit auch zu beschränkend für die Zukunft. Da die Mission als Fixstern am Horizont langfristig auf bis zu 100 Jahre ausgerichtet ist, wäre dies nicht sinnvoll.

Reinhold Würth hätte niemals den Zweck seines Unternehmens darin gesehen, C-Teile zu vermarkten. Vielmehr ist es sinnvoll, zu überlegen, was das Unternehmen besonders gut kann, warum es im Markt antritt und was es antreibt. Mit Führungskräften und Inhabern habe ich im Rahmen meiner Beratung deshalb als Mission der Würth-Gruppe die Aussage entwickelt: »Wir lieben das Verkaufen.« Unabhängig von dem jeweiligen Geschäftsbereich oder davon, ob es sich um die rote Würth-Linie oder andere Unternehmen der Würth-Gruppe handelt, treibt alle die Liebe zum Verkaufen an.

Bei 3M lautet die Mission: »We want to solve unsolved problems innovatively.« Es gibt ebenfalls keine Beschränkung auf bestimmte Produkt- oder Dienstleistungskategorien. Wichtig sind das Problem und die Problemlösung. Walt Disney schreibt sich auf die Fahnen: »We want to make people happy.«

Es wird auf den ersten Blick klar, warum diese Missionen als wegweisender Stern am Horizont gelten können und auch keine schnelle Verfallszeit haben: Es wird immer Probleme geben, für die findige Menschen nach Lösungen suchen müssen, ebenso ist es eine andauernde Herausforderung,

Menschen glücklich zu machen. Die Mittel und Wege dazu sind mannigfaltig, sie lassen viel Raum für Wachstum.

Die Mission ist der wegweisende Stern am Horizont.

Für einen Hidden Champion und Weltmarktführer ist in der Zusammenarbeit die Mission »Wir machen das Einfache perfekt« entstanden. Das Unternehmen Wegmann Automotive ist im C-Teile-Bereich tätig. Es lebt von Economies of Scale und von Economies of Scope. Gleichzeitig herrscht ein kreativ-dynamischer Geist. Manager und Mitarbeiter geben sich nie zufrieden mit einer Lösung, sie arbeiten ständig an Verbesserungen. Deshalb meldet das Unternehmen im Verhältnis zur Zahl der Mitarbeiter mehr Patente an als Siemens. Der Inhaber Felix Bode drückt dies plastisch wie folgt aus: »Wir können die Produkte billiger produzieren, als Chinesen sie am Straßenrand schnitzen, und besser machen als jeder andere Wettbewerber.« Das Unternehmen ist getrieben vom »Wie« und nicht vom »Was«.

Wofür stehe ich ein?

Die Unternehmenswerte und -grundsätze sind die essenziellen und dauerhaften Grundlagen eines Unternehmens. Sie definieren, wofür das Unternehmen steht. Sie haben einen intrinsischen Wert und sind für die Mitarbeiter eines Unternehmens wichtig. Es bedarf somit auch keiner externen Validierung. Jedes Unternehmen sollte drei bis maximal fünf Unternehmenswerte und -grundsätze haben. Der Grund ist einfach: Führungskräfte und Mitarbeiter können sich eine kleine Zahl prägnanter Grundsätze besser merken als eine Liste mit vielen. Es hilft aus meiner Sicht auch bei nachhaltigem Handeln.

Robert Bosch ist ein Paradebeispiel für das Leben von Werten und einer bestimmten Haltung. Aussagen wie »Lieber Geld verlieren als Vertrauen« oder »In allen Zweifelsfragen ist stets die Sache über die Person zu setzen, jeder soll mitwirken zum Wohle des Ganzen« zeigen, wie er dachte und was ihm wichtig war. Sie finden sich heute im von ihm 1886 gegründeten Unternehmen, das sich von einer Werkstatt für Feinmechanik und Elektrotechnik zu einem Elektronik- und Technologiekonzern entwickelt hat. Die Werte sind tief verankert. Sie können es spüren, unabhängig davon, ob Sie in einem Werk in Stuttgart oder in Bangalore sind. Ich merke es, wenn ein Bosch-Manager einen Vortrag hält. So unterschiedlich die Charaktere der Manager sein mögen, sie folgen immer einer ähnlichen Nomenklatur.

Wenn der besagte Hidden Champion als einen seiner Grundsätze formuliert: »Wir handeln mit offenem Visier«, dann können Sie sich lebhaft vorstellen, wie es in dem Unternehmen zugeht: nämlich offen und direkt, ohne Duldung politischer Spiele. Das spüre ich dann auch in Sitzungen, in denen ein Mitarbeiter seinem Chef widersprechen kann, wenn er begründet anderer Meinung ist und die beste Idee gewinnt, unabhängig davon, wer sie vorbringt. Wenn ein Grundsatz bei LG schlicht »No to no« heißt, so reflektiert dies ebenfalls eine klare Haltung, mit der Manager und Mitarbeiter nach Antworten suchen, statt darzustellen, warum etwas nicht geht. Und wenn ein Grundsatz bei einem Konzern lautet: »Fehler sind erlaubt – einmal«, so wird schnell klar, dass es sich um keinen Kuschelverein handelt, sondern die Lernkurve jedes Mitarbeiters hoch sein sollte.

Die Unternehmensphilosophie muss im gesamten Unternehmen verstanden und regelmäßig überprüft werden. Sie ist nicht in Steintafeln gemeißelt, sondern stellt eine Hypothese dar.

Hier liegt meiner Meinung nach der Grund für die Fehlentwicklung mancher Unternehmen. Aus meiner Erfahrung gibt es eine Reihe von Fallstricken bei der Ableitung von Unternehmenswerten. Wenn Unternehmensgrundsätze das Innere des Unternehmens verkörpern sollen, müssen sie auch entsprechend klar formuliert sein. Dies ist oft nicht der Fall. Dafür gibt es drei wesentliche Gründe, die besonders häufig bei großen Unternehmen anzutreffen sind:

1. Aus politischer Korrektheit versuchen Manager, einem breiten Spektrum von Anforderungen gerecht zu werden, die extern an ein Unternehmen herangetragen werden. Ein Beispiel ist für mich das Manifest von Nestlé. Hier müssen sich die Leser durch 20 Seiten durcharbeiten. Dies ist zwar politisch korrekt, es stellt sich allerdings die Frage, ob es sinnstiftend nach innen wirken kann.
2. Viele Beteiligte verderben den Brei: Manager einigen sich auf Kompromisse, statt sich auf wesentliche Grundsätze zu fokussieren.
3. Statt einer klaren und unmissverständlichen Sprache, die zum Unternehmen passt, werden weiche Allgemeinplätze formuliert.

Die Unternehmensphilosophie muss authentisch sein, sie kann nicht gefälscht werden. Sie kann nur durch eine Sicht nach innen entdeckt werden. Ich stelle immer wieder fest, dass Manager Unternehmenswerte mit Markenwerten und der Markenpositionierung verwechseln und meinen, die Werte müssten auch eigenständig sein. Das ist falsch. Sie müssen lediglich das Innere des Unternehmens bestmöglich widerspiegeln.

Die Authentizität, die Disziplin und die Dauerhaftigkeit, mit denen die

Unternehmensphilosophie gelebt wird, differenzieren visionäre Unternehmen vom Rest. Die Inhalte der Unternehmensphilosophie sind grundsätzlich wichtiger als deren Formulierung.

Allerdings habe ich die Erfahrung gemacht, dass es sehr hilfreich ist, die Mission und die Unternehmensgrundsätze so prägnant wie möglich zu formulieren. Sie sollten verständlich, merkfähig und in der Sprache des Unternehmens abgefasst sein. So haben wir beispielsweise bei einem Pizza-Franchiseunternehmen die Unternehmensgrundsätze als »ReZEPT für das gute Bauchgefühl« merkfähig gemacht. Jeder der großen Buchstaben steht dabei für einen Grundsatz. Führungskräfte und Mitarbeiter können sich durch diese Brücke die Grundsätze leichter merken.

Unternehmensphilosophie und Kernkompetenzen des Unternehmens sind zwei Paar Schuhe. Die Kernkompetenzen beschreiben, in welchen Bereichen ein Unternehmen gut ist, die Unternehmensphilosophie beschreibt, wofür ein Unternehmen steht und warum es existiert.

Kapitel 6

Die Identität ableiten

Merkmale der menschlichen Identität und der Markenidentität verstehen

Unter der Markenidentität verstehe ich die wesensprägenden Merkmale einer Marke. Sie ist das Selbstbild einer Marke. Das Markenimage reflektiert hingegen das Fremdbild der Marke. Es wird durch die Vermittlung der Markenwerte an den unterschiedlichen Kontaktpunkten mit Kunden und anderen Anspruchsgruppen aufgebaut (Mitarbeiter, Anteilseigner, Lieferanten, Anwohner, Medien und so weiter), sei es durch die Produkte, die Dienstleistungen, die Mitarbeiter oder die Kommunikation. Stimmen Markenidentität und Markenimage überein, besteht ein kohärentes Bild innen wie außen.[55] Das ist das wesentliche Ziel der Markenführung.

Nach George Herbert Mead besteht die Identität eines Menschen nicht von Geburt an. Vielmehr wird sie innerhalb seines gesellschaftlichen Erfahrungsprozesses gebildet.[56] Das ist auch der Grund, weshalb sich eineiige Zwillinge, die bei unterschiedlichen Familien und in unterschiedlichen Umfeldern aufwachsen, trotz gleicher Gene anders entwickeln. Eltern können nicht bestimmen, wie ihre Kinder aussehen sollen, sie können ihnen allerdings durch Sozialisation Werte mitgeben, die ihnen wichtig sind.

Unternehmen können maximalen Einfluss auf die Entwicklung der Markenidentität nehmen: Sie können schon bei der Geburt der Marke entscheiden, wie sie auszusehen hat. Wie bei der menschlichen Identität ergibt sich auch die Markenidentität aus dem Zusammenspiel zwischen der Marke selbst und deren Umfeld. Identität ist somit ein selbstreflexiver Prozess.[57]

Werde, der du bist.

Vereinfacht lassen sich drei Komponenten der Identität unterscheiden:

- Die kognitive Komponente der menschlichen Identität ist das Selbstkonzept. Hier stellen sich Menschen die Fragen: Wer bin ich? Was bin ich? Wie bin ich? Wir können nachprüfbare, also objektivierbare Merkmale

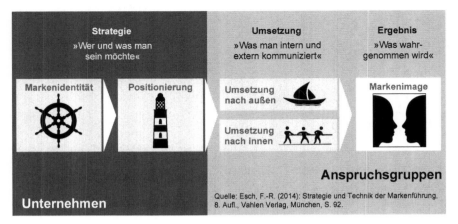

Strategie		Umsetzung	Ergebnis
»Wer und was man sein möchte«		»Was man intern und extern kommuniziert«	»Was wahr-genommen wird«
Markenidentität	Positionierung	Umsetzung nach außen / Umsetzung nach innen	Markenimage

Ansprüchsgruppen

Unternehmen

Quelle: Esch, F.-R. (2014): Strategie und Technik der Markenführung, 8. Aufl., Vahlen Verlag, München, S. 92.

Abbildung 3: Markenidentität als Ziel, Markenimage als Ergebnis

erkennen, zum Beispiel: »Ich bin kleiner als alle meine Mitschüler.«
Oder: »Ich bin intelligenter als alle meine Mitschüler.«

- Die emotionale Komponente der Identität ist das Selbstwertgefühl. Darin spiegelt sich das Empfinden eines Menschen, beispielsweise ob er stolz oder wütend auf sich ist. Die oben genannte Einschätzung »Ich bin kleiner als meine Mitschüler« kann bewertet werden: »Es stört mich, klein zu sein.«
- Selbstideale steckt sich der Mensch, indem er zum Beispiel gerne der perfekte Sohn wäre. Entsprechend finden Entwicklungen und Veränderungen statt. Es ist somit die motivationale Komponente, sich weiterzuentwickeln: „Ich will ein ganz Großer werden."

Die oben skizzierten Ansätze umfassen einige wichtige Aspekte, die dabei helfen können, ein Identitätskonzept für Marken zu entwickeln. Vier Punkte möchte ich gerne festhalten:

1. Eine Markenidentität weist immer harte Merkmale auf, also solche, die objektiv nachprüfbar und bewertbar sind.
2. Eine Markenidentität umfasst auch immer weiche Aspekte, also solche, die mit der Marke verknüpfte Gefühlswelten sowie den sinnlichen Auftritt der Marke betreffen.
3. Eine Markenidentität hat eine Herkunft und eine Historie. Bei der Herkunft geht es um die Region und um die Personen, welche die Marke erschaffen haben, also um die Gründungsgeschichte. Die Historie reflektiert die Lebensgeschichte der Marke. Hier gilt das Motto: Keine Zukunft ohne Herkunft.

4. Eine Markenidentität bedarf auch immer eines Anspruchs, also Weiterentwicklungen, die Unternehmen mit ihrer Marke anstreben, aber noch nicht haben. Die Ambition spiegelt das Ideal, das mit der Marke erreicht werden soll.

Einen guten Ansatz zur vollständigen Erfassung der Markenidentität bietet das Markensteuerrad.[58] Mit dem Markensteuerrad greife ich die oben genannten Punkte auf und erweitere sie um die Perspektive der Anspruchsgruppen, also von Kunden, Mitarbeitern, Anwohnern, Lieferanten, Stakeholdern und so weiter. Bei Marken muss die Identität ähnlich wie bei starken Persönlichkeiten für andere sichtbar werden.

Pilot und Autopilot: die harte und die weiche Seite der Markenidentität

Analog zu den Ausführungen von Mead unterscheide ich zwischen einer weichen und einer harten Seite der Markenidentität sowie einem Kern, zu dem ich später noch komme.

Stellen Sie sich vor, Sie sitzen als Pilot in einem Flugzeug. Bei Start und Landung sind Sie hoch involviert. Sie checken alle Instrumente des Flugzeugs systematisch. Analytisch und logisch sequenziell gehen Sie immer und immer wieder die gleichen Routinen durch. Sie sind gedanklich präsent. Sie möchten einen perfekten Start und eine perfekte Landung. Das ist anstrengend. Sobald Sie dann in der Luft sind, schalten Sie auf Autopilot. Sie achten nur flüchtig und beiläufig auf das, was passiert.

Wenn Sie nun den Piloten mit Ihren Kunden und vielen anderen Anspruchsgruppen vergleichen, geht es diesen bei Ihrer Marke ähnlich: Kunden setzen sich meist nicht aktiv mit einer Marke auseinander, sondern passiv, beiläufig und flüchtig. Doch selbst dann sind eine Prägung und eine Präferenzbildung für eine Marke möglich. Denken Sie nur an Ihr eigenes Verhalten: Oft greifen Sie im Supermarkt nach einer neuen Marke, die Sie vorher vielleicht nur flüchtig in der Werbung gesehen haben, die Sie aber angesprochen hat. Ein kleiner Impuls mag hier schon reichen. Somit spielt der Autopilot eine große Rolle. Um den Autopiloten als Marke auch bedienen zu können, ist es wichtig, klare Signale für eine Marke zu entwickeln und diese konsistent zu kommunizieren.

Der Nobelpreisträger Daniel Kahneman spricht anstatt vom Piloten oder vom Autopiloten von den Denksystemen 1 und 2. *System 1 ist der Auto-*

Abbildung 4: Das Markensteuerrad zur ganzheitlichen Erfassung der Markenidentität

pilot. Er funktioniert schnell und automatisch, ist immer aktiv, emotional und stereotypisierend, vor allem funktioniert er aber unbewusst, also implizit. *System 2 ist der Pilot*, der selten aktiv ist und langsam, logisch, berechnend sowie bewusst arbeitet. System 2 arbeitet explizit. Es ist anstrengend und ermüdend für Menschen, dieses System zu nutzen.[59]

Dies ist auch der Grund dafür, warum bei vielen »Entscheidungen« System 1 abläuft, denn es erfolgt einfach und quasi automatisch. Bevor wir Für und Wider abwägen, hat der Autopilot schon längst entschieden. Die Rationalisierung der Entscheidung erfolgt dann allerdings häufig später durch System 2, spätestens wenn Kunden danach gefragt werden, warum sie sich für Marke A und nicht für Marke B entschieden haben. Die häufigste Rationalisierung kennen Sie alle: wegen der Qualität oder wegen des guten Preis-Leistungs-Verhältnisses. Diese Kenntnisse nutze ich zur Ableitung und Systematisierung der Markenidentität.

Entsprechend unterscheide ich bei dem *Markensteuerrad* zwischen dem linken harten und nachprüfbaren Teil der Marke und dem rechten weichen und emotionalen sowie sinnlichen Teil der Marke. Schließlich gibt es im Zentrum des Markensteuerrads noch einen Kern, der die Markenkompetenz umfasst. Ich starte mit der linken Seite des Markensteuerrads, dem harten und nachprüfbaren Teil.

Hard Facts: What's in it for me?

Bei den Hard Facts zur Marke ist die Frage zu beantworten: »What's in it for me?« Hier sind Nutzen und Eigenschaften für eine neue Marke festzulegen. Das ist nicht trivial. Je systematischer die Analyse angegangen wird, desto besser. Dabei empfiehlt es sich, zunächst alle Eigenschaften und Nutzen aufzuzählen, die Manager mit ihrer Marke verbinden.

Eigenschaften können sich entweder auf das Produkt beziehen, zum Beispiel Allradantrieb bei Audi und die Materialien bei GoreTex, oder auf das Unternehmen, zum Beispiel die SWISS mit dem Sitz in der Schweiz oder Swarovski als Pionier für Kristall.

Aus diesen Eigenschaften können funktionale oder psychosoziale Nutzen für die Marke erwachsen. Ein funktionaler Nutzen wäre bei der HUK-Coburg Versicherung beispielsweise ein gutes Preis-Leistungs-Verhältnis oder eine schnelle Zahlungsabwicklung im Schadensfall. Ein psychosozialer Nutzen wäre hingegen, sich bei einer Marke gut aufgehoben zu fühlen oder einen sicheren Partner an seiner Seite zu wissen, so wie dies bei der Provinzial der Fall ist.

Wichtig ist, dass jeder Kundennutzen durch eine oder mehrere Eigenschaften bewiesen werden kann. Ansonsten liegt kein greifbarer Vorteil für den Kunden vor. Bietet beispielsweise Mercedes »besten Schutz und höchste Sicherheit«, ist dies begründbar durch eine verstärkte Fahrgastzelle, die Zahl der Airbags, die diversen Sicherheitssysteme wie Abstandswarnung und so weiter. Durch diese Prüfung können Manager absichern, dass ihre Marke den Nutzen auch tatsächlich bieten kann.

In Workshops mit Managern habe ich häufig festgestellt, dass die Trennung zwischen Nutzen und Eigenschaften nicht leichtfällt. Viele Manager arbeiten an der Optimierung von Produkteigenschaften, wie etwa den vielfältigen Optionen einer Digitalkamera, und verlieren deshalb den Nutzen für Kunden aus dem Auge, der in der einfachen und intuitiven Bedienbarkeit liegen könnte. Zudem ist es schwierig, Nutzen, die für den Kunden wichtiger und enger mit dessen Wertesystem verknüpft sind, von weniger relevanten Nutzen aus Sicht der Kunden zu differenzieren. Das hilft aber

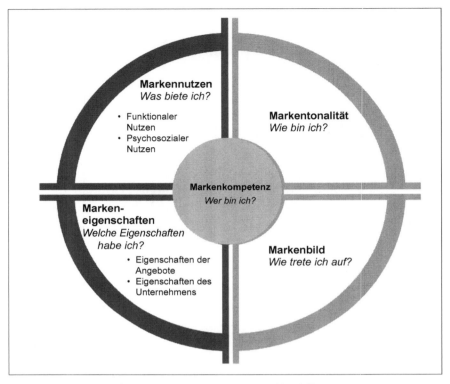

Abbildung 5: Linke Seite des Markensteuerrads: Hard Facts

dabei, sich in der Kommunikation auf die wichtigsten Aspekte zu konzentrieren und die Kunden mit den relevantesten Nutzen zu adressieren. Um sich hierzu einen Überblick zu verschaffen, empfiehlt sich die Anwendung der Leitertechnik.

Mithilfe der Leitertechnik ist es möglich, in einem mehrstufigen Prozess von Eigenschaften über funktionale und psychosoziale Nutzen die Stufen hinaufzuklettern bis hin zu sogenannten terminalen Werten. Die Idee dahinter ist, dass von einer Stufe zur nächsten die Nutzen für die Kunden wertvoller und wichtiger werden. Die höchste Stufe ist die der Werte. Sie können somit einen SUV kaufen, um im Gelände fahren zu können (Eigenschaft), um dem Alltagsleben zu entfliehen und Dominanz zu zeigen (psychologischer Nutzen) oder um Unabhängigkeit zu empfinden (Wert).

Bei Pizza könnte beispielsweise aus den Eigenschaften »ist heiß«, »ist frisch«, »ist gut belegt« sowie »ist knusprig« der Nutzen »schmeckt gut« resultieren. Aus dem Aspekt des »schnellen Lieferns nach Hause« sowie des »zuverlässigen Lieferns« bei einem Pizzaservice folgt der Nutzen »ist bequem«. Aus beiden Nutzen könnte wiederum der übergeordnete psychosoziale Nutzen »sich etwas gönnen« oder »sich etwas Gutes tun« resultieren. Schon entsteht im Ergebnis eine Leiter mit hierarchisch angeordneten Eigenschaften und Nutzen. Kunden rufen wahrscheinlich eher bei einem Pizzaservice an, weil sie sich etwas gönnen wollen und es bequem ist, als wegen der heißen Pizza oder des Geschmacks alleine.

Diese Methode wird als Laddering bezeichnet, weil Sie damit von der untersten Sprosse der Eigenschaften höher zu den Nutzen und anschließend zu den Werten steigen können.[60] Sie funktioniert in jedem Bereich und schafft Klarheit über Beziehungen zwischen Nutzen und Eigenschaften sowie Nutzenhierarchien, die für die Setzung späterer Schwerpunkte in der Umsetzung wichtig ist.

Diese Darstellung schafft Transparenz für Kundennutzen höherer und niedriger Ordnung. Sie dient auch als Richtschnur für die Nutzenargumentation für die Marke in der Kommunikation.

Auch hierzu ein Beispiel aus dem B2B-Bereich: Aus den Nutzen »den Kunden entlasten« sowie »immer eine Lösung finden« entstand der übergeordnete Nutzen »einen Erfolgsbeitrag für unsere Kunden leisten«. Bei der BASF waren sich alle Manager einig, diesen Erfolgsbeitrag für die Kunden leisten zu können.

Soft Facts: How do I feel about it?

Bei den Soft Facts ist zu klären, welche Emotionen mit der Marke verknüpft werden sollen und wie die Marke sinnlich wahrnehmbar zu gestalten ist.

Im erstgenannten Fall steht die Frage im Vordergrund: Wie fühlt sich die Marke an? Konkret geht es darum, festzulegen, wie es sich anfühlen soll, wenn Sie mit der Marke interagieren. Zur Ableitung der mit der Marke verknüpften Gefühle gibt es drei Ansatzpunkte.

Persönlichkeit der Marke erfassen

Die menschliche Persönlichkeit lässt sich anhand von fünf Dimensionen beschreiben. Dies sind Neurotizismus, Introversion/Extraversion, Offenheit für Erfahrungen, Gewissenhaftigkeit und Verträglichkeit. Mithilfe dieser

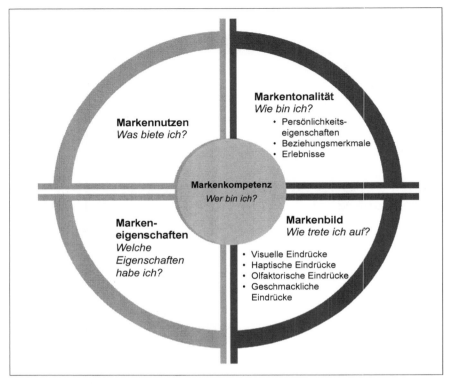

Abbildung 6: Rechte Seite des Markensteuerrads: Soft Facts

Dimensionen lassen sich Menschen jeglicher Hautfarbe und Kultur klassifizieren.

Meine Kollegin Jennifer Aaker hat analog zu den Big Five der menschlichen Persönlichkeit fünf Dimensionen der Markenpersönlichkeit entwickelt, die durch weitere darunter subsumierte Inhalte beschrieben werden (Aufrichtigkeit, Erregung/Spannung, Kompetenz, Kultiviertheit und Robustheit).[61] Drei der fünf Dimensionen der Markenpersönlichkeit stimmen mit den Big Five der menschlichen Persönlichkeit überein.

Die Markenpersönlichkeit als Ansatz zur Beschreibung der emotionalen Seite der Markenidentität ist sehr wichtig, denn Kunden kaufen bestimmte Marken entweder deshalb, weil sie ihre eigene Persönlichkeit reflektieren, oder weil die Marken über eine Persönlichkeit verfügen, die sie sich selbst wünschen.

Wenn Sie wissen, dass die Fahrer eines Porsche 911 im Durchschnitt 56 Jahre alt sind, die Fahrer einer Harley-Davidson sogar noch etwas älter, dann haben Sie möglicherweise eine Vorstellung der Gründe dafür. Es mag die Erfüllung eines Traums sein, die Midlife-Crisis oder schlicht der Wunsch, sportlich wahrgenommen zu werden oder Freiheit und Abenteuer zu spüren. Natürlich hat es auch etwas damit zu tun, dass sich Menschen erst ab einem gewissen Alter und Einkommen solche Fahrzeuge leisten können.

Die Dimensionen der Markenpersönlichkeit sind anders als die Big Five nicht stabil: Sie unterscheiden sich je nach Marke und Produktkategorie.[62] Dennoch sind sie hilfreich als Anregung zur Beschreibung der eigenen Marke. Bei vielen Marken fallen einem automatisch solche Persönlichkeitseigenschaften ein: Apple ist jung, dynamisch, unkonventionell und hip, IBM ist eher alt, seriös und zuverlässig.

Mit der Marke verknüpfte Erlebnisse ermitteln

Hier sind die eigenen Erfahrungen mit der Marke in Worte zu fassen, also die Art und Weise, wie eine Marke erlebt wird. Die Möglichkeiten, Marken mittels spezifischer Erlebnisse zu beschreiben, sind sehr vielfältig. Erlebnisse sind verdichtete Emotionen, die aus Primäremotionen abgeleitet werden. Primäremotionen beschreiben die grundlegenden Gefühle, die Menschen empfinden können.[63] Sie können sich dies analog zu den Farben vorstellen, die alle aus den Primärfarben Rot, Gelb und Blau entstehen. Je nach Emotionsforscher werden zwischen acht und zwölf Primäremotionen unterschieden, die sich jedoch in weiten Bereichen überschneiden. So spricht der Psychologe Robert Plutchik beispielsweise von den Basisemotionen Angst, Ärger, Ekel, Vertrauen, Freude, Traurigkeit, Überraschung und Neugier.[64]

Primäremotionen haben in ihrer Intensität unterschiedliche Ausprägungen, wodurch sich wiederum andere Empfindungen ergeben. Positive Gefühle können beispielsweise Ausprägungen wie Heiterkeit (gering), Freude (mittel) und Begeisterung (hoch) haben. Aus den Basisemotionen lassen sich wie bei einem Malkasten eine Vielzahl von Erlebnissen mischen. So entsteht aus den Primäremotionen Freude und Vertrauen beispielsweise die Sekundäremotion Liebe.

Als ich mit meiner Familie in Disneyland in Paris war, hatte ich Erlebnisse, die ich als inspirierend, unterhaltsam, spannend und lustig empfunden habe; bei meinen Treffen mit Würth-Verkäufern waren meine Erlebnisse geprägt von folgenden Eindrücken: hilfsbereit, hemdsärmelig, partnerschaftlich und kompetent. Dies sind also Sekundäremotionen, anhand deren Erlebnisse mit einer Marke oder mit Vertretern der Marke (im Falle der Würth-Verkäufer) beschrieben werden können.

Beziehung zur Marke festlegen

Sie können zu Marken Beziehungen wie zu Menschen aufbauen. Die Forscherin Susan Fournier hat explorative Interviews bei Menschen zu Hause durchgeführt, um die Rolle verschiedener Marken in deren Leben zu verstehen. Sie konnte auf dieser Basis sieben kennzeichnende Dimensionen der Markenbeziehung identifizieren und ein Repertoire von 15 Beziehungstypen entwickeln, die zur Beschreibung von Markenbeziehungen dienen.[65]

Beziehungen können formeller oder informeller Natur, positiv oder negativ, freiwillig oder auferlegt, kurz- oder langfristig, symmetrisch oder asymmetrisch sowie unterschiedlich intensiv und dauerhaft sein. Daraus entstehen diverse Beziehungstypen. So ist die Beziehung zu Apple fast eine Liebesbeziehung, die zu dem Würth-Verkäufer eher eine freundschaftlich-kumpelhafte und engagierte Partnerschaft, während die zu IBM eher formeller Natur ist und den Charakter einer Zweckehe hat.

Markensignale bestimmen: Wie trete ich auf?

Nur das, was Menschen wahrnehmen, leistet einen Beitrag zum Aufbau und zur Stärkung eines konsistenten Markenbildes. Deshalb ist die Vermittlung der Markeninhalte in sinnlich wahrnehmbare Reize ein wichtiger, aber häufig unterschätzter Schritt.

Das Markenbild selbst wird durch eine Fülle von sinnlich wahrnehmbaren Eindrücken geprägt, die einen Beitrag zur Markenbekanntheit (wiedererkennen, erinnern) oder zum Markenimage leisten. Es geht darum, wie die Marke durch Sehen, Hören, Riechen, Schmecken und Tasten zum Ausdruck kommt.

Solche Eindrücke können durch persönliche Kommunikation – etwa mit einem Verkäufer – oder durch Massenkommunikation, beispielsweise einen YouTube-Spot, aufgebaut werden. Sie können durch die Gestaltung von Gebäuden, Verkaufsräumen, Verpackungen und Produkten, durch das Verkaufspersonal, durch Verkaufsunterlagen bis hin zum Point-of-Sale-Material, Internetauftritte und alle Maßnahmen der Massenkommunikation sinnlich wahrnehmbare Eindrücke zur Marke bei Kunden hinterlassen. Auch Nutzer und Fans Ihrer Marke leisten einen Beitrag zum Aufbau des Markenbildes. Dadurch entstehen bei Ihren Kunden Wahrnehmungsmuster zur Marke, die den automatischen Zugriff auf vorhandenes Markenwissen erleichtern.

Solche Markeneindrücke sind vielfältiger Natur. Bei BMW kann es das Gebäude des Vierzylinders in München oder die BMW-Niere sein, bei Hilti ist es der rote Hilti-Koffer, bei Yello die Farbe Gelb und das prägnante Logo, bei Body Shop die Gestaltung der Läden an sich, bei Intel sind es die »Drumbone«-Töne des Sound-Logos, bei Lindt sind es die Szenen mit den »Maîtres Chocolatiers«, bei Dallmayr ist es das Traditionshaus in München, bei Maggi die typische Flasche, der Farbcode, der Geschmack und der Geruch der Maggi-Würze und so weiter.

Bei der Gestaltung des Markenbildes sind alle sinnlich wahrnehmbaren Eindrücke zu berücksichtigen. Sie gehen weit über bildliche Eindrücke hinaus und umfassen auch akustische Reize, haptische Reize, Geruchs- und Geschmackseindrücke.

Konkret geht es darum, festzulegen,

- welche sichtbaren Zeichen für eine Marke stehen und
- wie sie Eigenschaften, Nutzen und gefühlte Eindrücke der Marke sinnlich erlebbar machen können.

Bei den sichtbaren Zeichen für die Marke geht es um die Signale, die eine Marke klar und unmissverständlich konnotieren. Sie können entweder die Bekanntheit der Marke fördern und quasi ein Hinweisschild im Kopf der Anspruchsgruppen für die Marke hinterlassen oder darüber hinaus auch schon imageprägend wirken, indem sie wesentliche Markenwerte vermitteln.

Werden sichtbare Zeichen zur Erhöhung der Markenbekanntheit genutzt, handelt es sich entweder um bildhafte Markenlogos oder um CD-Merkmale. Beispielsweise sind das Lacoste-Krokodil oder der angebissene Apfel von Apple Hinweisreize für die Marke. Ebenso ist die Farbe Magenta ein Hinweisreiz für die Telekom, genauso wie die Audiomelodie, welche die Digits der Telekom klanglich umsetzt. Die Coca-Cola-Flasche ist durch bloßes Ertasten erkennbar, der Geruch der Maggi-Würze ist ebenso prägnant wie der Geschmack von Tabasco. Alle Sinne können somit durch die Marke angesprochen werden.

Gerade visuelle Reize prägen sich leichter ein als Sprache. Dabei gilt: Je konkreter, desto besser. Dies wird oft falsch eingeschätzt, weil die notwendigen Lernprozesse zur Kopplung von Markenzeichen und Markennamen vergessen werden. So genial der Nike-Swoosh heute erscheint, er war ohne Frage schwerer zu lernen als das Lacoste-Krokodil, weil Letzteres konkret ist und Ersterer abstrakt. Aus der Lernforschung ist jedoch bekannt und belegt, dass konkrete Zeichen immer besser gelernt (und auch behalten) werden als abstrakte.

Werden sinnlich wahrnehmbare Zeichen imageprägend genutzt, geht es um die Vermittlung konkreter Markenwerte. So steht das Beck's-Schiff mit den grünen Segeln und der maritimen Welt für Freiheit, Frische und Männlichkeit des Bieres. Der Song *Sail away* unterstützt dabei dieses Bild nachhaltig.

Viele Eigenschaften und Nutzen erschließen sich dem Nutzer nicht auf den ersten Blick. Insofern ist es wichtig, sie durch sinnliche Reize so zu übersetzen, dass Kunden von den sinnlichen Eindrücken auf die Eigenschaft schließen können. Dadurch werden die Eigenschaften sichtbar gemacht und verstärkt. So kann der Duft des Reinigers Domestos den Eindruck von der Reinigungskraft verstärken oder die Konsistenz der Nivea-Creme den Pflegegedanken unterstützen.

Psychologen sprechen hier von Irradiationen, also Abstrahlungseffekten, durch die von einer beobachtbaren Eigenschaft auf eine nicht beobachtbare Eigenschaft geschlossen wird. Gerade dieses sinnliche Gesamterleben der Leistung einer Marke wird heute immer wichtiger. Nicht zuletzt deshalb investiert Porsche etwa 5 Prozent der Entwicklungskosten für einen neuen Porsche in das Sound-Engineering, damit die Kunden die Sportlichkeit und Power auch hören können.

Bei Miele-Waschmaschinen wird dieser Effekt ebenfalls konsequent genutzt: Miele-Waschmaschinen sind immer schwerer als die Geräte von Wettbewerbern. Kunden schließen automatisch von der Schwere der Maschine auf die Qualität und Haltbarkeit. Ich selbst musste diese »leidvolle« Erfahrung früher in den Semesterferien machen, als ich weiße Ware für ein Handelsunternehmen ausgeliefert habe. Bei Miele wusste ich bereits nach dem ersten Tag, dass die Maschinen deutlich schwerer sind als die der Wettbewerber. Zudem holte ich meist im Tausch eine alte Miele-Waschmaschine ab, die nochmals schwerer als die neue war. Wenn Sie eine solche Maschine in den dritten Stock eines Hauses tragen, ist das eindrucksvoll. Ich war jedenfalls nach diesen Erfahrungen sicher, dass die Qualität herausragend sein muss. Zudem sind Miele-Geräte die einzigen Waschmaschinen mit einer Emailummantelung statt einer Plastikhülle. Auch dies unterstreicht den hohen Qualitätsanspruch der Marke nachhaltig.

Dass der Transfer von Leistung in sinnliche Erlebbarkeit auch im B2B-Bereich wichtig ist, zeigt das Beispiel Leoni. Leoni ist Hersteller von Bordnetzen und Komponenten sowie Fahrzeugleitungen. Kabelstränge und Zubehör von Leoni finden sich bei großen Flugzeugherstellern und bei vielen

Automobilherstellern. Bei Leoni arbeiten eigens Designer, die dafür verantwortlich sind, Kabelstränge mit unterschiedlichen Kabeln zu entwickeln, die in ihrer Anordnung möglichst ästhetisch wirken. Das Unternehmen ist davon überzeugt, dass dies bei den Einkäufern bei vergleichbaren Preisen oft den kleinen Unterschied für den Zuschlag macht. Auch Einkäufer im B2B-Bereich sind nicht frei von Gefühlen.

Gerade wenn es um Erlebnisse geht, ist die sinnliche Vermittlung ein Muss. Nonverbale Eindrücke wirken generell schneller und stärker als verbale Eindrücke. Sie bleiben auch länger haften (mehr dazu in Kapitel 14). Hier ist somit von Beginn an konsequent zu überlegen, wie ein Erlebnis, zum Beispiel das der Exklusivität, in sinnlich wahrnehmbare Reize übersetzt werden kann. Nespresso hat gezeigt, wie es geht.

Die Markenkompetenz als Kern: Wer bin ich?

Mit der Kompetenz werden zentrale Markencharakteristika erfasst. Diese beziehen sich auf

- *Markenhistorie und die Zeitdauer der Marke im Markt.* So verfügt ein Unternehmen wie die BASF mit mehr als 140 Jahren Expertise im Chemiemarkt zweifelsfrei über eine entsprechende Kompetenz, die wiederum andere Qualitäten positiv beeinflussen kann, zum Beispiel den Eindruck einer vertrauenswürdigen und zuverlässigen Marke.
- *Herkunft der Marke.* Die deutsche Herkunft ist für eine Marke wie Mercedes-Benz wichtig, da hiermit auch in anderen Ländern positive Werte verbunden werden. Das können allgemeine deutsche Werte wie Gründlichkeit, Ordnung oder Zuverlässigkeit sein, aber auch Aspekte wie die deutsche Ingenieurskunst. Bertolli steht als italienische Marke hingegen für ein italienisches Lebensgefühl, das Temparent, das »dolce vita« und die Leidenschaft für Genuss.
- *Rolle der Marke im Markt.* Mit dem Marktführer Lufthansa wird eine bestimmte Größe verbunden, entsprechend viele Streckennetze, die mit hoher Frequenz geflogen werden, aber auch Sicherheit, mit einem Marktherausforderer wie Ryan Air hingegen Aspekte wie der billige Preis oder kein Service, aber auch Dynamik und Aggressivität.
- *Zentrale Markenassets*, etwa durch spezielle Produktionsverfahren, Fertigungstechniken, Forschungs- und Entwicklungs-Know-how, Wissensvorsprünge, Kundenzugänge und so weiter. Bei Sony ist dies etwa

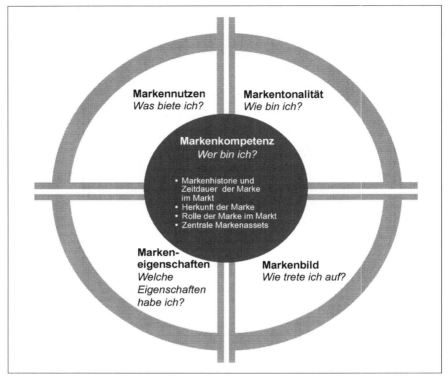

Abbildung 7: Kern des Markensteuerrads: die Markenkompetenz

die Fähigkeit zur Miniaturisierung, bei Apple die Kompetenz der Vereinfachung und des Designs.

Das Ganze ist mehr als die Summe seiner Teile

Bei der Entwicklung der Markenidentität geht oft der Blick für das große Ganze verloren. Manager verlieren sich in Details und prüfen nicht die Passung der einzelnen Teile. Die ist aber deshalb so wichtig, weil sich dann die Teile wie in einem Puzzle nahtlos ergänzen und dadurch ein stimmiges sowie kohärentes Bild ergeben. Mehr noch: Sie stärken sich gegenseitig. Genau dies kann durch Einsatz des Markensteuerrads sichergestellt werden.

Das Beispiel Lindt zeigt dies plastisch: Lindt ist ein Traditionsunternehmen, das Schokoladenkreationen von herausragender Qualität herstellt. »Maîtres Chocolatier depuis 1846«, die Handwerkskunst, das lange Rühren der Schokolade in dem großen Conche (Trog) sind entsprechend Eigenschaften, die mit der Marke verknüpft werden. Der daraus resultierende Nutzen des herausragenden Geschmacks sowie der überraschenden und vielfältigen Kreationen ist eine Konsequenz daraus.

Wenn die Soft Facts der Marke dann mit exklusiv, traditionsreich, hochwertig, kompetent, detailverliebt und gefühlvoll beschrieben werden, wird schnell klar, dass die Inszenierung der Marke in der Kommunikation genau all diese Hard Facts und Soft Facts zum Ausdruck bringt. In den Fernsehspots wird entsprechend die Lindt-Manufaktur gezeigt, in der sich die Konditoren mit Hingabe und Sorgfalt der Entwicklung neuer Geschmackskreationen widmen. Und als i-Tüpfelchen wird dem Lindt-Osterhasen ein Glöckchen umgehängt.

Wie gut das Ergebnis zur neu entwickelten oder geschärften Markenidentität ist, hängt auch stark vom Prozess ab und wie dieser durchlaufen wird.

Abbildung 8: Exemplarisches Beispiel für ein mögliches Markensteuerrad für Lindt

Den Identitätsprozess wirksam durchlaufen

Selbst wenn Manager sich darüber im Klaren sind, wie die Markenidentität erfasst und entwickelt werden kann, garantiert dies noch kein gutes Ergebnis. Das Ergebnis steht und fällt meiner Erfahrung nach mit dem Prozess.

Dieser Prozess variiert natürlich je nach dem, ob es sich um eine Produktmarke oder um eine Unternehmensmarke handelt. Im letzten Fall ist der Prozess wesentlich umfänglicher, weil mehr Personen und Bereiche in den Prozess zu involvieren sind. Der Prozess hängt zudem auch von den Stand in Ihrem Unternehmen ab. Er wird bei einer weiteren Schärfung einer vorhandenen Markenidentität anders sein als bei der Entwicklung einer Markenidentität. Exemplarisch beschreibe ich im Folgenden den Prozess für eine Unternehmensmarke.

Die einzelnen Phasen sind sinnvoll aufeinander aufzubauen. Zudem ist ein Kernteam zu definieren, mit dem die wesentlichen Prozessschritte gemeinsam bewältigt werden. Das Team sollte aus Managern bestehen, die für den Prozess relevante Bereiche des Unternehmens abdecken: bei einem B2B-Unternehmen etwa Forschung und Entwicklung, Vertrieb, Produktion, Marketing, Personal und so weiter. Durch ein solches Team, das die einzelnen Phasen des Prozesses begleitet, wird die Konsistenz und Kohärenz des Ergebnisses verbessert.

Zudem ist rechtzeitig zu eruieren, welche Top-Manager in Einzelinterviews zu ihrer Sicht zur Marke zu befragen sind und ob auch Mitarbeiter in einen solchen Prozess einzubeziehen sind. Last but not least sind auch rechtzeitig Meetings mit dem Vorstand oder der Geschäftsführung ins Auge zu fassen, um regelmäßig über den aktuellen Projektstand berichten und diskutieren zu können.

Innen starten: Identität kommt von innen

Für mich gilt: Mit der Identität ist innen zu starten, nicht außen. Leider habe ich in vielen Unternehmen erlebt, dass der Prozess auf geradezu groteske Weise umgekehrt wird. Ausgangspunkt sind die Ergebnisse von Kundenbefragungen. Die Aufmerksamkeit wird auf Defizite und Optimierungspotenziale gerichtet, welche die Marktforschung für die Marke ausweist. Die daraus gezogenen Schlüsse konterkarieren dann das Wesen der Marke. Zurück zu dem Beispiel SWISS: Die Entscheidung, nach »Destination Excellence« im nächsten Ansatz den Preis zu forcieren, war einer solchen

Defizitstrategie geschuldet. Wettbewerber wie easy jet schnitten in der Marktforschung beim Preis und beim Preis-Leistungs-Verhältnis wesentlich besser ab als die SWISS.[66]

Zudem war erkennbar, dass günstige Tickets für viele Kunden ein Thema sind. Insofern kann der logische Schluss bei einer einseitigen Betrachtung der Kunden und der durchgeführten Marktforschung nicht verwundern. Er schien sinnvoll, war aber dennoch nicht zielführend, weil er nicht den Werten der Marke entsprach. Solche Verhaltensweisen sind jedoch vielen Managern eigen: die einseitige Konzentration auf das, was Kunden wünschen und was Defizite für die Marke darstellt.

Stellen Sie sich vor, Ihr Kind bringt in der Schule schlechte Noten aus dem Mathematikunterricht zurück, hat aber tolle Noten in Musik. Wie ist Ihre Reaktion? Wahrscheinlich werden Sie Ihrem Kind Nachhilfestunden in Mathematik geben, selten gibt es hingegen Förderunterricht für die musikalischen Fähigkeiten. Jetzt können Sie natürlich sagen, dass es für ein Kind wichtig ist, sich in Mathe von einer Vier auf eine Drei oder gar eine Zwei zu bewegen, damit der weitere Karriereweg nicht durch schlechte Noten verbaut wird. Dies ist auch grundsätzlich richtig. Ohne Frage sollten Sie darauf achten, dass Ihr Kind nicht den Anschluss in Mathe verpasst. Aber deshalb verhelfen Sie Ihrem Kind kaum zu einem Genius, wie Einstein ihn hatte, sondern erreichen maximal, dass Ihr Kind durchschnittlich in Mathe ist. Vielleicht haben Sie aber einen neuen Karajan verhindert. Die Kernkompetenz Ihres Kindes wurde eben nicht gestärkt.

Wäre ein Kreativer nicht auf verlorenem Posten, wenn er als Controller eingesetzt würde? Und müssen Sie einen introvertierten, analytischen Mitarbeiter dazu drängen, Vorträge vor großem Publikum zu halten, statt sich intensiv mit Problemen auseinanderzusetzen? In allen Fällen geht es darum, sich auf die Kernkompetenzen der jeweiligen Person zu fokussieren und diese zu fördern, statt auf Biegen und Brechen die Defizite ausmerzen zu wollen. Bei Marken ist es ähnlich. Wesentliche Defizite sind abzustellen, aber nicht in den Vordergrund zu heben. Dies sollte den Stärken vorbehalten bleiben. Die Marke Citroën hat sich jahrelang auf Defizite konzentriert, statt ihre Stärken zu spielen, mit negativen Auswirkungen auf die Marktanteile.

Der Fokus muss auf den Stärken liegen, nicht auf den Schwächen.

Die Stärken stärken: Das sollte das Motto eines Identitätsprozesses sein, nicht die einseitige Konzentration auf die Schwächen. Deshalb sollte der Prozess immer innen – im Unternehmen – starten.

Extern Spiegeln: der Realitätscheck bei Kunden

Nach einer ersten internen Bestandsaufnahme sind im nächsten Schritt diese Ergebnisse zu spiegeln und mit der Wahrnehmung der Kunden und anderer relevanter Anspruchsgruppen abzugleichen. Dieses Vorgehen hat klare Vorteile im Vergleich zu davon losgelösten Imagemessungen. Sie können dadurch exakt die intern ermittelten wesensprägenden Merkmale der Marke, also die Nutzen und die mit der Marke verknüpften Gefühle, bei den Kunden prüfen. Dabei verlassen Sie sich nicht alleine auf branchenspezifische Allgemeinplätze bei der Marktforschung. Stattdessen können Sie genau ermitteln, wo Übereinstimmungen zwischen der internen und der externen Sicht vorliegen und wo sich Diskrepanzen finden. Unter Einbezug des Wettbewerbs lassen sich zudem relative Stärken und Schwächen der Marke ermitteln.

Zudem würde ich auch immer empfehlen, die abgefragten Nutzen (zum Beispiel »baut sichere Autos«) und Gefühle (wie »zuverlässig«) dahingehend zu prüfen, ob sie auch in Zukunft die Markenstärke vorantreiben können. Dies setzt wiederum voraus, dass neben der eigenen Marke die zentralen Wettbewerbsmarken in die allgemeine Markenstärkemessung einbezogen werden (zum Beispiel zur Markenbekanntheit, zum Markenimage, zur Markenbindung, zum Markenvertrauen), um den Einfluss konkret berechnen zu können.

Von den Wurzeln in die Zukunft: Weiterentwicklung der Identität

Keine Zukunft ohne Herkunft! Nach dem Abgleich der internen und der externen Sicht besteht der nächste Schritt darin, die zentralen Markencharakteristika mit Blick auf die zukünftig zu erwartenden Entwicklungen im Markt und die Wurzeln der Marke weiterzuentwickeln und festzulegen. So hat mein Team bei der BASF unterschiedlich ambitionierte Identitätsvorschläge entwickelt und mit den denkbaren Zukunftsszenarien im Markt verglichen, das heißt konkret gegen die Extremszenarien und das Szenario, dessen Eintritt zum damaligen Zeitpunkt am wahrscheinlichsten war.

Nur so lässt sich sicherstellen, dass die Markenidentität hinreichend ambitioniert ist und gleichzeitig zentrale Assets der Marke gewahrt bleiben. Der Grad der Ambition ergibt sich somit einerseits aufgrund der Erwartungen an die Marktentwicklung sowie der Veränderungen der externen Rahmenbedingungen und andererseits daraus, was Manager aus interner Sicht der Marke als Entwicklungspotenzial zutrauen, das realistisch umsetzbar ist.

Folgende *Stolperfallen* bei der Entwicklung einer wirksamen Identität beobachte ich immer wieder. Einige wesentliche Fallstricke und Ansätze zu deren Überwindung möchte ich hier kurz beschreiben.

Den Buy-in wirksam betreiben

Aus meiner Erfahrung ist dies einer der entscheidenden Faktoren, ob ein Identitätsprojekt erfolgreich oder zum Scheitern verurteilt ist. Identität ist keine Spielwiese für das Marketing oder den Bereich Corporate Communication alleine. Oft wird er zwar durch diese Bereiche initiiert, es betrifft allerdings alle im Unternehmen. Deshalb ist frühzeitig zu überlegen, wie Transparenz im Prozess geschaffen werden kann und wer dabei einzubeziehen ist. Der erste Schritt und ein wesentlicher Erfolgsfaktor ist, die Unternehmensführung für den Prozess zu gewinnen. Folgende Punkte sind aus meiner Sicht essenziell:

- Es ist Klarheit zu schaffen über die Bedeutung der Marke für den Unternehmenserfolg. Gerade in B2B-Unternehmen erschließt sich Top-Managern der Beitrag der Marke nicht auf den ersten Blick. Marke wird hier oft gleichgesetzt mit Name und Logo oder Werbung und damit unzulässig reduziert.
- Es ist Klarheit zu schaffen, welche Ziele durch einen Identitätsprozess erreicht werden sollen. Dies ist vor allem dann notwendig, wenn ein Unternehmen bereits erfolgreich unterwegs ist, so wie dies bei den meisten deutschen Mittelständlern der Fall ist.
- Es ist Klarheit zu schaffen über den Prozess, die einzelnen Prozessschritte und die am Prozess Beteiligten. Meist wird die Dauer eines systematischen Prozesses unterschätzt. Vor allem das Top-Management erwartet die Ergebnisse meist schon morgen.
- Es ist Klarheit zu schaffen, wie intensiv die Unternehmensspitze in den Prozess zu involvieren ist. Dies hilft bei der Entscheidungsfindung und bei der späteren Umsetzung. So war sicherlich ein wesentlicher Erfolgsfaktor bei der Markenmigration der Citibank zur TargoBank, dass in regelmäßigen Off-Sites mit dem Vorstand die Entwicklungsstände zur Marke in Ruhe diskutiert werden konnten.[67]

- Es ist Klarheit zu schaffen, was nach der Entwicklung oder Schärfung der Identität nach innen und nach außen zu tun ist, damit diese für alle relevanten Stakeholder sichtbar und erlebbar wird.
- Es ist Klarheit zu schaffen, wie konkrete Erfolgsnachweise im Sinne von Quick Wins zu erbringen sind, um zu zeigen, dass die neue oder veränderte Identität greift. Ebenso sind konkrete Erfolgsmessungen einzuführen, etwa die Veränderung der Markenstärke intern wie extern.

Wer diese Punkte missachtet, baut den Misserfolg in den Identitätsprozess mit ein. Die oben genannten Punkte tragen dazu bei, den Identitätsprozess im Unternehmen weithin sichtbar und transparent erscheinen zu lassen. Dadurch steigt die Wahrscheinlichkeit, dass Belegschaft und Management die Maßnahmen mit Herz und Kopf unterstützen. Ein Kardinalfehler wäre, den Vorstand oder die Geschäftsführung nicht rechtzeitig einzubeziehen. Wem dieser Fauxpas unterläuft, der kämpft auf verlorenem Posten oder verurteilt den Markenprozess als Veranstaltung eines kleinen Kreises Eingeweihter zum Scheitern.

Selbst wenn Prozessablauf, Projektbeteiligte und interne Kommunikation sorgfältig geplant sind, bleiben genügend Fehlerquellen, die den Prozess verlangsamen oder falsche Ergebnisse hervorbringen können. Aus meiner Erfahrung lassen sie sich auf vier Punkte verdichten:

1. Assets werden unterschätzt
2. Kirschen in Nachbars Garten
3. Fantasy World
4. Politik und opportunistisches Handeln

Assets werden unterschätzt

Es ist ein allzu menschliches Phänomen, dass das, was Sie besitzen oder besonders gut können, oft nicht so wertgeschätzt wird. Teilweise sind Sie sich dessen auch gar nicht mehr bewusst, weil es Ihnen in Fleisch und Blut übergegangen ist. Schon Coombs meinte dazu treffend: »Good things satiate, bad things escalate.«[68] Hierzu ein Beispiel aus meiner Erfahrung mit der BASF. Im Rahmen des Identitätsprozesses hatten wir in Workshops mit Managern auf die mehr als 130 Jahre verwiesen, die die BASF im Jahr 2001 bereits auf dem Markt war. Unsere Gesprächspartner taten das Thema schnell ab: »Mit Tradition locken wir in der Chemiebranche niemanden hinter dem Ofen hervor. Das passt eher zu Whisky.« Im Prozess wurde dann aber allen bewusst, was mehr als 130 Jahre bedeuten: Expertise in und für die Chemie, here today, here tomorrow, eine sichere und verlässliche Größe im Markt und so weiter.

Wir stellten zudem fest, dass die Herkunft aus der Pfalz, also der kulturelle Hintergrund, auch die Unternehmenskultur stark beeinflusst und deutliche Verhaltensspuren hinterlassen hat: Pfälzer sind hartnäckig und gehen keinem Konflikt aus dem Weg. Dies zeigt sich auch bei der BASF. Hier herrscht eine ausgeprägte Streitkultur. Manche Entscheidungen dauern länger, weil Mitarbeiter hartnäckig um viele Details ringen. Wenn Mitarbeiter und Manager der BASF sich dann aber auf einen gemeinsamen Nenner einigen, wird dies auch konsequent umgesetzt. Kann die BASF dann immer der Schnellste sein, so wie dies BASF-Manager beim Konkurrenten DOW Chemical bewundern? Wohl kaum. Und damit wären wir beim nächsten Punkt.

Die Kirschen in Nachbars Garten

Viele Manager unterliegen der Versuchung, auf Maßnahmen der Wettbewerber zu schauen und sich in den unterschiedlichsten Bereichen mit ihnen zu vergleichen. Fähigkeiten, Produkte, Sortimente, Prozesse, Innovationen, Erfolge et cetera, die der Wettbewerber vorweisen kann, hätten sie auch gerne. Es besteht der Hang zur Nachahmung von Aspekten, in denen die Wettbewerber besonders stark sind. Was liegt also näher, als diese als konstituierende Merkmale in den eigenen Identitätsprozess aufzulisten? Ihnen ist nicht bewusst, dass sie damit den Identitätsprozess in eine falsche Richtung lenken.

Nach dem Grounding der SWISSAIR entstand die neue Fluggesellschaft SWISS. Bevor wir den dritten und bis heute letzten Prozess zur Festlegung von Markenidentität und -positionierung starteten, hatte die SWISS bereits zwei andere Konzepte im Markt durchzusetzen versucht. In dem ersten Ansatz ging es um den Premium-Anspruch der Airline, der durch die Kampagne »Destination Excellence« vermittelt wurde. Diese Strategie scheiterte aus zwei Gründen: Einerseits widerspricht dieser Ansatz in weiten Bereichen dem Selbstverständnis der Schweizer, die wenig zu Superlativen neigen. Zum anderen konnte das Markenversprechen aufgrund der angespannten finanziellen Situation und daraus resultierenden Kosteneinsparmaßnahmen an Bord nicht eingelöst und zum Leben erweckt werden.

Im zweiten Ansatz erfolgte eine Konzentration auf das Thema »value for money«, wobei bei Kontinentalflügen der Schwerpunkt auf dem Preis lag, während international stärker das Qualitäts-Preis-Verhältnis betont wurde. Die SWISS wollte sich damals unter dem Druck der Billiganbieter auch als günstige Airline positionieren und startete Kommunikationskampagnen, bei denen kontinental und interkontinental mit dem Preis geworben wurde. 80 Prozent der kontinentalen Kommunikation waren plakative Preiskommunikation, interkontinental waren es 60 Prozent aller Sujets.

Im Ergebnis haben dies die Kunden allerdings nicht goutiert, weil es nicht ihren Schemavorstellungen von der SWISS entsprach. Selbst die dominante Preiskommunikation führte nicht zu einer Verbesserung der Imagewerte in diesem Bereich, allerdings wurde dadurch generell die Preissensibilität weiter geschärft.[69]

Fantasy World

Je ehrgeiziger Manager sind, umso eher sehen sie viele Dinge als schon realisiert und vorhanden an, obwohl im Unternehmen erst darüber diskutiert wird, ob dies ein machbarer Weg ist oder nicht. Mir geht es manchmal genauso: In meiner Vorstellungskraft sind viele zukunftsträchtige Projekte schon erledigt. Das hält so lange an, bis mich Kollegen wieder auf den Boden der Tatsachen bringen – Erdung tut gut.

Ein typisches Erlebnis hatte ich bei einem großen deutschen Energieversorger, von dem die Manager steif und fest behaupteten, es handele sich um ein nachhaltiges Unternehmen. Wir nahmen das Thema zunächst in unsere Liste mit den konkreten Nutzen auf, die wir gesammelt hatten, und prüften dann in einem zweiten Schritt, was sich dahinter verbarg. In unserer Methodik heißt dies konkret, dass jeder Nutzen durch Eigenschaften begründbar sein muss. Fehlen Eigenschaften zur Begründung, ist der Nutzen (noch) nicht vorhanden.

Also unterteilten wir Nachhaltigkeit in ökologische, soziale und gesellschaftliche Verantwortung und fragten nach Beweisen dafür. Die Manager mussten konkrete Beispiele, Verhaltensweisen oder Maßnahmen nennen. Das Ergebnis war mehr als dürftig. Ein Beispiel: Zum Thema Ökologie wurde eine Fischtreppe an einem Fluss genannt, die das Unternehmen bauen musste. Eine Fischtreppe dient dazu, den Fischen bei der Fischwanderung zu ermöglichen, Stauwehre zu überwinden und einen Fluss hinauf- oder herunterzuschwimmen. Dies alleine ist nicht gerade ein überzeugendes Argument für Nachhaltigkeit, weil es schlicht eine Auflage für das Unternehmen darstellte. Fakten schaffen Klarheit am konkreten Fall.

Damit erwies sich die Nachhaltigkeit zunächst als Mär und im ersten Schritt als nicht haltbar für die Markenidentität. Gleichwohl bedeutet dieses Ergebnis einer nüchternen Bestandsaufnahme nicht zwingend, das Thema Nachhaltigkeit aufgeben zu müssen. Gewinnt das Thema Nachhaltigkeit für Kunden an Bedeutung, kann es für Unternehmen zweckmäßig sein, sich als Ganzes in eine nachhaltige Organisation zu entwickeln. Allerdings zeigt dann die nüchterne Bestandsaufnahme, dass dies ein langer Weg ist, bis die Marke auch wirklich als nachhaltig wahrgenommen wird, und dass die Manager viel Energie darauf verwenden müssten.

Politik und opportunistisches Handeln

Identitätsprozesse stellen für viele Manager ein Sprungbrett dar. Insofern ist es naheliegend, dass sie versuchen, in einem solchen Prozess ihre eigenen Interessen zu platzieren und durchzusetzen. Konkret geht es also darum, den Identitätsprozess als Vehikel für seine eigenen Themen zu nutzen, um sich selbst dadurch zu platzieren.

Markus Langes-Swarovski, Geschäftsführer beim Kristallunternehmen Swarovski, erzählte mir einmal abends bei einem Glas Wein von solchen Beeinflussungsversuchen. Er nannte sie »seducing and corrupting« – Verführen und Korrumpieren.

Dagegen hilft am Ende nur nüchternes Bewerten nach harten Kriterien, zum Beispiel, inwiefern dies im Ist-Status eine wichtige Rolle für das Unternehmen spielt und wie stark diese Eigenschaft auch wirklich ausgeprägt ist – und zwar unbeeinflusst voneinander, jeder für sich im Kernteam. Unbeeinflusst heißt hier, dass eben nicht in Gruppen endlos darüber diskutiert wird, sondern nach einer kurzen Erörterung aller relevanten gesammelten Eigenschaften diese nach den oben beispielhaft genannten Kriterien durch Punktevergaben bewertet werden.

Kapitel 7

Die Position und den Fokus bestimmen

Warum sollen Kunden mich kaufen?

Al Ries und Jack Trout schreiben in ihrem Klassiker *Positioning* treffend, worum es bei der Positionierung von Marken geht:[70] einen einzigartigen und relevanten Platz in den Köpfen der Kunden zu erobern, mit dem sich die eigene Marke von Wettbewerbsmarken abgrenzt. Dabei gilt die bekannte Weisheit:

Der Köder muss dem Fisch schmecken, nicht dem Angler.

Es geht darum, als Marke aus Sicht der Kunden so attraktiv zu sein, dass sie gegenüber den Wettbewerbern präferiert wird. Positionierung heißt Fokussierung, also die Konzentration auf wenige relevante Merkmale, bei denen die Marke besser wahrgenommen werden soll als die Wettbewerber.

Genau diese Fokussierung fällt Unternehmen schwer. Ich konnte schon in meinen frühen Jahren bei einem professionellen Unternehmen wie Procter & Gamble erleben, dass mit zunehmenden Wechseln der für eine Marke verantwortlichen Manager die Zahl der Positionierungseigenschaften zunahm. Es wurden immer weitere Eigenschaften hinzugefügt, ohne alte zu streichen. Sicherlich kann dies als Form der Risikominimierung aufgefasst werden, es ist aber nicht im Sinne der Marke.

In einer von ESCH. The Brand Consultants durchgeführten B2B-Studie wurden von den verantwortlichen Managern im Durchschnitt mehr als zehn Positionierungseigenschaften für ihre Marke genannt,[71] darunter Allgemeinplätze wie Qualität, Service oder Zuverlässigkeit. Offensichtlich fällt es Managern schwer, sich zu fokussieren. Fokussierung ist natürlich immer auch mit einem Risiko verbunden, aber ohne sie wird es dem Kunden überlassen, zu entscheiden, wofür seiner Meinung nach die Marke steht. Im schlimmsten Fall entsteht überhaupt kein klares Bild von der Marke.

Viele große Persönlichkeiten haben mehr als eine Fähigkeit. Sie haben aber alle gemein, dass sie sich sehr früh auf eine besondere Fähigkeit fokussiert haben: Thomas Mann auf das Schreiben, Albert Einstein auf die Physik und Auguste Renoir auf das Malen. In seinem Buch *Die Sieger* zeigt Wolf Schneider klar, dass die Konzentration auf eine Sache und deren Verfolgung mit höchster Disziplin und Fleiß ein zentraler Erfolgsgarant ist.[72]

Zwar gibt es auch hier Ausnahmen, die sogenannten Multitalente wie Leonardo Da Vinci, der Künstler, Anatom, Ingenieur, Fertigungsbaumeister, Kartograph und Ornithologe war. Seine Bilder ließ er oft von Schülern zu Ende malen. Er wäre fast ein Unbekannter geblieben, wäre er noch etwas weniger zielstrebig gewesen. Insofern gibt es auch viele Halbgenies, von denen wir nichts wissen, weil sie sich verzettelt haben und nicht die Arbeitsdisziplin, den Willen zur Leistung, die Kraft zur Vollendung und die Konzentration auf das eine große Ziel hatten.

Ohne klaren Fokus keine Wirkung: Konzentration ist der Schlüssel zum Erfolg.

Diese großen Persönlichkeiten können Marken als Vorbild dienen. Sie machen es ihren Anhängern leicht, sie zu mögen und zu verehren, weil die Menschen wissen, wofür sie stehen. Eine Komposition von Mozart klingt nun einmal anders als eine von Beethoven, der Schriftsteller Grass schrieb anders als Böll und so weiter.

Stellen Sie sich einfach vor, jemand würde Ihnen Bälle zuwerfen, und Sie sollten versuchen, möglichst viele davon zu fangen. Je mehr Bälle Sie zugeworfen bekommen, umso weniger werden Sie fangen können. Sind es hingegen nur zwei Bälle oder gar einer, ist die Fangwahrscheinlichkeit sehr hoch.

Die Idee der Positionierung ist klar: Wenn Ihre Marke eine einzigartige Position in den Köpfen der Kunden einnehmen soll, ist eine Fokussierung auf wenige relevante Eigenschaften notwendig. Dies setzt eine Differenzierung in Points of Parity und Points of Difference voraus.[73] Anders formuliert: Wo möchten Sie mit der eigenen Marke besser sein als der Wettbewerb (Points of Difference), wo hingegen ähnlich gut wie der Wettbewerb (Points of Parity)?

BMW hätte niemals zu Mercedes-Benz aufrücken können, wenn es die gleichen Positionierungseigenschaften belegt hätte. Prestige und Sicherheit sind klar Werte, die Mercedes-Benz für sich beanspruchen kann. Es war eine kluge Entscheidung, sich auf die Positionierungseigenschaften Sportlichkeit, Dynamik und Freude zu fokussieren, die im Laufe der Jahre eng mit der Marke verknüpft wurden. Natürlich ist ein BMW auch sicher und ohne Frage können Sie mit einem Mercedes auch schnell fahren, allerdings sind dies in beiden Fällen Points of Parity – die Kaufentscheidung treffen Sie aus anderen Gründen.

Idealerweise sollte jeder Mitarbeiter in einem kurzen Satz mit fünf bis neun Wörtern sagen können, warum Kunden die Marke wählen sollen.

Bei Swarovski lautet der Satz: »Swarovski bringt mich zum Staunen und inspiriert.« Dieser Satz bringt einerseits zum Ausdruck, was das Unternehmen besonders macht, nämlich die hohe Kreativität, gepaart mit höchster Handwerkskunst. Zudem ist er relevant für die unterschiedlichen Geschäftsbereiche und Kundensegmente. Bei den B2B-Kunden empfinden Designer und die großen Modelabels Swarovski als Quell der Inspiration. Es ist die Marke, die am häufigsten auf den Laufstegen der Modeschauen vertreten ist. Die B2C-Kunden können mit Schmuck ihren Lebensabschnittspartner oder sich selbst erfreuen, Sammler können sich einen Kristallelefanten für ihre Vitrine kaufen. Zudem grenzt dies Swarovski von den Wettbewerbern aus der Türkei und Ägypten ab, die nachahmen, während Swarovski den Anspruch hat, die Trends im Markt zu setzen. Dies ist die Prämisse dafür, Menschen zum Staunen zu bringen und zu inspirieren.

Das Beispiel Swarovski zeigt, dass es vier Anforderungen zu erfüllen gilt.

Besonderheiten des Angebots herausstellen

Bei innovativen Produkten mit neuen und für den Konsumenten relevanten Eigenschaften ist schnell geklärt, welche Besonderheit durch Marketingmaßnahmen herausgestellt werden soll. In dieser beneidenswerten Lage sind jedoch nur wenige Anbieter. Die für die Positionierung geeigneten Eigenschaften von Produkten und Dienstleistungen zu finden ist meistens eine schwierige Aufgabe. Es gibt zwei klassische Ansatzpunkte dafür:

Die Marke kann an sachliche und funktionale Eigenschaften ihres Angebots anknüpfen. Sie ist dann mehr oder weniger informativ angelegt. Geox-Schuhe sind ein Beispiel dafür: Hier wurde die sachliche Information »atmungsaktiv« als USP (Unique Selling Proposition) ins Zentrum der Kommunikation gesetzt.

Bei Gütern, die auf geringes Interesse (Involvement) der Konsumenten stoßen, können es auch ganz nebensächliche Eigenschaften sein, wie das Loch in einer Pfefferminzrolle (Polo, USA), die Farbe einer Zahnpasta (Signal) oder die Verpackung einer Schokolade (Ritter Sport: quadratisch, praktisch, gut).[74]

Solche Eigenschaften können als kleiner Vorteil ausreichen, um das

Angebot in der Wahrnehmung der Konsumenten gegenüber der Konkurrenz abzuheben. Ich erinnere mich noch gut an den Polo-Spot in den USA, wo das Pfefferminzbonbon mit dem Loch in der Mitte neben einem herkömmlichen Pfefferminzbonbon in einem Windkanal befestigt wurde. Anschließend wurde gezeigt, wie bei Polo der Wind durch das Bonbon hindurchfegte und bei dem herkömmlichen Bonbon an der Oberfläche abprallte. Dies galt dann als Begründung, warum Polo frischer ist als andere Pfefferminzbonbons. Trivial, aber wirksam.

Es ist allerdings gefährlich, krampfhaft nach solchen Vorteilen zu suchen, wenn sie den Konsumenten nicht sinnvoll vermittelt werden können. Bei ausgesprochenen Low-Involvement-Gütern kann auf das Hervorheben von Besonderheiten verzichtet werden. Die Aktualität des Angebots genügt dann als Anlass zum Kauf.

Die Marke kann sich ein besonderes Erlebnisprofil geben. Manchmal wird dann von »kommunikativer Positionierung« gesprochen (UCP = Unique Communication Proposition). So vermittelt Axe das Erlebnis »zieht Frauen magisch an«, Dallmayr vermittelt das Erlebnis von Tradition und Exklusivität und Ramazzotti das Lebensgefühl Italiens.

Unabhängig von der sachlichen und funktionalen Qualität oder nur lose damit verknüpft vermittelt die Kommunikation dann emotionale Erlebnisse und Erfahrungen, die mit der Marke verbunden werden sollen und von den Konkurrenzprodukten nicht geboten werden.

Für Kunden attraktiv sein

Die Besonderheit der Marke zur Positionierung muss von den Konsumenten stets als attraktive Eigenschaft wahrgenommen oder erlebt werden.

Hier liegt ein neuralgischer Punkt der Positionierung: Allzu oft stellt die Kommunikation Produkteigenschaften und Erlebnisse in den Vordergrund, die mehr das Engagement des Anbieters für seine Produkte oder die emotionale Erfahrungswelt eines Kreativen zum Ausdruck bringen als die Interessen und Wünsche der Konsumenten. Dies bestätigen Untersuchungsergebnisse von Karl-Heinz Sebastian und Hermann Simon, wonach die Vorstellungen der Manager und der Kunden bezüglich relevanter Eigenschaften oft auseinanderklaffen.[75] »Anbieter neigen dazu, in Produkteigenschaften zu denken, aber die Konsumenten kaufen keine Produkteigenschaften, sondern subjektiven Produktnutzen.«[76]

Zu dieser wichtigen Differenzierung meinte bereits Charles Revson (Gründer des Kosmetikunternehmens Revlon) treffend: »*In the factory we make cosmetics, but in the stores we sell hope.*« Ebenso klar differenzierte Leo McGinneva zwischen Eigenschaften und Nutzen: »Kunden wollen keine Viertelzoll-Bohrer. Sie wollen Viertelzoll-Löcher.«

Schon zu Beginn der 80er-Jahre waren auf manchen Märkten 50 bis 60 Prozent der Konsumenten der Ansicht, dass die Werbung nebensächliche und unbedeutende Informationen über die Marken herausstellt.[77] Es darf deshalb nicht überraschen, dass nach Analysen von BBDO über viele Produktkategorien hinweg eine hohe wahrgenommene Markengleichheit herrscht.[78] Die Markengleichheit wurde für das Jahr 2009 über alle untersuchten Kategorien hinweg mit 64 Prozent angegeben.

Wenn Sie auf der Suche nach Eigenschaften und Erlebnissen sind, die für den Konsumenten wichtig sind, ergibt sich oftmals folgendes Problem: Die Idealvorstellungen der Konsumenten werden häufig durch die Marktforschung ermittelt. Die Marktforschung gibt aber nur die derzeit auf dem Markt verbreiteten Ansichten über Produkte und Dienstleistungen wieder. Dies ist eine Betrachtung des Marktes und der Kundenbedürfnisse durch den Rückspiegel. Zudem geben sich Kunden in solchen Befragungen meist rationaler, als sie sich tatsächlich verhalten.

Positionierung ist jedoch stets zukunftsorientiert, sie soll den Interessen und Wünschen der Konsumenten von morgen entsprechen. Die auf einem Markt vorherrschenden Idealvorstellungen von einem Produkt oder einer Dienstleistung werden oft von Klischees geprägt, welche die derzeitige Kommunikation – insbesondere die des Marktführers – vermittelt. Wer sich bei der Positionierung zu stark an der Marktforschung orientiert, übernimmt leicht Branchenklischees, die veraltet und verbraucht sind, und macht seine Marke dadurch austauschbar.[79]

Die Kosmetikindustrie ist ein Beispiel dafür, wie Unternehmen den Vorgaben der Marktforschung folgen und dadurch leicht in der Austauschbarkeitsfalle landen. Verkauft werden hier Schönheit und Pflege, die in Szene gesetzt werden. Das Ergebnis ist vorprogrammiert. Wir kennen alle die Schönheitsideale, die uns in der Kommunikation anlachen: die perfekte Frau, gertenschlank, sportlich, faltenfrei und so schön wie Heidi Klum oder Claudia Schiffer. Viele Frauen eifern diesen Idealen nach. Die Realität sieht jedoch oft anders aus. Der Blick in den Spiegel auf den nicht durch das Fitnessstudio gestählten Körper zeigt das wahre Leben: Falten, die das Leben ins Gesicht gebrannt hat, ein paar Kilo Winterspeck zu viel. Dove hat genau dieses Muster bei der Repositionierung der Marke infrage gestellt. Daraus entstand die Initiative für wahre Schönheit. Traditionelle

Stereotype wurden über Bord geworfen. Stattdessen wurden echte Frauen jeder Couleur eingesetzt. Dove bekennt sich als Marke zur inneren Schönheit. Die Marke wird zum Anwalt aller Frauen, die nicht dem Diktat der Medien unterliegen, sondern selbst bestimmen, was für sie schön und vor allem gut ist.

Die Initiative für wahre Schönheit ist mehr als nur eine etwas andere Werbung. Sie ist ein Bekenntnis, das die Marke glaubwürdig lebt. Wichtige Themen rund um Ernährung und Schönheit werden belegt. So werden beispielsweise Präventionsprogramme in Schulen gegen Essstörungen gefördert. Mut, Relevanz und Glaubwürdigkeit führten Dove zum Erfolg: Die gestützte Markenbekanntheit stieg alleine bei Körperpflege in drei Jahren nach dem Markenrelaunch von 48 auf 66 Prozent. Wichtige Imagewerte wie »selbstbewusst« bewegten sich um fast 10 Prozentpunkte nach oben. In einem stagnierenden Markt wuchs die Marke Dove um 23 Prozent.[80]

Sich von der Konkurrenz abheben

Nehmen wir einmal an, Sie erfahren durch die Marktforschung tatsächlich, welche langfristig wirksamen Ansprüche die Konsumenten an ein Produkt oder an eine Dienstleistung stellen. Diese Erkenntnis ist in der Regel allen konkurrierenden Anbietern zugänglich. Es besteht dann die Gefahr, dass Produkteigenschaften und -erlebnisse, die diesen Ansprüchen in ganz besonderem Maße entsprechen, von allen Anbietern herausgestellt werden. Gerade solche wichtigen Produkteigenschaften und -erlebnisse sind deswegen mit höchster Vorsicht für die Positionierung heranzuziehen.

In den USA wurden die Mundwassermarken Fact, Vote, Que und Reef ungefähr zur gleichen Zeit mit den gleichen Argumenten positioniert: »bakterientötend« und »wohlriechend«.[81] Die stets an der Vergangenheit orientierte Marktforschung hatte nachgewiesen, dass gerade diese Eigenschaften für die Konsumenten besonders wichtig waren. Durch die übereinstimmende Positionierung der vier Marken kam es zu einer verheerenden Konkurrenzsituation mit hohen kumulierten Verlusten. Dies verdeutlicht einen Reinfall, der durch unzureichende Einsicht in Probleme der Positionierung sowie durch unzureichende Einschätzung der Konkurrenz verursacht wurde.

Ich empfehle, vorsichtig mit der ewiggestrigen Marktforschung umzugehen. Sie fördert Klischeevorstellungen, die für die Positionierung gefährlich sind. Zudem sollte stets die zukünftige Marktsituation antizipiert werden.

Die Positionierung ist immer auf die Zukunft gerichtet.

Die zur Positionierung erforderliche eigenständige Strategie ist auf die Entwicklung neuer, zukunftsbezogener Konzepte angewiesen. Die Positionierung erhält dadurch spekulative Elemente, die zwar durch die Anwendung von sozialtechnischen Erkenntnissen verringert, aber nicht umgangen werden können. Das Aufbauen auf Ergebnissen der Marktforschung täuscht meist lediglich Sicherheit vor.

Mein ehemaliger Doktorand Rainer Elste und ich führten am Institut für Marken- und Kommunikationsforschung eine Studienreihe durch, welche die Bedeutung einzigartiger und relevanter Attribute eindrucksvoll belegt.[82] Basis für unsere Untersuchung war eine amerikanische Studie, wonach eine Gesichtscreme mit Kaviar bevorzugt wurde, obwohl die Probanden die Eigenschaft »mit Kaviar« als trivial bewerteten. Wir zweifelten diese Ergebnisse an, weil wir davon ausgingen, dass jeder weiß, wie teuer Kaviar ist, und daraus schließt, dass es eine besonders luxuriöse Creme sein muss. Deshalb prüften wir in unserer Studienreihe die Wirkung trivialer und relevanter Eigenschaften, die entweder einzigartig waren, also nur von einer Marke kommuniziert wurden, oder nicht.

Den Ergebnissen zufolge verbessern einzigartige Attribute die Einstellung zu einer Marke positiv – und dies sowohl für High-Involvement-Produkte (Digitalkameras) als auch für Low-Involvement-Produkte (Joghurt). Dieser Effekt ist stärker bei schwachen Marken (Ricoh-Kameras und Elite-Joghurt) als bei starken Marken (Canon-Kameras und Müller-Joghurt), weil starke Marken bereits über ein ausgeprägtes Markenimage verfügen, das schwerer zu steigern ist.

Einzigartigkeit alleine reichte aber nicht aus: Die Eigenschaften müssen auch für die Kunden relevant sein. Bei Joghurts war beispielsweise eine wenig relevante Eigenschaft eine Verpackung, bei der ein Joghurt 24 Stunden außerhalb des Kühlschrankes die Temperatur hielt, während eine relevante Eigenschaft darin lag, das Krebsrisiko nachhaltig zu senken. Bei Digitalkameras war eine unwichtige Eigenschaft die E-Mail-Funktion, während eine wichtige Eigenschaft die beste Bildqualität war. Verfügte eine schwache Marke über eine einzigartige und für Kunden wichtige Eigenschaft, war die Einstellung gegenüber einer solchen Marke sogar besser als gegenüber einer starken Marke, der diese Eigenschaft fehlte. Zudem kann durch Kommunikation, in der diese Eigenschaft klar kommuniziert wird, der Effekt nochmals verstärkt werden. Dies erklärt sicherlich den Erfolg von Marken wie Actimel Joghurtdrink (stärkt Abwehrkräfte) sowie Activia Joghurt (fördert die Verdauung), die auf eine solche Strategie gesetzt haben. Umgekehrt ist infrage zu stellen, ob ein Regenschirmhalter bei einem Auto (Skoda) ein wichtiges Element zur Differenzierung ist.

Langfristige Positionen aufbauen

Eine Positionierung ist mittel- bis langfristig anzulegen. Das erfordert ein Konzept, das nicht alle zwei Jahre geändert wird.

Ein eklatanter Widerspruch zum strategischen Denken liegt vor, wenn sich die Marketingmaßnahmen im Ausgleich von Imagedefiziten erschöpfen. Häufig werden zur Analyse des Markenimages Imageuntersuchungen durchgeführt und dabei Defizite im Vergleich zum Image der Konkurrenten oder zum Idealimage festgestellt. Viele Unternehmen entdecken zum Beispiel zurzeit einen Mangel an »Jugendlichkeit« und an »Dynamik«. Sie weisen dann der Kommunikation die Aufgabe zu, solche Imagedefizite auszugleichen.

Ein solcher Ausgleich von Imagedefiziten durch Kommunikation ersetzt allerdings kein strategisches Konzept.[83] Er spiegelt vielmehr ein reaktives Marketing wider. Das Unternehmen reagiert – in taktischer Weise – auf die Wahrnehmung der Abnehmer. Es rennt bloß dem Ausgleich von Imagedefiziten hinterher. Ist die Werbung nach einiger Zeit erfolgreich und das Imagedefizit ausgeglichen, so werden wieder andere Imagedefizite sichtbar und zum Gegenstand der Kommunikation. So folgt zum Beispiel auf das Defizit an Dynamik (ausgeglichen durch eine Kommunikation mit der Darstellung von Jugendlichen) ein Defizit an Zuverlässigkeit (das nun durch eine Kommunikation mit seriösen Präsentern ausgeglichen wird) und so weiter.

Auf diese Weise erreicht das Unternehmen niemals eine klare Position. An die Stelle einer Imagedefizitausgleichswerbung sollte eine strategisch angelegte Kommunikation treten, mit der eine eigenständige Position des Unternehmens angestrebt wird. Diese führt meist auch zur Abschwächung von Imagedefiziten.

Der Grund liegt auf der Hand: Ein klareres Markenimage hat meist auch positive Ausstrahlungseffekte auf Eigenschaften, die nicht explizit angesprochen werden. Zudem ist es möglich, durch die Gestaltung der Werbung nebenbei Imagedefizite auszugleichen, ohne das Hauptziel einer langfristigen und eigenständigen Positionierung aufzugeben. Der Ausgleich von Imagedefiziten sollte somit als Nebenbedingung für eine Werbestrategie gesehen werden und nicht als selbstständiges strategisches Kommunikationsziel.

Die Kommunikation für die Automobilmarke Citroën stellt ein typisches Beispiel für eine Defizitausgleichsstrategie dar. So wurde unter anderem ein wahrgenommenes Defizit hinsichtlich der Sicherheit des Automobils durch die Betonung der Sicherheit in der Kommunikation und ein anderes Defizit bezüglich der Erwartungen der Konsumenten durch den Slogan angesprochen (»Mehr als Sie erwarten«). Zweifelsfrei wäre hier eine Konzentration auf die Stärken der Marke, die vor allem in einem bequemen und komfortablen Fahren »wie in einer Sänfte« liegen, besser gewesen.

Gegen das Konzept der Langfristigkeit wird häufig verstoßen, entweder weil nicht hinreichend Zeit für die Ableitung der Positionierung vorhanden ist beziehungsweise eingeplant wird oder weil der Positionierung nicht genügend Zeit zur Durchsetzung gegeben wird. Ein Indikator dafür sind häufige Kampagnenwechsel.

Bei Mercedes-Benz hat sich Kontinuität zweifelsfrei ausgezahlt: Jedes Jahr führt *Auto, Motor und Sport* europaweit eine Befragung bei automobilbegeisterten Lesern durch und fragt nach Imageeigenschaften von Automobilmarken. Beim Thema Sicherheit ist Mercedes-Benz unangefochten vorne, die Werte verändern sich seit Jahren praktisch nicht, die Wettbewerber Audi und BMW liegen deutlich abgeschlagen dahinter. Interessanterweise ist beim Thema Sportlichkeit die Ausprägung von Mercedes-Benz eher mittel ausgeprägt, selbst dann, wenn Mercedes-Benz in der Formel 1 gewinnt. Hingegen sind die Werte von BMW seit Jahren unverändert hoch in puncto Sportlichkeit.

Positionierung oder Segmentierung: Was kommt zuerst?

Teilweise herrscht Uneinigkeit darüber, ob mit der Segmentierung zu beginnen ist oder mit der Markenpositionierung. Viele Marketingbücher sind didaktisch so aufgebaut, dass das Segmentierungskapitel immer vor dem Marken- und Positionierungskapitel kommt. Der Grund: Zuerst wird über die Kunden und deren Bedürfnisse sowie Verhalten geschrieben, bevor darauf aufbauend Strategien abgeleitet werden. Richtig ist natürlich, dass ein tiefes Verständnis der Kundenbedürfnisse grundlegend für die Ausrichtung von Unternehmen ist, da es letztendlich immer darum geht, diese Bedürfnisse zu befriedigen.

Allerdings können Segmentierungsansätze insofern fehlleiten, als sie zu dem Schluss verleiten könnten, für jede neue Zielgruppe eine neue Positionierung zu entwickeln. Man könnte sich sogar die Frage stellen, ob eine Marke nicht gegenüber jeder Zielgruppe anders auftreten soll. Schließlich bietet die Digitalisierung zunehmend die Möglichkeit der Individualisierung mit zielgenauer Ansprache. Genährt wird diese Überlegung durch Segmentierungsdarstellungen, bei denen die Zielgruppen in bestimmten Segmenten durch völlig andere Werteräume oder Emotionen oder Nutzen beschrieben werden können.

Dazu habe ich eine klare Meinung: Nehmen wir beispielsweise die Marke BMW. Die Kundensegmente für den 1er, den 2er Active Tourer, den 3er, den 5er oder den 7er müssen sich zwangsläufig unterscheiden. Es ist ja gerade das Ziel, die Marke durch neue Modellreihen attraktiv für Kundengruppen zu machen, die bislang keinen BMW gekauft haben, weil es für ihre Ansprüche noch kein Angebot von BMW gab. Kaufen nun neue Kunden den Active Tourer und entscheiden sich somit bewusst gegen die B-Klasse von Mercedes-Benz, so ist dies eine Wahl aufgrund der Positionierung der Marke BMW, die sie in einem solchen Fall gegenüber Mercedes-Benz vorziehen würden.

In der Konsequenz bedeutet das:

- Die Positionierung gibt immer die Leitplanken vor.
- Aus der Positionierung ist abzuleiten, welche Kundensegmente mit einer Marke angesprochen werden können und welche nicht, weil es möglicherweise der Marke schadet.
- Die Anpassung der Positionierung an die jeweilige Zielgruppe in einem neuen Kundensegment besteht darin, dass die Positionierungseigenschaften ergänzt werden um relevante Ansprachen (verbal, visuell, durch das Angebot selbst) für diese Zielgruppe. Somit sollte ein Active Tourer schon praktischer und bequemer sein als der herkömmliche BMW, allerdings dennoch die BMW-Gene haben.

Kapitel 8

Die Vision bestimmen

Welchen Hafen möchte ich erreichen?

Führungskräfte und Mitarbeiter wollen wissen, wofür sie sich anstrengen und welches das große Ziel des Unternehmens ist. In vielen Unternehmen bleibt dies jedoch unklar. Towers Watson identifizierte dieses Manko in einer Studie mit insgesamt 40 000 Mitarbeitern als eine zentrale Herausforderung, die zu fehlendem Commitment in Unternehmen führt:[84]

Nur 58 Prozent der Manager kommunizieren eine klare Vision und Ziele.

Der Rest nicht. Orientierungslosigkeit, mangelnder Einsatz und fehlendes Commitment der Mitarbeiter sind die Folge. Wenn Mitarbeiter nicht wissen, wofür sie sich anstrengen sollen, werden sie sich auch nicht ins Zeug legen.

Es ist wie der Unterschied zwischen Wandern am Berg und Bergsteigen: Der Wanderer geht einen Weg den Berg hinauf. Ist der Weg versperrt, kehrt er um und wandert in eine andere Richtung. Am Ende des Tages hatte er einen schönen Tag in der Natur – mehr nicht. Ein Bergsteiger hat ein klares Ziel: Er möchte den Berggipfel erreichen. Ist ein Weg versperrt, sucht er nach Möglichkeiten, wie er das Ziel dennoch erreichen kann. Er mobilisiert dafür alle notwendigen Kräfte. Am Ende des Tages kann er sagen, dass er den Berg erklommen hat und wie schön der Ausblick als Belohnung für die Anstrengungen war.

Insofern ist eine Vision ein Zukunftsbild und eine Zukunftsbeschreibung, die anspornen soll. Gleichzeitig dient sie dazu, Führungskräften und Mitarbeitern klarzumachen, wofür sie sich anstrengen sollen. Die Vision ist eine Zukunftskreation, keine Zukunftsvorhersage! Es geht also darum, zu sagen, welchen Zielhafen das Unternehmen in der Zukunft erreichen möchte.

Wie sagte schon Lucius Annaeus Seneca so schön:

»Wenn ein Kapitän nicht weiß, welchen Hafen er anstreben soll, ist kein Wind der richtige.«

Bevor etwas real fassbar wird, besteht zunächst einmal ein inneres Bild, also eine Vorstellung von dem, was Sie erreichen möchten. Raumschiffe umkreisen heute die Erde nicht, weil sie zufällig entwickelt wurden, sondern weil Wissenschaftler sich dies schon lange vor der Realisation vorgestellt und an der Entwicklung gearbeitet haben. Das Ziel war die Eroberung des Weltraums, das Raumschiff im Kern das Mittel zum Zweck.

Um etwas zu schaffen, muss man planen und ein Ziel erreichen wollen.

Wichtige Fragen zur Entwicklung einer wirksamen Vision sind:[85]

- Glauben wir, das Ziel erreichen zu können?
- Ist das Ziel ambitioniert genug?
- Finden wir die Unternehmenszukunft stimulierend?
- Berührt sie die Menschen?
- Spornt sie die Mitarbeiter an?

Visionen können sich nur auf das beziehen, was ein Unternehmen erreichen möchte, einen Vergleich zu einem Vorbild ziehen oder den Wettbewerber zum Gegenstand haben.

Bei Würth lautet die Vision, die beste Verkaufsmannschaft der Welt zu werden. Ein anderer Hidden Champion hat die Vision entwickelt, der Apple der Branche zu werden. Und bei dem Baumaschinenhersteller Komatsu lautete die Vision: »Encircle Caterpillar.«

Wie konsequent eine solche Vision die Strategie und das Geschäftsmodell vorantreiben kann, zeigt das Beispiel Komatsu. Als Komatsu mit dieser Vision antrat, war Caterpillar bereits ein Gigant im Bereich der schweren Baufahrzeuge. Es war, als wollten Flöhe einen Elefanten umrennen. Die Vision war aber der Startpunkt dafür, dass Komatsu bei dem übermächtigen Gegner nach Schwachpunkten suchte. Da Caterpillar in den entwickelten Ländern nicht zu schlagen war, konzentrierte sich Komatsu auf wenig entwickelte Länder, in denen Caterpillar nicht stark vertreten war, und baute dort ein dichtes Distributions- und Servicenetzwerk auf – mit großem Erfolg. Bis der Gigant reagierte, hatte Komatsu schon weite Teile dieser Märkte erobert. Der Marktanteil von Caperpillar sank in gerade einmal fünf Jahren von vormals 90 auf 50 Prozent.

Die Unternehmenszukunft enthält zwei Teile: eine für 10 bis 30 Jahre gültige Vision sowie eine Vivid Description. Die Vision fokussiert alle Anstrengungen und dient als Verstärker für den Teamgeist. Sie sollte klar und eindeutig formuliert sein. Bildlich gesprochen geht es darum, welchen Berg Sie in den nächsten 10 bis 20 Jahren besteigen möchte.[86]

Die Vision gibt ein eindeutig formuliertes Ziel vor, sodass den Mitarbeitern klar ist, wann es erreicht ist.

Die Erreichbarkeit des Ziels ist nicht zwingend, die Mitarbeiter müssen aber zumindest daran glauben. Die Vision bedarf somit einer gewissen Bodenhaftung. Sie darf nicht zu nahe an der Realität sein, sollte aber auch nicht völlig irreal sein, sondern im Idealfall das gerade noch Machbare beinhalten.[87] Eine effektive Vision bedarf der Schriftform. Sie sollte attraktiv, realisierbar, verständlich, plastisch und kognitiv kompatibel sein.[88] Bei der Formulierung einer Vision können dabei unterschiedliche Bezugspunkte gesetzt werden. Nike hatte mit der Vision »Crush Adidas« beispielsweise den unmittelbaren Bezug zum Wettbewerber Adidas gewählt, Stanford hingegen wählte Harvard mit der Aussage »Become the Harvard of the West« als Vorbild.

Die *Vivid Description* ist eine lebhafte Beschreibung des Gefühls, das sich bei der Erreichung des Ziels einstellen wird. Sie sollte nicht nur aus Worten bestehen, sondern auch aus Bildern, denn Bilder sagen mehr als tausend Worte! Leidenschaft, Emotionen und Überzeugung sind wesentliche Bestandteile einer Vivid Description. Sie dient dazu, die Menschen im Unternehmen für die Vision zu begeistern und dieses Zukunftsbild in einfachen Worten und klaren, anspornenden Bildern zu vermitteln.[89]

Henry Ford hatte in den Anfangsjahren von Ford die Vision der »Demokratisierung des Automobils«. Dies klingt nicht wirklich verständlich und mitreißend, vor allem wenn Sie an die Arbeiter am Band denken. Beim Lesen seiner Vivid Description jedoch läuft mir selbst heute noch eine Gänsehaut über den Rücken – sie berührt und stimuliert:

»Ich werde ein Automobil für die breite Masse bauen (…) Es wird so wenig kosten, dass jeder Mensch mit einem guten Gehalt sich einen solchen Wagen leisten kann – und sich mit seiner Familie in Stunden voller Freude an dem ergötzen kann, was Gott an großen Weiten geschaffen hat. Wenn ich damit fertig bin, wird sich jeder einen Wagen leisten können und jeder wird einen besitzen. Das Pferd wird von unseren Straßen verschwunden sein, das Automobil wird zu einer Selbstverständlichkeit werden … (und wir werden) einer großen Zahl von Menschen eine gut bezahlte Beschäftigung bieten.«[90]

Der Unternehmenszweck ist der lenkende Stern am Himmel, die Vision der Berg, der erklommen werden soll. Die Vision hält Unternehmen und Mitarbeiter auf Kurs und zieht diese an wie ein Magnet.

Ist ein Berg bezwungen, folgt der nächste. Reinhold Messner hat gezeigt, wie es geht. Er bezwang zunächst alle Achttausender, dann den Mount Everest ohne Sauerstoffmaske und danach durchwanderte er die Wüste Gobi.

Kapitel 9

Kohärenz von Geschäftsmodell und normativem Gerüst

Bei starken Marken wie IKEA oder Hilti sind Unternehmensphilosophie, Markenidentität und Geschäftsmodell aus einem Guss.

Beispiel IKEA: Die Vision des IKEA-Gründers Ingvar Kamprad ist, möglichst vielen Menschen einen besseren Alltag zu schaffen. Geschäftsidee und Geschäftsmodell stützen diese Vision durch ein breites Sortiment formschöner und funktionaler Möbel sowie Accessoires zu sehr günstigen Preisen für Familien. Die Grundidee eines guten Geschäftsmodelles ist oft einfach, so auch bei IKEA. Das Geschäftsmodell beruht hier auf drei Säulen:[91] günstige Preise + Vielfalt + funktionales und formschönes Design.

Über die Jahre hinweg erfolgte dabei eine Veränderung der Nutzenansprache der Kunden, die sich in Markenidentität und Markenpositionierung niederschlug. Der Weg ging von preiswerten Möbeln zum Zusammenbauen bis hin zum Wohlfühlen in den eigenen vier Wänden. Folgerichtig lautet die Positionierung von IKEA heute sinngemäß: Erschwingliche Lösungen für ein besseres Leben. Sie kulminiert in der kommunikativen Umsetzung in dem Slogan: »Wohnst du noch, oder lebst du schon?«

Konsequent werden dabei die schwedischen Wurzeln des Unternehmens betont, beginnend bei den Farben Blau und Gelb, die IKEA-Standorte schon von Weitem erkennbar machen, über schwedische Bräuche, die kommunikativ genutzt werden, oder schwedische Gerichte im Restaurant. Kunden werden geduzt, wie dies in Schweden üblich ist, die Produkte tragen schwedische Namen (Sofas und Sessel beispielsweise die Namen schwedischer Orte), die Stimme in der Werbung hat einen schwedischen Akzent, die Kinderbetreuung findet in Småland statt. Im Unternehmen wird auf konsequente Vereinfachung und Kosteneinsparungen gesetzt, um die Preise idealerweise noch weiter senken zu können. Das Kostenbewusstsein wird folgerichtig als ein zentraler Wert an Mitarbeiter propagiert, ebenso wie der ständige Wunsch nach Veränderung, um Dinge noch weiter zu optimieren.

In den IKEA-Läden wird eine Atmosphäre geschaffen, die zu Fantasien darüber anregt, wie schön das Leben in den eigenen vier Wänden mit IKEA-Möbeln sein könnte. Diese Linie wird fortgeführt, indem die Mitarbeiter durch Behavioral-Branding-Maßnahmen markenkonform geschult und potenzielle Mitarbeiter über kohärente Employer-Branding-Maßnahmen angesprochen werden.

Da Marken jedoch wie Menschen lebende Systeme sind und sich weiterentwickeln müssen, ist auch eine Anpassung des normativen Gerüsts der Marke und des Geschäftsmodells erforderlich.

Gerade im Zuge der Digitalisierung und im Zeitalter von Social Media sind dabei unterschiedliche Stufen der Anpassung möglich:[92]

- die Erweiterung der Kommunikations- und Interaktionsplattform für die Marke
- die Erweiterung des Geschäftsmodells der Marke
- die Anpassung des normativen Gerüsts der Marke als Basis für weiteres Wachstum

Erweiterung der Kommunikations- und Interaktionsplattform für die Marke

Dieser erste Schritt ist für viele gedanklich auch der letzte: Vereinfacht geht es um die Nutzung digitaler und sozialer Kanäle. Reflexhaft sind dabei die Möglichkeiten, die das Internet bietet, im Zentrum der Überlegung: Facebook, Pinterest, YouTube und Twitter überlagern alles andere. Allerdings sollten Sie nicht dem ersten Reflex folgen, sondern überlegen, was für die Marke sinnvoll ist und relevante Bedürfnisse und Wünsche der Kunden trifft.

E.on hat sich schon frühzeitig mit der Integration neuer kommunikativer Kanäle zur Interaktion mit Kunden beschäftigt. So wurde eine Brand Community im Internet gebildet, um den Austausch mit Kunden zu fördern. Im Ergebnis tauschten sich auf dieser Plattform allerdings nur Menschen aus, um ihren Frust zu Stromrechnungen und Ähnlichem abzulassen. Bei den Facebook-Seiten verhält es sich nicht wesentlich besser. Der Hauptgrund liegt darin, dass sich die meisten Menschen nicht für Strom interessieren. Sie haben also wenig Grund, sich auf solchen Seiten zu engagieren, es sei denn, sie sind auf der Jagd nach Incentivierungen, zum Beispiel durch Gewinnspiele des Unternehmens.

Statt lebhaft mit Kunden zu twittern, ist es für Miele sicherlich sinnvoller, eine Info-Control-App einzuführen, die Kunden signalisiert, wann die Wäsche im Keller fertig ist, und bei der Steuerung von Haushaltsgeräten hilft. Ebenso ist es für die Deutsche Bank zweckmäßig, eine Banking-App einzuführen, die eine Überweisung per Foto ermöglicht.

BMW reagiert auf verändertes Kundenverhalten mit dem Product Genius. Während früher Kunden im Schnitt häufiger als vier Mal den Händler aufsuchten, bevor sie sich für ein Auto entschieden, werden heute die Informationen zu infrage kommenden Modellen im Internet gesucht und die Autos schon probekonfiguriert. Die Zahl der Händlerbesuche ist demzufolge auf 1,5 geschrumpft. Allerdings steigen dann die Anforderungen an den Verkäufer, weil dieser einen gut informierten Kunden vor sich stehen hat. Der Product Genius, der auf Augenhöhe berät und weniger den Verkauf im Sinn hat, ist die Antwort darauf.

IKEA bietet eine App an, mit der ein Kunde im Sinne von Augmented Reality Möbel von IKEA in seiner eigenen Wohnung oder dem eigenen Haus an den gewünschten Platz virtuell einfügen kann, um zu sehen, ob das Möbelstück passt. Konsequenterweise ist die App natürlich mit dem IKEA-Katalog gekoppelt.

Tesco macht aus der Waiting Time in der U-Bahn eine Shopping Time. Die Wände sind voller virtueller Regale mit Tesco-Produkten, die ein Kunde mit dem Smartphone scannen und bestellen kann. Geliefert wird selbstverständlich nach Hause.

Nike wiederum bietet eine ganzheitliche Markenerfahrung durch Store, Online-Shop, Social Media und App, in der die Idee des »Just do it« nahtlos erlebbar ist und Kunden sich selbst einbringen können.

Erweiterung des Geschäftsmodells der Marke

Apple und *Bild* sind zwei Protagonisten, die par excellence zelebrieren, welche Optionen in neuen Technologien zur Erweiterung des Geschäftsmodells stecken. Dies setzt allerdings Offenheit gegenüber neuen Wegen voraus, also eine lernfähige und lernwillige Kultur, die nicht an altbewährten Glaubenssätzen und Vorgehensweisen kleben bleibt. Peter Drucker drückte dies plastisch aus mit dem Satz: »Culture eats strategy for breakfast.«[93] Die beste Strategie nützt nichts, wenn die Kultur sie nicht absorbiert, sondern abstößt. Mithin sind bei Erweiterungen oder Änderungen des Geschäftsmodells auch Veränderungsprozesse im Unternehmen anzustoßen, damit sie auf fruchtbaren Boden fallen.

Der Aufstieg und Fall von Nokia im Handymarkt dient als Mahnmal, von dem Manager lernen können: Jahre in der Erfolgsspur machen offenbar satt. Nokia ist nicht an den technischen Möglichkeiten gescheitert. Viele technologische Innovationen, die von anderen umgesetzt wurden, lagen im Unternehmen vor. Viele Entwicklungen waren bis zur Marktreife vorangetrieben. Das Unternehmen ist an der inneren Einstellung der Manager gescheitert, die Reviere verteidigten und Besitzstände bewahren wollten. Mangelhaftes Eingehen auf Kundenwünsche, die Produktion von Masse statt Klasse, zu wenig Mut zu Innovationen und zu lange Entwicklungszeiten bei neuen Produkten wurden gnadenlos bestraft. Wer verharrt, verliert.

Ganz anders ist dies bei *Bild* beziehungsweise dem ganzen Springer Verlag und bei Apple.

Bei der *Bild*-Zeitung haben sich das normative Gerüst und der Markenkern über die Jahre nicht geändert. Es geht darum, journalistische Inhalte frühzeitig, einfach und plakativ auf den Punkt zu bringen. Allerdings war *Bild* der Medienbranche immer einen Schritt voraus. Die Marke wurde durch Nutzung neuer Technologien bedürfnisgerecht an Lebensräume der Kunden angepasst. Ab 1996 gab es *Bild Online,* 2007 wurde ein mobiles Portal eingerichtet, im Jahr 2009 wurde *Bild* smartphonefähig sowie ein Smart-TV entwickelt, 2010 gab es *Bild* auch für Tablets, es wurden Kooperationen mit BildMusic, BildMovies, BildTickets, BildeBooks eingegangen (2013), im gleichen Jahr wurden neue, intelligente Pakete zum Kauf entwickelt sowie im Jahr 2014 die *Bild* fit gemacht für die Smartwatch.

Der Erfolg kann sich sehen lassen. Heute liest jeder Zweite in Deutschland *Bild*. Die Nettoreichweite der Zeitung lag im Jahr 2014 bei 11,3 Millionen, die von Bild.de bei rund 15,5 Millionen, von Mobile bei rund 4,8 Millionen und die der Apps bei 0,5 Millionen Lesern. Interessant dabei ist, zu sehen, wie durch die Erweiterung des Geschäftsmodells die *Bild*-Leser über den Tag begleitet werden – vom Aufstehen bis zum Zubettgehen. Der Frühstücksklassiker ist dabei die *Bild*-Zeitung, während im Tagesverlauf hingegen Bild.de sowie die mobilen Geräte Einzug in die Nutzung erhalten und dadurch die *Bild* über den Tag verlängern und zum Lebensbegleiter ihrer Kundschaft werden lassen.[94]

Ähnlich bei Apple: Die Forderung von Steve Jobs: »You've got to start with the customer experience and work back toward the technology – not the other way around« wurde par excellence umgesetzt – und dies Apple-typisch. Die neu entwickelten Apple-Geräte, ob iPhone, iPad oder Smartwatch, erfüllen alle die Anforderungen an ästhetisches Design und Einfachheit. Sie wurden aber konsequent um Services erweitert: von iTunes bis zu Apps, die andere für Apple entwickeln. Das macht den Unterschied. Es ist auch ein Unterschied im Denken und Handeln. So schön und technisch ausgereift das Microsoft Surface (Tablet und Notebook in einem) auch ist, so

toll es sich auch bedienen lässt, es hatte dennoch enorme Anlaufschwierig-
keiten, weil das Angebot von Apps mäßig war. Das Ganze wurde nur aus
technischer Sicht, nicht aber aus Sicht des Kunden zu Ende gedacht.

Anpassung des normativen Gerüsts der Marke als Basis für weiteres Wachstum

Die insgesamt umfassendste Form der Anpassung ist eine Veränderung des
normativen Gerüsts, um das künftige Wachstum der Marke sicherzustellen.
Dies ist dann erforderlich, wenn alte Glaubenssätze, Werte und Vorstellungen den Blick für notwendige Veränderungen verstellen und behindern
und dadurch Veränderungsprozesse hemmen würden.

Die BMW Group ist diesen Schritt konsequent gegangen. Das Management hat sich in der Mission von der einseitigen Fokussierung auf Automobile verabschiedet und das Spektrum erweitert. Der neue Unternehmenszweck der BMW Group lautet entsprechend, der führende Premium-Her-
steller von Produkten und Dienstleistungen für individuelle Mobilität zu
werden. Die Sprache prägt das Denken. Es ist ein Unterschied, ob Manager
im Unternehmen über Autos sprechen oder über die Ermöglichung individueller Mobilität.

BMW ist aber noch weiter gegangen. Durch die Submarke BMWi
erfolgte eine Neuinterpretation der Markenwerte und Schwerpunktsetzun-
gen mit Blick auf Nachhaltigkeit, Innovation und Vernetzung. Dies läutet
eine Imageveränderung der ganzen Marke ein. Der BMWi verwendet nicht
nur ein neues Antriebskonzept und mit Karbon neue Materialien, sondern
ermöglicht zudem die intelligente Vernetzung des Automobils und bietet
darüber hinaus mobile Servicedienstleistungen an. Es zeigt sich schon jetzt
eine positive Imageentwicklung für BMW in den Bereichen Innovationskraft und Nachhaltigkeit.

Dieser Schritt ist ein notwendiger. Zum einen verändern sich die Ansprü-
che der Kunden – das Auto verliert an Bedeutung, Mobilität hingegen nicht.
Zum anderen treten neue Wettbewerber in den Markt, weil die bisherigen
Wettbewerbsvorsprünge aufgrund des Know-hows in Technologien (Motor,
Antriebsstrang) sich nicht mehr aufrechterhalten lassen und viele Zulieferer
bereits heute die eigentlichen Innovatoren sind.

In vielen europäischen Ländern verkauft sich Tesla in der Oberklasse
besser als die deutschen Spitzenmodelle. Google und Apple arbeiten an
Automobilen zum autonomen Fahren. Apple sieht das Auto gar als Kom-

munikationsgerät in der vernetzten Welt. Die Antwort mancher deutscher Automobilhersteller auf diese Herausforderung steht hingegen noch aus – vielleicht weil der Wandel in den Köpfen der Entscheider noch nicht hinreichend stattgefunden hat. Im BMW steckt schon einiges von Apple. Insofern ist es nicht erstaunlich, dass das Massachusetts Institute for Technology BMW als eine der smartesten Firmen ausgezeichnet hat, nach Google, aber deutlich vor Apple.[95]

Pathologischem Verhalten entgegenwirken

Nichts ist so konstant wie der Wandel. Die Marke und das normative Gerüst eines Unternehmens sind in regelmäßigen Abständen zu hinterfragen. Schließlich sind es die konstituierenden Elemente, die ein Unternehmen zusammenhalten. Allzu häufig ist in Unternehmen aber ein Hang zum pathologischen Verhalten erkennbar, das aus der dynamischen Beziehung zwischen Identität und Image herrührt. Zwei Fälle möchte ich hier differenzieren:

Hyperadaption durch zu starken Außenfokus: Wird zu viel Augenmerk auf die externe Umgebung und deren Entwicklung gelegt, kann dies zur Hyperadaption führen. In diesem Fall folgen Unternehmen Hals über Kopf jedem Trend und blenden ihre Stärken und ihre Identität aus.

Ein Beispiel hierfür ist LEGO in den 90er-Jahren. Zu dieser Zeit eröffnete LEGO Themenparks, startete mit LEGO TV, mit Lifestyle-Programmen, eigenen Geschäften, Puppen, Robotern, Software und so weiter. Diese desaströse Strategie brachte LEGO in eine Schieflage, weil es keine Resonanz zwischen der eigenen Identität und den ergriffenen Maßnahmen gab.[96]

Narzissmus durch Nabelschau: Ein zu starker Fokus auf die Innensicht kann in Narzissmus ausarten. Eine narzisstische Identität ist innenorientiert und mit einem Abwehrmechanismus ausgestattet, um den (notwendigen) Wandel zu blockieren. Bestimmte externe Entwicklungen werden dann schlicht blockiert, eigene Maßnahmen rationalisiert und idealisiert. Es geht um die Verteidigung interner Egos, um das kollektive Selbstwertgefühl und darum, die Kontinuität der vorhandenen Markenidentität sicherzustellen.[97] Nokia ist ein Beispiel dafür.

Teil III:
Identität wirksam umsetzen

Kapitel 10

Umsetzung ist Strategie: das Macher-Gen entwickeln

Von Clausewitz schrieb in seinem Buch *Vom Kriege*: »Der Stratege steht mitten im Leben.«[98] Ihm war bewusst, dass eine ausgefeilte Strategie noch lange nicht zum Sieg in einer Schlacht führt. Vielmehr kommt es darauf an, sie auf dem Schlachtfeld zum Leben zu erwecken und im Zweifelsfall ad hoc mit den richtigen Maßnahmen auf unerwartete Reaktionen des Gegners zu reagieren. Das ist nicht nur logisch nachvollziehbar, sondern auch praktisch: Was nützt die beste Strategie, etwa den Feind mit einem Zangengriff von den Flanken her zu attackieren, wenn dieser unerwartet die Position wechselt und sich nicht mehr dort befindet, wo Sie ihn vermutet haben?

Dieses Bild lässt sich gut auf die Markenführung übertragen. Auch hier bewegen sich Unternehmen in einem turbulenten Umfeld aus sich wandelnden Kundeninteressen, Wettbewerbsmaßnahmen und Marktentwicklungen, die zu berücksichtigen sind. Das wird noch stark forciert durch neue Technologien und die Digitalisierung, die zum einen die Entwicklungs- und Adaptionsprozesse enorm beschleunigen und zum anderen dazu führen, dass völlig neue Wettbewerber im Markt auftreten können.

In Ihrem Buch *No ordinary Disruption* betonen die McKinsey-Berater zu Recht, dass die Zeitdauer zwischen historischen Entwicklungen rapide abnimmt.[99] Vom ersten Telefonanruf im Jahr 1876 bis zur ersten Website im Jahr 1991 dauerte es 115 Jahre, hingegen nur 16 Jahre bis zum ersten iPhone und dem mobilen Internet. Der Druck wurde 1448 erfunden, im Jahr 1953, also 505 Jahre später, gab es den ersten Computerdrucker, 31 Jahre später den 3-D-Drucker.

Insofern darf es nicht verwundern, dass Unternehmen wie Otto als der führende Versandhändler Deutschlands in der Zwischenzeit von Amazon bedroht werden und Banken zunehmend Wettbewerb im Rahmen des bargeldlosen Zahlungsverkehrs durch Neueinsteiger erhalten, die den Markt aufmischen. Eine Strategie wird dadurch mitnichten überflüssig, es empfiehlt sich aber, auf Sicht zu navigieren, um rechtzeitig steuernd eingreifen und im Zweifelsfall die Strategie auch den Markterfordernissen anpassen zu können.

Zudem spielen natürlich auch die eigenen Truppen, also die Mitarbeiter, eine entscheidende Rolle. Sie müssen die Strategie nicht nur mittragen, sondern sich dafür einsetzen, dass sie entsprechend umgesetzt wird.

Es gilt auch hier: »*Umsetzung ist Strategie.*« Allerdings fehlt es oft an der Stringenz und dem Wissen, wie Strategien wirksam zum Leben erweckt werden können. Dies ist auch die Erkenntnis meines Kollegen Jim Collins, der in fünf Jahren Forschungsarbeit den Unterschied zwischen guten und exzellenten Unternehmen untersucht hat. Letztere hatten in einem Zeitraum von 15 Jahren eine kumulierte Aktienrendite, die 6,9 Mal so hoch war wie die von guten Unternehmen. Es zeigte sich, dass die Strategie selbst kein Erklärungsgrund dafür war, wohl aber die Art und Weise ihrer Umsetzung.[100]

Nach wie vor wird das Thema Umsetzung eher stiefmütterlich behandelt – in Praxis und Wissenschaft. Für mich ist es hingegen der Schlüssel zum Erfolg. In all den Jahren, in denen ich Unternehmen bei deren Markenentwicklung begleiten durfte, wurde mir dies immer bewusster: »*Make things work*« heißt für mich die magische Erfolgsformel. Umsetzung ist dabei aus meiner Sicht sehr systematisch zu betreiben, damit die Dinge ins Laufen kommen. Sie ist Chefsache.

Deshalb stimme ich Larry Bossidy und Ram Charan zu, die drei wesentliche Anforderungen an die Umsetzung stellen:[101]

- Die *Umsetzung ist* eine eigene Disziplin und ein *integraler Bestandteil der Strategie*. Wird die Strategie nicht von vornherein auf ihre Umsetzungsmöglichkeiten und -fähigkeiten geprüft, ist sie eine Totgeburt. Was nützt es schon, wenn der Kaufhof versucht, sich als Erlebnishaus zu positionieren, aber nicht über die finanziellen Mittel verfügt, die Warenhäuser auch wirklich auf ein Einkaufserlebnis zu trimmen? Am Point of Sale liegt der Ort der Wahrheit.
- Die *Umsetzung ist* eine wesentliche *Aufgabe des Top-Managements*. Sich in schönen Strategieansätzen zu ergehen reicht heute nicht mehr aus. Die Umsetzung unterscheidet die Spreu vom Weizen. Dies setzt allerdings voraus, dass das Top-Management tief in die Umsetzung und die dazugehörigen Prozesse involviert ist und einen engen Bezug zu den Managern und Mitarbeitern hat, die an der Umsetzung beteiligt sind. Meiner Meinung nach entkoppelt sich gerade in großen, vom quartalsweisen Erfolg getriebenen Unternehmen das Top-Management von dieser Aufgabe. Zahlen in den Quartalsberichten ersetzen dann die Realität. Wie können Manager unter solchen Umständen wirksam ein Unternehmen steuern?

- Die *Umsetzung* muss *ein Kernelement jeder Unternehmensorganisation* sein. Es geht darum, dass das Top-Management alle Führungskräfte und Mitarbeiter im Unternehmen in den Prozess der Umsetzung involviert.

Die Umsetzung unterscheidet erfolgreiche von weniger erfolgreichen Unternehmen.

Wenn Sie sich nun fragen, was Top-Manager hindert, rigoros an der Umsetzung zu arbeiten, so liegt dies aus meiner Sicht möglicherweise daran, dass alleine der Begriff Umsetzung nicht »sexy« klingt. Manager gelangen durch Intellekt, große Visionen, gutes Beziehungsmanagement und Durchsetzungskraft an die Spitze von Unternehmen, selten jedoch durch das Abarbeiten von Strategien. Visionen oder Strategien zu entwickeln entfaltet eine völlig andere Anziehungskraft.

Aber gibt es erfolgreiche Menschen, die nur angedacht und nicht umgesetzt haben? Künstler, die Gemälde ersonnen, Physiker, die Formeln ausgedacht, oder Feldherren, die sich im Krieg schöne Schlachtpläne ausgemalt haben? Und was passiert, wenn im letztgenannten Fall der Feind nicht das macht, was sie laut ihrem Plan erwartet haben?

Hier wird der Charme des Nike-Slogans »Just do it« deutlich. Wie viele Möchtegern-Sportler fangen morgen an zu laufen und nicht heute, wie viele Menschen, die abnehmen wollen, starten nächste Woche, und wie schnell finden sie eine Ausrede, es dann doch nicht zu tun? Ausgerechnet heute regnet es, dann starte ich doch lieber morgen, dummerweise bin ich heute Abend zu einem Essen eingeladen, dann fange ich doch erst morgen mit dem Fasten an. Ich ertappe mich manchmal selbst dabei, wichtige Dinge auf morgen zu schieben, und finde auch immer einen Grund dafür.

Albert Einstein benötigte über ein Jahrzehnt, um den Beweis seiner Relativitätsformel zu erbringen. Genau das ist in diesem Fall die Umsetzung. Die Theorie wäre nichts wert gewesen ohne den Beweis. Und: Albert Einstein hat diese Aufgabe nicht delegiert. Er hat es selbst gemacht. Thomas Alva Edison hatte ein Team von Ingenieuren und Wissenschaftlern angesetzt mit dem Ziel, »alle zehn Tage eine kleine Sache, alle sechs Monate ein großes Ding zu erfinden«. Sie stellten insgesamt 6000 Versuche an, bis der richtige Glühfaden für die Glühbirne gefunden war.

Es gibt ungezählte Strategiebücher, Bücher über Leadership und Markenbücher, Umsetzungsbücher sind hingegen rar gesät. Nach meiner Erfahrung scheitern viele Unternehmen an der Umsetzung der Markenführung. Deshalb widme ich diesem Aspekt hier einen großen Raum.

Umsetzung wird bei der Markenführung oft falsch verstanden: Viele Manager glauben nach wie vor, dass sich Umsetzung in netter Kommunikation erschöpft. Das ist klar zu kurz gesprungen, denn schöne Kommunikation kann eine nicht zur Marke passende Produktqualität oder mangelnden Service nicht wettmachen. Selbst in der Kommunikation widmen Manager sich oft lieber der Kür als der Pflicht: Über eine neue Kampagne wird stundenlang diskutiert, ein langweiliger Mediaplan jedoch in wenigen Minuten verabschiedet und durchgewinkt.

Die Umsetzung der Marke geht weit über die Umsetzung in wirksame Kommunikation hinaus. Das ist nur ein Baustein von vielen. Richtig gedacht umfasst sie das ganze Unternehmen. Leider musste ich bei manchen Kunden die Erfahrung machen, dass Manager oft Feuer und Flamme bei der Strategieentwicklung sind, die Umsetzung danach allerdings nicht mehr mit gleicher Vehemenz vorangetrieben wird.

Strategieriesen und Umsetzungszwerge

Strategieriesen und Umsetzungszwerge nenne ich diese Haltung.[102] Oft werden in solchen Prozessen gerade die wichtigen und notwendigen Maßnahmen zur Verankerung der Marke nach innen nicht angestoßen oder nur halbherzig angegangen.

Die Gründe, warum Manager die Extrameile in Unternehmen eben nicht gehen, sind vielfältig und durchaus auch nachvollziehbar. Mir begegnen immer wieder die folgenden Einwände:

- Es ist zu teuer, die Marke nach innen umzusetzen, und bindet zu viele Kräfte. Die Umsetzung nach außen reicht. Die Marke soll schließlich ihre Wirkung beim Kunden entfalten.
- Es gibt viele verschiedene Projekte, die im Unternehmen vorangetrieben werden und unmittelbarer das operative Geschäft beeinflussen. Weil die Marke nicht direkt erfolgswirksam wird, erhält das Thema eine niedrigere Priorität.
- Zu viele Initiativen verwirren die Mitarbeiter mehr, als dass sie ihnen auch wirklich helfen. Durch die ganzen Veränderungsprozesse werden den Mitarbeitern zu viele Inhalte zugemutet.
- Es sind immer die gleichen Führungskräfte an den Projekten und Initiativen beteiligt, die dadurch sehr stark belastet sind und kaum noch ihr Tagesgeschäft bewältigen können. Diese Führungskräfte sträuben sich somit nachvollziehbarerweise gegen jedes neue Thema, das für sie nicht erfolgswirksam wird.

Das erste Argument klingt zwar einleuchtend, allerdings empfehle ich hier, sich auch die Gegenfrage zu stellen: Wie teuer wird es für das Unternehmen, wenn die Marke nicht nach innen umgesetzt wird? Schließlich soll sie einen Orientierungsrahmen bieten, von der Forschung und Entwicklung bis zum Vertrieb. Je klarer und tiefer die Markenwerte im Unternehmen verankert sind, umso mehr Orientierung stiften sie bei der täglichen Arbeit. Dies setzt allerdings voraus, dass sie in den jeweiligen Verantwortungsbereichen der Manager verankert werden und Mitarbeiter wissen, welche Beiträge sie für die Marke leisten können und wie diese in das operative Business übersetzt werden können. Es geht also sowohl um die Konsequenz der Umsetzung als auch um die Nachhaltigkeit der Umsetzung.

Papier ist geduldig: Viele Markenwerte klingen gut und taugen nichts.

Das liegt zum einen daran, dass es sich entweder um Allgemeinplätze handelt, die den Markenkern zu wenig herausschälen, zum anderen daran, dass sie nicht in entsprechende Maßnahmen umgesetzt und für den Kunden erlebbar werden. Wenn wir in ein Markenprojekt starten, erlebe ich oft folgendes Phänomen: Auf die Frage nach den bisherigen Markenwerten treten oft Ratlosigkeit und peinliches Schweigen ein. Meist wird – wenn überhaupt – nur ein Teil der bisherigen Markenwerte korrekt wiedergegeben. Wie ist dann zu erwarten, dass die Marke auch wirklich in sichtbare Maßnahmen umgesetzt wird?

Anders ist das bei Vorwerk. Das überrascht zunächst, weil viele Menschen mit Vorwerk den Haustürverkauf von Kobold-Staubsaugern oder die Kochpartys für den Thermomix verbinden. Es ist somit ein stark vertriebsgetriebenes Unternehmen. Umso verblüffender war es auch für mich, zu sehen, dass die Marke bei Vorwerk in einer Konsequenz gelebt wird, wie ich sie mir bei allen Unternehmen wünschen würde.

Die Marke steht für Überlegenheit. Dies wird in drei Bereiche dekliniert, einer davon dreht sich um den Kunden. Dem Kunden möchte Vorwerk es einfach machen, freundlich zu ihm sein und ihm »dienen«. Das klingt zunächst so, wie es auch bei anderen Marken üblich ist. Aber: Es wird von der Forschung und Entwicklung über die Produkte und alle anderen Bereiche konsequent umgesetzt.

Ein Beispiel: Staubsauger-Roboter sind im Kommen. Sie stoßen aber beim Saugen immer an Möbel oder Wände, bevor sie die Richtung ändern. Dazu meinte Herr Berger, Executive Vice President bei Vorwerk, sinngemäß: Das ist nicht freundlich, wenn ein solcher Roboter gegen die Lieblingsmöbel stößt, bevor er die Richtung ändert. Die Aufgabe für den Forschungs- und Entwicklungsbereich war nicht einfach: ein freundlicher Staubsauger-Roboter, der die Möbel schont. Daraus entstand ein Roboter, der zuerst den Raum mit allen Möbeln kartographiert, dann eine optimale Saugstrategie entwickelt und danach erst loslegt. Natürlich stoppt er rechtzeitig vor den Möbeln. Kollisionen sind ausgeschlossen. Darf ein solcher Kobold-Staubsauger-Roboter teurer sein als andere? Antwort: Er muss. Denn er ist es wert.

Die restlichen drei Argumente sind miteinander verknüpft. Hier wird es schon schwieriger, gegen eine solche Kette zu argumentieren. Ohne Frage nimmt in vielen Unternehmen eine Fülle von Projekten die Aufmerksamkeit von Managern und Mitarbeitern in Anspruch. Wenn dann auch noch unterschiedliche, nicht zueinander passende Inhalte durchs Dorf getrieben werden, sind Mitarbeiter und Manager begreiflicherweise eher verwirrt als erleuchtet.

Die Marke ist kein Projekt, sie ist ein Dauerbrenner.

Die Marke kann für Klarheit bei der Vielzahl möglicher Projekte sorgen. Im Kern ist bei jedem Projekt die Frage zu stellen, ob es auf die Markenwerte einzahlt oder nicht und ob es Wert für den Kunden schafft oder nicht. Sobald diese Beiträge geklärt sind, handelt es sich nicht mehr um entkoppelte Projekte, sondern um solche, die den Markenwert und den Kundenwert steigern, nicht mehr und nicht weniger.

Inhaltliche Diskrepanzen treten auf, wenn Teile des normativen Gerüsts voneinander losgelöst entwickelt werden. Der eine entwickelt Mission, Vision und Grundsätze, der nächste ist für Markenidentität und Positionierung zuständig, ein weiterer für Führungsgrundsätze, wiederum ein anderer für Sustainability. Die Liste lässt sich fortsetzen. Wird das Augenmerk nicht von Beginn an auf die Passung zu den Markeninhalten gelegt, ist die Gefahr groß, die Mitarbeiter im Unternehmen zu verwirren.

Bei Sto, einem Hidden Champion für Fassadendämmung, wurde diese Herausforderung gelöst, indem aus den Markenwerten vier Kompetenzfelder entwickelt wurden, auf die jeder Bereich konkret einzahlen muss. Somit wurde eine gemeinsame Währung über alle Bereiche geschaffen. Durch die Projekte, die auf die Kompetenzfelder einzahlen, profitiert automatisch die Marke. Die Marke ist somit zum natürlichen Bestandteil der täglichen Arbeit geworden.

Das vierte und letzte Argument lässt sich nur schwer vom Tisch räumen: Es sind immer die Manager am meisten belastet, welche die beste Leistung bringen. Das ist normal. Es ist schließlich auch immer die Empfehlung für die nächste Position. Lässt sich das ändern? Wohl kaum.

Allerdings ist durch die oben genannte Selektion mit Blick auf Marke und Kunden eine Fokussierung auf die wichtigen Projekte möglich. Zudem halte ich es für erforderlich, die Bedeutung der Marke im Vergleich zu anderen Projekten dahingehend zu verändern, dass die verantwortlichen Führungskräfte die Notwendigkeit dazu auch dann sehen, wenn sie nicht unmittelbar ihre Erfolgshonorierungen daraus ziehen. Noch besser ist es, die Marke für Führungskräfte erfolgswirksam zu machen. Dies geht allerdings nur durch Kopplung mit dem eigenen Verantwortungsbereich und durch eine Aufnahme der Marke mit Kenngrößen in das Erfolgshonorierungssystem.

» Good is the enemy of great. «[103]

Die Überlegungen von Collins, der die Schritte von einem guten zu einem exzellenten Unternehmen beschreibt, und die Erfahrungen von Larry Bossidy und Ram Charan hinsichtlich erfolgreicher Umsetzungen decken sich mit meinen Erfahrungen. Ich sehe für die Marke folgende zentrale Erfolgsfaktoren der Umsetzung:[104]

Know your people. Letztendlich treiben die Führungskräfte und Mitarbeiter die Marke, ohne deren Können und Wollen läuft nichts. Deshalb ist es erfolgsentscheidend, die richtigen Menschen ihren Fähigkeiten entsprechend an die richtigen Aufgaben zu setzen und sie weiterzuentwickeln und zu befähigen. Ebenso wichtig ist es jedoch, mögliche Widerstände bei Mitarbeitern zu identifizieren und zu überwinden. Wie heißt es so schön: »Get the right people on the bus, the wrong people off the bus, and the right people in the right seats.«

»Look in the Mirror, face the brutal facts.« So bezeichnet Hilti den Prozess der harten, ungeschönten Bestandsaufnahme, um konkret zu sehen, wo das Unternehmen mit der Marke steht und was es besser machen kann. Aus dieser Analyse erwächst später eine To-do-Liste und – fast noch wichtiger – eine Not-to-do-Liste beziehungsweise eine Stop-to-do-Liste. Gemeint ist hier also nicht, nur in den Rückspiegel zu schauen, sondern nüchtern und realistisch die Situation zu analysieren und daraus die richtigen Schlüsse zu ziehen.

Wie sagte Andy Grove, CEO von Intel, so schön: »Nur die Paranoiden überleben.« Es ist wichtig, die Dinge, die getan werden, immer wieder auf den Prüfstand und grundlegend infrage zu stellen, und die eigenen Mitarbeiter dadurch nicht zu verunsichern, sondern sie zu integrieren.

Disziplin, Disziplin, Disziplin. Viele Unternehmen scheitern, weil sie nicht konsequent durchsetzen, was beschlossen wurde. Das heißt allerdings nicht, nur rigoros den Planvorgaben zu folgen, sondern das zu tun, was in dem jeweiligen Moment am sinnvollsten ist, um die Marke weiter nach vorne zu bringen. Bei der Durchsetzung der Markenstrategie sind das enge Setzen von Meilensteinen ebenso wie ein reibungsloser Informationsfluss, um über Fortschritte und Hürden im Bilde zu sein, wichtig für den Erfolg.

Collins bringt dies plastisch wie folgt zum Ausdruck: »When you have disciplined people, you don't need hierarchy. When you have disciplined thought, you don't need bureaucracy. When you have disciplined action, you don't need excessive controls. When you combine a culture of discipline with an ethic entrepreneurship, you get the magical alchemy of great performance.«[105] Die zentrale Frage ist immer die gleiche: Leistet eine Maßnahme einen Beitrag dazu, die Markenwerte zu stärken und die Kundenbedürfnisse besser zu befriedigen, oder nicht?

Fokus auf den notwendigen Wandel. Exzellente Unternehmen widmen dem Management des Wandels große Aufmerksamkeit. Konkret geht es darum, Führungskräfte und Mitarbeiter zu motivieren und hinter die Marke und deren strategische Ziele zu bringen.

Technologischer Fortschritt als Mittel, nicht als Zweck. Über die Jahre entwickeln sich natürlich die technischen Möglichkeiten. Dies ist nicht erst seit der Digitalisierung und der Wirtschaft 4.0 der Fall. Allerdings erreichen Unternehmen durch Nutzung der Technologien nicht die notwendige Transformation von einem guten zu einem exzellenten Markenunternehmen. Technologien sind Mittel zum Zweck: Manager sollten sie dort einsetzen, wo sie intern wie extern einen Nutzen stiften und die Transformation beschleunigen können.

Wert schaffen für den Kunden als Imperativ. Letztendlich geht es in der Markenführung darum, Wert für den Kunden zu schaffen, indem dessen Wünsche und Bedürfnisse mit der Marke besser befriedigt werden als vom Wettbewerb. Somit ist es nicht das grundlegende Ziel von Unternehmen, Geld zu verdienen, sondern eine Leistung für den Kunden zu erbringen, die für ihn wichtig ist und einen wertvollen Beitrag für sein Leben leistet, um so seine Zahlungsbereitschaft und den Kauf zu fördern.

Die Marke und deren Nutzen für den Kunden durchgängig erlebbar machen. Viele nutzbringende Innovationen scheitern, weil sie vom Kunden nicht wahrgenommen werden. Insofern ist es wichtig, dem Kunden die Leistung der Marke so zu vermitteln, dass er sie wahrnehmen und verstehen kann. Ansonsten können die Maßnahmen keinen Erfolgsbeitrag leisten.

Kapitel 11

Employer Branding: Die richtigen Mitarbeiter anziehen

Mitarbeiter sind der Schlüssel für den Unternehmenserfolg. Entsprechend sind nicht nur gute Mitarbeiter zu rekrutieren, sondern auch solche, die zur Marke passen. Dies wird immer schwieriger, weil der Kampf um Mitarbeiter voll entbrannt ist. Unternehmen werben um Mitarbeiter wie um Kunden. Mitarbeiter sind ein knappes Gut, sie tragen wesentlich zum Erfolg eines Unternehmens bei. Durch Employer-Branding-Maßnahmen sollen nicht nur High Potentials, sondern vor allem auch Right Potentials angezogen werden. Mitarbeiter müssen demnach nicht nur die richtigen Fähigkeiten (Können), sondern auch den entsprechenden Fit zur Marke (Wollen) aufweisen. Die Idee dahinter ist einfach: Mitarbeiter, die sich bereits vor dem Einstieg in ein Unternehmen mit einer Marke identifizieren, sind leichter auf das Leben der Marke im Kundenkontakt einzuschwören.

Unter *Employer Branding* verstehe ich den strategischen Aufbau einer in den Köpfen potenzieller Mitarbeiter klar und eindeutig definierten Arbeitgebermarke. Das Unternehmen gibt mit der Employer Brand an potenzielle und bestehende Mitarbeiter ein einzigartiges Leistungsversprechen ab. Bildlich gesprochen wird eine Flagge für potenzielle Mitarbeiter gehisst. Die hohe Relevanz und Notwendigkeit von Employer Branding ist unumstritten. 82 Prozent der Unternehmen weisen dem Aufbau einer starken Arbeitgebermarke im Rahmen der Personalrekrutierung sowie der Bindung bestehender Mitarbeiter eine Schlüsselrolle zu – Tendenz steigend.[106] Leider lassen die wenigsten Unternehmen dieser Erkenntnis wirksame Taten folgen.

Für starke Marken fallen die Konsequenzen einer fehlenden oder unausgegorenen Employer-Branding-Strategie weniger ins Gewicht. Regelmäßig finden sich in deutschen Rankings unter den beliebtesten Arbeitgebern von High Potentials Marken, die zu den stärksten Marken der Welt zählen. Sie profitieren von der Magie der starken Marke. Acht der zehn beliebtesten Arbeitgeber bei Wirtschaftswissenschaftlern zählen zu den 100 stärksten Marken der Welt, bei Ingenieuren sind es immerhin noch sechs von zehn. Und die verbleibenden Unternehmen auf diesen Absolventenhitlisten, wie Bosch und Lufthansa bei Wirtschaftswissenschaftlern, sind ebenfalls starke

Marken, allerdings in dem Ranking von Interbrand nicht unter den Top 100 gelistet.

Unternehmen ohne starke Corporate Brand tun sich dagegen schwer, potenzielle Mitarbeiter anzuziehen. Davon betroffen sind viele mittelständische Unternehmen, die zwar gute Arbeit leisten und in ihren Bereichen zu den Hidden Champions zählen, aber weniger im Rampenlicht stehen. Typischerweise schneiden solche Unternehmen bei der affektiven und kognitiven Arbeitgeberbeurteilung lediglich durchschnittlich oder schlecht ab und gehören oft zu den letzten Unternehmen, bei denen sich High Potentials bewerben. Umso wichtiger ist Employer Branding gerade für Unternehmen, die nicht mit dem Magneten der starken Marke ausgerüstet sind.

Begeisterte und gut ausgebildete Mitarbeiter gehören zum Kapital eines Unternehmens. Sie sind seine Visitenkarte. Deshalb müssen sie auch markenorientiert rekrutiert werden.

Marke und Realität dürfen beim Employer Branding jedoch nicht auseinanderdriften, sonst ist der erste Arbeitstag auch der Tag der Ernüchterung für neue Mitarbeiter. Allerdings ist dies für 80 Prozent der Mitarbeiter laut einer Studie von Stepstone in der Realität der Fall.[107]

Mit dem Employer Branding werden vier strategische Zielsetzungen verfolgt:

1. Erhöhung der Arbeitgeberattraktivität: Arbeitgebermarken mit klarem Profil ziehen bessere Kandidaten an. So geben in einer Studie von Stepstone 75 Prozent der Befragten an, sich eher bei einem Unternehmen mit einer guten Reputation zu bewerben. Ein Unternehmen mit schlechter Reputation schließen 88 Prozent der Befragten kategorisch aus.[108] 3M hatte sich mit einer breiten Marken- und Produktpalette von knapp 1 000 Namen bereits im Jahr 2006 entschieden, sich als Dachmarke neu zu positionieren, und bringt dies mit dem Slogan »3M – die Erfinder« auf den Punkt. Das Unternehmen beschreibt sich selbst als Innovationstreiber, der ständig Neues erfindet und zündende Ideen in Tausende von einfallsreichen Produkten umsetzt.

2. Genauere Zielgruppenansprache: Die zielgerichtete Ansprache potenzieller und bestehender Mitarbeiter erleichtert die Personalsuche und verringert den Personalaufwand. Nach Eintritt sind zielgruppenspezifische Arbeitszeitmodelle und Entwicklungspfade zu gestalten. So gewinnt 3M mit der Employer-Branding-Kampagne gezielt innovationsfreudige Mitarbeiter. 96 Prozent der Mitarbeiter bei 3M bewerten ihren Arbeitsplatz als sehr gut. Die 3Mler sind über Aktienprogramme zudem direkt am Erfolg der Firma beteiligt – das verbindet.

3. Geringere Investments in Recruiting und Training: Die Steigerung der Zielgenauigkeit bei der Mitarbeitersuche durch Weiterempfehlungen von Bewerbern und eigenen Mitarbeitern erleichtert die Personalakquise. Dies zahlt sich aus. Bei 3M werben eigene Mitarbeiter ohne Incentivierung neue Kollegen. Dies ist glaubwürdiger und günstiger als jede Werbekampagne.

4. Höhere Effektivität durch motivierte und länger verweilende Mitarbeiter: Zufriedene Mitarbeiter bleiben einem Unternehmen länger erhalten. Erfahrene Mitarbeiter können die Markenwerte besser in ein nachhaltiges Kundenerlebnis transportieren und hierdurch neue Kunden gewinnen. Dieses Kundenerlebnis erzielt höhere Zufriedenheit und schafft loyale Kunden. Wer einmal bei 3M anfängt, der geht ungern wieder. Die Fluktuationsrate beträgt nur 0,6 Prozent!

Die Entwicklung einer wirksamen Employer Brand sollte sich hart an der Realität im Unternehmen orientieren, aber dennoch ambitioniert sein, denn:

Eine Marke ist nicht teilbar.

Die Mutter der Employer Brand ist die Corporate Brand. Deshalb muss sich die Employer Brand an der Identität der Unternehmensmarke orientieren. Neben Bewerbern kommen die meisten Menschen als Kunde mit einer Unternehmensmarke oder deren Produktmarken in Kontakt. Auch wenn sich der Hintergrund für die Interaktion mit einer Marke verändert, sollten die wesensprägenden Merkmale einer Marke konsistent und in sich stimmig sein. Employer Brands sind aus der Identität der Unternehmensmarke zu entwickeln. Die Identität der Unternehmensmarke ist um spezifische Aspekte der Arbeitgeberprofilierung anzureichern. Unternehmen wie Audi oder BMW zeigen, wie dies geht: Hier setzt die Employer Brand konsequent an den Markenwerten der Unternehmensmarke an.

Daraus ergibt sich auch logisch der Ablauf zur Ermittlung der Employer Brand: Auch hier ist es sinnvoll, innen zu starten, bevor die externe Sicht hinzugenommen wird. Aus dem Abgleich der internen und externen Perspektive kann danach die Employer Brand abgeleitet werden. Leider zeigt meine Erfahrung, dass im Prozess zur Entwicklung einer Employer Brand vermeidbare Fehler gemacht werden, welche die Wirkung und Durchschlagskraft der ergriffenen Maßnahmen einschränken oder zunichtemachen.

Employer Branding ist mehr als eine schöne Kommunikationskampagne. Es ist ein systematischer Prozess.

Das schnelle Denken in schönen Bildern und konkreten Umsetzungsmaßnahmen mag zwar Spaß machen, aber es befreit nicht von der Notwendigkeit einer analytischen und strategischen Vorarbeit.

Innen starten: Erdung der Employer Brand

Damit die Employer Brand keine Unterluft erhält und unrealistische Versprechen gemacht werden, ist der Status quo im Unternehmen zu erfassen,
also die internen Rahmenbedingungen und die Einflussfaktoren auf die
Arbeitgebermarke. Um eine spätere Glaubwürdigkeit der Employer Brand zu
gewährleisten, ist es zudem wichtig, die bisher charakteristischen Merkmale
des Arbeitgebers aus interner Sicht zusammenzutragen. In diesen Prozess
sollten möglichst viele Mitarbeiter involviert werden. So kann schon früh das
Commitment mit der zukünftigen Employer Brand gestärkt und ein erster
bedeutender Schritt zur Steigerung der Mitarbeiterbindung gemacht werden.

Dabei ist es wichtig, zu ergründen,

- welches typische kennzeichnende Merkmale des Unternehmens sind,
- worin das Unternehmen besonders gut ist, wo seine Stärken liegen,
- wo das Unternehmen noch besser werden kann und wo aktuelle Schwächen vorhanden sind,
- wie der Umgang miteinander aussieht,
- was es dem Einzelnen bringt, für das Unternehmen zu arbeiten,
- was das Unternehmen für seine Mitarbeiter tut,
- wie die Mitarbeiter sich in das Unternehmen einbringen können.

Ein Beispiel mag dies verdeutlichen: Bei einem großen deutschen Pharma-
unternehmen stellten wir in Workshops mit Managern fest, dass eines der
Lieblingswörter »challenging« lautete. Dass dies dann auch Programm war,
merkten wir schnell. Egal, mit welcher Agenda wir aufwarteten, zunächst
wurden wir »gechallenged«. Es wurde hinterfragt, ob das Vorgehen auch
wirklich das richtige ist, bevor wir starten konnten.

Sie können sich vorstellen, wie herausfordernd und spannend die Arbeit
für ein solches Unternehmen ist, aber auch, wie stark der Verbesserungs-
und Fortschrittswille ausgeprägt ist. Damit gehen hohe Erwartungen an
den Arbeitseinsatz einher, um das Unternehmen voranzubringen und selbst
voranzukommen. Bei einem solchen Unternehmen das Versprechen von
»Work-Life-Balance« nach außen zu tragen wäre kontraproduktiv, weil es
die Situation im Unternehmen nicht widerspiegelt.

Externe Analyse: Bedarf der Bewerber erfassen und Wettbewerber analysieren

Bei der externen Analyse müssen die Bedürfnisse und Wünsche potenzieller Arbeitnehmer tiefer analysiert und verstanden sowie ihr Bild auf die eigene Unternehmensmarke und auf Wettbewerbsmarken erfasst werden.

Hierzu liegen viele öffentlich zugängliche Studien vor, die einen Einblick geben, was für potenzielle Arbeitnehmer wichtig ist und wie deren Anforderungen an potenzielle Arbeitgeber lauten. Dadurch werden Länderunterschiede und Kohortenunterschiede transparent. So sind die Anforderungen der Generation Y anders als die vorangegangener Generationen. Es lassen sich auch Unterschiede nach Funktionsbereichen ermitteln.

Die Gefahr der alleinigen Nutzung solcher Studien liegt allerdings darin, dass sie nicht das spezifische Bild des Unternehmens kennzeichnen. Deshalb können daraus lediglich Allgemeinplätze abgeleitet werden wie bei anderen Unternehmen auch, weil alle Unternehmen Zugriff auf diese Studien haben.

Deshalb empfiehlt sich die Durchführung eigener Imageanalysen bei potenziellen Bewerbern. Eine solche Exploration des aktuellen Arbeitgeberimages ermöglicht eine Spiegelung mit der internen Sicht und gibt Aufschluss über den Status quo des Arbeitgebers. Sie dient als fundierte Basis für die Ableitung einer authentischen und eigenständigen Employer Brand.

Dabei sollte zwischen Berufsanfängern und Professionals unterschieden werden, da Letztere in der Regel einen wesentlich besseren Einblick in bestimmte Unternehmen und andere Erfahrungshintergründe haben. Wir konnten dies bei einem Unternehmen beobachten, das in der Branche mit Abstand Marktführer ist und von Absolventen und Professionals ganz unterschiedlich beurteilt wurde. Während es bei Absolventen als graue Maus und langweilig empfunden wurde, schätzte die Gruppe der Professionals die Konstanz und Stabilität des Unternehmens und dessen stetiges Wachstum.

Wichtig ist hierbei auch, direkt das Wettbewerbsumfeld mit zu erfassen. Anders als bei der Befragung von Kunden kann dies bei der Employer Brand deutlich breiter sein. Es bezieht sich nicht nur auf relevante Branchenwettbewerber.

Ich stelle vielfach fest, dass Wettbewerbsanalysen nicht in der nötigen Tiefe betrieben werden und Manager sich deshalb oft nicht der Kernbotschaften und des Auftritts der Wettbewerber bewusst sind. Je stärker sich Unternehmen dann nur an dem Bedarf potenzieller Arbeitnehmer ausrichten, umso größer wird die Gefahr der Entwicklung austauschbarer Employer-Brand-Botschaften, die auf Allgemeinplätze wie Work-Life-Balance, Diversity und so weiter rekurrieren, die zeitweilig von allen Unternehmen kommuniziert wurden. Nicht zuletzt deshalb gab Mars die Recruiting-Kampagne »Entfalte dich« auf. Es folgte eine Darstellung, die mehr Wert auf die Schärfung des Unternehmensprofils legte und dadurch eine bessere Wirkung erzielen konnte.

Mit Yin und Yang die Employer Brand ableiten

Yin und Yang: Das eine geht nicht ohne das andere. So ist es auch im Employer Branding. Potenzielle Mitarbeiter können nur begeistert werden, wenn das Unternehmen einerseits ihre Bedürfnisse und Wünsche kennt sowie ernst nimmt und andererseits etwas Relevantes zur Marke sagen kann.

Yin ist die Marke: Hier ist auf Basis der intern und extern generierten Erkenntnisse festzulegen, wer die Marke ist, wofür sie steht und warum potenzielle Arbeitnehmer sie wählen sollen. Die Employer Brand spezifiziert die Inhalte der Corporate Brand für (potenzielle) Mitarbeiter – nicht mehr, aber auch nicht weniger.

Getrennte Entwicklungen sind nicht zielführend. Dies würde zur Verwässerung der Marke führen. Ich stelle allerdings immer wieder fest, dass genau dies erfolgt. Bei einem unserer Kunden wurde beispielsweise zuerst mit der Employer Brand gestartet, bevor das Corporate-Brand-Projekt angestoßen wurde. In dem Employer-Brand-Projekt waren zudem keine Vertreter aus dem Bereich Corporate Communications dabei. Im Rahmen des Corporate-Brand-Projektes wurde dann allerdings das Employer-Brand-Projekt integriert.

Um also nicht den zweiten vor den ersten Schritt zu setzen, sollten die Verantwortlichen für die Unternehmens- sowie die Arbeitgebermarke rechtzeitig an einen Tisch gebracht werden und gemeinsam die Employer Brand entwickeln.

So viel Abweichung und Veränderung wie nötig und nicht wie möglich.

Yang ist der Mensch: Um attraktiv für (potenzielle) Arbeitnehmer zu sein, empfiehlt es sich, sich in die Perspektive der Zielgruppen zu versetzen und aus Markensicht zu fragen: »What's in it for me?« Und: »How do I feel about it?« Die zentrale Herausforderung besteht darin, aus den Stärken der Marke relevante Nutzen für (potenzielle) Mitarbeiter zu entwickeln und dabei authentisch zu bleiben. Dies erfordert nicht nur einen Abgleich mit den

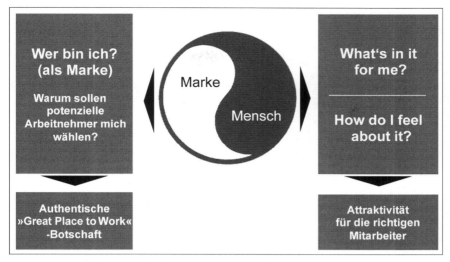

Abbildung 9: Yin und Yang der Employer Brand

gängigen Anforderungen an Arbeitgeber, sondern auch mit dem Bild, das potenzielle Kandidaten von dem Unternehmen haben. Potenzielle Arbeitnehmer sind mit den richtigen Argumenten dort abzuholen, wo sie stehen.

Dass dies nicht nur rational erfolgen kann, liegt auf der Hand: Das »Wie« (emotionale Komponente) ist mindestens so wichtig wie das »Was« (rationale Komponente). Herz und Hirn müssen gleichzeitig angesprochen werden. Erst dann wird eine Employer Brand attraktiv.

Zur Ableitung der Employer Brand kann wiederum das Markensteuerrad herangezogen und um mitarbeiterspezifische Aspekte ergänzt werden. Die beiden Seiten des Steuerrades spiegeln sich in den Fragen potenzieller Arbeitnehmer wider. »What's in it for me?« spricht den Bereich der Nutzenversprechen an, die durch Markeneigenschaften unterstützt werden. Es sind somit die Hard Facts der Marke.

Bei IKEA sind solche Eigenschaften zum Beispiel die Einbindung in ein soziales Netzwerk mit 126 000 Mitarbeitern, Läden und Geschäftsstellen in 44 Ländern mit der gleichen starken Vision sowie eine familienfreundliche Umgebung. Bei Apple lauten die Nutzen: »You'll be challenged«, »You'll be inspired and you'll be proud«, »Being part of something amazing« sowie »Creating best loved technology on earth«.[109] Hier ist der unmittelbare Bezug zu den Werten der Unternehmensmarke Apple ersichtlich. Mehr noch: Diese Nutzen für potenzielle Arbeitnehmer sind die Voraussetzung dafür, dass sich die Marke Apple so entwickeln kann, wie sie es tut.

»How do I feel about it?« repräsentiert, wie es sich anfühlt, in dem Unternehmen zu arbeiten. Es ist die weiche Seite der Marke. Hier ist ein besonderes Augenmerk auf die mit der Marke verknüpften Erlebnisse, Gefühle, Persönlichkeitseigenschaften und Beziehungen zu legen, um den potenziellen Mitarbeitern einen emotionalen Mehrwert bieten zu können. Bei der BASF lauten diese Tonalitäten »pioneering«, »professional« und »passionate«. Coca-Cola nimmt mit dem Tonalitäten »happy« und »full of joy« genau das in Anspruch, was auch Kunden von der Marke wahrnehmen. Google hingegen zielt auf »inclusive«, »collaborative«, »innovative«, »joyful« und »transparent« ab. Werden Herz und Hirn gleichermaßen miteinander verknüpft, ist der Weg zur attraktiven Employer Brand geebnet.

Die charakteristischen Merkmale der Marke sind somit an arbeitnehmerspezifische Bedürfnisse anzupassen, ohne die eigenen wesensprägenden Merkmale über Bord zu werfen. Diese Gratwanderung zwischen der eigenen Identität und den Wünschen und Bedürfnissen potenzieller Mitarbeiter kann mit dem Zusammenspiel von Yin und Yang verglichen werden: Das eine geht nicht ohne das andere. Die Employer Brand muss für die Zielgruppe attraktiv sein *und* auf den Stärken und der DNA der Marke aufbauen.[110] Anderenfalls droht ihre Verwässerung.

Entsprechend eng sollte die Zusammenarbeit zwischen dem Personal- und dem Markenbereich sein. Erweist sich das kommunizierte Leistungsversprechen als leere Hülse, erodiert die Employer Brand von innen heraus. Daher ist eine klare Beweisführung für ein Leistungsversprechen zu erbringen.

Die Great-place-to-work-Botschaft ableiten

Um die zentralen Aspekte der Employer Brand für die relevanten Zielgruppen zu fokussieren und auf den Punkt zu bringen, ist eine Employer Brand Value Proposition abzuleiten. Dieses Werteversprechen enthält eine zentrale Great-place-to-work-Botschaft. Sie transportiert die wesensprägenden und am meisten differenzierenden Aspekte des Leistungsversprechens einer Employer Brand, die für die Zielgruppe relevant sind. Hierbei ist absolut ehrlich und von innen heraus an den Stärken der Marke anzuknüpfen, die dann in wertvolle Botschaften für Mitarbeiter übersetzt werden. Die Marke muss sich selbst treu bleiben.

Ein gelungenes Beispiel für eine schlüssige Employer Brand Value Proposition liefert 3M. In diesem Unternehmen wurde auf Basis der Mission, der Markenwerte und der Markenpositionierung eine überzeugende Great-Place-to-Work-Botschaft abgeleitet, die sich am Unternehmenszweck »We want to solve unsolved problems innovatively« orientiert. Sie lautet folgerichtig: »Freedom to think and shape – to solve unsolved problems.« Diese Employer Brand Value Proposition findet zum Beispiel in der 15-Prozent-Regel Verankerung: 15 Prozent der Arbeitszeit können für Projekte verwendet werden, die Innovationen schaffen sollen.[111]

In manchen Fällen tun sich allerdings Hürden bei der Übersetzung der Marke für potenzielle Arbeitnehmer auf. Die Automobilmarke Dacia weist ein sehr klares Profil auf: Es ist eine Billigmarke, mit der Kunden günstig von A nach B fahren können. Sie ist ein Statement gegen das Establishment, weil Dacia-Fahrer eben nicht mit dem Auto protzen und ihren sozialen Status unter Beweis stellen.

Gerade dies kann allerdings ein echter Hemmschuh bei der Gewinnung von Ingenieuren sein. Potenzielle Mitarbeiter könnten zum Beispiel vermuten, dass die Bezahlung unterdurchschnittlich ist. Also sind hier Brücken zu bauen, um glaubwürdig an das aufgebaute Image anzuknüpfen und dennoch relevant und attraktiv zu sein. Eine solche Brücke könnte sein, dass gerade die Vereinfachung von Technik, um etwas günstig und gut anbieten zu können, höchste Ingenieurskunst und neues Denken erfordert und somit eine besondere Herausforderung für die besten Ingenieure darstellt, die entsprechend honoriert wird.

Attraktion der richtigen Mitarbeiter durch wirksame Kommunikation

Unternehmen können Bewerber über persönliche Kommunikation oder Massenkommunikation erreichen. Diese Kommunikationsmaßnahmen unterscheiden sich durch die Intensität, Glaubwürdigkeit und Reichweite in der Ansprache der Zielgruppe. Recruiting-Anzeigen erreichen zwar ein großes Publikum, hinterlassen jedoch meist nur geringe Spuren. Das andere Extrem stellen Praktika dar. Praktikanten haben einen intensiven Kontakt zum Unternehmen und seinen Mitarbeitern, erreicht werden aber nur sehr wenige potenzielle Arbeitnehmer.

Generell ist bei der Entwicklung von Umsetzungsmaßnahmen zu überlegen, wie frühzeitig der persönliche Kontakt zu High Potentials geschaffen werden kann, um diese für das Unternehmen zu gewinnen. Somit stellt sich die Frage, wie ein Unternehmen an Schlüsseluniversitäten für Präsenz sorgen kann und durch Seminare, Workshops und andere interaktive Maßnahmen in Kontakt mit den Studierenden gelangt.

PWC macht dies seit Jahren mit großem Erfolg. Dort liegt der Schwerpunkt des Recruiting auf Präsenzveranstaltungen an Universitäten, um auf das Unternehmen aufmerksam zu machen und den Kontakt herzustellen. Das Ganze wird durch Praktika und ähnliche Maßnahmen systematisch verlängert. Bosch fährt mit einem Truck an ausgewählte Universitäten, um den Studenten die Bosch-Welt näherzubringen.

Die Auswahl relevanter Kontaktpunkte muss sich an den Wünschen und Bedürfnissen der potenziellen Mitarbeiter orientieren. Waren noch vor wenigen Jahren Stellenanzeigen und Anzeigen in Tages- oder Fachpresse vorne, ist heute das Internet auf dem Vormarsch: 94 Prozent potenzieller Bewerber nutzen die Unternehmenshomepage. Jeweils 50 Prozent greifen auf Jobbörsen beziehungsweise Business-Netzwerke wie XING zurück.[112] Die Arbeitgeberseite zieht hier noch nicht im gleichen Maße nach. Informationsangebot und -nachfrage sind im Bereich Internetkommunikation also nicht im Gleichgewicht. Hier geht Potenzial ungenutzt verloren. Als weiterer wichtiger Kontaktpunkt kommt noch die Empfehlung von bestehenden Mitarbeitern hinzu (45 Prozent), die sich im Einsatz der eigenen Mitarbeiter in Kommunikationskampagnen spiegelt.

Trotz wachsender Bedeutung digitaler Medien darf die Integration von Online- und Offline-Kommunikation nicht vernachlässigt werden. BMW setzt dies eindrucksvoll mit der Aurasma-App um. Sie aktiviert die Kamera des Smartphones und kann eine herkömmliche Print-Anzeige zum Leben erwecken und ein Video starten, das BMW als Arbeitgeber präsentiert.[113]

Vor der Einführung einer Kommunikationsmaßnahme sollten folgende Fragen geprüft werden, um die Effektivität und Effizienz der Maßnahmen zu gewährleisten:

- *Werden die Markenwerte klar vermittelt?* BASF konnte durch die konsistente Umsetzung der Markenwerte »pioneering«, »professional« und »passionate« Sympathie, Vertrauen und Loyalität aufbauen.
- *Ist die Recruiting-Maßnahme inhaltlich und formal an die Anforderungen der Marke angepasst?* Rudi erfüllt mit dem Einsatz der Farben Grau beziehungsweise Silber und Rot die formalen Anforderungen und sichert damit ein schnelles Erkennen des Absenders auch bei Employer-Branding-Maßnahmen. Zusätzlich werden auch inhaltlich konsistente Werte wie Innovation und Stolz angesprochen.
- *Ist die Recruiting-Maßnahme eigenständig gestaltet?* IKEA bindet seine Produkte geschickt in jeden Kontaktpunkt im Employer-Branding-Bereich ein, sei es in einer Anzeige, der Webseite oder dem Tool, um den Brand-Person-Fit des Bewerbers zu messen. Viele Anzeigen gleichen sich

allerdings wie ein Ei dem anderen, weil immer Menschen in Business-kleidung gezeigt werden, die ihre Wünsche formulieren.

- *Werden relevante Bedürfnisse und Wünsche der Zielgruppe angesprochen?* McDonald's nahm eine Umpositionierung der Arbeitgebermarke vor, um den Wünschen der Zielgruppe zu entsprechen. In der Kampagne »Mach deinen Weg« wurden Mitarbeiter mit ihren individuellen Geschichten gezeigt, wie sie sich bei McDonald's entwickeln konnten. So warb eine Protagonistin mit der Aussage: »Du bist ja verrückt, sagte meine Mutter. Heute ist sie wahnsinnig – wahnsinnig stolz auf mich«, weil sie etwas bei McDonald's erreicht hatte. So konnte sich das einst ungeliebte Unternehmen zu einem Arbeitgeber wandeln, der Spaß bei der Arbeit und Förderung von Talenten großschreibt. Im Falle der Henkel-Kampagne »Thank God it's Monday«, die Mitarbeiter in ihrem privaten Umfeld zeigte, wie sie sich auf den Start in die Woche freuen, ist jedoch fraglich, ob Bewerber diese Aussage anspricht.
- *Sind die Maßnahmen direkt der Marke zurechenbar und sind sie auf die Informationsüberlastung abgestimmt?* Musterbeispiel hier ist für mich IKEA. IKEA setzt auf die gleiche Darstellung wie bei der Kunden-ansprache und nutzt dabei bekannte Elemente und Aussagen, ebenso die formalen Corporate-Design-Elemente. DHL sichert durch die dominan-ten Farben Gelb und Rot das Wiedererkennen und setzt darüber hinaus auf eine klare Hierarchisierung der Informationen: Es wird direkt kom-muniziert, was den Bewerber erwartet und was das Unternehmen sich wünscht, zum Beispiel über die Headline einer Recruiting-Anzeige: »You are a teamplayer looking to make an impact? Welcome to DHL.«

Die richtigen Mitarbeiter auswählen

Die Employer Brand soll neue potenzielle Mitarbeiter zielgenau ansprechen. Für Unternehmen ist zwar eine hohe Anzahl an Bewerbern schmeichelhaft, bedeutet jedoch auch erhöhten administrativen Aufwand. Unternehmen müssen daher einen effizienten Weg beschreiten, um die richtigen Mit-arbeiter zu finden.

Ein wirkungsvolles Instrument hierfür ist der Fit zwischen Employer Brand und dem Bewerber. Hierunter verstehe ich die Passung von indivi-duellen Wertevorstellungen mit denen des Unternehmens.[114] Persönlichkeits-werte des Arbeitnehmers sollten zu den Markenwerten des Unternehmens passen. Bei hoher Übereinstimmung ist die Wahrscheinlichkeit einer erfolgreichen Bewerbung höher. Potenzielle Mitarbeiter können sich vorstellen, für ein Unternehmen zu arbeiten. Teilen Mitarbeiter und Unternehmen tatsächlich die gleichen Werte, kann nach Eintritt in die Organisation leichter Motivation und Mitarbeiterbindung erreicht werden. Für Unternehmen ist dies ein attraktiver Weg, um effizient die »Right Potentials« zu finden und den administrativen Aufwand zu reduzieren.

Neben dem Fach- und Persönlichkeitsprofil spielen auch die Wertevorstellungen bei der Selbstselektion eine wichtige Rolle.

Diese abstrakten Dimensionen möchte ich anhand der Marken Apple und IBM kurz erläutern: Während Apple als junge, designorientierte und innovative Marke gilt, ist IBM konservativ, kompetent und eine sichere Wahl. Auch wenn die Bewerber beider Unternehmen sicherlich eine hohe IT-Kompetenz aufweisen, werden sich junge, dynamische Absolventen eher an Apple orientieren, während andere Bewerber eher zu IBM tendieren. Ähnliches lässt sich bei stark profilierten Marken über alle Branchen beobachten. Sind die Arbeitgebermarken jedoch austauschbar, fehlt die Orientierung und somit die Favorisierung eines Arbeitgebers.

Um diesen Prozess frühzeitig einzuleiten und bei der Personalauswahl angemessen zu berücksichtigen, erfolgt die Integration der Markenwerte zum Self-Assessment

1. vor der Bewerbung durch Online-Plattformen,
2. im Bewerbungsprozess durch Assessment und Interviews.

Vermittlung der Markenwerte durch Online-Plattformen

Um den Fit zwischen Employer Brand und Bewerber zu prüfen, nutzen viele Unternehmen bereits vor der Bewerbung die Möglichkeit, den Bewerbern das Werteset des Unternehmens spielerisch zu vermitteln.

Self-Assessment durch Online-Szenarien: IKEA bietet seinen potenziellen Interessenten einen Test an, mit dem jeder Bewerber einfach prüfen kann, wie er zur Unternehmenskultur und zur Marke IKEA passt. Denn »Nicht jedes Sofa passt zu jedem unserer Kunden. Und nicht alle unsere Jobs sind für alle Bewerber gleich attraktiv«, schreibt das Unternehmen selbst auf seiner Website. Bei Eingabe der falschen Antworten wird dem Interessenten nahegelegt, sich besser nicht zu bewerben, weil er sich bei IKEA nicht richtig zu Hause fühlen würde.

Vermittlung der Markenwerte im Bewerberprozess

Der Konsumgüterhersteller Reckitt Benckiser informiert spielerisch über alle relevanten Facetten der Bewerbung. Anhand eines »Core Values Game« werden die Markenkernwerte erläutert und anhand praktischer Arbeitssituationen in einen Kontext gerückt. Dies gibt dem Bewerber einen Einblick, wie Reckitt Benckiser ist und welche Art von Personen gesucht wird. Im zweiten Schritt erfolgt im Spiel »powerR Brands« und »Match the Brand Game« eine Vorstellung des Produktspektrums sowie des umfassenden Markenportfolios. Schließlich kann in einem »Virtual Career Center« ein passender Arbeitsplatz gesucht werden.

In Recruiting-Events können Bewerber und Unternehmen Einblicke in das Werteverständnis des jeweils anderen erhalten. In Rollenspielen werden Situationen konkret mit Bewerbern vollzogen, um zu sehen, wie diese reagieren. Danone führt dreitägige Recruiting-Events durch, um über verschiedene Aktivitäten wie eine interdisziplinäre Fallstudie, ein Krimi-Dinner, Kletteraktivitäten und andere Maßnahmen Einblicke in Stärken und Schwächen der Teilnehmer und deren Passung zur Marke zu erhalten.

Die Prüfung des Marken-Fits ist während des Recruiting-Prozesses essenziell für die Selektion der Right Potentials. Für Auswahlgespräche kann dies bedeuten, verstärkt bestehende Mitarbeiter einzusetzen, die meist ein gutes Gespür dafür besitzen, ob ein zukünftiger Arbeitnehmer in die bestehende Kultur passt, sie bereichert und bestimmte Werte auch an Kunden oder andere Externe vermitteln kann.

Bei Southwest Airlines werden die zentralen Markenselektionskriterien wie Freundlichkeit, Spontaneität, Teamfähigkeit und Humor in der unmittelbaren Interaktion mit zukünftigen Kollegen geprüft – und dies ganz ohne Umwege. Durch konkrete Rollenspiele wird getestet, ob ein Bewerber in einer kniffligen Situation spontan sowie freundlich und humorvoll reagiert.[115]

Porsche denkt noch früher an potenzielle Mitarbeiter und setzt in der Selektionsphase auf sein Programm »Pole Position«. Praktikanten, die besonders ambitioniert waren, werden in diese Datenbank aufgenommen. Wird eine Stelle neu besetzt, kann auf diesen Pool aus bereits »geprüften« potenziellen Mitarbeitern zurückgegriffen werden. Durch dieses Selektionsmanagement werden bis zu 80 Prozent neuer Stellen im Unternehmen besetzt.

Neben der Reduktion des Risikos, den falschen Mitarbeiter einzustellen, führt ein subjektiv hoher Person-Brand-Fit zu affektivem Commitment und damit einem Verhalten im Sinne der Marke, was letztendlich bessere finanzielle Ergebnisse des Unternehmens zur Folge hat, da die Mitarbeiter sich aus Überzeugung engagieren und nicht lediglich Dienst nach Vorschrift machen oder ausschließlich monetäre Ziele verfolgen.[116]

Den gesamten Bewerbungsprozess markenkonform gestalten

Lufthansa hat ein Konzept zur Gewinnung von Mitarbeitern entwickelt, bei dem über unterschiedliche Stufen und Tests die Right Potentials marken-orientiert ermittelt werden. Hierfür wurden ein ganzheitlicher Ansatz, eine gemeinsame IT-Infrastruktur sowie ein konzernweites Bewerbermanagement entwickelt. Der aufwendige Prozess der Bewerbungsabwicklung wich einer durchgängigen Digitalisierung, um Abläufe zu straffen, Kosten zu reduzieren und den Prozess zu beschleunigen.

Eine erste Orientierung und Informationen zur Lufthansa erhalten potenzielle Kandidaten im Internet. Zentrale Plattform für diese Inter-aktion ist das Job- und Karriereportal »Be-Lufthansa.com«. Hier werden die persönlichen Daten der Bewerber erfasst. In Online-Assessments erfolgt eine erste Prüfung der fachlichen und überfachlichen Qualifikation. Neben fachlichen Tests werden zahlreiche Szenarien und Alltagssituationen dar-gestellt, in denen die Bewerber ihr Verständnis der Marke Lufthansa unter Beweis stellen müssen. Durch den Einsatz internetfähiger Auswahltools können diese Qualifikationen frühzeitig den Anforderungsprofilen der Fachbereiche zugeordnet werden.[117]

Diverse Online-Assessment-Tools erleichtern das Bewerbungs-Screen-ning und vereinfachen die Auswahl des Bewerberpools. Dies reduziert die Menge der Teilnehmer für die anschließenden Telefoninterviews, die Eig-nungsuntersuchung sowie die Assessment Center. Fünf verschiedene Job-familien dienen dazu, die verschiedenen Geschäftsbereiche sowie deren Stellen, basierend auf den Qualifikationen, in Gruppen zusammenzufassen. Ein hinterlegter Algorithmus ermöglich digital den Abgleich des Bewerber-profils mit verschiedenen Anforderungsprofilen. Dies beschleunigt den Gesamtprozess enorm. Die Auswahl und Entscheidung sowie die Einstel-lung erfolgt wiederum in Abstimmung mit Personalabteilung, Fachabtei-lung und Mitarbeitervertretung. Auch bei negativer Entscheidung kann zukünftig auf das Potenzial eines Interessenten auf Wunsch zurückgegriffen werden. Die klassische Initiativbewerbung wird nun durch eine dauerhafte Bindung externer Talente über ihren Karrierezyklus abgelöst.

Bewerber sind Kunden

Im War for Talents umgarnen Unternehmen mehr denn je die High Potentials. Jedes Unternehmen möchte sich mittels Employer-Branding-Maßnahmen im besten Licht darstellen. In diesem Prozess spielt die Candidate Experience eine wichtige Rolle. Die Candidate Experience bezieht sich auf das Erleben des Bewerbers während des Bewerbungsprozesses: vom auslösenden Moment der Jobsuche bis zum Vertragsabschluss.

Dass hier bei Weitem nicht alles Gold ist, was glänzt, können viele von uns an ihren eigenen nicht immer berauschenden Bewerbungserfahrungen nachvollziehen. Doch mit zunehmender Professionalisierung sollte dies anders werden. Unternehmen planen den Prozess detailliert, Bewerber können sich vorab in der digitalen Welt informieren und die Passung zum Unternehmen prüfen und so weiter. Die Rückmeldung vieler High Potentials ist aber oft eine andere: Lange Wartezeiten, intransparente Prozesse, sonderbare Gespräche mit Unternehmensvertretern sind nur einige Schwachpunkte, die mir häufiger zu Ohren kommen.

Unternehmen hinterlassen keine gute Visitenkarte

Meine Unternehmensberatung ESCH. The Brand Consultants und die Recruiting-Plattform softgarden haben den Status quo zur Candidate Experience in Deutschland bei 1104 Bewerbern erfasst.[118] Die Ergebnisse lassen aufhorchen: 57 Prozent der Jobsucher sind von ihren Erfahrungen mit Unternehmen während des Bewerbungsprozesses nicht überzeugt. Dies ist im War for Talents ein alarmierendes Ergebnis, weil wenig begeisternde oder negative Erlebnisse zu einer schlechteren Bewertung des Unternehmensimages sowie zu einer geringeren Nutzungsbereitschaft von Produkten und Dienstleistungen führen. Zudem teilen 91 Prozent der Bewerber ihre Erlebnisse im persönlichen Gespräch oder in sozialen Medien.

Dabei werden Negativerlebnisse weitaus häufiger mit Dritten geteilt als Positiverlebnisse. Zudem wird dies Menschen mitgeteilt, die ebenfalls auf Bewerbertour sind und im gleichen Boot sitzen. Alleine bei der Bewertungsplattform kununu finden sich 833 000 Arbeitgeberbewertungen zu 202 000 Arbeitgebern. Zwar ist auch hier der Einfluss im persönlichen Gespräch stärker, über Online-Plattformen werden jedoch mehr Menschen erreicht.

Mit einem guten Image gehen Erwartungen an das Unternehmen als Arbeitgeber einher. Werden sie nicht erfüllt, wirkt sich das auf die Wahrnehmung des Unternehmens aus. Die Verschlechterung des Images infolge des Bewerbungsprozesses ist umso größer, je besser das Image des Unternehmens im Vorfeld war. Starke Marken müssen demnach ihr Markenversprechen gegenüber Bewerbern genau wie bei Kunden hundertprozentig erfüllen.

Bei dem immer härter werdenden Wettbewerb auf den Talentmärkten stellt sich die Frage, welches Unternehmen sich eine derartige Candidate Experience noch leisten kann.

In unserer Studie haben wir drei große Optimierungsfelder für Unternehmen identifiziert:

- *Optimierung der Prozessqualität und Schaffung von Transparenz:* Von der Prozessqualität sind 52 Prozent der Bewerber nicht überzeugt. Die Bewerber finden die zur Verfügung stehenden Informationen zur Stelle, die Nachvollziehbarkeit und Organisation des Prozesses sowie die Sinnhaftigkeit der angewendeten Verfahren wenig überzeugend. Wenn sich auf der Facebook-Seite der Lufthansa Bewerber darüber austauschen, wie lange es dauert, bis ein Feedback folgt, und andere Bewerber trösten, ist dies ein solches Indiz. Hier ist der Prozess durch die Brille der Bewerber zu durchlaufen, um Schwachstellen sichtbar zu machen und zu beheben. Unternehmen können es sich heute nicht mehr erlauben, Bewerber hinzuhalten und im Trüben fischen zu lassen.
- *Emotionales Erleben und Wertschätzung:* Nur 43 Prozent der Bewerber fühlten sich als Person wertgeschätzt und nur 41 Prozent gut aufgehoben. Was für den Kunden gilt, muss auch Maßgabe für den Umgang mit Bewerbern sein. Bewerbungen sind kein Massengeschäft. Ein individuelles Eingehen auf den Bewerber ist gefordert, um diesen von den Vorzügen des Unternehmens zu überzeugen und ihm ein gutes Gefühl zu geben. Ich-Botschaften und inhaltsleere Absagen leisten dazu keinen Beitrag.
- *Vermittlung, wofür das Unternehmen steht:* Bei der Passung zur Unternehmens- und Arbeitgebermarke zeigen sich ebenfalls klare Stellhebel. Gerade einmal jedem zweiten Bewerber wurde klar vermittelt, wofür das Unternehmen steht. Nur 38 Prozent der Befragten empfanden ein konsistentes Bewerbungserlebnis über alle Kontaktpunkte hinweg. Dies sollte nicht passieren, weil auch Bewerber eine »seamless experience« der Marke spüren sollten.

Der Großteil der Unternehmen schafft es also nicht, im Bewerbungsprozess das Markenversprechen gegenüber den Bewerbern einzulösen. Die Otto

Group nutzt hier die eigenen Mitarbeiter, um zu vermitteln, wer zum Unternehmen passt und was das Arbeiten dort besonders macht. Die Mitarbeiter schildern ihre eigenen Aufgaben und ihre Erlebnisse im Unternehmen. Auf diese Weise erhält der Bewerber bereits einen ersten Einblick, was ihn erwartet und wie das Unternehmen »tickt«.

Heineken geht ganz eigene Wege, um die Markenwerte erlebbar zu machen. Hier werden bei der persönlichen Begegnung mit dem Bewerber die Markenwerte durch passende Situationen inszeniert und dadurch mit den Bewerbern durchgespielt, ohne dass ihnen dies bewusst wird. So wird der Bewerber am Empfang im wahrsten Sinne des Wortes an die Hand genommen und in einen Raum geführt. Manchen Bewerbern ist dies sichtlich unangenehm, andere gehen damit souverän um. Im Raum wird eine Situation simuliert, um zu prüfen, wie zupackend der Kandidat ist. Konkret: Der Heineken-Mitarbeiter bricht am Schreibtisch zusammen, der Bewerber kann sich nun bewähren und zupacken, um zu helfen, oder – wie dies einige gemacht haben – ratlos sitzen bleiben oder die Flucht ergreifen. Das Video *The Candidate* zeigt diesen Selektionsprozess auf YouTube. Es ist ein viraler Hit.

Stellhebel zur Candidate Experience

Sechs Implikationen für ein erfolgreiches Bewerbererleben lassen sich ableiten:

1. Schauen Sie durch die Brille des Bewerbers. Das Hineinversetzen in Bewerber und das Eintauchen in deren Bedürfnisse und Wünsche helfen, Optimierungspotenziale aufzudecken und den Bewerbungsprozess kundengerecht zu gestalten.

2. Setzen Sie nicht auf einzelne Kontaktpunkte, sondern betrachten Sie die Reise des Bewerbers als Ganzes. Oft fehlt es hierzu an konkreten Erkenntnissen. Diese sind jedoch notwendig, um in die relevanten Kontaktpunkte zu investieren und eine inhaltliche und formale Abstimmung der Kontaktpunkte zu realisieren.

3. Rüsten Sie Ihre Mitarbeiter auf, um durch sie zu begeistern. Die eigenen Mitarbeiter sind zu Markenbotschaftern zu machen. Unternehmen wie Hilti zeigen, wie es geht.

4. Lernen Sie von den Besten. Sie müssen das Rad nicht neu erfinden. In allen Branchen finden sich Unternehmen, die im Employer Branding die Nase vorne haben und als Vorbild dienen können, wie Audi oder IKEA.

5. Bewerber sind Multiplikatoren, nutzen Sie sie. Das Potenzial positive Mundpropaganda ist der größte Hebel. Dabei spielt es keine Rolle, ob ein Unternehmen sich für einen Bewerber entscheidet oder nicht. Eine wertschätzende Absage mit Hinweisen, wie sich ein Kandidat verbessern kann, ist in der Wüste der Kurzabsagen »Ihr Profil entsprach nicht unseren Stellenanforderungen« so etwas wie der Einäugige unter den Blinden.

6. Seien Sie ehrlich zu sich selbst. Versprechen Sie nur, was Sie auch halten können. Es muss schließlich einen Grund geben, warum 80 Prozent der Mitarbeiter, die in einem Unternehmen starten, einen Onboarding-Schock erleben, weil das, was ihnen versprochen wurde, und das, was sie vorfinden, auseinanderklafft.

Kapitel 12

Behavioral Branding: Die Mitarbeiter hinter die Marke bringen

Rolf Kunisch, ehemaliger Vorstandsvorsitzender von Beiersdorf, war in der Branche und bei seinen Mitarbeitern hoch geschätzt. Auf meine Frage, worin er seine Kernaufgabe für die Marke Nivea sähe, antwortete er sinngemäß, dass er 150 Mal im Jahr bei Mitarbeitern weltweit einen Vortrag halte, in dem er erklärt, wofür Nivea steht, und an Beispielen zeigt: »Das ist Nivea und das ist Nivea nicht.« Er erzählte dann, wie die Reaktion auf einen seiner Vorträge in Spanien war. Dort hatten die Verantwortlichen neue Produkte im Markt eingeführt, die farblich völlig anders gestaltet waren. Die Manager waren stolz auf ihren Erfolg, Herr Kunisch war davon hingegen nicht begeistert. Es wäre der erste Schritt zur Verwässerung der Marke Nivea gewesen. Statt die Manager zu rügen, beschränkte er sich darauf, seinen Vortrag zu halten: »Das ist Nivea und das ist Nivea nicht.« Wieder zurück in Deutschland, erhielt er wenige Wochen später die Nachricht aus Spanien, dass die neuen Produkte wieder in die Nivea-Welt integriert wurden.

Im ersten Moment mag dies überraschend erscheinen. Warum sind solche Maßnahmen bei einer erfolgreichen Marke wie Nivea notwendig?

Dafür sind aus meiner Sicht folgende Gründe wesentlich:

Erstens: Viele Top-Manager hängen ihre Mitarbeiter ab, statt sie zu Mitstreitern für die Sache zu machen. Eine Befragung von Stephen Covey bei 23 000 Mitarbeitern wartet mit ernüchternden Ergebnissen auf: Nur 37 Prozent der Mitarbeiter hatten ein klares Verständnis davon, welches die Ziele des Unternehmens sind. Es kommt noch schlimmer. Nur einer von fünf Mitarbeitern zeigte sich begeistert von diesen Zielen und wiederum nur einer von fünf konnte eine Beziehung zwischen seinen Aufgaben und den Zielen des Unternehmens herstellen. Wo soll da die Motivation herkommen, sich für ein Unternehmen ins Zeug zu legen?

Ein Bild mag dies verdeutlichen: Stellen Sie sich vor, ein Fußballteam würde ähnliche Ergebnisse aufweisen. Das würde bedeuten, dass nur vier der elf Spieler wüssten, welches Tor ihres ist. Nur zwei von elf Spielern würde das auch tatsächlich interessieren und wiederum nur zwei der elf

Spieler wüssten, auf welcher Position sie spielen sollen. Glauben Sie, dass ein Team unter solchen Umständen ein Spiel gewinnen kann? Und: Warum sollte es in Unternehmen anders sein?

Zweitens: Es mangelt an Konstanz in der Führung. Nach der Personalberatung Spencer Stuart liegt die durchschnittliche Verweildauer von CEOs mittlerweile bei fünfeinhalb Jahren. Die durchschnittliche Restlaufzeit beträgt 2,7 Jahre. Die von Chief Marketing Officers liegt gerade einmal bei zwei Jahren mit einer Restlaufzeit von einem Jahr.[119] Zudem haben nur 41 Prozent der Vorstandsvorsitzenden einen Abschluss in BWL oder VWL. Gerade einmal 24 Prozent haben Erfahrung im Marketing. Es fehlt somit Erfahrungswissen. Oft wird das Rad neu erfunden, Richtungswechsel sind oft die Folge.

Mit Sicherheit hätte Red Adair, der als bekanntester Feuerwehrmann der Welt gilt und dessen Wirken in »Die Unerschrockenen« verfilmt wurde, ohne seinen großen Erfahrungsschatz nicht die 117 brennenden Ölquellen in Kuwait nach dem zweiten Golfkrieg löschen können.

Die mangelnde Konstanz lässt sich herunterdeklinieren bis zu den Produktmanagern, die sich durch neue Maßnahmen profilieren möchten, um schnell die nächste Karrierestufe zu erreichen. Was für die Einzelperson logisch erscheint, kann für das Gesamtsystem jedoch kontraproduktiv sein, wenn niemand sich um die Einhaltung der Markenleitplanken kümmert.

Drittens: Kurzfristiger Erfolgsdruck hemmt langfristige Markenkonzepte. Eine falsch verstandene Shareholder-Value-Orientierung kann dazu führen, dass Manager sich in Unternehmen zu stark am kurzfristigen Erfolg der Marken orientieren. Dies führt zu einer reinen Außenorientierung, die interne Arbeit an der Marke wird vernachlässigt und der Erfolg wird vor allem an quantitativen Größen gemessen. Dabei ist bekannt und belegt, dass qualitative Größen wie Markenimage und Markenbildung viel sensiblere Indikatoren für den künftigen Erfolg sind.

All dies erschwert die wirksame Implementierung der Marke nach innen.

Erfolgshemmer: zu schnell, zu ungeduldig, nicht nachhaltig

Geht es um die Verankerung der Marke im Unternehmen, sind die meisten Manager zu ungeduldig. Sie glauben, es sei mit einem Einmalprozess getan, der idealerweise ressourcenschonend erfolgen soll. Mit anderen Worten:

Mitarbeiter und Manager sollen durch den Prozess der internen Umsetzung möglichst wenig belastet werden, da meist ohnehin die immer gleichen Manager schon eine Fülle anderer Projekte betreuen müssen.

Je größer dabei das Unternehmen ist, umso stärker ist der Wunsch, keine kaskadenförmige Umsetzung zu betreiben, sondern schnellstmöglich das ganze Unternehmen zu durchdringen. Die Logik: Viele Maßnahmen konzentrieren sich auf massenkommunikative Maßnahmen, auf Mails, die Unternehmenszeitschrift, das Intranet, die Plakatierung von Gebäuden, Mousepads, wechselnde Bildschirmschoner und so weiter. Die Agenturen freuen sich, diese Maßnahmen umsetzen zu dürfen, bei den Mitarbeitern bleibt wenig bis nichts hängen, im schlimmsten Fall sind sie es leid, immer wieder die Plakate mit diversen Mitarbeitern und der Aussage »Ich bin XY (das Unternehmen)« zu sehen, weil sie nicht verstehen, was dahintersteht. Solche Plakate sind übrigens eine sehr beliebte, weil so naheliegende Umsetzung.

Mangelndes Commitment als Konsequenz

Bei der Umsetzung der Marke nach innen fehlt es an Konsequenz. Dabei könnten gerade dadurch schlummernde Kräfte mobilisiert und die Marke weiter gestärkt werden. 85 Prozent aller Mitarbeiter haben kein Commitment mit ihrem Unternehmen. 61 Prozent machen Dienst nach Vorschrift und 24 Prozent haben bereits innerlich gekündigt. Gerade einmal 15 Prozent fühlen sich ihrem Unternehmen stark verbunden und würden sich überdurchschnittlich engagieren. Interessanterweise hat sich dieser Wert über die Jahre von 2001 bis 2015 kaum verändert.[120] Der daraus erwachsende Schaden durch schwache Mitarbeiterbindung, Fluktuation, Fehltage und geringe Produktivität wird von Gallup alleine in Deutschland auf 122 Milliarden Euro beziffert.

75 Prozent der europäischen Arbeitnehmer schämen sich zudem für ihren Arbeitgeber und reden daher überhaupt nicht über ihn. Nur knapp 45 Prozent der Befragten würden ihren Arbeitgeber bedenkenlos weiterempfehlen.[121]

Jeder von uns kennt diese Phänomene: Ich habe schon Seminare durchgeführt, bei denen die Teilnehmer in der Vorstellungsrunde nicht das Unternehmen nannten, für das sie arbeiteten, sondern nur etwas zu ihrem Aufgabenbereich in einer »Unternehmensberatung« sagten. Dies wäre bei Mitarbeitern von McKinsey oder der Boston Consulting Group undenkbar.

Häufig weisen diese sogar noch Jahre nach dem Ausscheiden in Gesprächen dezent darauf hin, dass sie bei diesen Unternehmen waren.

Auf der Suche nach Gründen für das mangelnde Commitment lassen sich aus einer Studie von Towers Watson, bei der 40 000 Mitarbeitern aller Hierarchiestufen befragt wurden, drei Aspekte identifizieren:[122]

- *Mangelnde Information:* Nur 58 Prozent der Manager kommunizieren eine klare Vision und Ziele.
- *Mangelnde Konsistenz:* Gerade einmal 54 Prozent der Manager handeln auch nach den selbst definierten Grundsätzen.
- *Mangelnde Befähigung von Mitarbeitern:* Nur 49 Prozent der Manager ermutigen und befähigen Mitarbeiter dazu, ihre Leistung zu verbessern.

Spätestens hier höre ich häufig Widerspruch von Managern in Unternehmen. Es wird auf Führungskräftetagungen verwiesen, auf World Cafés mit dem Führungsnachwuchs, auf detaillierte Informationen über Mails und das Intranet und so weiter. Manche fordern mich sogar auf, die Veränderung in der Kommunikation zu messen als Beweis dafür, alles richtig gemacht zu haben. Wenn wir dies dann tun, stellen wir immer das gleiche Muster fest: Es ist völlig korrekt, dass immer mehr kommuniziert wird. Allerdings zeigt sich auch, dass immer weniger bei den Mitarbeitern ankommt.

Input ist nicht Output, senden heißt nicht automatisch empfangen, hören heißt nicht immer verstehen und verstehen heißt noch lange nicht, dass Mitarbeiter es dann auch in ihrem persönlichen Verantwortungsbereich anwenden können.

Die zentrale Frage lautet: Wie viel des kommunizierten Inhaltes wird tatsächlich auch verstanden? Häufig wird das Verständnis dadurch erschwert, dass schlicht zu viele Botschaften vermittelt werden, die nicht logisch miteinander verknüpft sind. Wird das Strategie- und Zielsystem nicht aus dem normativen Gerüst des Unternehmens abgeleitet, ist die Gefahr des Scheiterns wegen zu vieler und zu widersprüchlicher Botschaften groß. Was noch erschwerend hinzukommt, sind häufig wechselnde Inhalte zur Marke. Wer soll da noch den Überblick behalten und die Bereitschaft mitbringen, bei der nächsten Strategieänderung wieder Hurra zu schreien und mit anzupacken?

Nur wenn das Top-Management die Marke vorlebt, kann sie bei den Mitarbeitern durchgesetzt werden. Es darf deshalb nicht verwundern, dass Mitarbeiter in Unternehmen wie Würth oder dm die Markenwerte aktiv leben und ein hohes Commitment zum Arbeitgeber aufweisen. Unternehmerpersönlichkeiten wie Reinhold Würth oder Götz Werner haben die Unternehmen mit ihrer Philosophie über Jahre geprägt.

Unternehmen müssen sich ihrer Identität bewusst sein, damit sie als Identifikationsanker für die Mitarbeiter dienen können.

Mitarbeiter zu Markenbotschaftern machen

Mein Institut für Marken- und Kommunikationsforschung hat gemeinsam mit der Universität St. Gallen das weltweit größte Forschungsprojekt zum Behavioral Branding mit zehn Unternehmen durchgeführt. Zu den Unternehmen zählten unter anderem Lufthansa, Nestlé, REWE Group, Telekom, Swisscom, Zurich Versicherung, Holcim und BMW. Die daraus gewonnenen Erfahrungen und Forschungserkenntnisse bestätigten sich immer wieder in Beratungsprojekten. Wesentliche Erfolgsaspekte stelle ich im Folgenden vor.

Das Internal Branding zielt darauf ab, die Markenwerte und das Leistungsversprechen der Unternehmensmarke durch Mitarbeiter im Kundenkontakt sowie im Kontakt mit anderen Anspruchsgruppen zum Leben zu erwecken. Dabei ist zwischen dem markenorientierten Verhalten und den dafür notwendigen Strukturen und Prozessen, die dies ermöglichen, zu unterscheiden.

Howard Schulz, der Gründer von Starbucks, bringt die Bedeutung der Mitarbeiter für den Markenerfolg sehr plastisch auf den Punkt: »We are not in the coffee business serving people, we are in the people business serving coffee.« Ihm geht es darum, dass sich die Menschen bei Starbucks wohl und gut aufgehoben fühlen, dass Starbucks für sie ein Rückzugsort und ein Hort der Ruhe ist und dass die Mitarbeiter durch ihre persönliche Ansprache und den Kontakt zum Kunden den Unterschied machen. Entsprechend logisch ist seine Erkenntnis: »You can't do enough advertising to undo a mistake that one barista can make in five minutes with a customer.«

Ich habe die Wirkung der Starbucks-Philosophie am eigenen Leib erfahren. Unser jüngster Sohn hat mit 17 Jahren Abitur gemacht. Gemeinsam mit meiner Frau entschieden wir, dass er vor dem Start seines Studiums noch seine Französischkenntnisse in einer Sprachschule in Paris vertiefen sollte. Die Sprachschule war wirklich gut. Wir berücksichtigten allerdings nicht, dass zu dem Zeitpunkt, zu dem unser Sohn dort startete, nur ältere Menschen in den Kursen waren, weil in Deutschland wieder der Schulunterricht begonnen hatte. Unser Sohn war somit isoliert und ohne Kontakte. Das merkte ich ihm in den Telefonaten an.

Als ich einmal nach zwei Wochen mit ihm telefonierte, fand er den Französischunterricht zwar überzeugend, allerdings zeigte mir seine belegte Stimme, dass er sich ohne Kontakte nicht so wohlfühlte. Als ich ihn dann fragte, was er denn so macht, wurde seine Stimme merklich positiver. Er erzählte mir, dass er regelmäßig zu Starbucks gehe, was mich doch sehr verwunderte – in Paris zu einem amerikanischen Unternehmen? Als ich nach dem Grund fragte, kamen zuerst die harten Argumente: Es sei in der Nähe und es gebe ein kostenloses WLAN. Aber das gab es auch in französischen Cafés, wie ich schnell mit ihm klären konnte.

Dann erst kam die echte Antwort. Als er zum ersten Mal zu Starbucks ging, wurde er nach seinem Namen gefragt und der Name dann auf den Becher geschrieben. Er unterhielt sich länger mit dem jungen Barista über alle möglichen Themen. Beim zweiten Mal begrüßte ihn der Barista mit Namen. An dem Tag, als wir miteinander telefonierten, wollte er sich abends mit dem Barista und seinen Freunden treffen, um gemeinsam ins Kino zu gehen. Die ersten Kontakte mit Gleichaltrigen wurden durch Starbucks geschaffen. Howard Schultz hat Recht: Es geht weniger um Kaffee, sondern mehr um die Menschen.

Ziel des Behavioral Branding ist das markenorientierte Verhalten der Mitarbeiter. Als Zielgrößen dienen hierbei

- die Identifikation mit der Marke,
- das Commitment mit der Marke, worunter ich vor allem die emotionale Bindung an die Marke verstehe, und
- die Verankerung der Marke in Denken, Fühlen und Handeln der Mitarbeiter, um ein konsistentes Markenerleben bei den Kunden zu sichern.

Die Verankerung der Marke nach innen ist ein Brand-Engagement-Prozess. Er wird zu Beginn der Verankerung der Marke im Unternehmen als Change-Management-Prozess betrachtet. Zentraler Startpunkt ist die klare Definition der Ziele sowie des Customer-Brand-Experience-Konzepts.

Damit gilt der Leitsatz von Steve Jobs: »You've got to start with the customer experience and work back toward the technology – not the other way around.«

Die Marke schafft nach innen den notwendigen Fokus für Mitarbeiter, motiviert sie und erleichtert Entscheidungen im Alltag. Das Marken-Commitment und das Handeln der Mitarbeiter sind gewissermaßen die Blutbahnen, um Prozesse und Systeme mit Leben zu füllen. Ziel ist, die Mitarbeiter stärker über ein Markenversprechen auf den Kunden zu fokussieren. Ein nachhaltiges Kundenerlebnis erzeugt wiederum Kundenzufriedenheit und Weiterempfehlungen. Über diese zwei Effekte erfolgt eine positive Beeinflussung des wirtschaftlichen Markterfolgs. Die Verankerung der Marke nach innen ist also kein Selbstzweck, sondern ein wirksamer Hebel der Wertschöpfung.

Führungskräfte als Rollenmodell und Katalysatoren der Marke nutzen

In dem Prozess der internen Implementierung sind die Führungskräfte – Top-Management und mittleres Management – das Nadelöhr für den Erfolg. Sie sind für den Prozess zu gewinnen und als Markenbotschafter zu nutzen.[123] Entsprechend müssen Führungskräfte so geschult werden, dass sie in ihrem eigenen Verantwortungsbereich als Markenbotschafter fungieren und ihre Mitarbeiter entsprechend ausbilden können, um mit ihnen konkrete Maßnahmen zur Durchsetzung der Marke zu erarbeiten. Die Umsetzungsmaßnahmen sollten gemeinsam mit den jeweiligen Mitarbeitern der Abteilungen erarbeitet werden, um Betroffene zu Beteiligten zu machen.

Dazu ist der Einsatz der Führungskräfte unerlässlich, weil sie

- als zentrale Agenten des Wandels für die Marke agieren,
- das Markenversprechen den Mitarbeitern gegenüber kommunizieren,
- sich als Hüter der Marke verstehen, dabei aber eine notwendige Individualität der Mitarbeiter zulassen,
- gemeinsam mit den Mitarbeitern Umsetzungskonzepte entwickeln und
- die Fortschritte kontrollieren.

Vier Aspekte möchte ich hierbei nochmals besonders betonen.

Vorbild sein

Mitarbeiter orientieren sich an Führungskräften. Sie sind zentrale Leit- und Identifikationsfiguren. Eine internationale Befragung von 365 Führungskräften ergab, dass das Verhalten des CEO die Haupttriebfeder für die Entscheidungen im Sinne der Markenwerte ist.[124]

Mitarbeiter nehmen nach innen gerichtete Markenaktivitäten nur dann ernst, wenn Worte und Taten der Geschäftsführung sie unterstreichen. Ihre Handlungen beeinflussen nachhaltig die Glaubwürdigkeit und Relevanz einer Marke. Der ehemalige Vorstandsvorsitzende von Beiersdorf, Rolf

Kunisch, suchte immer die Nähe zu seinen Mitarbeitern. Er erfragte die Hintergründe für ihr Tun, bezog die Mitarbeiter so in den internen Markenprozess ein und lebte gleichzeitig die Marke authentisch vor.

Walk your Talk.

Commitment zeigen

Der ehemalige CEO von Microsoft Steve Ballmer zeigte die starke emotionale Bindung zur Marke in seinen ausdrucksvollen »Ansprachen«. Seine Videos, die den Enthusiasmus und die volle Verausgabung für die Marke zeigen und mit der Liebeserklärung »I love this company« enden, sind legendär und auf YouTube heiß begehrt.

Symbolische Handlungen für die Marke schaffen ein einheitliches Grundverständnis bei Mitarbeitern und fördern die nachhaltige Identifikation mit einer Marke. Ein Beispiel hierfür liefert der ehemalige Vorstandsvorsitzende der BASF AG, Dr. Jürgen Hambrecht. Er lebte die Marke vor, indem er die Markenwerte in seinen Vorträgen unterstrich und durch Symbole wie zum Beispiel das stetige Tragen eines BASF-Markenpins zu jeder Zeit sein Commitment klar demonstrierte. Zudem machte er sich weltweit Notizen, wenn seiner Meinung nach etwas nicht zur Marke passte, fragte nach dem Verantwortlichen und gab diesem seine Hinweise. Von der Notiz wurde eine Kopie gemacht, die im Schreibtisch landete und die er nach einer bestimmten Zeit wieder hervorholte, um dem Vorgang nachzugehen. Konsequenter geht es kaum.

Symbolisches Handeln hilft bei der Markendurchsetzung.

Der erste Manager, der dies zu spüren bekam, war der damalige Projektleiter, der nach dem Projekt die Führung der BASF-Immobilien übernehmen durfte. Nach einem ersten Check auf Markenpassung entschied dann allerdings Hambrecht gemeinsam mit dem damaligen Manager, dass dieser Bereich »off brand« ist, weil er keine Beiträge für die Markenwerte leistete. Er musste fortan anders firmieren.

Markenorientiertes Verhalten einfordern

Die Führung muss klar das Markenversprechen stützen und danach Schwerpunkte setzen. Gleichzeitig muss das Top-Management auch den Beitrag bei Führungskräften und Mitarbeitern einfordern. David Farr, CEO von Emerson, stellt den Führungskräften daher regelmäßig vier Fragen:[125]

1. Wie machen Sie einen Unterschied? Hier erfolgt ein Test auf das Alignment zur Markenstrategie.
2. An welcher Idee für Verbesserungen arbeiten Sie gerade? Der Fokus liegt auf der kontinuierlichen Verbesserung.
3. Wann haben Sie das letzte Coaching von Ihrem Chef erhalten? Dies soll die persönliche Weiterentwicklung fördern.
4. Wer ist unser Gegner? Durch die Fokussierung auf den Wettbewerb als gemeinsamen Feind soll das Silodenken im Unternehmen aufgelöst werden.

Den Prozess systematisch planen

Für den Prozess der Implementierung einer Marke nach innen gibt es nicht *das* richtige Vorgehen. Der Prozess kann von Unternehmen zu Unternehmen variieren. Allerdings gibt es eine ganze Reihe wesentlicher Punkte, die aus meiner Sicht grundsätzlich beachtet und beantwortet werden sollten.

Konkret geht es hier darum festzulegen,

- wer
- wann
- mit welcher Zielsetzung und
- mit welchen Maßnahmen in den Prozess zu integrieren ist.

Dies ist insofern vonnöten, um die Maßnahmen nicht mit der Gießkanne und nach dem Motto »*One size fits all*« auszuschütten.

Bei der Frage nach dem »*Wer*« sind Prioritäten hinsichtlich der unternehmensinternen Zielgruppen zu entwickeln als Basis für die dann anzustrebenden Ziele, Zeitpunkte und Intensität der Maßnahmen.

Bei Würth haben wir eine einfache Nomenklatur entwickelt: In der ersten Stufe wurden die unterschiedlichen Hierarchiestufen im Unternehmen abgebildet – vom Top-Management bis zum Mitarbeiter in der Logistik. In der zweiten Stufe wurden die Mitarbeiter dahingehend unterteilt, ob sie entweder direkten Kontakt zum Kunden haben (»handshaker«), Kontaktpunkte mit den Kunden beeinflussen, beispielsweise in der Marketingabteilung oder in der Produktentwicklung, oder ob sie keinen Einfluss auf das Kundenerleben haben. In der dritten Stufe wurde dann wegen der großen Bedeutung des Vertriebs zwischen Innen- und Außendienst differenziert.

Mit der Frage nach dem »*Wann*« wird geklärt, in welcher Reihenfolge wer ins Boot zu nehmen ist. Bei Würth ergab sich eine klare zeitliche Struktur, indem zunächst das Top- und das mittlere Management abgeholt wurden und danach die Schulungen im Außendienst stattfanden, bevor mit dem Innendienst weitergemacht wurde. Dieses Vorgehen bot sich an, weil die Verkäufer die Visitenkarte des Unternehmens sind und die Markenwahrnehmung von Würth stark beeinflussen. Diese typische Form der Kaskadierung wird bei vielen Unternehmen durchgeführt.

Meist startet das Ganze mit einem großen Event, bevor an die Arbeit mit kleineren Gruppen entsprechend der Hierarchisierung gegangen wird. So wurde die Marke UPS beim Relaunch weltweit an einem Tag 3 600 000 Mitarbeitern nähergebracht.[126] Das Event war der Startpunkt und ein wichtiges Signal, um eine positive Einstellung und Motivation zu erzeugen. Art und Umfang der anschließenden Arbeit in kleineren Gruppen hängen von den Zielgruppen und deren Bedeutung für die Marke sowie den konkret damit verfolgten Zielsetzungen ab. Somit können diese persönlichen Maßnahmen stärker dosiert und maßgeschneidert werden, um kostenbewusst die besten Ergebnisse zu erzielen.

Bei der Markenmigration der Citibank zur TargoBank sind wir aufgrund des hohen Zeitdrucks umgekehrt vorgegangen: Zuerst wurde den Mitarbeitern in unterschiedlich intensiven Schulungen die Marke nähergebracht und markenkonformes Verhalten erarbeitet. Die letzte Schulung endete einen Tag vor dem großen Event, bei dem die Umfirmierung von der Citibank zur TargoBank mit allen Mitarbeitern in Düsseldorf gefeiert wurde und die Mitarbeiter auf den nächsten Tag unter dem neuen Namen eingestimmt wurden. Noch in derselben Nacht startete das Umbranding der Filialen.

Die Zielsetzungen variieren je nach Gruppe und Aufgabenbereich. Für den Pförtner mag es reichen, wenn er die Markenwerte kennt und dazu entsprechende Verhaltensweisen an den Tag legt oder abends bei Freunden oder Verwandten positiv über die Marke spricht. Manager müssen die Marken ganz anders verinnerlichen, um sie in ihrem Verantwortungsbereich zum Leben zu erwecken.

Als Richtschnur empfehle ich das Zitat von Johann Wolfgang von Goethe:

Wissen ist nicht genug; wir müssen es anwenden. Wollen ist nicht genug; wir müssen es tun!

Dementsprechend lassen sich drei Phasen zur Verankerung im Bewusstsein der Mitarbeiter unterscheiden.[127]

Motivieren und Mitarbeiter für die Marke begeistern

Hier geht es um die Frage nach dem »*Warum*«. Mitarbeiter möchten wissen, warum und wofür sie sich einsetzen sollen. Auch hier gibt es keine zweite Chance für den ersten Eindruck. Im ersten Schritt sind der breiten Masse an Mitarbeitern die Relevanz und der Mehrwert der Thematik aufzuzeigen. Das Ziel des Markenprogramms ist zu vermitteln, um einen Bewusstseinsprozess bei den Mitarbeitern anzustoßen. Mitarbeiter müssen also Hintergründe und Wissen vermittelt bekommen. Hierzu sollten sie folgende Inhalte verstanden haben:

- Die Marke ist ein zentraler Wertschöpfer und relevant für das Unternehmen.
- Die Marke des Unternehmens steht für bestimmte Inhalte (Markenwerte, Leistungsversprechen).
- Jeder Mitarbeiter ist gefordert, diese Inhalte zum Leben zu erwecken.

Verstehen und Schaffung eines gemeinsamen Mindsets

Im zweiten Schritt ist die Frage nach dem »*Was*« zu beantworten. Die Ansage »Die Marke muss gelebt werden« hilft Mitarbeitern nicht. Mitarbeiter müssen verstehen und begreifen, was die einzelnen Markenwerte im Arbeitsalltag bedeuten und was sie konkret dafür tun können. Mitarbeiter sollten folgende Lerneffekte erzielt haben:

- Jeder Mitarbeiter kann das Leistungsversprechen und die Markenwerte mit eigenen Worten wiedergeben und erklären.
- Die Zielsetzungen und Initiativen des Brand-Engagement-Programms sind bekannt. Aufgaben, Verantwortliche und Möglichkeiten zum persönlichen Involvement sind vorhanden.
- Die Mitarbeiter sehen Bezugspunkte zu ihrer täglichen Arbeit und fragen nach Hilfestellungen und Ansätzen zur Umsetzung.

Handeln und Umsetzen des Markenversprechens in konkrete Maßnahmen

Hier geht es um die Frage nach dem »*Wie*«. Die gelernten Inhalte sind wirkungsvoll im Alltag umzusetzen. Hierzu können konkrete Handlungsleitlinien, Best Practices oder mehr Freiräume benötigt werden. Zudem müssen Organisation, Strukturen und Prozesse das angestrebte Ziel ebenfalls unterstützen oder gegebenenfalls angepasst werden. Im Ergebnis müssen Mitarbeiter wissen, wie sie die Zielsetzung umsetzen können:

- Jeder Mitarbeiter weiß genau, welches die Zielsetzung ist und was von ihm konkret erwartet wird.
- Erste Ideen und Vorschläge zur Verbesserung werden diskutiert und selbstständig umgesetzt. Mitarbeiter fordern Freiheitsgrade zur Umsetzung der Marke ein.
- Der Mitarbeiter hat klare und eindeutige Hilfestellungen, um die Zielsetzung in seinem Bereich zu erfüllen. Er erhält zudem Unterstützung durch die unmittelbare Führung, um dies erfolgreich zu erfüllen.

Verknüpfung von Massenkommunikation und persönlichen Maßnahmen

Ohne Frage erreichen massenkommunikative Maßnahmen viele Mitarbeiter in extrem kurzer Zeit. Sie haben generell die höchste Reichweite. Zudem sind sie sehr gut steuerbar. Beides trifft auf die persönliche Kommunikation weniger zu. Diese erreicht nur wenige Mitarbeiter, die Steuerung ist ohne Frage schwerer. Allerdings ist persönliche Kommunikation hinsichtlich Glaubwürdigkeit und Verständniswirkung der Massenkommunikation bei Weitem überlegen.

Die Wirkungen massenkommunikativer Maßnahmen sind oft ein Tropfen auf den heißen Stein. Ein Rechenbeispiel aus John Kotters *Leading Change* verdeutlicht dies.

Ein Mitarbeiter wird in einem Zeitraum von drei Monaten im Durchschnitt mit Informationen von rund 2,3 Millionen Wörtern konfrontiert. Die interne Kommunikation bei Transformationsprogrammen umfasst circa 13 400 Wörter, was etwa einer 30-minütigen Rede, einem einstündigen Meeting, einem 600-Wort-Artikel in einer Mitarbeiterzeitschrift sowie einem 2 000-Wörter-Memo entspricht. Dies bedeutet, dass die interne Information gerade einmal 0,58 Prozent Anteil am Gesamtumfang des Informationsangebots während der drei Monate einnimmt.[128]

Angesichts der Informationsüberlastung in der heutigen Arbeitswelt ist davon auszugehen, dass nur 1 Prozent der angebotenen Informationen überhaupt wahrgenommen wird.[129] Rein rechnerisch ist der Effekt der internen

Kommunikation verschwindend gering. Mediale Kampagnen und bunte Flyer alleine reichen nicht aus. Vielmehr sind Menschen, Prozesse und Instrumente ausschlaggebend für den Implementierungserfolg.

Ich habe dies bei einem Hidden Champion erlebt, wo nach der Entwicklung der Markenidentität die Marke primär durch massenkommunikative Maßnahmen nach innen vermittelt wurde. Die Top-Manager wollten sich den Aufwand durch Workshops und andere persönliche Maßnahmen sparen, wie ich es vorgeschlagen hatte.

Zehn Jahre danach wurden wir nochmals für die Weiterentwicklung der Marke engagiert. Die Marke hatte sich bei den Kunden prächtig entwickelt, nach innen bei den Mitarbeitern hingegen keinen Schritt. Die massenkommunikativen Maßnahmen waren schlicht verpufft, mehr noch: Sie hingen den Mitarbeitern ab einem gewissen Punkt aufgrund der Penetranz zum Hals heraus, weil sie nicht unterfüttert waren und die Mitarbeiter den Sinn dahinter nicht verstanden. Jetzt gehen wir den Prozess nach innen anders an: mit persönlichen Maßnahmen, Workshops und einem nachhaltigen Konzept.

Kampagnencharakter der Massenkommunikation berücksichtigen

Statt in Plakaten, Beiträgen in hauseigenen Zeitungen oder im Intranet, Mousepads, Bildschirmschonern und Giveaways zu denken, um die Marke bei den Mitarbeitern zu platzieren, ist es sinnvoller, zunächst einen Aufhänger für eine interne Markenkampagne zu entwickeln, um anschließend zu überlegen, mit welchen Maßnahmen diese am besten zu vermitteln sind.

Die Marke ratiopharm entwickelte zum Beispiel eine Kampagne, um die interne Markenbildung voranzutreiben. Durch die »Act-Orange«-Kampagne wurden drei zentrale Schlüsselbotschaften vermittelt:

- »Jeder Mitarbeiter ist mitverantwortlich für die Marke ratiopharm.«
- »Überlege, wie du bei deiner täglichen Arbeit zur Entfaltung der Marke ratiopharm beitragen kannst.«
- »Trage dazu bei, dass sich die Außenwelt in ihrer hohen Meinung über ratiopharm bestätigt fühlt.«

Die Robert Bosch GmbH hatte sich einen internen Fokus mit der Initative »BeQik, BeBetter, BeBosch« gesetzt. Sie diente dazu, die Kernwerte der Marke an die Mitarbeiter zu vermitteln. BeQiK steht für das Übertreffen der Kundenerwartungen. Der Name umfasst Qualität, Innovation und

Kundenfokus. BeBetter reflektiert die Zuverlässigkeit und Stabilität, während BeBosch den Stolz und Enthusiasmus verkörpert, der die Mitarbeiter motiviert.

Die Logik ist auch hier klar: Je kohärenter über verschiedene massenkommunikative Maßnahmen die Botschaften gespielt werden, umso stärker setzen sie sich durch.

Marke in Stein meißeln: das Markenhandbuch

Die Entwicklung und Durchsetzung der Markenidentität ist eine Sache, deren Dokumentation eine andere. Die Markeninhalte und daraus folgende Konsequenzen für die handelnden Personen und Mitarbeiter sind schriftlich festzuhalten. Ziel hierbei ist, alle markenrelevanten Aspekte und Inhalte der im Unternehmen geführten Marken, einschließlich der Unternehmensmarke selbst, umfassend zu dokumentieren und schriftlich zu fixieren.

Ein Markenhandbuch ist mehr als nur ein CD-Manual. Ein Streifzug durch die Corporate- und Brand-Identity-Manuals vieler Unternehmen offenbart jedoch ein verkürztes Verständnis von Markenhandbüchern. Die meisten Inhalte erschöpfen sich dabei in der Festlegung von Gestaltungsrichtlinien und Corporate-Design-Vorgaben. Die strategische Ausrichtung und inhaltliche Ausgestaltung der Marke findet sich hingegen häufig nicht. Dies liegt zum Teil daran, dass diese Dokumente nur fragmentarisch vorhanden und über verschiedene Bereiche des Unternehmens verstreut sind, zum anderen fehlen sie schlichtweg. Schon allein deswegen ist das Markenhandbuch für eine kohärente Fundierung aller Markenaktivitäten wichtig.

Die Markenidentität und -positionierung bildet das Kernstück und die Essenz des Markenhandbuchs. Zwar richten sich Struktur und Inhalt des Markenhandbuchs nach den spezifischen Charakteristika des jeweiligen Unternehmens. Dennoch sollten gewisse Grundelemente Bestandteil eines jeden Markenhandbuchs sein. Dazu zählen unter anderem die Markenkernwerte und deren Operationalisierung in Verhaltensweisen, die Markenpositionierung sowie Regelungen für den Markenauftritt.

Für das Markenhandbuch gilt: Je einfacher und plastischer, umso besser!

Der Beitrag jedes Mitarbeiters für die Marke hängt von der Position und Funktion im Unternehmen ab. So prägt ein Außendienstmitarbeiter durch sein Verhalten gegenüber dem Kunden das Bild der Marke naturgemäß stärker als der Controller im Innendienst. Dementsprechend sind die Markeninhalte auf einzelne Unternehmensbereiche abzustellen und zielgruppenspezifisch zu vermitteln.

Es ist empfehlenswert, für jede Abteilung Markenrichtlinien, beispielsweise in Form von Checklisten, in das Markenhandbuch mit aufzunehmen. Dies kann dadurch erfolgen, dass es einen allgemeinen Teil sowie für die Bereiche einen spezifischen Teil im Markenhandbuch gibt.

Um die Marke glaubhaft zu leben, sind die einzelnen Markeninhalte möglichst plastisch und verständlich aufzubereiten und in konkrete Verhaltensweisen (Dos & Don'ts) zu operationalisieren. Jeder Mitarbeiter muss wissen, wofür seine Marke steht. Dies ist häufig nicht der Fall. Wenn wir Vertriebsmitarbeiter nach den besonderen Nutzenvorteilen ihrer Marke befragen, herrscht oft erschreckende Sprachlosigkeit, sei es aus Unwissenheit oder mangelnder Verbundenheit gegenüber der Marke. Dabei ist der Außendienst das kaufentscheidende Bindeglied zwischen Unternehmen und Kunde.

Für die Überführung der Markenkernwerte in konkrete Verhaltensweisen in der Sprache der Mitarbeiter sind diese kompakten Orientierungshilfen verbindlich.

Bei Faber-Castell wird das vorbildlich betrieben. In dem Handbuch nimmt Anton W. Graf von Faber-Castell Stellung zur Marke mit dem markanten Satz: »Tradition bedeutet, nicht die Asche zu bewahren, sondern die Glut.« Die vier Markenwerte Kompetenz und Tradition, herausragende Qualität, Innovation und Kreativität sowie soziale und ökologische Verantwortung werden prägnant beschrieben. Es wird konkretisiert, was dies für das Handeln bedeutet, also für das Verhalten und für die Produkte und Dienstleistungen. Ferner werden konkrete Dos und Don'ts für die acht Unternehmensbereiche formuliert. Sie müssen konkrete Ziele ableiten, die festschreiben, welche Beiträge sie für die Markenwerte leisten wollen. Das kann beispielsweise im Einkaufsbereich ein konkretes Ziel zur Verbesserung der sozialen und ökologischen Verantwortung von Faber-Castell sein.

Ein noch so gutes Markenhandbuch auf dem Papier ist nutzlos, wenn es nicht von allen Mitarbeitern quer durch das Unternehmen mit Leben gefüllt wird.

Papier ist geduldig. Der Kunde nicht!

Zur besseren Durchsetzung der Marke nach innen ist deshalb eine Verankerung markenorientierter Verhaltens- und Zielgrößen im Anreizsystem erforderlich.

E-Learning-Tools als Instrument einsetzen

Da Lernen auf Wiederholungen basiert und Fortschritte kontrolliert werden sollten, können E-Learning-Plattformen zur Marke teilweise Präsenzveranstaltungen wie Workshops ersetzen.

E-Learning-Angebote stellen nicht nur eine ressourcenschonende, sondern auch eine nachhaltige Lösung dar, die Mitarbeiter in Sachen Marke abzuholen. Zum einen erarbeiten sich die Mitarbeiter spielerisch ein tiefes Verständnis für ihre Marke und werden sich ihrer Rolle bewusst, zum anderen generieren sie erste Ideen, wie sie die Lücke zwischen Ist und Soll schließen können. Durch eine regelmäßige Wiederholung des Trainings können Nachhaltigkeit sowie ein Verfolgen der gesetzten Markenziele gesichert werden. Auch können neue Mitarbeiter, die erst nach dem Implementierungsprozess zum Unternehmen stoßen, so leicht abgeholt werden. Das schafft umfassend, einfach und schnell die Grundlage für ein Markenerleben im Sinne der Markenidentität.

Ich habe die Erfahrung gemacht, dass eine Verknüpfung von E-Learning mit einem Austausch von Gruppen zu bestimmten Aufgaben und Herausforderungen (zum Beispiel Vertriebsmitarbeiter) telefonisch, per Skype oder in Präsenzveranstaltungen förderlich ist. Durch den Austausch profitieren Mitarbeiter von den Erfahrungen Dritter zu Themen, die durch das E-Learning-Programm angesprochen wurden.

Den Flurfunk nutzen: Storytelling

Aktives Storytelling ist ein einfacher und emotionaler Zugang zur Vermittlung der Markenwerte. Ein gutes Storytelling hat einen direkten Bezug (a) zur Marke, (b) zu einer kritischen Kundeninteraktion, (c) zu einem konkreten Mitarbeiterverhalten und zeigt ein Lernziel auf. Im Ideal zeigt das Storytelling, welches Verhalten des Mitarbeiters eine kritische Situation löst und dadurch das Markenversprechen einlöst. Storytelling veranschaulicht abstrakte Zusammenhänge am konkreten Fall.[130]

Die Post-it-Story ist legendär: 1968 beschäftigte sich Spencer Silver von 3M mit der Entwicklung eines neuen Superklebers. Dieser sollte stärker als alle bekannten Klebstoffe werden. Das Ergebnis seiner Arbeit war eine klebrige und auf alle Flächen leicht aufzutragende Masse, die allerdings nicht trocknete und sich deshalb auch genauso leicht wieder ablösen ließ. Das einzige daraus zu entwickelnde Produkt war eine Art Pinnwand ohne Pins, die mit dem Klebstoff bestrichen wurde, sodass sich Zettel einfach ankleben und wieder ablösen ließen. Wegen schlechter Verkaufszahlen wurde das Board vom Markt genommen, die Erfindung geriet in Vergessenheit.

Jahre später ärgerte sich Art Fry, Mitglied eines Kirchenchors und ein Kollege von Silver, darüber, dass ihm seine Lesezeichen im Stehen ständig aus den Notenheften herausfielen. Dies erinnerte ihn an Silvers Erfindung. Er trug eine Probe des Klebers aus dem Labor auf kleine Zettel auf und testete dies gleich am nächsten Sonntag in der Kirche. Und tatsächlich hafteten seine Lesezeichen zuverlässig, ließen sich aber dennoch leicht lösen, ohne dass die Notenblätter zerstört wurden. Die Post-its waren erfunden.[131]

Geschichten machen Markenwerte plastisch.

Bei Schaeffler in Herzogenaurach wurde beim Rundgang durch die Fabrik immer auf eine Skizze des Unternehmensgründers von INA (dem Nukleus von Schaeffler) verwiesen, der dort auf dem Boden die Lösung für ein Problem aufgezeichnet hatte, an dem die Ingenieure tüftelten. Dies unterstreicht, dass INA für jedes Problem immer eine Lösung findet. In dem Unternehmen werden mit Stolz Geschichten weitergegeben, in denen Probleme für Auftraggeber gelöst wurden, die diesen gar nicht bewusst waren, auf welche die Ingenieure aber im Entwicklungsprozess für eine andere Aufgabe gestoßen waren. Diese Geschichten unterstreichen, dass INA immer dranbleibt und Lösungen findet.

Empowerment: Mitarbeiter zum markenkonformen Handeln befähigen

Mitarbeiter benötigen zur selbstständigen und motivierten Umsetzung von Markenwerten in ihrem Bereich auch entsprechende Freiheitsgrade. Inwieweit diese ausgestaltet sind, hängt von der Branche, dem Geschäftsmodell, der Unternehmenskultur und den Prozessen ab. Je nach Aufgabengebiet sind unterschiedliche Freiheitsgrade zu geben. Tätigkeiten mit hoch standardisierten Aufgabenfeldern und Routinetätigkeiten eignen sich kaum für Empowerment.[132]

Hier ist es aus meiner Sicht sinnvoll, über einfache Maßnahmen zu vermitteln, welche Verhaltensweisen von Mitarbeitern erwartet werden. Bei einem großen Pizza-Franchiseunternehmen werden in Analogie zur Lufthansa Dialogbilder eingesetzt, auf denen markenkonformes Verhalten dargelegt wird und diskutiert werden kann. Durch einfache Trainings kann Verhalten eingeübt werden. So können der Prozess der Auslieferung, die notwendige Kleidung und das entsprechende Verhalten minutiös dargestellt werden, ähnlich wie bei der Lufthansa das Verhalten der Flugbegleiter beim Einsteigen, während des Flugs und beim Aussteigen.

Wenn der Orientierungsrahmen nicht klar und eindeutig ist, kann dies Mitarbeiter überfordern. Effizienz ist gefragt.

Bei komplexen Tätigkeiten mit schlechter Planbarkeit und individueller Reaktionsfähigkeit ist hingegen Empowerment wirkungsvoll. Denn gerade hier entfaltet sich bei mehr Verantwortung am stärksten der gewünschte Effekt, dass Mitarbeiter selbstständig im Sinne der Marke agieren können. Tatsächlich reagieren Mitarbeiter mit erweiterten Entscheidungsbefugnissen schneller auf Kunden und entwickeln bessere Ideen für den Service. Mitarbeiter müssen die entsprechende Kompetenz entwickeln, mit der Entscheidungsfreiheit auch sinnvoll umzugehen.

Bei Ritz-Carlton ist der Empowerment-Prozess im Trainingsprogramm »The Gold Standard« aufwendig institutionalisiert. Mitarbeiter werden pro Jahr rund 120 Stunden in diesem Programm trainiert, um die zentralen Servicestandards und -werte zu verinnerlichen. Unter dem Motto »We are ladies and gentlemen serving ladies and gentlemen« wird die Philosophie von Ritz-Carlton vermittelt. Neben dem Mitarbeiterversprechen ist auch das Leistungsversprechen für Kunden klar definiert.[133]

Der Umgang im Service wird durch zwölf Servicewerte definiert und gibt den Mitarbeitern eine Handlungsorientierung. »Servicewert Nr. 3« im aktuellen Mitarbeiter-Guide von Ritz-Carlton lautet: »Ich bin dazu ermächtigt, einzigartige, unvergessliche und persönliche Erlebnisse für unsere Gäste zu kreieren.« Dies klingt gut, ist in der Realität jedoch nicht einfach umzusetzen und erfordert viel Fingerspitzengefühl. Anstatt die Servicestandards stur auswendig zu lernen, werden diese Servicewerte in Rollenspielen trainiert. Der Fehler eines Mitarbeiters fällt nicht auf diesen allein zurück, sondern immer auf das gesamte Unternehmen.

Wie persönliche Erlebnisse geschaffen werden können, zeigt folgende Anekdote aus dem Ritz-Carlton in San Francisco: Eine Mitarbeiterin fand dort ein kleines Mädchen weinend in der Hotellobby vor. Auf ihre Nachfrage sagte das Mädchen, es hätte einen Zahn verloren. Sie weinte, weil sie den Zahn nicht zu Hause unter ihr Kopfkissen legen und die »Zahnfee« ihn nicht finden könne. Ohne weiter nachzufragen, ermutigte die Mitarbeiterin das Mädchen, den Zahn diese Nacht unter ihr Kopfkissen zu legen, da die »Zahnfee« auch im Ritz-Carlton immer ihre Runden drehe. Mit der Hilfe des Zimmerservice gelang es dann, für den nächsten Morgen ein kleines Geschenk von der »Zahnfee« zu arrangieren, um dem Mädchen ein einzigartiges Erlebnis zu verschaffen.

Jeder Mitarbeiter eines Ritz-Carlton-Hotels trägt permanent das Markencredo bei sich. In diesem Credo wird das Motto »We are ladies and gentlemen serving ladies and gentlemen« konkretisiert und in Gefühle und Emotionen übersetzt, die der Gast bei seinem Besuch erleben soll. So werden zum Beispiel die drei Stufen der Dienstleistung konkretisiert:

1. Eine herzliche und aufrichtige Begrüßung. Sprechen Sie den Gast mit seinem Namen an.
2. Vorwegnahme und Erfüllung aller Gästewünsche.
3. Wünschen Sie dem Gast ein herzliches »Auf Wiedersehen« und sprechen Sie ihn mit seinem Namen an.

So einfach diese Stufen klingen, sie erfüllen vor allem den Zweck, das Erlebnis für die Kunden unvergesslich zu machen. Täglich sprechen die Mitarbeiter in einem Meeting über einen Punkt auf der Karte und legen fest, was sie dafür leisten können. Allein durch die häufigen Berührungspunkte mit der Karte, die das Markencredo enthält, wird somit ein positiver Kontakt zu diesen Markenwerten initiiert.

Bei Würth haben wir die Ritz-Carlton-Idee kopiert: Auch hier trägt jeder Mitarbeiter eine Karte mit den Markenwerten bei sich.

Toolbox anhand festgelegter Kriterien bestimmen

Bei der Vielzahl möglicher Maßnahmen ist die Entwicklung einer maßgeschneiderten Toolbox mit persönlichen sowie massenkommunikativen Maßnahmen für Unternehmen sinnvoll. Sie können anhand der verfolgten Ziele (Motivieren, Verstehen, Handeln), der Reichweite, der erwarteten Wirkung und der Kosten bewertet werden. Eine gute Übersicht dazu findet sich in dem Buch *Internal Branding,* das ich mit meinen Kollegen Christian Knörle und Kristina Strödter verfasst habe.

Nachhaltigkeit sicherstellen und Erfolge messen

Da die Marke ein lebendes System ist, bedarf es einer nachhaltigen Verankerung. Wissenschaftlich belegt ist, dass einmalige Lernprozesse Double-Loop-Learning-Prozessen mit Feedbackwirkungen unterlegen sind.[134] Im zweiten Fall lernen Manager aus dem Feedback der Mitarbeiter und entwickeln die Marke weiter, entweder weil bestimmte Markenwerte nicht goutiert und gelebt werden und deshalb optimiert werden können oder weil sich noch andere Optionen auftun.

Hilti verhält sich hier vorbildhaft: Das Unternehmen nimmt die Mitarbeiter in regelmäßigen Abständen mit auf eine Reise. Etwa alle anderthalb Jahre durchlaufen Mitarbeiter ein Programm, um die Hilti-Werte tiefer zu verinnerlichen. Den Kompass bilden hier die vier Werte. Zum Arbeiten mit den Mitarbeitern werden sogenannte Sherpas, also Führer, die Menschen auf Berge begleiten, über einen bestimmten Zeitraum für die Aufgabe außerhalb ihrer Linienfunktion freigestellt. Sie arbeiten mit den Mitarbeitern in Camps weltweit an den Werten. Da die Führungskräfte dieser Mitarbeiter ebenfalls einen Teil des interaktiven Trainings übernehmen, sind sie sogar noch häufiger in den Camps.[135] Die Wirkung ist durchschlagend: Beim Kontakt mit Hilti spüren Externe, dass die Mitarbeiter die Werte tief verinnerlicht haben und für die Marke brennen.

Manche Unternehmen implementieren zur nachhaltigen Schulung auch eine Brand Academy, so etwa BMW, Lufthansa oder Schwäbisch Hall.

Das Markenhaus von Schwäbisch Hall steht im Innenhof der Hauptverwaltung. Die 60-Quadratmeter-Fläche ist aufgeteilt in Wohnzimmer und Küche. Im Wohnzimmer des Hauses veranschaulichen Gegenstände Werte wie »fürsorglich«, »bodenständig« oder »genossenschaftlich«. In der Küche erforschen die Besucher spielerisch, aus welchen Zutaten ein gelungenes Markenerlebnis entsteht, und der Blick durch das »Fenster der Visionen« zeigt Lebensentwürfe der Zukunft. Ihre persönliche Bedeutung von Heimat können die Gäste in Notizen und Bildern auf dem umlaufenden Heimatband hinterlassen. Heimat begegnet ihnen zudem in Videoinstallationen oder Zitaten von Berühmtheiten und lässt sich in Duftgläsern sogar erschnuppern.

Es ist ein Markenhaus, das zur Schwäbisch Hall passt. 20 000 Besucher jährlich können sich hier mit der Marke auseinandersetzen. Damit wird den eigenen Mitarbeitern nicht nur die Bedeutung der Marke nähergebracht, sondern das Ganze wird mit Schulungskonzepten verknüpft, bei denen nicht nur Wissen vermittelt, sondern die Marke begreifbar und multisensual erlebbar gemacht wird.

Eine Brand Academy macht die Marke plastisch. Sie hat aus meiner Sicht allerdings den Nachteil, dass sie gerade für international tätige Unternehmen extrem aufwendig und teuer ist. Deshalb sollten Unternehmen – ähnlich wie bei Hilti – auch andere Maßnahmen, zum Beispiel Camps weltweit oder E-Learning, als Ergänzung berücksichtigen.

Wichtig ist, das Thema am Köcheln zu halten und für den eigenen

Arbeitsplatz relevant zu machen. Bei Würth haben wir dazu eine Scheck-karte mit den Markenwerten und der Markenpositionierung eingeführt. Diese Karte wird immer am Mann oder an der Frau getragen. In regelmäßigen Abständen setzt sich der Außendienst zusammen, beispielsweise bei Bezirksmeetings, und tauscht sich zu einem Markenwert aus. Erfahrungen werden miteinander geteilt. Dadurch werden die Markenwerte aktualisiert. Mitarbeiter lernen von den Erfolgen anderer.

Marke im Anreizsystem abbilden

Um der Marke als Steuerungsgröße Nachdruck zu verleihen, kann sie im Anreiz- und Zielsystem verankert werden. Hier können Anreizsysteme für Mitarbeiter geschaffen, Wettbewerbe durchgeführt (Gamification), die Marke in Mitarbeitergesprächen zum Thema gemacht und entsprechende Kennzahlen eingeführt werden.[136]

Anreizsysteme für Mitarbeiter, wie die Wahl des Markenbotschafters des Monats, erzeugen Wettbewerb bei den Mitarbeitern und führen somit zu höherem Involvement für die Markenverankerung. Henkel stellte zum Beispiel den Unternehmenswert »Innovation« für drei Jahre in den Mittelpunkt seiner Aktivitäten. Alle Mitarbeiter wurden aufgefordert, durch Kreativität und Erfahrung neue Ideen für Produkte und Prozesse zu generieren. 160 »Innovations-Coachs« motivierten die Mitarbeiter weltweit und unterstützten mit Kreativitätstechniken. Innerhalb weniger Monate wurden 80 000 Ideen generiert, die von einem Expertengremium bewertet wurden.[137]

Deloitte hat ein eigenes Anreizsystem geschaffen, das Mitarbeiter incentiviert, regelmäßig Informationen im System einzutragen, die erfassen, wen sie zu welchem Zeitpunkt und zu welchen Inhalten getroffen haben. Mit einer Anzahl valider Einträge steigt der Score eines Mitarbeiters. Solche Kennzahlen können leicht in Zielvereinbarungen oder Bonuskriterien transferiert werden. Ähnlich geht Deloitte bei der Leadership Academy vor, wo Mitarbeiter und Führungskräfte Punkte für die Teilnahme an Webinars und Online-Trainings sammeln können.[138]

Durch Integration von Markenwerten oder das Markenversprechen in die regelmäßigen Mitarbeitergespräche findet eine Aktualisierung und Operationalisierung statt.

Bei der Integration von Marken-KPIs in der Zielvereinbarung gilt das Prinzip der Controllability: Mitarbeiter müssen die Zielsetzungen und Aufgaben beeinflussen können, für die sie bewertet und entlohnt werden.

Anhand von zentralen Brand-KPIs können klare Ziele formuliert und kontinuierlich geprüft werden.

Fehler bei der internen Implementierung umschiffen

Während meiner Beratungszeit habe ich häufig folgende Fehler bei der Implementierung der Markenidentität nach innen beobachtet:

- Die Mitarbeiter werden nicht rechtzeitig auf die neue Markenidentität vorbereitet. Es erfolgt zunächst die Umsetzung nach außen, erst dann werden die Mitarbeiter informiert.
- Viele Unternehmen glauben, ein Einmal-Event zur Einführung der Markenidentität sei ausreichend.
- Mitarbeiter werden oft nur durch Medien über die neue Markenidentität informiert statt durch persönliche Kommunikation vom jeweiligen Vorgesetzten.
- Die Information nach innen richtet sich oft nur an die Marketing- und Kommunikationsabteilungen, die dann alleinige Träger der Markenidentität sein sollen. Die Marke bleibt Spielball der »Marketeer«, statt im gesamten Unternehmen durchgesetzt zu werden.
- Die Kraft der Symbolik wird unterschätzt. Dies betrifft vor allem Leuchtturmprojekte und Umsetzungen im Unternehmen, die als Vorbild für Mitarbeiter dienen könnten.
- Es fehlt der lange Atem bei der Durchsetzung. Mit einem einmaligen Prozess ist es nicht getan. Vielmehr sind laufend Adjustierungszyklen erforderlich, da es sich bei einer solchen Implementierung um einen Lernprozess für die Mitarbeiter handelt. Dem ist durch entsprechende Langfristmaßnahmen Rechnung zu tragen.
- Eine Implementierung nach innen bedingt ein internes Markenkontroll-Cockpit, das in vielen Unternehmen nur rudimentär entwickelt wird.

Diese Fallgruben sind bei der Umsetzung der Markenidentität zu umschiffen, um eine langfristig erfolgreiche Verankerung zu gewährleisten.

Kapitel 13

Die Muster entwickeln: Woran erkenne ich die Marke wieder?

Bienen bestäuben eine Blume nur dann, wenn sie bestimmte Merkmale aufweist. Diese Merkmale wurden von den Pflanzen ausgebildet, damit es zu einer solchen Bestäubung kommen kann. Bei einer Obstbaumblüte sind dies der Nektar, die Pollen, der süße Blütenduft und auffällige Blütenblätter, die Bienen magisch anziehen. Es sind Muster, an denen die Bienen die Blumen erkennen können. Weisen die Blumen diese Muster nicht auf, sind sie für Bienen nicht von Interesse.

Was in der Tierwelt gilt, trifft auch auf bekannte Persönlichkeiten zu. Sie entwickeln erkennbare Muster, anhand deren sie schnell identifiziert werden können. Diese Muster sind manchmal stärker ausgeprägt, manchmal auch weniger stark. Charlie Chaplin ist ein Beispiel für ein starkes Muster. Der prägnante Hut, der obligatorische Gehstock, die großen Schuhe, der schwarze Frack mit dem weißen Hemd und der Fliege gehörten zu Charlie Chaplin, mehr noch: Sie machten aus einem Komiker erkennbar Charlie Chaplin. Das Muster ist so stark, dass sich die Menschen diese Persönlichkeit gar nicht anders vorstellen können.

Dies trifft nicht nur auf Charlie Chaplin zu, sondern auch auf viele andere Persönlichkeiten: Karl Lagerfeld, Bundeskanzlerin Angela Merkel und Queen Elisabeth sind solche Persönlichkeiten. Allein die Nennung der Namen reicht aus, dass Sie klare Vorstellungen zu diesen Persönlichkeiten entwickeln und sie genau beschreiben könnten. So sind die Handbewegungen der Queen und die der Bundeskanzlerin viel zitiert: das unnachahmliche Winken der Queen und die Rautenhaltung der Hände bei Frau Merkel. Zudem weiß jeder von uns, dass die Queen nur ganz selten ohne Kopfbedeckung zu sehen ist. Sie trägt immer klassische Kostüme. Mir ist kein öffentlicher Auftritt der Queen in Erinnerung, bei dem ich sie in Hosen gesehen habe.

Zur wirksamen Beeinflussung von Kunden sind Muster für die Marke zu entwickeln.

Muster sind markenspezifisch. In den USA verstehen schon heute mehr Jugendliche die Symbolik des Nike-Zeichens besser als die des christlichen Kreuzes. Sie verbinden damit den Slogan »Just do it« und die dahinterstehende Ambition und Markenwelt von Nike.

Muster beschränken sich nicht auf das Logo. Beck's hat das grüne Schiff, die Telekom besitzt die Farbe Magenta, Porsche verfügt über den typischen Sound und eine spezielle Form der Automodelle, die geprägt ist durch den 911er, Burberry hat ein spezielles Muster, genauso wie Louis Vuitton mit dem Monogramm, bei Patek Philippe wissen Uhrenfans, dass sie die Uhr nicht für sich selbst kaufen, sondern um sie an ihre Kinder weiterzureichen und damit eine eigene Tradition zu begründen. Mit Bentley verbinden Autofreaks die Geschichte der Bentley Boys, die in den 30er-Jahren mehrfach hintereinander Le Mans gewonnen hatten.

Vom Trial and Error zum Muster mit System: Sozialtechniken als Brücke zum Kunden

Um solche Muster zu entwickeln und damit Kunden wirksam zu beeinflussen, bedarf es einer wirksamen Markenstrategie, der Verwendung von Sozialtechniken sowie der Kreativität. Im Folgenden konzentriere ich mich auf die beiden erstgenannten Punkte. Der Schwerpunkt liegt dabei auf den Sozialtechniken und vermittelt, wie Menschen auf Basis von verhaltenswissenschaftlichen Erkenntnissen wirksam beeinflusst werden können.

Wir alle nutzen tagtäglich Sozialtechniken, sind uns dessen aber nicht wirklich bewusst.

Ein Beispiel: Jedes Jahr beobachte ich im Urlaub am Strand das gleiche Drama – oder vielleicht sollte ich doch besser sagen: die gleiche Seifenoper. Es ist nicht »Der alte Mann und das Meer«, sondern der Mann im gefühlt besten Alter (also um die 50 Jahre, so wie ich) und die junge Frau. Was passiert, ist vorhersehbar. Der Mann mit Badehose, nicht mehr ganz durchtrainiert, mit deutlichem Bauchansatz und einer Haltung, die darauf schließen lässt, dass sein Hauptbetätigungsfeld am Schreibtisch oder in Sitzungen liegt, geht am Strand spazieren und erblickt plötzlich eine schöne, junge Frau mit einem makellosen Körper in einem knappen Bikini.

Die meisten von Ihnen können jetzt diese Geschichte aus eigener Erfahrung weitererzählen. Jeder hat es schon einmal gesehen. Bei dem Mann im besten Alter vollzieht sich ein frappierender Wandel: Der Rücken wird durchgedrückt, der Bauch eingezogen, die Brust rausgestreckt. Er stolziert förmlich an der jungen Frau vorbei. Das funktioniert auch 15 Meter gut. Und dann – na ja, sie wissen schon. Dies ist klassisches Impression Management.

Wir alle versuchen im täglichen Leben, andere Menschen in unserer Umgebung zu beeinflussen. Schon Kleinkinder testen solche Techniken aus. Eltern, die im Supermarkt durch Schreikrämpfe unter Druck gesetzt werden, wissen, wovon ich rede. Sieger ist dann oft das Kind, das den gewünschten Schokoriegel bekommt. Studien belegen immer wieder, dass das, was Eltern für ihre Kinder wünschen, stark von dem abweicht, was Kinder sich wünschen. Im Einkaufswagen landet aber meistens das Letztere.

Im Markenkontext empfehle ich, die Beeinflussung systematischer zu betreiben.

Unter Sozialtechnik verstehe ich die Anwendung verhaltenswissenschaftlicher Erkenntnisse zur wirksamen Beeinflussung von Menschen.[139]

So wie Ingenieure beim Brückenbau physikalische Kenntnisse über die verwendeten Materialien und deren Traglast benötigen, brauchen Manager Wissen darüber, wie sie eine Brücke zu ihren Kunden bauen können, um die Marke wirksam zu transportieren. Mit den verhaltenswissenschaftlichen Erkenntnissen zur Beeinflussung von Menschen lassen sich ganze Bibliotheken füllen. Oft fehlt es Managern allerdings am richtigen Zugang zu diesen Erkenntnissen, weil viele davon nicht hinreichend Eingang in das betriebswirtschaftliche Studium gefunden haben, nur rudimentär erworben wurden oder weil die wesentlichen Anforderungen durch einen Mangel an Zeit nicht richtig durchdacht werden können.

Menschen sind Augentiere.

Nur das, was wir sehen, hören, riechen, schmecken und berühren können, leistet einen Beitrag zur Verankerung einer Marke im Gehirn des Kunden. Die Umsetzung einer Marke ist aus meiner Sicht so sorgfältig zu betreiben wie die Entwicklung der Strategie.

Hans Kiefer, Projektmanager der BASF zur Entwicklung der Corporate-Brand-Image-Strategie, hat ein schönes Bild entwickelt, als es darum ging, die neu entwickelte Markenidentität und Markenpositionierung für die BASF zum Leben zu erwecken. Wir entwickelten gemeinsam einen Schlachtplan zur Umsetzung der Marke. Bei einem dieser Meetings hatte er ein Buch über schottische Clans dabei und bat mich, darin zu blättern. Ich war überrascht, wie viele es gab und dass jeder dieser Clans sein eigenes Muster hatte.

Mir wurde schlagartig bewusst, welches die Idee zur Umsetzung für die BASF war. Die BASF sollte wie die Schotten unschwer am Muster (und am für Männer untypischen Rock) zu erkennen sein: Das Muster ist immer ein Karomuster, es ist weder gepunktet noch gestreift oder geblümt. Das Bild passte sehr gut für die BASF mit ihren unterschiedlichen Geschäftsbereichen. Auch hier war eine Differenzierung erforderlich. Dennoch sollten die Menschen am Muster die BASF erkennen. Diese Idee wurde erfolgreich umgesetzt mit einem prägnanten Ansatz, der ein Muster erkennen ließ. Heute können Sie BASF-Mitarbeiter überall daran erkennen, dass sie voller Überzeugung ihren BASF-Pin tragen.

Zur Bildung von Mustern sind aus meiner Erfahrung drei Fragen zentral:

- Wo und wodurch kann ich meine Marke sichtbar machen, das heißt für Kunden wahrnehmbar vermitteln?
- Wie mache ich meine Marke vom Wettbewerb unterscheidbar?
- Wie schaffe ich einen integrierten, das heißt abgestimmten Auftritt über alle Kontaktpunkte?

Wo und wodurch kann ich meine Marke sichtbar machen?

Wie bereits gesagt, Menschen sind Augentiere. Nur das, was sie wahrnehmen, leistet einen Beitrag zum erfolgreichen Aufbau und zur Stärkung einer Marke.

Insofern stellen sich bei der Umsetzung der Markenidentität und der Markenpositionierung folgende wesentliche Fragen:

- Welche Maßnahmen haben den größten Einfluss auf die Markenwahrnehmung?
- Wie kann ich diese Maßnahmen so gestalten, dass sie auch die Identität der Marke und deren Positionierung klar zum Ausdruck bringen?

Bei Porsche wird die Markenidentität schon beim Startvorgang sichtbar. Ein Porsche hat das Zündschloss links vom Lenkrad und nicht wie alle anderen Marken rechts. Es ist eine Reminiszenz an die frühen Autorennen, als die Fahrer beim Start zum Auto laufen, einsteigen, starten und losfahren mussten. Durch die besondere Anordnung des Zündschlosses konnten Porsche-Fahrer gleichzeitig das Auto starten und einen Gang einlegen, was ihnen einen kleinen Vorteil gegenüber der Konkurrenz verschaffte. Das Zündschloss auf der linken Seite ist also ein sichtbarer Verweis auf die sportlichen Gene von Porsche.

Flensburger Pils zelebriert das Öffnen der Flasche durch den vergleichsweise eigenständigen Bügelverschluss. Dabei entsteht ein gut erkennbares Plopp-Geräusch, das auch in den Flensburger-Spots gemeinsam mit dem virtuosen Öffnen der Flasche mit einer Hand in Szene gesetzt wird. Zudem befindet sich das Plopp-Geräusch auch als Wort auf den Kästen, die bei Bier ebenfalls einen nicht unerheblichen Beitrag zum Markenbild leisten.

Manager können eine Marke mit unterschiedlichen Maßnahmen wahrnehmbar machen. Wichtig ist dabei, möglichst systematisch vorzugehen und die Positionierungseigenschaften klar und erkennbar zu übersetzen.

Welche Maßnahmen besitzen den größten Einfluss auf die Wahrnehmung? Grundsätzlich sind es solche, mit denen Kunden am intensivsten beziehungsweise am häufigsten in Kontakt kommen. So kommen Kunden in der Nutzungsphase bei Automobilen mit dem eigenen Auto sicherlich häufiger in Kontakt als mit anderen Maßnahmen, in der Vorkaufphase spielen hingegen Werbung, der Händler, die Website, der Car Configurator oder andere Fahrzeuge der Marke im Straßenbild eine größere Rolle.

Häufigkeit des Kontaktes: Dieser Punkt ist alles andere als trivial. Vielfach wird die Häufigkeit des Kontaktes mit bestimmten Kontaktpunkten unterschätzt. Bei Versicherungen existieren beispielsweise vergleichsweise viele Kontakte mit dem Briefverkehr, bei Automobilen hingegen mit Modellen des Herstellers selbst.

Gerade das letztgenannte Beispiel zeigt die Brisanz dieses Themas: Während eine Marke wie Volkswagen in Deutschland durch die Vielzahl der Automodelle und der Händler auf Deutschlands Straßen omnipräsent ist, findet die Marke in den USA kaum statt. Daher ist dieser Wettbewerbsnachteil gegenüber einer Marke wie Toyota systematisch durch entsprechende Maßnahmen zu kompensieren, bis sich das Bild ändert.

Bezogen auf Deutschland kann Alfa Romeo noch so schöne Werbung machen und Autos bauen, wenn es jedoch zu wenige Automodelle sind und es zu wenige Händler gibt, bei denen Interessenten einen Alfa kaufen können, wird die Marke trotz schönen Designs auch zukünftig nur ein Schattendasein führen. Die Kommunikation kann dann nicht heilen, was bei anderen Maßnahmen nicht stimmt.

Stärke des Einflusses: Bei Konsumgütern haben das Produkt und die Verpackung selbst den größten Einfluss auf die Wahrnehmung. Deshalb gehen auch rund zwei Drittel des inneren Bildes von Konsumgütermarken auf die Verpackung zurück.

Ganz ähnlich verhält es sich bei Automobilen und Notebooks. In beiden Fällen spielen Design und Funktionalität eine entscheidende Rolle. Erst dann kommen die Händler mit ihren Services bei Automobilen ins Spiel.

Bei Dienstleistungen – etwa bei Versicherungen – spielen die persönlichen Kontakte mit Versicherungsvertretern, telefonische Kontakte, die Website und der Briefverkehr eine wichtige Rolle. Unspezifische Briefe mit Angeboten haben eher eine negative Wirkung auf Versicherungskunden, während eine spezifische Ansprache mit nutzenbringenden Inhalten beim Versicherungsnehmer positiven Anklang findet. Mit Blick auf die Häufigkeit dominiert jedoch oft leider das Erstere, sodass die Versicherungsnehmer den Eindruck gewinnen, sie würden mit ihrem speziellen Bedarf nicht ernst genommen.

Wie kann ich die Maßnahmen markenspezifisch gestalten?

Zurück zum Thema Konsumgüter. Wenn hier tatsächlich die wichtigsten Maßnahmen das Produkt selbst und seine Verpackung betreffen, sollten sie auch die Positionierung der Marke zum Ausdruck bringen. Orangina ist eine Limonade mit Orangenfruchtfleisch und Wasser. Sie reflektiert die Werte des Südens, steht für Sonne, Wärme und Dynamik und strahlt als Marke Spontaneität und Humor aus. Dies wird in dem Produkt klar erkennbar umgesetzt: Die Orange wird durch die Form der runden Flasche mit den Noppen sichtbar übersetzt (»La pulpe d'orange«), das Getränk hat eigene Fruchtstückchen, die für Orangina unverkennbar sind. Leider hat die Marke diese Erkennungsdetails bei den großen Plastikflaschen aufgegeben.

Bei Patros-Feta-Käse suggeriert die Verpackung durch eine ganze Reihe von Merkmalen unverkennbar das griechische Lebensgefühl: durch den Namen selbst, durch den auf der Verpackung abgebildeten Bauern mit den Schafen und durch den typisch griechischen Farbcode Blau und Weiß. Dabei kommt Patros nicht aus Griechenland, sondern wird in Deutschland produziert.

Auch Steve Jobs hatte bei Gründung der Marke Apple klare Vorstellungen davon, wie die Apple-typischen Werte, zum Beispiel die Einfachheit der

Nutzung und die klare Ästhetik, konkret in das Produkt zu übersetzen sind. Wenn Sie das Technik-Museum in Karlsruhe besuchen und sich alte Computer anschauen, sind Apple-Computer durch ihre Form von allen anderen Computern differenzierbar. Zudem spielen bei Computern die Software und deren Bedienbarkeit eine zentrale Rolle. Die Einfachheit der Bedienung der Apple-Betriebssysteme war schon immer ein Wettbewerbsvorsprung der Marke, der auch konsequent in anderer Form auf das iPhone übertragen wurde. Während andere Unternehmen darüber nachdenken, wie sie Gebrauchsanweisungen für technische Geräte vereinfachen können, macht Apple diese überflüssig, weil die Geräte intuitiv bedienbar sind.

Die Wahrnehmung der Kunden ist subjektiv, selektiv und aktiv.

Subjektiv bedeutet, dass jeder Mensch aus seinem Erfahrungs- und kulturellen Hintergrund ein und dieselbe Sache völlig unterschiedlich wahrnehmen kann. Asiaten betrachten aufgrund ihres kollektivistischen Hintergrunds Werbung zum Beispiel anders als Europäer mit ihrem individualistischen Ansatz. Bei einer einseitigen Werbeanzeige, auf der ein Auto mit Umfeld abgebildet ist, entfallen in Europa 70 Prozent der Betrachtungszeit auf das Auto, der Rest auf das Umfeld. In Asien ist dies genau umgekehrt. Dies ist auch ein Grund dafür, weshalb das Umfeld in der Kommunikation in Asien so wichtig ist. Auf Europäer wirkt es dann teilweise zu komplex und verspielt. Wir haben einen anderen Hintergrund und bewerten dieselbe Anzeige entsprechend anders.

Die Subjektivität der Wahrnehmung ist auch stimmungsabhängig: Sie werden ein und denselben Laden bei guter Stimmung anders wahrnehmen und bewerten als in schlechter Stimmung. Bei schlechter Stimmung bleiben Sie auch nicht so lange, weil »es Ihnen nicht gefällt«.

Selektiv bedeutet, dass wir Menschen bei Weitem nicht alle Informationen aus der Umwelt aufnehmen können. Ohne Selektion der Reize wären wir maßlos überfordert. In der Regel wählen wir aus, was unsere Aufmerksamkeit erregt und aktiviert oder was uns interessiert.

Aktiv heißt, dass nicht nur Sinneseindrücke von außen auf uns einströmen, sondern wir auch selbst entscheiden können, wofür wir uns interessieren. Ein plastisches Beispiel mag dies verdeutlichen: Wenn Sie in Frankfurt auf der Zeil spazieren gehen und hungrig sind, werden Ihnen eher die Logos von Pizza Hut oder Dunkin' Donuts ins Auge fallen. Sind Sie hingegen auf der Suche nach neuen Kleidern, würden Sie stattdessen auf Bekleidungsgeschäfte wie Peek & Cloppenburg oder Pimkie aufmerksam werden. Die Straße ist immer die gleiche, es ändert sich lediglich Ihre Wahrnehmung.

Was Kunden wahrnehmen, wird vom Involvement und der Zeitdauer bestimmt, mit der sie sich einer Maßnahme widmen. Wie nun eine wahrnehmbare Ausgestaltung der Marke an den relevanten Kontaktpunkten erfolgen kann, hängt davon ab, wie viel Zeit ein Kunde einer bestimmten Markenmaßnahme widmet. Dies wiederum wird stark vom Involvement zum Zeitpunkt des Kontaktes bestimmt.

Interessiert sich ein Konsument beispielsweise für Autos, heißt das noch lange nicht, dass er sich intensiv mit Autowerbung auseinandersetzt. In der Regel liegt die durchschnittliche Betrachtungszeit einer einseitigen Werbeanzeige bei 2 Sekunden. Wird in dieser Zeit die Markenpositionierung nicht transportiert, haben Sie schon verloren. Ähnlich ist dies bei Fernsehwerbung oder anderen Formen der Massenkommunikation.

Hierzu liegen ernüchternde Ergebnisse vor: Clancy und Trout haben in den USA 300 Werbespots analysiert. Sie kommen zu dem Schluss, dass 95 Prozent dieser Spots nicht die Markenpositionierung kommunizieren. Wir haben in Deutschland eine solche Analyse für Zeitschriften gemacht und sind bei einem ernüchternden Wert von 90 Prozent gelandet. Das sind verfehlte Bemühungen, die Markenpositionierung klar wahrnehmbar zu kommunizieren.[140]

Die meisten Kommunikationsmittel vermitteln die Positionierungsbotschaft nicht.

Ein weiteres Beispiel: Geht derselbe Kunde zu einem Händler, um sich zu informieren, wird er ein anderes Zeitbudget dafür eingeplant haben. Während Kunden vor zehn Jahren noch öfter als vier Mal beim Händler waren, bevor sie ein Auto kauften, sind es heute nur noch etwa 1,5 Mal. Entsprechend gut vorbereitet sind diese potenziellen Kunden durch Internetrecherchen, Berichte zu den Automodellen und so weiter. Sie erwarten eine kompetente und ausführliche Beratung, bei welcher der Verkäufer die Markenpositionierung ganz anders darstellen und die Vorzüge der Marke und des Modells erläutern kann.

Deshalb empfehle ich Ihnen, folgende Fragen zu klären, die Ihnen dabei helfen werden, die Positionierung Ihrer Marke besser wahrnehmbar umzusetzen:

Wie stark ist das Interesse der Kunden zum Zeitpunkt des Kontaktes mit der Werbung? Generell sind massenkommunikative Maßnahmen Low-Involvement-Maßnahmen. Dies liegt weniger daran, dass bestimmte Kundengruppen kein hohes Produktinteresse oder kein hohes persönliches Interesse an einem Produkt haben, sondern daran, dass das situative

Involvement dominiert: Kunden konzentrieren sich unter Zeitdruck auf die wichtigeren Dinge; bei Zeitschriften etwa auf das Lesen interessanter Beiträge statt auf das Betrachten von Werbung. Hier ist von extrem kurzen Kontakten auszugehen.

Es empfiehlt sich, mit einem frühzeitigen Kontaktabbruch der Kunden zu rechnen und diesen einzukalkulieren. Entsprechend aufmerksamkeitsstark und schnell ist die Positionierungsbotschaft in der Kommunikation zu vermitteln. Die Informationen sollten hierarchisch weitergegeben werden.

Kunden mit Interesse an Automobilen werden ihre Aufmerksamkeit steuern. Es handelt sich um einen Top-down-Prozess. Sobald diese Kunden bemerken, dass es sich um eine Automobilwerbung handelt, wenden sie sich ihr zu. Da allerdings auch weniger automobilbegeisterte Menschen Autos kaufen, ist die Erzielung einer reizgesteuerten Aufmerksamkeit wichtig. Durch eine aufmerksamkeitsstarke Gestaltung sollen Kunden auf die Anzeige aufmerksam werden und sich ihr zuwenden. Das ist also ein Bottom-up-Prozess.

Häufig ist die Erzielung der reizgesteuerten Aufmerksamkeit erforderlich, weil Zuschauer beispielsweise während der Werbepausen kaum auf die Mattscheibe schauen. Durch akustische Reize kann eine Orientierungsreaktion ausgelöst werden. Das laute Hupen eines Autos zu Beginn eines Spots könnte hier schon helfen.

Auch im Internet besteht eine sogenannte Banner Blindness, wie mein Kollege und ehemaliger Schüler Tobias Langner meint. Banner Blindness bedeutet, dass Internetnutzer im wahrsten Sinne des Wortes Anzeigenwerbung ausblenden, sodass auch hier der Einsatz aktivierender Reize erforderlich ist, um Aufmerksamkeit zu erlangen.[141] Ähnliches gilt für Messestände oder für Schaufenster, an denen Kunden vorbeilaufen, ohne sie bewusst wahrzunehmen.

Wodurch kann ich die Botschaft am besten vermitteln? Zurück zu dem Beispiel Zeitschriftenwerbung. Wenn hier die durchschnittliche Betrachtungszeit bei maximal zwei Sekunden liegt und aus den Erfahrungen der Blickaufzeichnungsforschung rund 60 Prozent der Betrachtungszeit auf das Bild, 20 Prozent auf die Headline und die restliche Zeit auf den Text entfallen, ist die Positionierungsbotschaft durch Bild und Text zu vermitteln, ansonsten bleibt die Werbung wirkungslos. Diese Mechanik finden wir genauso bei Internetauftritten.

Bei Fernsehwerbung wiederum sind die ersten 10 Sekunden des Spots sehr wichtig, weil rund die Hälfte der Zuschauer nach dieser Zeit »abspringt«. Ein Spot für eine Marke würde sein Publikum kaum erreichen, wenn die Botschaft und die Marke später kämen. Insofern gilt es, in allen Medien über eine *hierarchische Informationsvermittlung* nachzudenken, also die wichtigste Information zuerst, dann die zweitwichtigste und so weiter.

Es ist im Kern wie das Telefonieren mit einem fast leeren Akku. Wenn Sie unter diesen Umständen Ihrer Sekretärin etwas Wichtiges mitteilen wollen, beginnen Sie auch nicht mit Smalltalk und fragen nach dem Wetter, sondern starten mit erstens, zweitens, drittens, um die wichtigsten Punkte vor dem Abbruch des Telefonats zu vermitteln.[142]

Alles andere wäre eine Risikostrategie, die gerne von Kreativen propagiert wird. Sie gehen davon aus, dass zunächst Spannung zu erzeugen ist, um den Kunden zu fesseln. Spannung zu erzeugen, unterhaltsam zu sein, emotionale Szenen einzusetzen ist ohne Frage sinnvoll, um Kunden zu erreichen, weil es aktiviert und Aufmerksamkeit erzeugt. Die Marke erst ganz zum Schluss eines Spots zu zeigen wäre allerdings falsch. In solchen Fällen können sich die Zuschauer nur schlecht an die Marke erinnern. Dabei gibt es viele wirklich kreative und unterhaltsame Spots, bei denen die Marke und die Positionierungsbotschaft früh und oft in Szene gesetzt werden. Doritos Chips und M&M's sind nur zwei Beispiele dafür. Das sind übrigens auch die Spots mit der besten Wirkung. Manager sollten somit das eine tun, ohne das andere zu unterlassen.

Auf die genannten Punkte sollten Sie bei der Entwicklung der Maßnahmen achten und entsprechende Vorkehrungen treffen, damit die Positionierung der Marke wahrnehmbar kommuniziert werden kann.

Der härteste Test ist dabei eine realitätsnahe Prüfung der Vorschläge, indem beispielsweise die verantwortlichen Manager bei Printwerbung die Anzeige auf den Kopf legen, dann umdrehen und für zwei Sekunden betrachten, um anschließend zu notieren, was sie gesehen haben. Wird das Positionierungsversprechen nicht sichtbar, ist die Maßnahme ungeeignet.

Auch bei der systematischen Übersetzung der Marke in Produktdesign oder Verpackung sind einige Punkte zu beachten. Die Prägnanz und die Diskriminationsfähigkeit von Verpackung und Produktdesign sind wesentlich für ein schnelles Wiedererkennen der Marke. Stellen Sie es sich als Mustervergleich vor. Die Marke wird mit den im Gedächtnis der Konsumenten abgelegten Marken verglichen. Je prägnanter und diskriminationsfähiger sie gestaltet ist, desto schneller und treffsicherer kann ein solcher Mustervergleich erfolgen.[143] Dabei werden zunächst besonders hervorstechende Merkmale einer Marke mit den Gedächtnisinhalten verglichen, also solche, auf die Kunden besonders leicht zugreifen können und die die Marke besonders kennzeichnen, zum Beispiel die lila Kuh von Milka.

Zu diesem Ergebnis kamen meine Mitarbeiter am Institut für Marken- und Kommunikationsforschung und ich in einer Studie, bei der wir die Prägnanz- und Diskriminationsfähigkeit von Automobilen untersuchten. Es zeigte sich, dass starke Marken wie Audi und BMW ein klares Designprofil haben und somit einen höheren Beitrag zur Differenzierung leisten als schwache Marken wie Kia und Hyundai. Dies gilt sowohl für die Front- als auch für die Seitenansicht. Während die Wiedererkennung bei starken Marken wie Audi und BMW bei weit über 80 Prozent lag, schwankte sie bei schwachen Marken um 40 Prozent.

Design ist also mehr als eine Geschmacksfrage. Es schafft Klarheit und Differenzierung, die sich auszahlt. Dabei werden Alleinstellungsmerkmale immer wichtiger. Es bleibt festzuhalten, dass die Gestaltung prägnant und diskriminierungsfähig sein sollte. Dies ist notwendig, um die Schnelligkeit der Wiedererkennung zu erhöhen. Austauschbarkeit dagegen schränkt die Wiedererkennung ein und verhindert den Aufbau eines klaren Images.

Die *Diskriminationsfähigkeit* zielt darauf ab, dass Markenname, Markenzeichen und Produkt- beziehungsweise Verpackungsgestaltung charakteristische Merkmale aufweisen, die eine Unterscheidbarkeit von anderen Marken ermöglichen. Das ist durch Formen, Farben und sonstige hervorgehobene Merkmale realisierbar.

So weisen der Coca-Cola-Schriftzug und die Coca-Cola-Flasche eine eigenständige Form auf, die schnell wiedererkannt wird. Ähnlich verhält es sich mit dem Sparkassen-S. Bei Verpackungen sind die Odol-Flasche, die WC-Ente oder Ritter-Sport-Schokolade Beispiele für Diskriminationsfähigkeit durch Formen.

Bei den Farben geht es vor allem darum, andere Farbcodes als die Konkurrenten zu verwenden. Gut gelungen ist dies zum Beispiel bei den Molkereiprodukten von Weihenstephan (königsblaue Verpackungen) und bei Maggi (Farben Gelb und Rot). Weitere Merkmale beziehen sich auf stark diskriminierende, bildliche Markenelemente wie den Bären von Bärenmarke oder das Gesicht von Uncle Ben's auf dem gleichnamigen Reis. Es können sich dahinter jedoch auch Gestaltungselemente verbergen, die weitere modalitätsspezifische Differenzierungen bewirken, zum Beispiel das Hinterlassen entsprechender haptischer Eindrücke wie bei der mit Papier umwickelten Underberg-Flasche.

Neben diesen gestalterischen Maßnahmen tragen auch Markenname und Markenzeichen zur Diskriminationsfähigkeit bei. Verpackungen und Produktgestaltungen, die nicht diesen Anforderungen an die Diskriminationsfähigkeit genügen, werden meist als austauschbar wahrgenommen. Ein wesentlicher Grund für die Austauschbarkeit von Verpackungen und

Produktgestaltungen ist, dass risikoscheue Manager dazu neigen, dem Mainstream der Entwicklung zu folgen oder typische Branchenklischees zu realisieren.

Wenn Sie sich beispielsweise den Markt für Haarfärbeprodukte anschauen, kommen Sie schnell zu dem Schluss, dass hier nur branchentypische Umsetzungen und »gelerntes« Wissen verwendet werden: Problemhaar ist lang, also zeige langes Haar auf der Verpackung. Um die Attraktivität zu erhöhen, kommt dann noch ein nett anzuschauendes Frauengesicht dazu. Um zu demonstrieren, dass das Färbemittel sanft zum Haar ist, nutzen alle Anbieter folgerichtig Pastelltöne für den Hintergrund. Dann kommen ähnliche Produktbeschreibungen hinzu, Markenname und Logo werden eingesetzt und fertig ist die austauschbare Verpackung. Auf die Frage, wie sich Frauen verhalten, wenn sie mit einem Produkt zufrieden sind, antworten viele, dass sie die verwendete Verpackung wieder mit in den Laden nehmen, um sicher zu sein, dass sie wirklich die richtige Marke kaufen. Das ist nicht lustig, aber wahr.

Vorsicht vor den Branchenstereotypen!

Die *Prägnanz* der Marke wird vor allem durch die Kriterien Einfachheit, Einheitlichkeit und Kontrast beeinflusst. Einfache Formen zeichnen sich durch Regelmäßigkeit, Geschlossenheit und Symmetrie aus. Farblich und grafisch wenig strukturierte Flächen gelten als einheitlich, während sich der Kontrast auf einen starken Figur-Grund-Kontrast von Markennamen, -zeichen und -bildern gegenüber dem Hintergrund bezieht.

Wie mache ich meine Marke vom Wettbewerb unterscheidbar?

»Differentiate or die« ist die Überzeugung, die Ries und Trout in ihrem Buch *Positioning* vertreten. Eine mangelnde Differenzierung ist der Tod der Marke. Ich folge dieser Auffassung. Allerdings darf das nicht missverstanden werden: Häufig kann bei Marken eine solche Differenzierung kaum noch konzeptuell stattfinden, weil viele Marken keine echte Besonderheit mehr aufweisen. Zudem konzentrieren sich in manchen Märkten die Bedürfnisse und Wünsche der Kunden nur auf wenige emotionale oder sachorientierte Nutzen, welche die Marken erfüllen müssen.

Beispiel Versicherungsmarkt: Im Jahr 2013 gab es laut statista 560 Versicherungsunternehmen in Deutschland. Nur die wenigsten weisen eine echte Besonderheit auf, wie die öffentlichen Versicherungen, die als Erste als sogenannte Feuersozietäten Haus und Hof ihrer Kundschaft versichert hatten. Hinzu kommt, dass die relevanten Bedürfnisse und Wünsche der Versicherungsnehmer in diesem Markt sehr begrenzt sind: Schutz und Sicherheit, Partnerschaft und Nähe zum Kunden, eine gute und schnelle Zahlungsabwicklung, ein gutes Preis-Leistungs-Verhältnis und so weiter.

Bei 560 Unternehmen heben viele Versicherungen zwangsläufig die gleichen Positionierungseigenschaften hervor. Gerade dann ist es essenziell, zu überlegen, wie solche austauschbaren Aussagen in unverwechselbare Umsetzungen verwandelt werden können, um dadurch Eigenständigkeit zu erzielen.

Im Versicherungsmarkt ist dies manchen Unternehmen gelungen: Drei Fälle, in die ich selbst involviert war, möchte ich kurz darstellen. Bei der Provinzial wurde das Thema Schutz und Sicherheit durch einen Schutzengel zum Ausdruck gebracht. Bei der Versicherungskammer Bayern wurden die gleichen Positionierungseigenschaften durch einen Schutzschirm vermittelt und bei der Württembergischen Versicherung durch den Fels in der Brandung. In allen Fällen konnte dadurch die Wahrnehmung der Kunden substanziell verbessert werden.

Der härteste Vergleich war dabei zwischen der Westfälischen Provinzial und der Provinzial Rheinland möglich. Während die Westfälische Provinzial durchgängig Schutz und Sicherheit durch den Schutzengel spiegelte, tat dies die Provinzial Rheinland ausschließlich in der gemeinsamen Fernsehwerbung. Ansonsten wurden Produktvorteile in den Vordergrund der Kommunikation gestellt. Über die Jahre zeigte sich eine deutlich positivere Entwicklung in allen relevanten Markenkennzahlen bei der Westfälischen Provinzial im Vergleich zur Provinzial Rheinland. Der Grund lag in dem eigenständigen Auftritt mit dem Schutzengel, der bis in die Geschäftsstellen und bei den Versicherungsvertretern gespiegelt wurde, welche die Engelsflügel als Pin am Anzug trugen.

Bei der Württembergischen Versicherung hatte Eduard Thometzek als damals zuständiger Vorstand für Marketing und Vertrieb zunächst interne Hürden zu nehmen, bevor das Schlüsselbild mit dem Fels in der Brandung zur Umsetzung kam. Es wurde dagegen argumentiert, weil die Versicherung ihren Sitz in Stuttgart hat, es in Baden-Württemberg kein Meer gibt und manche Entscheider deshalb glaubten, dass die Botschaft von den Kunden nicht akzeptiert würde. Die Marktforschungsergebnisse konnten allerdings eindeutig belegen, dass die emotionale Wirkung des Bildes stark war und es schlicht nicht rational hinterfragt wurde, sondern implizit wirkte. Niemand hat sich bislang darüber beschwert, dass es kein Meer in Baden-Württemberg gibt.

Die HUK Coburg ist mit dem Schutzschild ähnlich unterwegs. Neben Schutz und Sicherheit wird hier auch noch der günstige Preis in den Vordergrund gestellt. Das Schlüsselbild mit dem Schutzschild ist jedoch das am stärksten national durchgesetzte Bild für eine Versicherung in Deutschland.

If you have nothing to say, sing it. Unterscheidbare Details können das Zünglein an der Waage sein.

Wären alle Katzen grau, so würde es zur Unterscheidung reichen, wenn es eine Katze mit einer roten Kirsche am Ohr gäbe. Dies wäre ein *unterscheidbares Detail*, was diese Katze unverkennbar machen würde. Somit dient das unterscheidbare Detail als einfacher Anker für den Rückgriff auf die Marke. Das Top-Model Cindy Crawford hat ein solches unterscheidbares Detail: das Muttermal über dem Mund, das ein schönes Gesicht zu einem einzigartigen Gesicht im Modelbusiness machte.

Wie intensiv sich unterscheidbare Details einprägen, konnte ich auf einer Werbetagung in Österreich erleben. Dort hielt ich einen Vortrag zum Thema »Wirkung von Werbung« und hatte anschließend eine Pro-und-Kontra-Diskussion mit dem Werber Klaus Erich Küster zu diesem Thema. Es war ein sehr lebhaftes und spannendes Gespräch. Die Zuschauer waren begeistert. Im Zuge der Diskussion brachte ich das Beispiel des unterscheidbaren Details mit der Katze, woraufhin der Moderator ein Hosenbein seines Anzugs bis zum Knie hochkrempelte, um sich dadurch von allen Teilnehmern zu unterscheiden.

Er erntete tosenden Applaus bei den 600 Teilnehmern und behielt das Hosenbein bis zum Ende der Tagung oben. Jahre später sprach mich ein Fluggast auf dem Weg nach Zürich auf dieses Event an und sagte, er kenne mich von der Werbetagung in Österreich. Ich fühlte mich geschmeichelt, allerdings hielt dieses Gefühl nicht lange an. Fälschlicherweise dachte ich nämlich, er würde sich an meinen Vortrag erinnern. Das war allerdings nur am Rande der Fall. Was ihm wirklich im Gedächtnis geblieben war, war der Moderator mit dem hochgekrempelten Hosenbein.

Louboutin-Schuhe stehen in der Damenwelt hoch im Kurs. Frauen erkennen sie zweifelsfrei an ihren roten Sohlen. Das ZDF nutzt zur Stärkung der Aussage »Mit dem Zweiten sieht man besser« entsprechende Kampagnen, bei denen sich die Protagonisten immer ein Auge zuhalten. Schweppes zeigt das typische Schweppes-Gesicht, die DEKA Invest hatte das rote Tuch, mit dem die Wünsche der Kunden aufgedeckt werden konnten.

Auch hier empfiehlt es sich, vor Schaltung Maßnahmen zu ergreifen, um eigenständige Vorschläge zu erhalten, und ihren Erfolg auch nach Schaltung der Maßnahmen zu testen.

Vor Schaltung empfehle ich, dem Motto der Kreativitätsforschung zu folgen: Quantity breeds Quality. Viele Ideen erhöhen die Qualität des Ergebnisses. Entsprechend können Unternehmen durch Pitches mit mehreren Kreativagenturen und der Vorgabe vieler Ansätze und Ideen die Quantität erhöhen. Dadurch steigt die Wahrscheinlichkeit, dass bessere Ideen dabei sind. Zum anderen können dadurch austauschbare Ideen, die von mehreren Agenturen genannt wurden, identifiziert und ausgesondert werden, weil möglicherweise Wettbewerber auf ähnliche Ideen kommen.

Quantity breeds Quality: Viele Ideen sind die Grundlage für eine gute Umsetzungsidee.

Bei einem asiatischen Computerhersteller lautete die Aufgabe, die Größe und Potenz dieses in Deutschland weitgehend unbekannten Unternehmens darzustellen. Interessanterweise hatten die meisten zum Pitch geladenen Agenturen sehr ähnliche Ideen: Größe und Potenz wurden immer durch hohe und eindrucksvolle Wolkenkratzer umgesetzt und in fast allen Fällen durch Sumo-Ringer. Bei dem Bekleidungsunternehmen Charles Vögele hatten hingegen fast alle Agenturen den Laufsteg als eigenständiges Umsetzungsbeispiel dabei. Und jede Agentur setzte wegen des Namens einen bunten Vogel in Szene (was aber nichts mit der Positionierung zu tun hatte).

Ferner empfiehlt sich aus meiner Erfahrung, bei Wettbewerbspräsentationen zunächst einmal die Entwürfe ohne wortstarke und schauspielreife Präsentationen durch Kreative anzuschauen. In der realen Welt gibt es ja auch keine Pappenerklärer für Kunden, vielmehr müssen sich diese die Kommunikationssujets selbst erschließen. Nach einer solchen kurzen Betrachtung können die Agenturen anschließend das Ganze kommentieren und ihre Ideen zu den Umsetzungsvorschlägen vermitteln. In allen Fällen sollten zudem Checklisten zur Beurteilung der Vorschläge erstellt werden, die allen am Prozess Beteiligten vorliegen.

Vorbereitung ist alles: ohne Checkliste keine Kommunikationsbeurteilung!

Nach Schaltung im Markt empfiehlt sich ein Test mit einer harten Währung: der Anonymisierung der Kommunikation, indem der Markenname und sonstige Hinweise auf die Marke (zum Beispiel Produkt und Verpackung) entfernt werden. Die anonymisierte Kommunikation wird der Zielgruppe vorgelegt, die dann ihre Meinung abgibt, für wen geworben wurde. Diese Anonymisierung bringt oft ernüchternde Ergebnisse und ist Indikator für die Eigenständigkeit der Marke. Mit der alten Marlboro-Kampagne wurde die Marke beispielsweise zu 93 Prozent korrekt der

Cowboywelt zugeordnet. Die Werte sind heute mit der neuen Kampagne viel niedriger.

Besonders schmerzhaft wird es, wenn die eigene Kommunikation auf das Konto eines Wettbewerbers einzahlt, so geschehen bei Werbung für die Herrenbekleidungsmarke Joop! Diese wurde in 93 Prozent der Fälle falsch zugeordnet, 53 Prozent der Probanden waren der Meinung, es sei eine Werbung für Boss. Das tut wirklich weh, weil Kommunikationsbudgets im Schornstein verrauchen – für nichts und wieder nichts.[144]

Kapitel 14

Die Maßnahmen orchestrieren: Wie schaffe ich ein überzeugendes Markenerleben?

Stellen Sie sich ein Orchester vor, bei dem jeder Musiker seine Lieblingsmelodie spielen kann. Jede Melodie für sich ist beeindruckend und klingt gut. Und dann werden diese Musiker gebeten, ihre Melodien zusammen zu spielen. So schön jede Melodie sein mag, so gut die Fähigkeiten jedes einzelnen Musikers sind und so sehr sie ihre Instrumente beherrschen, wird daraus trotzdem kein überzeugendes Klangerlebnis entstehen. Nach kurzer Zeit werden Sie entnervt den Raum verlassen. Hier ist das Ganze weniger als die Summe seiner Teile.

Wenn nun aber der Dirigent die Musiker auffordert, Beethovens *Pastorale* anzustimmen, dann wird daraus ein Klangerlebnis, das Sie so schnell nicht vergessen werden.

Durch Orchestrierung der Marketingmaßnahmen soll ein überzeugendes Markenerleben bei den Anspruchsgruppen geschaffen werden.

Integrierte Kommunikation: Die »Bahnung« macht den Unterschied

Im englischsprachigen Raum wird meist von »integrated communication« oder von »seamless experience« gesprochen. Was damit gemeint ist und bewirkt werden soll, liegt auf der Hand: Die Marke soll an den relevanten Kontaktpunkten so dargestellt werden, dass für die Kunden erkennbar wird, wofür sie steht. Wechselnde Eindrücke und Botschaften schaden.

Dies lässt sich lerntheoretisch gut erklären. Generell ist zwischen dem erstmaligen Lernen und dem Wiederauffrischen von Lerninhalten zu unterscheiden. Wie schnell bestimmte Sachverhalte gelernt werden, hängt vom Involvement der Kunden sowie von dem verfügbaren Hintergrundwissen ab. Deshalb habe ich als Jugendlicher schneller die Songs bestimmter Bands gelernt als mathematische Formeln.

Einmal gelernte Sachverhalte werden zwar dauerhaft im Gehirn abgelegt und gespeichert, allerdings wird der Zugriff darauf umso schwerer, je seltener dieses Wissen genutzt oder aufgefrischt wird, weil die Verbindungen zwischen den Synapsen im neuronalen Netzwerk nicht regelmäßig »feuern«. Je intensiver und häufiger die Bahnung zwischen zwei Reizen erfolgt, desto einfacher ist der Zugriff. Das ist auch der Grund, weshalb den meisten Deutschen bei »Paris« zuerst der Eiffelturm einfällt.

Wir alle spüren dies tagtäglich am eigenen Leib: Wir vergessen Dinge, die wir einmal wussten. Müsste ich heute alle Formeln aus dem Mathematikunterricht wiedergeben, würde das desaströse Ergebnis meine Söhne amüsieren.

Stellen Sie sich vor, dass Sie jahrelang nach Arosa in den Skiurlaub gefahren sind. Die ersten Male mussten Sie sich noch orientieren und das Navigationsgerät oder eine Karte zu Hilfe nehmen. Je öfter Sie nach Arosa gefahren sind, umso mehr auffällige Punkte erkennen Sie, die Ihnen zur Orientierung dienen. Irgendwann können Sie die Strecke im Schlaf fahren und sind sogar in der Lage, die Fahrzeiten für bestimmte Strecken auf die Minute anzugeben, sofern kein Stau ist.

Dann entscheidet Ihre Familie, einen neuen Skiort auszuprobieren. Das Spiel beginnt von Neuem, bis Sie diese Strecke ebenfalls im Schlaf kennen. Doch was passiert, wenn Sie dann nach zehn Jahren wieder nach Arosa fahren? Sie werden merken, dass Sie überhaupt nicht mehr so sicher sind wie früher. Einiges haben Sie schlicht vergessen, können dann aber durch bestimmte Gebäude oder auffällige Punkte wieder auf verschüttete Inhalte und Erinnerungen zurückgreifen.

Nicht anders ist es bei Marken. Wir brauchen ständige Auffrischungen, ansonsten kommt es zu Interferenzen, also zu Gedächtnisüberlagerungen.

Ohne ständiges Auffrischen der Markeninhalte kommt es zu Gedächtnisüberlagerungen.

Dafür gibt es zwei Gründe: Was in dem Beispiel der andere Skiort war, sind bei Marken die Wettbewerbsmarken oder Marken aus anderen Branchen, die ebenfalls um die Aufmerksamkeit der Kunden ringen. Dadurch treten retroaktive Interferenzen auf. Es können allerdings auch die Maßnahmen der eigenen Marke sein, durch die es zu Gedächtnisüberlagerungen kommt, weil Kunden ständig mit neuen Inhalten und Eindrücken konfrontiert werden. Dies konterkariert die Lernvorgänge und führt dazu, dass einmal gelernte Gedächtnisinhalte in Vergessenheit geraten.

Deshalb ist es wenig zweckmäßig, regelmäßig die Kommunikation zu wechseln. Würde ich spontan nach dem Slogan für BMW und dem für Ford fragen, so wäre das Ergebnis klar: Die meisten kennen den Slogan »Freude am

Fahren« für BMW, aber wer kennt schon den derzeitigen Slogan von Ford? Von 1965 bis heute hat BMW den Slogan ein Mal geändert: »Aus Freude am Fahren« wurde »Freude am Fahren«. Im gleichen Zeitraum hatte Ford 19 verschiedene Slogans (Stand 2015). Wie können die Manager bei Ford dann erwarten, dass sich einer dieser Slogans dauerhaft im Gedächtnis verankert?

Härtere Rahmenbedingungen erschweren die Markendurchsetzung

Die Durchsetzung einer klaren Markenpositionierung wird durch die sich dramatisch verschärfenden Markt- und Kommunikationsbedingungen immer schwieriger. Der Marken-, Medien- und Kommunikationsexplosion stehen zunehmend weniger involvierte Konsumenten mit beschränktem Aufmerksamkeitsbudget und begrenzten Informationsverarbeitungskapazitäten gegenüber. Solche Bedingungen führen zur Zersplitterung der Kommunikation. Die Wirkung einzelner Kommunikationskontakte nimmt ständig ab. Das bestätigen alle großen Marktforschungsinstitute. So ist laut GfK die Werbeerinnerung für 150 Kampagnen von 18 Prozent im Jahr 1985 auf 12 Prozent im Jahr 1993 gesunken, und dies bei etwa vergleichbaren Werbeausgaben. Im Jahr 2002 betrug die Werbeerinnerung gerade noch 8 Prozent.[145]

Die Effizienz der finanziellen Mittel für die Kommunikation sinkt somit rapide. Es kommt zur Inflation der Investitionen in Kommunikation. Dies ist unabhängig von den genutzten Kommunikationsmedien zu sehen; es bestätigt sich auch für Social-Media-Kanäle wie Facebook. Dort nimmt durch ein zunehmend größeres Wettbewerbsumfeld die Erinnerung an Werbung bei den Nutzern der Facebook-Seiten dramatisch ab, und zwar unabhängig davon, ob sie sich dort stark oder nur schwach engagieren.[146] Starke Marken werden wiederum besser erinnert als schwache.

Tagtäglich werden Marketingverantwortliche mit den Trümmern dieses Kommunikationskollapses konfrontiert. Warnsignale gehen auch von den katastrophalen Day-after-Recall-Werten aus, welche die Erinnerung an Fernsehspots messen, die am Vortag gesendet wurden. Oft werden im Vorabendprogramm beworbene Marken nicht erinnert. Vielmehr werden fälschlicherweise Marken genannt, die enormen Werbedruck ausüben.

Mit einem hohen Mitteleinsatz soll die Wirkung erkauft werden. Die Orchestrierung kommunikativer Maßnahmen zielt allerdings auf ein intelligentes Programm ab. Dafür sind zwei wesentliche Aspekte zu klären:

1. Im Sinne einer integrierten Kommunikation sind die Klammern zur Abstimmung kommunikativer Maßnahmen zu definieren.
2. Manager müssen die Reise des Kunden kennen, um die Kontaktpunkte wirksam gestalten zu können.

Integrierte Kommunikation ist die Suche nach dem »Big Picture« für eine Marke

Unter integrierter Kommunikation verstehe ich die inhaltliche und formale Abstimmung aller Maßnahmen der Marktkommunikation, um die hierdurch erzeugten Eindrücke zu vereinheitlichen und zu verstärken. Die durch die Kommunikationsmittel hervorgerufenen Wirkungen sollen sich gegenseitig unterstützen.[147] Dadurch sollen die Erinnerung an die Kommunikation erleichtert sowie Präferenzen für die Marke verstärkt werden. Für Marken ist die Ausschöpfung von Kostensenkungspotenzialen beziehungsweise eine optimale Allokation vorhandener Ressourcen durch Nutzung der Synergieeffekte möglich.

Integrierte Kommunikation ist mehr Wunsch als Wirklichkeit.

Integrierte Kommunikationsauftritte sind die Ausnahme, nicht die Regel. Dass viele Unternehmen und Marken zersplittert kommunizieren, zeigen Studien zum Stand der Integrationsmaßnahmen[148]: 31 Prozent der Markenkommunikation waren nur schwach oder gar nicht formal integriert und 71 Prozent nur schwach beziehungsweise gar nicht inhaltlich integriert!

Viele Integrationsklammern werden unter der herrschenden Kommunikationsflut von wenig interessierten Konsumenten kaum wahrgenommen. Die Einigung auf eine bestimmte Schriftart als Corporate-Design-Element reicht zur Integration der Kommunikation meist nicht aus. Solche Maßnahmen hinterlassen zwar einen einheitlichen Eindruck bei Prospektmaterial oder bei Geschäftsberichten, sie nützen aber nichts, wenn Konsumenten Kommunikation beiläufig aufnehmen.

Hier sind Integrationsklammern auf das flüchtige, bruchstückhafte Informationspicken von Konsumenten auszurichten. Viele der eingesetzten Mittel zur Integration genügen nicht mehr den heutigen Anforderungen an die Wahrnehmbarkeit solcher kommunikativen Klammern.

Wechseln um des Wechselns willen bringt nichts

Viele Unternehmen bombardieren ihre Kunden mit häufig wechselnden Aussagen, Bildern und formalen Auftritten. Den Kunden werden immer wieder andere Eindrücke und Botschaften zugemutet. Auch zwischen den unterschiedlichen Kommunikationsmitteln erfolgt selten eine Abstimmung. Dadurch wird die Zersplitterung der Kommunikation durch nicht zueinander passende Maßnahmen weiter vorangetrieben. Es ist ein Wechseln um des Wechselns willen, weil im Unternehmen und nicht bei den Konsumenten Sättigungserscheinungen auftreten oder weil ein Produktmanagerwechsel stattgefunden hat.

Ich habe Sitzungen erlebt, bei denen Manager durch laufende Optimierungen intern bereits neuer Kampagnenmotive überdrüssig waren, obwohl diese noch nicht im Markt geschaltet waren. Nicht zu unterschätzen sind auch die Einflüsterungen von Werbeagenturen, die gerne etwas »Neues« in der Kommunikation fordern, ohne sich über die Tragweite solcher oft nicht notwendigen Änderungen bewusst zu sein.

Wenn Kommunikation intern zum »Wear-out« führt, beginnt sie bei Kunden gerade erst zu wirken.

Häufige Wechsel sind auch Indikator für die mangelnde strategische Planung des Kommunikationseinsatzes, die ständige Veränderungen notwendig macht. Ein solcher Zickzack-Kurs ist gut bei Ford zu beobachten. Zum Teil handelt es sich auch um eine Risikominimierung: Manager sprechen möglichst viele verschiedene Aspekte an in der Hoffnung, dass einige darunter für die Konsumenten besonders relevant sind. Zudem empfinden manche Unternehmen den zwanghaften Drang, neuen Trends zu folgen oder aufgrund vorliegender Marktforschungsdaten Defizitausgleichsstrategien zu initiieren, statt sich auf ihre Stärken zu konzentrieren.

Dieses *Gießkannenprinzip* kann nicht die gewünschte Wirkung erzielen, vielmehr ist eine Konzentration auf einige wenige Inhalte erforderlich.

Zersplitterte Kommunikation kontra integrierte Kommunikation: ein Wirkungsvergleich

Welche Wirkungsverluste aus zersplitterter Kommunikation im Vergleich zur integrierten Kommunikation resultieren, habe ich in meiner Habilitationsschrift untersucht. Neben den dort durchgeführten Experimenten konnte ich zudem anhand einer Icon-Added-Value-Datenbank in verschiedenen

Branchen die Wirkweise zersplitterter Kommunikation mit integrierter Kommunikation vergleichen. Die Wirkmuster waren immer sehr ähnlich.[149]

Ein plastisches Beispiel aus dem Automobilbereich möchte ich kurz vorstellen. Es reflektiert das Muster aller Analysen sehr gut. Für den Citroën Xantia wurde in einem Zeitraum von wenigen Jahren mit neun (!) unterschiedlichen Auftritten geworben, die bis auf das Markenlogo keine inhaltlich und/oder formal integrierenden Elemente aufweisen. Die Spots zeigten unter anderem eine Voodoo-Tänzerin, den 100-Meter-Weltmeister Lewis oder wie sich der Xantia überschlug, was ein darin sitzendes Pärchen aber nicht davon abhielt, sich zu küssen. Es gab auch einen Spot, in dem die Merkmale des Xantia abstrakt beschrieben wurden. Alle Spots waren sehr kreativ. Dennoch ging ich davon aus, dass sich mit zunehmendem Wort- und Bildersalat die Kommunikationswirkung verschlechtert statt verbessert, weil dem Verbraucher ein völlig zersplittertes Bild dieser Marke präsentiert wurde.

Im Vergleich zum Citroën Xantia warb der Renault Clio in einem vergleichbaren Zeitraum mit drei Kampagnen. Hier wurde die Positionierung konsistent visuell und akustisch integriert umgesetzt, selbst über einen Modellwechsel des Autos hinweg. In den bildlichen Szenen wurden Adam und Eva in einer paradiesischen Landschaft gezeigt. Mit von der Partie war eine Zeichentrickschlange. Die Melodie im akustischen Teil wurde über alle Spots hinweg beibehalten, ebenso der Slogan »Made in Paradise«.

Bei vergleichbaren Investitionen in die Kommunikation waren die Wirkungsunterschiede extrem: Der Erfolg der integrierten Kommunikation für den Renault Clio zeigte sich in einer extrem hohen Werbeerinnerung von rund 40 Prozent, beim Citroën Xantia gab es hingegen niedrige einstellige Werte, die mit zunehmender Zahl der Spots fast gegen null gingen. Mit anderen Worten brachten hier mehr Investitionen nicht mehr Wirkung, im Gegenteil: Die Wirkung schwand! Der Renault Clio hatte somit eine wesentlich höhere Werbeeffizienz, ausgedrückt als Beziehung zwischen der Werbeerinnerung und den Werbeausgaben, als der Citroën Xantia.

Gedächtnisspuren verblassen.

Einmal gelernte Markeninhalte bleiben zwar dauerhaft im Gedächtnis gespeichert, allerdings wird der Rückgriff auf diese Inhalte erschwert, wenn sie nicht kontinuierlich aufgefrischt werden. Gerade bei der herrschenden Kommunikationsflut erschwert Kommunikation für andere Marken den Zugang zu Gedächtnisinhalten der eigenen Marke. Dadurch werden die Gedächtnisspuren zu diesen Inhalten verschüttet.

Die integrierte Kommunikation ist ein wirksamer Schutz gegen das Verblassen einmal gelernter Markeninformationen. Zersplitterte Kommunikation hemmt hingegen Lernprozesse und den Aufbau klarer Markenbilder. Übrig bleiben bei einer solchen Strategie meist nur fraktale Markenbilder. Sie hinterlassen bei Kunden einen Bilder- und Wortsalat.

Die Vermittlung ständig neuer Informationen und Bilder führt zu Gedächtnisüberlagerungen, die dem Aufbau klarer Markenimages entgegenstehen. Eine Information oder ein Bild überlagert das nächste, sodass sich keine klaren Markenvorstellungen ergeben können und die für Lernprozesse notwendigen Wiederholungen nicht gewährleistet sind. Dies sind interne Effekte, die eine zersplitterte Kommunikation bewirkt.

Kommunikation ist eine Investition in den Aufbau und die Stärkung einer Marke.

Verbinden Konsumenten bestimmte Inhalte mit Marken, so dienen diese als Filter für die Aufnahme neuer Informationen: Stimmen neue Informationen mit vorhandenen Gedächtnisstrukturen überein, zahlen sie auf das Markenkonto ein. Unpassende Informationen scheitern hingegen am Markenfilter. Deshalb stehen bei einem Kampagnenwechsel die alten Markenbilder einer Neupositionierung der Marke im Wege. Viele Menschen denken bei Marlboro immer noch an den Cowboy, obwohl Marlboro nicht mehr damit kommuniziert.

Mittel und Dimensionen der integrierten Kommunikation

Für die Umsetzung einer integrierten Kommunikation gibt es unterschiedliche Gestaltungsoptionen. Generell ist dabei zwischen Dimensionen und Mitteln zur Integration zu differenzieren.

Dimensionen betreffen die Kontinuität der Maßnahmen sowie die Integration der eingesetzten Kommunikationsmittel über alle kommunikativen Kontaktpunkte im Buying Cycle.

Kontinuität als Erfolgsfaktor: Steter Tropfen höhlt den Stein

Langzeitstudien zufolge sind Kommunikationskampagnen mit hoher Kontinuität besonders erfolgreich.[150] Marlboro warb seit 1956 in Deutschland mit Abenteuer, Freiheit und dem Cowboy. Die Kampagne der Volksbanken und Raiffeisenbanken »Wir machen den Weg frei« mit dem Schlüsselbild des freien Weges war die erfolgreichste Bankenkampagne in Deutschland. Sie lief von 1988 bis 2006. Mit einem Bruchteil des Budgets des Wettbewerbers Sparkasse wurden fast doppelt so hohe Wirkungen erzielt.

Auch der Camel-Man ist ein Relikt aus einer besseren Zeit: Die Zigarettenmarke Camel konnte von 1975 bis 1990 mit dieser Kampagne die Marktanteile steigern. Der Camel-Man kämpfte sich alleine meilenweit durch den Dschungel und belohnte sich anschließend mit einer Camel. Das Loch im Schuh stand für die Strapazen, die er dabei auf sich nahm. Die Marktanteile von Camel stiegen kontinuierlich von 3,7 Prozent im Jahr 1975 auf 5,6 Prozent im Jahr 1990. Nach dem Kampagnenbruch gab es ständig wechselnde Kampagnen: Mal waren es gut aussehende Frauen mit langen Haaren, mal Kamele, die humorvoll inszeniert wurden, dann ein Indiana-Jones-Verschnitt, schließlich Ansätze, bei denen es um das Entspannen ging. Heute liegt der Marktanteil von Camel unter den Werten von 1975.

Zwar lässt sich die Wirkung der Kommunikation nicht unmittelbar an Marktanteilen ablesen. Allerdings ist in einem Markt, der hochgradig durch den Imagewettbewerb der Marken bestimmt wird, ein solcher Schluss naheliegend, sofern es keine wesentlichen Änderungen im Marketingmix der eigenen Marke und bei den Konkurrenzmarken gab.

Abstimmung der Kommunikationsmittel als Verstärker

Auch zwischen den Kommunikationsinstrumenten ist auf eine Orchestrierung zu achten. Dies gilt auch für das Zusammenspiel von klassischer Kommunikation und Internetkommunikation. Multi-Kanal-Kommunikation in Offline- und Online-Medien hat über die letzten Jahre ständig zugenommen. Es ist notwendig, Kunden über unterschiedliche Kanäle gezielt zu erreichen. Fernsehen, Internet und andere Kanäle werden zunehmend parallel zur Vermarktung eingesetzt. Hinzu kommt, dass Suchmaschinen starken Einfluss darauf nehmen, wie Kunden im Internet nach Informationen suchen. Online-Werbung wächst konstant.

Allerdings existiert das Internet nicht in Isolation. Es bedarf einer ganzheitlichen Betrachtungsweise der Markeneffekte, die durch unterschiedliche Medien ausgelöst werden. In den Analysen von Laroche und Kollegen zeigen sich zwei wesentliche Einflüsse, welche die Effektivität und Effizienz der Markenkommunikation beeinflussen[151]:

1. Die Konsistenz der Botschaften über die verschiedenen Kanäle.
2. Große Werbekampagnen bringen mehr Menschen auf die Website der Marke, wo die Botschaften aufrechterhalten und fortgesetzt werden müssen.

Dies gilt auch innerhalb des Internetkanals. Bannerwerbung und Suchmaschinenwerbung sind gemeinsam wesentlich effektiver in der Auslösung von Käufen als reine Banner- oder Suchmaschinenwerbung.[152] Fulgoni und Lispman führen dies auf einen »Priming«-Effekt durch Bannerwerbung zurück, durch den die Suchmaschinenwerbung häufiger angeklickt wird.

Bei den Integrationsmitteln unterscheide ich formale und inhaltliche Klammern.

Formale Integrationsklammern als Spur zur Marke

Formale Klammern können durch Farben, Formen, Typografie und visuelle Präsenzsignale gebildet werden. Allerdings eignen sich nicht alle formalen Mittel gleichermaßen für eine integrierte Kommunikation. Gestaltungsmittel wie Firmenzeichen beziehungsweise -schriftzüge zählen eher zum Handwerkszeug des Marketings als zur hohen Schule integrierter Kommunikation.

Klassische CD-Merkmale müssen stark sein, um bei flüchtiger Betrachtung wirken zu können. Nivea schafft durch die Farben Blau und Weiß sowie durch die Verwendung des markanten Schriftzugs eine starke formale Klammer, Sixt mit dem orange-schwarzen Auftritt und Bosch mit der Farbe Grün bei Werkzeugmaschinen im B2C-Bereich. Die Analogie im akustischen Bereich ist die Digit-Melodie der Telekom. Die Stärke formaler Klammern bezieht sich somit auf die Wahrnehmbarkeit dieser Elemente bei flüchtigem Betrachten. Nur solche formalen Elemente können als Klammern dienen, die beiläufig und ohne große Anstrengung aufgenommen werden können.

Visuelle Präsenzsignale sind Hinweisreize für eine Marke wie das Michelin-Männchen oder das Lacoste-Krokodil. Sie erleichtern den Zugriff auf die Marke, weil dieser bei konkreten Bilder wesentlich einfacher ist als bei Sprache und abstrakten Zeichen. Deshalb sind visuelle Präsenzsignale abstrakten Zeichen überlegen.

Die formale Integration ist dann zweckmäßig,

• wenn unter einer Marke immer wieder verschiedene Angebote, Produkte und Dienstleistungen kommuniziert werden (Beispiel: Deutsche Telekom, Sixt);

- wenn es um die reine Aktualisierung einer Marke in Produktbereichen mit geringem Produktinvolvement geht und die Top-of-Mind-Awareness den Kauf eines Produktes stark beeinflusst (Beispiel: Chiquita = Banane);
- wenn ein Unternehmen eine Klammer für unterschiedlich positionierte Geschäftsbereiche oder Marken bilden möchte.

Die formale Integration verankert die Marke im Gedächtnis der Kunden: Der Zugriff auf die Marke wird erleichtert. Sie leistet allerdings kaum einen Beitrag zur Vermittlung von Positionierungsinhalten. Dazu sind inhaltliche Klammern notwendig.

Inhaltliche Integrationsklammern zur Vermittlung der Positionierung

Zur Positionierung von Marken ist eine inhaltliche Integration durch Bilder oder Sprache anzustreben. So wartet IWC meist mit knackigen und provokanten Headlines auf, welche die Männlichkeit unterstreichen sollen, wie beispielsweise: »Scheibenputzen ist Männersache – bis 42 mm«. Darunter wurde dann eine schöne IWC-Uhr abgebildet. Ein schönes Erlebnis hatte ich hierzu am Flughafen Zürich. Dort sah ich vor der Passkontrolle eine IWC-Werbung: »Liebe Damen, hier können Sie sehen, wie man 1 356 Teile bequem im Handgepäck unterbringt.« Darunter waren drei IWC-Uhren abgebildet. Ich musste unwillkürlich an meine Frau denken und lachen. Als ich zu dem Polizisten an der Kontrolle kam, sah dieser mich fragend an. Ich antwortete nur: 1 356 Teile. Es war das erste (und letzte) Mal, dass ich ohne meinen Pass zu zeigen durchgewinkt wurde. Offensichtlich hatte diese Werbung nicht nur mir gefallen.

Bei sprachlichen Integrationsklammern finden Slogans die häufigste Verwendung. Allerdings sollte bei Informationsüberflutung und wenig interessierten Konsumenten die integrative Kraft von Slogans nicht überschätzt werden. Viele Slogans werden meist nicht korrekt einer Marke zugeordnet. So ordneten beispielsweise nur 20 Prozent der Bankkunden den Slogan »Die Bank an ihrer Seite« der Commerzbank zu, obwohl er schon seit Jahren (mit Unterbrechung) kommuniziert wird.[153] Slogans wirken vor allem dann, wenn sie

- kurz, prägnant und bildhaft formuliert sind (»Auf diese Steine können Sie bauen«: Schwäbisch Hall),

- an die die Marke gekoppelt sind oder in räumlicher Nähe dazu stehen,
- mit einprägsamen Jingles unterlegt sind (zum Beispiel McDonald's),
- in elektronischen Medien kommuniziert werden, weil sie dort eher wahrgenommen werden können als beispielsweise in Printkommunikation.

Problematisch ist zudem die Verwendung englischer Slogans, da sie nach Untersuchungsergebnissen von Endmark in Deutschland kaum verstanden werden.[154] Die untersuchten englischen Claims wurden nur von gut einem Viertel der Befragten im Sinne ihrer Absender verstanden. Manchmal glaubten Probanden einen Slogan zu verstehen, lagen dann jedoch bei der Interpretation daneben, wie etwa bei dem Douglas-Slogan »Come in and find out«, der als »Komm rein und finde schnell wieder raus« übersetzt wurde.

Neben verbalen Integrationsklammern können auch Bilder zur Integration eingesetzt werden. Bei der bildlichen Integration können entweder Bilder mit gleichem Bildinhalt, aber unterschiedlichen Bildmotiven, oder Schlüsselbilder zum Einsatz kommen. In beiden Fällen werden die Positionierungsinhalte durch die Bilder vermittelt. Ein Beispiel für eine semantische Bildintegration stellte die AEG-Werbung dar, bei der immer durch unterschiedliche Bildmotive (Reh im Wald, Bär im Fluss, Bäume im Wind und so weiter), zu denen ein AEG-Produkt gezeigt wurde, das Thema Umwelt und Natur aufgegriffen wurde. AXE kommuniziert schon seit Jahren die Botschaft »zieht Frauen magisch an« mit unterschiedlichen Geschichten, die sich selbst auf ein Notausgangsschild reduzieren lassen.

Ein Schlüsselbild ist der visuelle Kern einer Positionierungsbotschaft. Es handelt sich um ein bildliches Grundmotiv, das über Jahre hinweg den werblichen Auftritt einer Marke bestimmt. So stehen beispielsweise der Fels in der Brandung der Württembergischen Versicherung für die Solidität, Seriosität und Zuverlässigkeit dieser Versicherung und das grüne Schiff von Beck's für die maritime Erlebniswelt.

Die Variations- und Anpassungsfähigkeit des Schlüsselbilds ist allen erfolgreichen Schlüsselbildkampagnen gemein. Der Cowboy von Marlboro wurde im Zeitablauf in einer Vielzahl unterschiedlicher Facetten dargestellt. Die Flexibilität des Schlüsselbilds ermöglichte sogar klar differenzierbare Auftritte für unterschiedliche Produktlinienerweiterungen – von der klassischen Marlboro über Marlboro light bis zur Marlboro medium. Ähnlich ist es bei dem Schutzengel der Westfälischen Provinzial: Er kann in den unterschiedlichsten Kontexten eingesetzt werden und ist für die Person da, die Schutz braucht, ob in einem Fernsehspot oder auf einem Werbeplakat oder im Prospekt.

Formigran ist ein nicht verschreibungspflichtiges Migränepräparat, das gegen die üblichen Begleitsymptome bei Migräne wie zum Beispiel Übelkeit, Erbrechen, Licht- und Geräuschempfindlichkeit wirken kann. Gerade wegen der Lichtempfindlichkeit halten sich Migränepatienten bei akuten Anfällen häufig in dunklen Räumen auf. Beim Nachlassen der Migräneschmerzen können sie hingegen wieder ans Licht. Somit ist der Weg vom Dunkeln (Migräneschmerzen) ins Licht (Heilung beziehungsweise Nachlassen der Schmerzen) ein zentraler Wunsch von Migränepatienten.

Genau diese Mechanik wurde bei dem Schlüsselbild für Formigran aufgegriffen: Die geöffnete Tür, durch die helles Licht in einen dunklen Raum dringen kann, steht symbolisch für die heilende und schmerzlindernde Wirkung von Formigran. Sie steht für die Befreiung aus der Dunkelheit zurück in das Leben. Die geöffnete Tür wird konsequent über alle Touchpoints hinweg eingesetzt, sodass sich die Wirkung des Schlüsselbildes verstärkt.

Einzige Ausnahme stellt der TV-Spot dar, der aufgrund des Arzneimittelrechts auf ein anderes Key Visual zurückgreifen musste. Das Öffnen der Jalousien, das im Spot verwendet wurde, verfügt jedoch über eine identische Symbolik und führt zu der gleichen Identifikationswirkung bei den Betroffenen wie das Bild der geöffneten Tür. Mithilfe der integrierten Kommunikation und der konsequenten Umsetzung des Schlüsselbildes konnte Formigran sich als neues Produkt schnell als Nummer 2 im Markt platzieren, und dies trotz des Preispremiums gegenüber der Konkurrenz.

Als ich mit meiner Firma die Markenidentität und Positionierung für Mepha entwickelte, den führenden Generika-Hersteller in der Schweiz, wurde uns schnell klar, dass Mepha nur wenige eigenständige Inhalte aufweisen kann. Wirklich eigenständig war nur das Logo, das die Farben eines Regenbogens aufgriff. In langen Diskussionen rang sich der Vorstand dazu durch, den Regenbogen als Schlüsselbild für die Kommunikation zu nutzen.

In der Kommunikation wurden immer Menschen in unterschiedlichen positiven Situationen gezeigt, bei denen im Hintergrund ein Regenbogen zu sehen war. Meine These war, dass bei dem Regenbogen eine ähnliche Mechanik vorliegt wie bei einer Krankheit: Wenn ein Mensch krank ist und Mepha-Medikamente nimmt, dann wird er schnell wieder gesund, genauso wie wir alle aus Erfahrung wissen, dass nach einem Regenschauer der Regenbogen besseres Wetter anzeigt. Im Vorstand gab es zunächst Zweifel, ob der Regenbogen nicht missverstanden werden kann als Zeichen für Homosexuelle. Marktforschungsergebnisse über die Jahre haben allerdings klar gezeigt, dass dies nicht der Fall war, sondern dass die Mechanik des Regenbogens auf die Wirkung von Mepha-Medikamenten bei Krankheit übertragen wurde.

In meinen Studien zu inhaltlichen Klammern der integrierten Kommunikation zeigte sich sowohl bei der Kontinuität als auch bei der Abstimmung zwischen verschiedenen Medien die Überlegenheit der Schlüsselbildintegration gegenüber anderen Integrationsformen.[155]

Integrationsklammern auf das Interesse der Kunden abstimmen

Damit klare Markenimages und -bilder entstehen können, sind die Integrationsklammern bei den unterschiedlichen Kommunikationsinstrumenten auf das Interesse der Konsumenten abzustimmen.

In der klassischen Werbung ist vom Standardfall des geringen Involvements auszugehen. Deshalb sind besonders starke Integrationsklammern zu nutzen, die bei der Kommunikationsflut leicht wahrnehmbar sind. Selbstverständlich spielt hier auch das verfügbare Werbebudget eine wichtige Rolle: Je geringer das eingesetzte Budget, umso stärker sollten die Integrationsklammern sein.

Bei anderen Kommunikationsmaßnahmen, etwa beim persönlichen Verkauf, bei der Internetkommunikation oder bei Events, ist das Interesse der Konsumenten hingegen größer. Zwar sind auch hier Integrationsklammern notwendig, allerdings können die Botschaften und Informationen zu einer Marke stärker individualisiert werden. Da verschiedenen Kommunikationsmedien eine unterschiedliche Bedeutung für die integrierte Kommunikation zukommt und zudem das Interesse der Konsumenten zum Zeitpunkt des Kommunikationskontaktes bei unterschiedlichen Kommunikationsmitteln variiert, bedürfen manche Kommunikationsinstrumente einer stärkeren Abstimmung, andere Instrumente können hingegen flexibler genutzt werden und lassen somit Spielraum für zielgruppenspezifische Ansprachen.

Kapitel 15

Die Reise des Kunden kennen und Kontaktpunkte wirksam gestalten

Marken sind im täglichen Leben allgegenwärtig. Schon vor dem Aufstehen werden wir von einem Braun-Wecker oder einem iPhone geweckt. Im Bad nutzen wir Armaturen von Grohe, eine Dusche von Duscholux, die Zahnpasta blend-a-med und eine Dr.-Best-Zahnbürste. Wir duschen mit Fa, nutzen Shampoo von Garnier, trocknen unser Haar mit einem Föhn von Philips und verwenden anschließend eine Creme von Nivea. Dies setzt sich beim Frühstück und über den ganzen Tag so fort.

Verschiedene Anspruchsgruppen haben fast jeden Tag viele unterschiedliche Berührungspunkte mit einer Marke. Alle diese Eindrücke prägen nachhaltig das ganzheitliche Image einer Marke.

Das Hilti-Beispiel verdeutlicht dies: Ein wesentlicher Faktor für die Kunden ist das Spüren der überlegenen Qualität der Hilti-Bohrmaschinen oder der Umgang mit dem Hilti-Koffer, wo Handwerker alles bequem am richtigen Platz finden. Und natürlich sind auch die Hilti-Mitarbeiter wichtig, die bei Problemen am Bau immer zur Stelle sind, wenn es brennt – sogar am Wochenende. Bei Hilti ist mittlerweile der herausragende und leistungsstarke Service ein wesentlicher Differenzierungsfaktor zum Wettbewerb. Die Abstimmung der Kontaktpunkte leistet zur Generierung eines konsistenten Markenerlebnisses sowie zur Erfüllung des Markenversprechens und der Gewährleistung der Vertrauensfunktion einen essenziellen Beitrag.[156]

Jeder einzelne Kontaktpunkt, das heißt jede Berührung mit einer Marke, hinterlässt Spuren in unseren Köpfen, ob bewusst oder unbewusst, aktiv gesteuert oder nicht.

Spuren können die Markenwahrnehmung entscheidend beeinflussen. Es geht um das nahtlose Kundenerleben der Marke. Die Erfahrung bei Hilti reicht vom roten Hilti-Auto und dem legendären Hilti-Koffer über den exzellenten Kundenservice und den roten Helm des Außendienstmitarbeiters bis hin zur gezielten Steuerung von Mundpropaganda auf Facebook mit der »Made-to-get-used«-Kampagne. Die Markenbotschaft kommt auch gegenüber den Anteilseignern im Unternehmensbericht zum Ausdruck, der

wie eine Steinplatte aussieht. Aussagen wie »Ein Loch ist mehr als ein Hohlraum« verdeutlichen das Commitment zur Marke und positionieren Hilti als elementaren Bestandteil einer soliden Konstruktion.

Das Management von Marken darf somit nicht dem Zufall überlassen werden, sondern muss an allen relevanten Kontaktpunkten aktiv erfolgen. Als zentrale »Moments of Truth« müssen sie jeden Tag das Leistungsversprechen der Marke erfüllen. Dabei spielt es keine Rolle, ob der Kontakt vom Unternehmen gewünscht ist oder nicht.

Kurzum: Markenbildung ist keine Initiative, sondern vollzieht sich automatisch. Idealerweise sind Marken daher aktiv zu steuern. Sie bedürfen ähnlich systematischer und kontinuierlicher Steuerungsprozesse wie Produktion oder Entwicklung.

Das Management der Kontaktpunkte nicht dem Zufall überlassen

Allerdings bietet wirksames Kontaktpunktmanagement noch großes Potenzial. Dies belegt eine Studie meiner Beratung ESCH. The Brand Consultants mit mehr als 100 Managern aus verschiedensten Branchen.[157]

- *Geringe Durchsetzung:* Zwar sind 95 Prozent der Befragten überzeugt, dass Customer-Touchpoint-Management zukünftig an Bedeutung gewinnt, professionelles Kontaktpunktmanagement findet derzeit aber lediglich in 19 Prozent der Unternehmen statt.
- *Niedriger Professionalisierungsgrad:* Auch der Anteil an Unternehmen mit einem hohen Professionalisierungsgrad ist mit 7 Prozent verschwindend gering. Das Management der Touchpoints ist meist über diverse Bereiche zersplittert.

Damit das Management und die Ausgestaltung der Kontaktpunkte wirksam erfolgen können, ist aus meiner Sicht ein genaues Verständnis erforderlich,

1. in welchen Phasen des Buying Cycle bestimmte Kontaktpunkte besonders relevant sind und
2. wie hoch das Involvement der Kunden an dem jeweiligen Kontaktpunkt in der jeweiligen Phase des Buying Cycle ist.

Diese Überlegungen lassen sich auf jeden Lebensbereich übertragen. Wenn Sie Kinder haben, können Sie folgendes Beispiel unmittelbar nachvollziehen: In Ihrer Jugend spielen Kinder und vor allem Babys für Sie wahrscheinlich eher eine untergeordnete Rolle. Wenn Sie dann jedoch eine Frau kennenlernen, die Ihnen gefällt und mit der Sie Ihr Leben verbringen möchten, kann das Thema Kinderkriegen plötzlich zum Gesprächsstoff werden. Ihr Involvement an diesem Thema steigt leicht an. Sie sehen andere Pärchen mit Kleinkindern und beobachten, wie diese damit umgehen. Wenn Ihre Lebenspartnerin schwanger wird, erhöht sich Ihr Involvement zusehends. Sie interessieren sich für die Entwicklungsphasen des Kindes im Bauch Ihrer Lebenspartnerin, lassen sich die Bilder der Ultraschalluntersuchungen zeigen, abonnieren die Zeitschrift *Eltern* und melden sich zum Geburtsvorbereitungskurs an, den Sie gemeinsam besuchen.

Je näher die Geburt heranrückt, umso höher wird Ihr Involvement. Die Geburt selbst wird für Sie, wenn Sie Ihre Partnerin in den Kreißsaal begleiten, vermutlich das bewegendste Erlebnis, das Sie je hatten. Wenn das Kind gesund zur Welt kommt und Sie es erstmals im Arm halten, erreicht Ihr Involvement den absoluten Kulminationspunkt. Zurück aus dem Krankenhaus und wieder zu Hause kehrt eine neue Normalität ein. Sie freuen sich auf das Leben zu dritt und nehmen als Eltern Ihre Pflichten mit Freude wahr. Das Involvement lässt wieder nach.

Was allerdings nach der Geburt des Kindes auftreten kann, sind Dissonanzen (beim Kauf von Produkten sind dies Nachkaufdissonanzen). Der Grund ist einfach: Wenn am Wochenende ein Freund anruft, um mit Ihnen um die Häuser zu ziehen, werden Sie dankend absagen, weil Sie bei der Familie bleiben wollen, obwohl Sie vielleicht gerne auf ein Bier in eine Kneipe gegangen wären. Möglicherweise fragen Sie sich dann, ob es richtig war, in der heutigen Zeit mit allen Unsicherheiten ein Kind zu bekommen und dafür Einschränkungen in Kauf zu nehmen.

Um diese Dissonanz zu reduzieren, verfügen wir über die immer gleichen Mechanismen. Wie zur Bestätigung Ihrer Wahl sehen Sie plötzlich so viele schwangere Frauen und Familien mit Kinderwagen und Kleinstkindern wie nie zuvor – und dies, obwohl statistisch nachweisbar die Kinderzahl in Deutschland seit Jahren rückläufig ist.

Was für das Kinderkriegen gilt, gilt auch für jeden Produkt- und Dienstleistungsbereich. Die Einteilung des Buying Cycle in verschiedene Phasen muss hierbei jedoch branchenspezifisch erfolgen. Beispielsweise haben wir für die SWISS eine Unterteilung in Bekanntheitsphase, Vorbuchungsphase, Buchungsphase, Vorflugphase, Flugerlebnis und Nachflugphase vorgenommen. Wenn Sie nun vereinfacht von einer Vorkaufphase, einer Kaufphase mit den Bestandteilen Informationssuche und Kaufabschluss sowie einer Nachkaufphase ausgehen, so können daraus generell die im Folgenden erläuterten Schlussfolgerungen abgeleitet werden.

Vorkaufphase als Phase der Markenprägung

In der Vorkaufphase sind potenzielle Kunden eher weniger an Markenbotschaften interessiert. Meist dominiert hier das situative Involvement das Produktinvolvement oder das persönliche Interesse.

Dazu ein Beispiel: Wenn Sie als automobilbegeisterter Mensch regelmäßig die *Auto, Motor und Sport* lesen, verfügen Sie über ein hohes persönliches Involvement, weil es Interessengebiet und Hobby ist. Ihr Produktinvolvement bei Automobilen ist ebenfalls hoch, weil der Kauf eines Autos generell mit wirtschaftlichen, funktionalen und sozialen Risiken verbunden ist. Zudem haben Sie ein hohes Medieninvolvement, weil Sie die Zeitschrift kaufen oder abonniert haben, um sich zu informieren.

Daraus nun den Schluss abzuleiten, dass auch Ihr Interesse an der darin geschalteten Werbung hoch sei, wäre allerdings falsch. Ihr Interesse fokussiert sich primär auf die Artikel, nicht auf die Werbung. Entsprechend gering sind auch die Betrachtungszeiten für die Werbung. Wir wissen aus der Forschung, dass nur zwei bis drei Sekunden Betrachtungszeiten üblich sind, aber wesentlich mehr Informationen in der Werbung angeboten werden.

Das ist ein typisches Muster. In Vorkaufphasen sind Kunden eher wenig an Kommunikation für Marken interessiert: Sie haben Zeitdruck, beschäftigen sich nur flüchtig mit Informationen. Dies ist allerdings die Phase der Markenprägung. Sie ist grundlegend für den Aufbau von Markenbekanntheit und eines Markenimages. Da die Kunden in dieser Phase eher wenig involviert sind, ist die Verarbeitungstiefe der Kommunikation eher gering. Deshalb ist der periphere Weg der Beeinflussung einzuschlagen, nach dem Motto: »Gefallen geht über Verstehen«.[158] Dadurch soll eine Marke in das Set bekannter und akzeptierter Alternativen aufgenommen werden.

Aus Kapitel 6 kennen Sie bereits die Nomenklatur von Daniel Kahneman mit den Denksystemen 1 und 2. Hier handelt es sich um System 1: Es funktioniert schnell und automatisch, ist immer aktiv, emotional und stereotypisierend, vor allem funktioniert es aber unbewusst. Bekanntermaßen ist das Bündel akzeptierter Alternativen gering. Meist umfasst es nur drei bis sechs Marken. Es ist demnach die erste Hürde, die eine Marke in der Kommunikation nehmen muss.

Je nach Produkt- oder Dienstleistungskategorie ist diese Phase unterschiedlich kurz oder lang. Wenn es um Waschmaschinen geht, können mindestens zehn Jahre Prägungsphase angesetzt werden, also die durchschnittliche Haltbarkeitsdauer einer Waschmaschine; bei Kaugummi sieht das ganz anders aus.

Kaufphase zur Vermittlung hoch relevanter Informationen für den Abschluss

Beim Ersatzanlass oder in der Kaufphase steigt das Involvement. Hier tritt System 2 in Kraft: Es arbeitet logisch-analytisch, sequenziell, berechnend und bewusst. Es zählen stärker die Hard Facts, Kunden suchen nach vertiefenden Informationen. Die Qualität und Art der Argumente, die mit hoher Verarbeitungstiefe analysiert werden, spielen hier die entscheidende Rolle. Es ist der zentrale Weg der Beeinflussung. Studien zeigen allerdings, dass Kunden vor allem nach Informationen für Marken suchen, die durch Vorprägung in das Set akzeptierter Marken gelangen.

Nachkaufphase zur Kundenbindung

In der Nachkaufphase sinkt das Involvement normalerweise wieder ab. Zwar ist in der ersten Phase nach dem Kauf noch von einem erhöhten Involvement auszugehen, was nicht zuletzt durch Nachkaufdissonanzen erklärbar ist, danach sinkt das Involvement jedoch merklich, solange keine kritischen Ereignisse bei der Nutzung der Marke auftreten. Entsprechend ist in der Nachkaufphase durch markenbezogene Kundenbindungsmaßnahmen die Beziehung zum Kunden aufrechtzuerhalten und auszubauen. Dies wirkt als Verstärker des Markenimages.

Aufgabenteilung im Kommunikationsmix

In der Prägungsphase lautet der periphere Weg der Beeinflussung: »Gefallen geht über Verstehen.« Markenbekanntheit und Markenimage sind aufzubauen. In der Kaufphase werden zusätzliche Informationen über Nutzen und Produkte erforderlich. Die Nachkaufphase ist schließlich die Bindungsphase: Auch hier sind Hard Facts notwendig, zum Beispiel ein guter Service, jedoch nicht hinreichend für die Bindung. Es bedarf der emotionalen Bestätigung der Marke durch den Kunden.

Miele ist ein gutes Beispiel dafür. Auf der Homepage wird die herausragende Miele-Qualität erklärt, die Waschmaschine vermittelt diese Qualität durch ihr Gewicht. Qualität und Zuverlässigkeit signalisiert auch der Kundendienst – seit Jahren die Nummer eins im Kundenbarometer. Der

Miele-Kundendiensttechniker zieht sich an der Haustür Überzieher über die Schuhe und breitet ein Tuch aus, auf das der Werkzeugkasten gestellt wird. Bei der Reparatur der Maschine wird oft ein Chip ausgetauscht, durch den die Kunden noch sparsamer waschen können. Bevor der Servicetechniker den Kunden verlässt, wird der Arbeitsplatz wieder gesäubert. Zuverlässigkeit, Vertrauen und Qualität werden dadurch vermittelt und gelebt. Das »Immer besser«-Prinzip wird ebenfalls auf der Homepage erläutert. Zudem gibt es eine Sammlerbörse für alte – und natürlich funktionstüchtige – Miele-Geräte. In diesen Kontaktpunkten spiegeln sich erlebbar die Identitätsmerkmale der Marke Miele wider.

Voraussetzung zur Professionalisierung der Kontaktpunkte sind systematische interne und externe Analysen. Ich unterscheide hierbei vier Phasen:[159]

1. Interne Bestandsaufnahme: Silodenken abbauen sowie Transparenz und Commitment schaffen
2. Externe Analyse: Die Customer Journey mit den relevanten Kontaktpunkten verstehen
3. Synthese der internen und externen Analyse sowie Ableitung eines Handlungsplans und Schaffung von Wow-Effekten
4. Erfolgsmessung mittels Customer-Touchpoint-Tracking

Interne Bestandsaufnahme durchführen und Silodenken abbauen

Intern sind sich viele Manager oft nicht der Zahl und Relevanz der Kontaktpunkte bewusst. In einer von uns durchgeführten Managerbefragung gingen sie von durchschnittlich 50 Kontaktpunkten mit Kunden aus, dabei sind es je nach Marke 100 Kontaktpunkte und mehr. Bei einem Versicherungsunternehmen sind es beispielsweise mehr als 250 Kontaktpunkte. Natürlich sind nicht alle Kontaktpunkte relevant – weder für die Marke noch für die Kunden, aber offensichtlich investieren die Manager ja in diese Kontaktpunkte.

Diverse Kontaktpunkte werden von unterschiedlichen Bereichen gesteuert. Das größte Problem hierbei ist aus meiner Sicht die Silobildung. Meist optimiert jeder Manager seinen eigenen Verantwortungsbereich und verteidigt im Zweifelsfall sein Budget des Vorjahres für das nächste Jahr bis aufs Messer. Entsprechend schwierig werden die Koordination über die Kontaktpunkte hinweg sowie die Umverteilung der Mittel auf wichtigere

Kontaktpunkte. Schließlich hängt die Erfolgsprämie von der Performance des Bereichs, den der jeweilige Manager verantwortet, und nicht von der Gesamtperformance ab.

Durch eine interne Bestandsaufnahme mit den verantwortlichen Managern und das Einschwören auf die gleichen Kennzahlen wird ein Dialog gestartet, der neben der Verantwortung für einen bestimmten Bereich auch die für das ganze Unternehmen stärker in den Vordergrund rückt.

In Bestandsaufnahmen zeigen sich schnell die Grenzen des Marketings. Auf viele wichtige Kontaktpunkte haben Marketing und Markenmanagement schlicht keinen direkten Einfluss. Typisches Beispiel: Bei Versicherungen erfolgt der größte Teil des Briefverkehrs außerhalb des Verantwortungsbereichs des Markenverantwortlichen. Ähnlich ist dies im Vertrieb. Auch hier wird losgelöst von der Markenführung agiert, obwohl gerade hier der persönliche Kontakt mit Kunden – beispielsweise im B2B-Bereich – die nachhaltigsten Eindrücke hinterlässt.

Meiner Meinung nach sind hier klare Regelungen zu entwickeln, die es den Markenverantwortlichen ermöglichen, auch auf diese Bereiche Einfluss zu nehmen. Schwierig wird dies allerdings dann, wenn es in Unternehmen Vertriebsvorstände gibt und die Markenführung in diesem Bereich organisatorisch verankert ist. Bei den teilweise konträren Zielen (kurzfristige Abverkäufe versus langfristige Markenziele) können Sie sich leicht vorstellen, zu wessen Gunsten die Entscheidungen getroffen werden. Darüber hinaus entstehen auch Kontaktpunkte, die überhaupt nicht dem Einfluss des Unternehmens unterliegen, wie etwa Mundpropaganda, Medienbeiträge zum Unternehmen oder Kundenbewertungen auf entsprechenden Internetportalen.

Die interne Bestandsaufnahme schafft ein gemeinsames Commitment auf relevante Kontaktpunkte und Messgrößen. Sie sollte im ersten Schritt möglichst nüchtern durchgeführt werden, so als müsste man in einem Lager Bleistifte nach Farben und Größen ordnen und zählen. Dabei empfiehlt es sich, von Beginn an eine Abschätzung vorzunehmen, für welche Phase im Buying Cycle des Kunden ein bestimmter Kontaktpunkt besonders wichtig ist und wie gut dieser aus Sicht des Managements bereits erfüllt wird.

In dem Prozess der Bestandsaufnahme ist zudem zwischen Makro- und Mikroperspektive zu differenzieren. In einem ersten Schritt sind die Kontaktpunkte aus Makrosicht zunächst aufzulisten und dann den Phasen des Buying Cycle zuzuordnen. Automobilwerbung, YouTube-Videos, Werbebanner könnten dann der Vorkaufphase zugeordnet werden, das Handelsoutlet und das Verkaufsgespräch der Kaufphase und so weiter.

In einem zweiten Schritt können komplexere Kontaktpunkte in wichtige kleinere zu analysierende Einheiten unterteilt werden. Dies wären beim

Handelsoutlet die Zufahrt zum Händler, der Parkplatz, die Außenfassade, der Eingang, die Ausstellungsfläche, der Theken- und Beratungsbereich, der Servicebereich und so weiter. Bei Automobilen sind dies alle Bereiche, die im Sicht- oder Bedienfenster des Fahrers liegen, wie das Lenkrad, die Schaltung, das Cockpit, der Tacho und so weiter. Der Weg geht somit immer vom Allgemeinen zum Speziellen, um möglichst viele relevante Informationen systematisch zu erfassen. Dies hilft den einzelnen Verantwortlichen bei der späteren Optimierung der Kontaktpunkte.

Nach Sammlung der Kontaktpunkte ist die Liste zu verdichten. Basierend auf der Mediaplanung können Kontaktpunkte zielgruppenübergreifend in *paid, owned* und *earned* kategorisiert werden: Paid Touchpoints umfassen alle bezahlten Maßnahmen für den Zugang und die Nutzung eines Kanals, zum Beispiel TV, Radio, Print, Internet, Außenwerbung oder Kino. Botschaften und Inhalte können hier von der Marke gestaltet und gesteuert werden. Je nach gewünschter Reichweite und Kontakthäufigkeit geht die Belegung dieser Kontaktpunkte mit einem erheblichen finanziellen Aufwand einher.

Owned Touchpoints sind Kontaktpunkte, die eine Marke selbst besitzt und steuert. Dies können beispielsweise die unternehmenseigene Website, Kundenmagazine, Geschäftsberichte oder Intranetseiten, eigene Gebäude (zum Beispiel die BMW Welt), Filialen oder Verkaufspersonal sein. Botschaften und Inhalte werden von der Marke gestaltet und gesteuert. Allerdings sind hier die Freiheitsgrade insofern größer, als beispielsweise im persönlichen Verkauf auch die Persönlichkeit des Verkäufers und dessen Interaktion mit dem Kunden Einfluss auf die Wahrnehmung der Markenwerte nimmt. Nicht zuletzt deshalb haben Mini-Verkäufer einen anderen Dresscode als BMW-Verkäufer. Während Letztere Anzug und Krawatte tragen, kommen Mini-Verkäufer weitaus legerer daher.

Earned Touchpoints sind Maßnahmen, bei denen Botschaften und Inhalte von Dritten ohne direkten Einfluss der Marke gestaltet und verbreitet werden. Dazu zählen persönliche Kontaktpunkte wie Empfehlungen von Freunden, Bekannten oder Familie (Word of Mouth) sowie digitale Kontaktpunkte. Letztere können zum Beispiel Social Media (organisch oder viral) oder Vergleichsportale umfassen. Dazu gehören ferner Bewertungen und Tweets in der digitalen Welt, die Einschätzungen von Analysten zur finanziellen Lage oder Zeitungsartikel, in denen Außenstehende über das Unternehmen berichten.

In der Konsequenz müssen nicht nur mehr Kontaktpunkte gesteuert, sondern die Botschaften auch über Touchpoints vermittelt werden, die nicht der direkten Kontrolle des Unternehmens unterliegen und einem interaktiven Dialog mit dem Kunden standhalten müssen.[160]

Diesem Schritt folgt eine Priorisierung der Kontaktpunkte hinsichtlich bestimmter Kennzahlen. Diese Informationen bilden die Basis zur Etablierung eines Koordinationsmechanismus über Abteilungs- beziehungsweise Bereichsgrenzen hinweg zur strukturierten organisatorischen Steuerung der Kontaktpunkte. Im Anschluss sind Touchpoints aus Innensicht zu priorisieren, Redundanzen abzubauen und ein Koordinationsmechanismus (zum Beispiel über Gremien) zu entwickeln, der eine ganzheitliche Steuerungslogik ermöglicht.

Folgende Kennzahlen empfehlen sich für eine solche Priorisierung:

- *Reach and Frequency*: Wie viele Kunden erreiche ich mit einem bestimmten Kontaktpunkt und wie häufig kommen Kunden mit diesem Kontaktpunkt in Berührung?
- *Relevance*: Welche Bedeutung hat der Kontaktpunkt für meine Kunden?
- *Impact*: Welchen Einfluss hat ein bestimmter Kontaktpunkt auf meine Ziele wie etwa die Erhöhung der Bekanntheit, die Verbesserung des Images, das Anstoßen von Kaufimpulsen, das Auslösen von Käufen oder die Bindung von Kunden?
- *Consistency*: Wie effizient ist der Kontaktpunkt mit Blick auf die Vermittlung der Markenwerte gestaltet?
- *Costs*: Welche Vollkosten sind für einen Kontaktpunkt erforderlich?

Alleine die Analyse nach den genannten Kriterien schärft die interne Wahrnehmung der Kontaktpunkte und legt Potenziale offen. Meiner Erfahrung nach fällt es vielen Verantwortlichen schwer, die Ausprägungen der einzelnen Kennzahlen für unterschiedliche Kontaktpunkte zu bewerten. Schon die Diskussion dazu ist bereichernd und sensibilisiert für das Thema.

Externe Analyse zum Verständnis der Kundenreise

Extern sind die Erlebnisketten der Anspruchsgruppen zu durchleuchten, um die für die Markenwahrnehmung entscheidenden Touchpoints auszumachen und bestmöglich auf die Markenpositionierung auszurichten.

Dazu sind die Kontaktpunkte der verschiedenen Anspruchsgruppen der Marke zu erfassen. Ziel ist, tiefere Erkenntnisse über die wichtigsten Kontaktpunkte der Kunden zu gewinnen, die Anlässe der Interaktion mit Kontaktpunkten verstehen zu lernen sowie zu erfahren, wie Kunden die Kontaktpunkte wahrnehmen, erleben und bewerten. Eine systematische Analyse der Touchpoints birgt große Einsparpotenziale und ermöglicht eine bessere Aussteuerung vorhandener Budgets auf erfolgskritische Kontaktpunkte.

Das Erleben einer Marke kann durch Betrachtung der Customer Journey erfasst werden, welche die Interaktion des Kunden mit der Marke über verschiedene Touchpoints abbildet. Hier zählt vor allem das (ganzheitliche) Erleben der Marke.

Zur Erfassung der Customer Journey existieren verschiedene Möglichkeiten.[161] Es gibt dabei kein Entweder-oder, vielmehr hängt der Einsatz der auszuwählenden Methodik stark von der Branche und der Häufigkeit der Kontakte ab.

Qualitative Methoden zur Erfassung sind qualitative Einzelinterviews oder Fokusgruppen. Die Customer Experience Journey gibt dabei Aufschluss über die genutzten Kontaktpunkte pro Kaufphase und deren Zusammenspiel. Gleichzeitig ist eine Beurteilung des Status quo zur Ausgestaltung der Kontaktpunkte möglich. Neben Einblicken in Häufigkeit und Relevanz genutzter Kontaktpunkte können auch wichtige Erkenntnisse zur Optimierung der aktuellen Kontaktpunktperformance gwonnen werden.

Bei den quantitativen Befragungen können viele Kontaktpunkte erfasst und bewertet werden. Zudem lassen sich auch unterschiedliche Nutzungsmuster je nach Zielgruppe analysieren. Allerdings wird hier immer nur erinnertes Verhalten abgefragt, was zu einer systematischen Verzerrung führt und keinen Anspruch auf Vollständigkeit hat.

Beim Life Experience Tracking handelt es sich um eine Methode, bei der Mobiltelefone zum Einsatz kommen. Kommen die Probanden während der Erhebungsphase mit einem Kontaktpunkt in Berührung, können sie mit dem Handy per SMS oder interaktivem User-Interface wesentliche Fragen zur Bewertung eines Kontaktpunktes beantworten. Dadurch werden die Eindrücke zum Zeitpunkt des Erlebens ermittelt. Durch die Erhebung der Customer Journey existiert eine Vielzahl an Daten, die anschließend in operationalen Interaktionsprofilen verdichtet werden.

Optimierung vorhandener sowie Schaffung neuer Kontaktpunkte

Die Erkenntnisse der Customer Journey sind im nächsten Schritt mit der internen Perspektive zu spiegeln. Zum Teil klaffen interne und externe Sicht weit auseinander. Für Telekommunikationsunternehmen wird beispielsweise nicht selten die Relevanz der Filiale aus Sicht des Managements deutlich überschätzt, die telefonische Betreuung hingegen unterschätzt. So wird zum Beispiel bei einer Störung des Telekom-Anschlusses in der Regel zuerst versucht, das Problem per Anruf über die Telefonhotline zu lösen, bevor der umständliche Besuch eines Telekom-Shops erfolgt. Somit erfolgt intern die Konzentration auf Kontaktpunkte, die extern weniger relevant sind und erst dann genutzt werden, wenn über den ersten Zugang keine Lösung erfolgt.

Dies bedeutet im Umkehrschluss nicht, dass diese Kontaktpunkte abgeschafft werden können. Vielmehr können aus interner Sicht Potenziale in Kontaktpunkten gesehen werden, die ihre Wirkung auf Kunden beispielsweise aufgrund der aktuellen Ausgestaltung noch gar nicht entfalten konnten und damit die für Kunden geringe Bedeutung erklären.

Mit den gewonnenen Erkenntnissen können für die zentralen Berührungspunkte Handlungsfelder identifiziert und in einen Maßnahmenplan überführt werden. Dabei sind der Gesamtzusammenhang der einzelnen Kontaktpunkte und die Erkenntnisse über deren Zusammenwirken zu berücksichtigen.

Strategien müssen folglich kontaktpunktübergreifend entwickelt werden. Das erfordert das Aufbrechen der organisatorischen Silos innerhalb des Unternehmens und eine abteilungsübergreifende Optimierung, damit die Marke ganzheitlich vermittelt werden kann. Oft ergeben sich aus den vorangegangenen Analysen Einsparpotenziale.

So ergab eine qualitative Studie mit Versicherungsmaklern, dass von 120 existierenden Broschüren lediglich 18 in der täglichen Arbeit eingesetzt wurden. Es war für mich spannend, zu sehen, wie mit den Broschüren umgegangen wurde. Teilweise gab es eigene Räume mit Schränken, in denen die Broschüren nach Jahrgängen abgelegt und nicht genutzt wurden. Waren die Schränke voll, wurden die ältesten Broschüren entsorgt, um Platz für neue zu machen. In einigen Fällen entsorgten die Makler sie auch direkt. Was für eine Verschwendung von Mitteln! In diesem Fall konnten die Investitionen für Broschüren um 85 Prozent reduziert werden.[162] Zudem konnten wir durch die Explorationen bei den Maklern auch ermitteln, was ihnen bei der Beratung und beim Verkauf noch fehlte und welche Unterstützung sie vermissten.

Zielsetzung der Customer-Touchpoint-Innovation ist die Entwicklung neuer Kontaktpunkte, um Kunden ein begeisterndes und nachhaltiges Erlebnis zu verschaffen, oder bestehende Kontaktpunkte zu ersetzen und damit die Kundeninteraktion zu erleichtern.[163] IKEA geht hier mit gutem Beispiel voran: Über die IKEA-App können Kunden per Smartphone direkt im Katalog einen Blick hinter die Türen der IKEA-Schränke werfen und darüber hinaus virtuell durch Augmented Reality ein erstes Gefühl für die Gestaltung der eigenen Wohnung mit den im Katalog entdeckten Möbeln bekommen.

Gerade aufgrund neuer Technologien und Kundenbedürfnisse müssen neue Wege beschritten werden. Während einst der Otto-Katalog in millionenfachem Versand der wichtigste Kontaktpunkt für das gleichnamige Unternehmen war, hat sich das Geschäft inzwischen maßgeblich in ein E-Commerce-basiertes Modell gewandelt. Gerade das Verhalten jüngerer Kunden und deren Erwartung an Marken sind mit denen älterer Kunden nicht mehr vergleichbar. Kontaktpunkte müssen diesem Wandel Rechnung tragen.

Erfolgsmessung mittels Customer Touchpoint Tracking

Erfolgreiches Touchpoint-Management lässt sich nur nachhaltig steuern, wenn die zentralen Kontaktpunkte auch kontinuierlich gemessen werden. Nur so kann eine fortwährende Optimierung der Kontaktpunkte im Zeitverlauf sichergestellt werden.

Zielsetzung des Customer Touchpoint Tracking ist die regelmäßige Erfolgsmessung von Key Performance Indicators (KPI) an zentralen Kontaktpunkten. Der Customer Touchpoint bietet die Datenbasis für die kontinuierliche Erfolgsmessung sowie die Optimierung ausgewählter Kontaktpunkte. Der Einsatzbereich des Customer Touchpoint Tracking reicht von der Optimierung des Kommunikationsmix beim Markenaufbau bis zur Wirkungskontrolle. Weiterhin können kontaktpunktübergreifende Strategien entwickelt und nachgehalten werden. Zudem ist ein Tracking spezifischer Kundeninteraktionen umsetzbar. Für dienstleistungsbezogene Touchpoints lassen sich Service-Levels entwickeln und kontaktpunktübergreifende Kampagnen optimieren. Touchpoint Tracking schafft zudem die Grundlage für Marketing-Spend-Effectiveness-Analysen.

Grenzen der Steuerbarkeit von Kommunikationsmaßnahmen

»A brand is no longer what we tell the consumer it is – it is what consumers tell each other it is.« (Scott Cook)

Konsumenten kommen über eine Vielzahl von Kontaktpunkten mit Marken in Berührung. Dabei bewegen sich die Kommunikationsmaßnahmen auf einem Kontinuum zwischen Maßnahmen, die durch das Unternehmen direkt steuerbar sind, etwa Fernsehwerbung, und Maßnahmen, die durch das Unternehmen nicht oder nur bedingt steuerbar sind, wie etwa Mundpropaganda oder Medienberichte.

In einigen Fällen können sich die Konsumenten mit diesen Maßnahmen aktiv auseinandersetzen, wie bei der Informationssuche auf der Webseite eines Unternehmens oder dem Gespräch mit einem Verkäufer der Marke. Dies setzt ein entsprechendes Involvement der Konsumenten voraus. Gerade bei der Massenkommunikation erfolgt die Auseinandersetzung allerdings meist passiv, das heißt beiläufig und mit geringem Involvement, wie bei Fernsehwerbung.

Daraus ergeben sich aus meiner Sicht drei wichtige Handlungsfelder.[164]

Steuerbare Kontaktpunkte mit passivem Konsumentenverhalten (primär Paid Media)

Hier handelt es sich um die klassische Massenkommunikation. Die Marke kann die Inhalte und die Gestaltung der Kontaktpunkte wie TV-Spots, Printanzeigen, Radiowerbung, Website, Online-Banner und Ähnliches genau bestimmen und kontrollieren. Der Konsument verhält sich passiv und nimmt die dargebotenen Inhalte eher flüchtig und beiläufig wahr. Diese Touchpoints sind relevant, um Bekanntheit zu schaffen und über wiederholte Kontakte ein nachhaltiges Markenbild in den Köpfen der Konsumenten zu prägen. Die zentrale Frage lautet hier: Wie kann ich schnell und prägnant meine Markenbotschaft vermitteln?

Steuerbare Kontaktpunkte mit aktivem Konsumentenverhalten (primär Owned Media)

Events, Brandlands, Flagshipstores, Social Media, Verkäufer-Käufer-Interaktion, Brand Communities und dergleichen sind Kontaktpunkte, die ebenfalls durch die Marke gesteuert werden können. Hier besteht für den Konsumenten allerdings die Möglichkeit der direkten Interaktion mit der Marke. Der Grad der Interaktion kann dabei stark variieren.

»Likes« auf Facebook sind die schwächste Form davon. Insofern kann es nicht überraschen, dass sie auch wenig aussagekräftig sind. Wallace und Kollegen kommen in ihrer Studie zu dem Schluss, dass es eine Entkopplung von »Likes« und dem Konsum von Marken gibt.[165]

Ein Grund dafür ist, dass vier unterschiedliche Typen von Facebook-Fans identifizierbar sind: »Fan«-atics, die sowohl auf Facebook als auch offline hoch engagiert sind, Utilitaristen, die aufgrund von Incentives Fans werden, allerdings keine Bindung haben, Menschen, die sich selbst darstellen und andere beeindrucken wollen, sowie Authentische, deren »Likes« ernsthaft und aufrichtig sind.

Der Auftritt der Marke kann teilweise auch aktiv durch die Konsumenten mitgestaltet werden, beispielsweise in Form von Wettbewerben zur Gestaltung eines Produkts. McDonald's ruft Kunden dazu auf, im Rahmen einer Crowdsourcing-Maßnahme an der Produktentwicklung »Mein Burger« mitzumachen. Das Unternehmen sucht hier schon im dritten Jahr nach fünf durch Kunden kreierte Burger, die nach Abstimmung und Jury-Votings in den Restaurants serviert werden. Die Markenwerte können über diese Kanäle besonders eingängig vermittelt werden. Das Bild der Marke wird dadurch intensiviert und weiter gefestigt. Die zentrale Frage hier: Wie kann ich Erlebnisse im Sinne der Marke schaffen und tiefer auf die Bedürfnisse der Kunden eingehen, um diese mit weiteren wichtigen Informationen zu versorgen?

Nicht steuerbare Kontakte mit aktivem Konsumentenverhalten (Earned Media)

Hier kommen die Konsumenten mit Informationen zur Marke in Kontakt, die durch die Marke nur teilweise oder gar nicht steuerbar sind. Die Konsumenten oder unabhängige Instanzen übernehmen den aktiven Part der Informationsstreuung. Dies beinhaltet Reaktionen wie Meldungen der Presse und Mundpropaganda.

Wird eine Markenbotschaft durch Bekannte geteilt, so wird sie intensiver verarbeitet als bei der flüchtigen, passiven Wahrnehmung von Maßnahmen der Massenkommunikation. Aus diesem Grund ist es das Ziel von Marken, positive Mundpropaganda auszulösen. Durch virale Kampagnen oder besondere Events können Marken einen Anstoß zum Austausch geben. Solche Aktivitäten haben die Aufgabe, positive Emotionen und Erlebnisse zu vermitteln.

Studien zufolge teilen zwischen 88 und 96 Prozent der Befragten emotionale Erfahrungen mit mindestens einer weiteren Person.[166] Die Wahrscheinlichkeit, dass eine Markenbotschaft weitergeleitet wird, ist bei emotionalen Inhalten besonders hoch. Allerdings verbreiten sich negative Botschaften deutlich schneller und intensiver als positive. Marken müssen daher auf der Hut sein und dürfen sich keine Blöße geben.

So geschehen bei Primark: Bei der Billigkette wurden von Käufern Kleidungsstücke mit eingenähten Hilferufen entdeckt, die auf die schlechten Arbeitsbedingungen der Näherinnen aufmerksam machten. Ob Guerilla-Aktion oder nicht – Primark wurde schon mehrfach mit schlechten Arbeitsbedingungen in Verbindung gebracht. So produzierte Primark auch in Rana Plaza, wo 2013 bei einem Fabrikeinsturz rund 1 100 Näherinnen und Näher ums Leben kamen.

Die Reaktionen auf die eingenähten Hilferufe waren ein lautes, negatives mediales Echo sowie ein immenser Imageverlust: Wie die *Wirtschaftswoche* in ihrer Auswertung des YouGov-Markenmonitors berichtete, kann sich nur noch jeder fünfte Käufer unter 30 Jahren vorstellen, bei Primark einzukaufen. Vor dem Shitstorm war noch für jeden dritten Kenner ein künftiger Einkauf bei Primark denkbar, jeder vierte gab sogar an, kürzlich dort etwas gekauft zu haben.[167]

Neben dieser Mundpropaganda gibt es noch weitere Berührungspunkte mit der Marke, die aktiv genutzt werden und durch die Marke nicht steuerbar sind. Ein typisches Beispiel dafür sind Vergleichsportale im Internet, etwa für den Vergleich der Preise von Kfz-Versicherungen, oder Internetseiten zur Bündelung von Dienstleistern oder Produkten, sogenannte Aggregatoren wie beispielsweise Pizza.de, wo Kunden sich unterschiedliche Pizzaanbieter für Bestellungen aussuchen können. Die zentrale Frage lautet hier: Wie können sie Mehrwerte stiften, die Kunden gerne teilen?

Der Bereich der nicht steuerbaren Kontakte mit passivem Konsumentenverhalten kann schließlich vernachlässigt werden, da keine Handlung auf Seiten des Konsumenten erfolgt.

Wegen der wachsenden Bedeutung der Word-of-Mouth-Kommunikation ist es aus meiner Sicht wichtig, dass Unternehmen Anstrengungen für die Steuerung solcher indirekter Beeinflussungsmaßnahmen unternehmen. Es empfehlen sich folgende Maßnahmen:[168]

- *Beobachten*: Hier geht es darum, die Word-of-Mouth-Kommunikation offline und online zu messen, um sich über Art und Umfang dieser Kommunikation Klarheit zu verschaffen.
- *Lernen*: Es ist zu ermitteln, wie groß der Einfluss dieser Kommunikationsform auf die Kommunikationswirkung und den Erfolg einer Marke ist.
- *Reagieren*: Durch das systematische Beobachten werden auch kurzfristige Reaktionen des Unternehmens möglich, etwa auf negative Mundpropaganda.
- *Fördern*: Unternehmen können selbst Word of Mouth zwischen Kunden

erleichtern und fördern, etwa durch Einrichtung von Online-Communitys, Internetforen oder Chaträumen. Golfsmith ermöglicht so Kunden, Golfschläger zu bewerten, eBay bietet registrierten Nutzern Zugang zu Internetforen und Chaträumen zum Informationsaustausch. Zudem können auch Belohnungen für Weiterempfehlungen in Aussicht gestellt werden, wie dies unter anderem bei allen Zeitungs- und Zeitschriftenanbietern oder bei Unternehmen wie E-Plus (Prämien von Cappuccino-Maschine bis Gutschrift) oder der Deutschen Bank (Lufthansa-Prämienmeilen) der Fall ist.

- *Initiieren*: Hier wird das Unternehmen selbst aktiv, um Word-of-Mouth-Maßnahmen anzustoßen.

Fazit: Für Unternehmen ist essenziell, sich über die unterschiedliche Ausgestaltung und Abstimmung der Kontaktpunkte Gedanken zu machen. Gerade weil die Anforderungen an Unternehmen steigen, ist die Orchestrierung kommunikativer Maßnahmen ein »Muss«, um Wirkung im Markt erzielen zu können.

Red Bull ist ein gutes Beispiel für eine integrierte Kommunikation und die erfolgreiche Nutzung der drei Dimensionen. Ausgehend von der Massenkommunikation, die den Slogan »Red Bull verleiht Flügel« bekannt machte, sind inzwischen alle Touchpoints sowohl formal als auch inhaltlich optimal aufeinander abgestimmt. Die Kernaussage ist überall wiederzufinden. Im Bereich der steuerbaren Maßnahmen zur aktiven Interaktion mit den Konsumenten glänzt Red Bull mit einem großen Portfolio an Aktivitäten.

Events wie der Flugtag setzen den Slogan in die Realität um. Durch ihre selbst gebastelten Fluggeräte in kreativsten Formen und Farben gestalten die Teilnehmer das Markenbild mit. Bei dem Event geht es nicht um Sieger oder Verlierer, sondern darum, an einem Erlebnis teilzuhaben. Dies baut eine starke emotionale Bindung auf. Die bewegenden und faszinierenden Events und Sponsoringaktivitäten motivieren in großem Maß zu Word of Mouth. In der Zwischenzeit hat sich Red Bull zu einer Medienmarke entwickelt, wie der Sprung aus dem All zeigt, der millionenfach im Internet abgerufen und geteilt wurde. Der Kern ist aber immer die gleiche Idee.

Kapitel 16

Marken sinnlich erlebbar machen: Wie verstärke ich die Markeneindrücke?

Erleben schlägt Verstehen

Marshall McLuhan hob schon in den 50er-Jahren die Bedeutung des Erlebens von Marken hervor:

»Jeder erlebt weit mehr, als er versteht. Somit ist es das Erleben und nicht das Verständnis, das das Verhalten beeinflusst.«[169]

Es geht also mehr um das Erleben, das Empfinden und Fühlen – und weniger um das Verstehen. Dies wird heute durch eine Fülle von Erkenntnissen bestätigt: Das Gefühl geht dem Verständnis voraus. Das ist nicht misszuverstehen. Natürlich ist der wesentliche Unterschied zwischen Mensch und Tier der Verstand. Lange Jahre folgten wir auch der These von René Descartes: »Ich denke, also bin ich.«[170] Dies hat Generationen von Forschern beeinflusst und mündete in die Theorie des rational handelnden Menschen, der maschinengleich seine Entscheidungen trifft. Es soll Volkswirtschaftler geben, die heute noch daran glauben. Wahrscheinlich funktionieren auch deshalb die auf dieser Basis entwickelten Modelle nicht.

In der Zwischenzeit wurde von diesem Ansatz Abstand genommen. Die in der Psychologie schon frühzeitig angestellten Überlegungen zur Wirkung von Emotionen auf Menschen werden durch die neuronale Forschung gestützt und untermauert. Um es mit den Worten von Antonio Damásio zu sagen, gilt heute das Motto: »*Ich fühle, also bin ich.*«[171] Schon Sigmund Freund war der Auffassung, der Mensch spüre nur den Unterschied. Er sprach nicht vom Denken.

Ich fühle, also bin ich: neurowissenschaftliche Belege

Der Hirnforscher Damásio beschreibt eindrucksvoll zwei Fälle: Phineas Gage wurde als 25-jähriger Vorarbeiter bei einer Eisenbahngesellschaft

Opfer eines schweren Unfalls. Bei einer Sprengung bohrte sich eine sechs Kilo schwere Eisenstange unterhalb des linken Wangenknochens bis zu den vorderen Schädelknochen durch Gages Schädel und hinterließ eine kraterförmige Wunde.[172]

Trotz des schweren Unfalls blieb Gage bei Bewusstsein und konnte über den vollständigen Hergang des Unfalls berichten. Mit Ausnahme des Verlusts des linken Auges wurde er nach wenigen Monaten geheilt. Die Ärzte stellten in den Nachuntersuchungen keine Beeinträchtigung von Wahrnehmung, Sprachfähigkeit, Erinnerungsleistung oder Motorik fest.

Allerdings veränderte sich Gages Persönlichkeit: Er wandelte sich von einem verantwortungsbewussten, ausgeglichenen und freundlichen zu einem ungeduldigen, launischen und wankelmütigen Menschen. Zudem traf er Entscheidungen, die seinen Interessen offensichtlich zuwiderliefen. Er konnte auch nicht mehr seine Zukunft planen. Dies führte zum beruflichen und sozialen Abstieg.

Als »modernen Phineas Gage« beschreibt Damásio seinen Patienten Elliot. Elliot wurde ein Hirntumor im präfrontalen Cortex entfernt. Nach dem Eingriff veränderte sich Elliots Persönlichkeit radikal. Wie bei Gage konnte Damásio zwar keine Einschränkung von kognitiven, motorischen oder sensorischen Fähigkeiten wahrnehmen, allerdings zeigten sich erhebliche Störungen seiner Entscheidungsfähigkeit und ein Mangel an Gefühlen. Wurden Elliot Bilder von Situationen gezeigt, die ihn früher erregt hatten, lösten sie nach der Operation keine Reaktionen mehr bei ihm aus. Diese Beziehung zwischen dem Mangel, Gefühle zu empfinden, und der Unfähigkeit, Entscheidungen zu treffen, führt Damásio zur Theorie der somatischen Marker.[173]

Somatische Marker als gespeichertes Erfahrungswissen

Damásio war der Überzeugung, dass Elliots Gefühllosigkeit ihn daran hindert, Handlungsalternativen emotional zu bewerten. Alle Erfahrungen im Leben eines Menschen werden in einem emotionalen Erfahrungsgedächtnis gespeichert.

Wenn Sie beispielsweise in einem Casino am Roulettetisch viel Geld verloren haben, würde dieses negative emotionale Erleben gespeichert werden. Das Erfahrungsgedächtnis teilt sich über ein körperliches Signalsystem mit, das Ihnen bei der Entscheidungsfindung hilft: die somatischen Marker. Bittet ein Freund Sie nun, mit ihm ein Casino zu besuchen, würde das negative Erlebnis Ihre Entscheidung beeinflussen. Sie würden ablehnen. Bei der Vorstellung verschiedener Handlungsalternativen geben die somatischen Marker also eine aufgrund Ihrer bisherigen Erfahrungen gemachte Rückmeldung. Diese hilft Ihnen, emotional negativ bewertete Handlungsoptionen auszuschließen.[174]

Die somatischen Marker nehmen einem das Denken nicht ab, sondern helfen, Alternativen aufgrund gespeicherter Erfahrungen zu bewerten.

Der somatische Marker ist laut Damásio im präfrontalen Rindenfeld im Gehirn lokalisiert. Seine Theorie von den somatischen Markern erklärt den Zusammenhang zwischen Phineas Gages und Elliots Gefühlsstörungen und ihrer Unfähigkeit, sich zu entscheiden. Es besteht offensichtlich ein Zusammenhang zwischen rationalen Entscheidungsprozessen und Gefühlen.[175] Ansonsten wird eine simple Wahl des Mittagessens – Fisch, Fleisch oder vegan – zum unlösbaren Problem. Gefühle sind immer bei Entscheidungen involviert, mehr noch: Menschen sind nicht dazu imstande, Entscheidungen ohne Gefühle zu treffen.

Gefühle gehen der Ratio voraus. Ohne Gefühle keine Entscheidung.

Die Belege dafür sind ebenso faszinierend wie breit gefächert: Betritt ein Mensch einen Raum, bilden Sie sich innerhalb von wenigen Millisekunden ein Urteil von ihm. Der einmal gemachte spontane Eindruck bleibt dabei im Zeitverlauf recht stabil. Wir finden also jemanden sympathisch, kompetent oder seriös, obwohl dieser Mensch in der kurzen Zeit möglicherweise nicht einmal gesprochen hat. Die Urteilsbildung erfolgt somit gefühlt, nicht rational. Deshalb funktioniert die Erstellung eines Punktbewertungsmodells bei der Wahl eines Lebensabschnittspartners auch selten.

Der Mensch als Konsumaffe?

Mein akademischer Lehrvater Werner Kroeber-Riel brachte dies schon in den 70er-Jahren wie folgt zum Ausdruck: Menschen verhalten sich wie Konsumäffchen. Für diesen Vergleich wurde er von Unternehmern, Verbraucherschützern und anderen Institutionen angefeindet. Natürlich war ihm bewusst, dass dies überzeichnet war. Ohne Zweifel gibt es Situationen, in denen wir abwägen und rational handeln, aber eben nicht immer. Häufig folgen wir Impulsen und Gefühlen.

Der Mensch als Krönung aller Lebewesen, als Homo oeconomicus, der sich maschinenartig verhält, existiert als Idealbild, aber nicht in der Realität. Die Gene von Schimpansen und Menschen stimmen zu 99 Prozent überein.[176] Diese stehen eher für den Instinkt und die Emotionen, das 1 Prozent hingegen stärker für die Vernunft oder Ratio. Somit stellt sich die durchaus provokant gemeinte Frage, wie groß der Unterschied zwischen Mensch und Affe durch 1 Prozent tatsächlich ist?

Gibt es keinen gläsernen Konsumenten, weil wir ihn rational fassen, er sich aber emotional verhält? Immanuel Kant hat sich in seinem Werk mit der Kritik der reinen Vernunft auseinandergesetzt.[177] Möglicherweise ist heute eine stärkere Auseinandersetzung mit einer Vernunft der Emotionen sinnvoll. Dazu zwei Beispiele:

- Wir sprechen oft davon, dass es keine zweite Chance für den ersten Eindruck gibt. Somit würde die Macht des Augenblicks zählen. Eine Princeton-Studie belegt dies eindrucksvoll. Werden Probanden Gesichter von Personen gezeigt, ist die Eindrucksbildung bereits nach 100 Millisekunden abgeschlossen. Mehr noch: Dieser einmal getroffene Eindruck wird selten revidiert.[178]
- Experten sind auch nicht frei von Gefühlen. Ihre Urteile unterliegen ebenfalls emotionalen Eindrücken. So spielten früher Musiker für eine Anstellung im Symphonieorchester offen vor. Im Extrem konnte ein mächtiger, großer Mann in die Posaune blasen oder eine zierliche, kleine Frau. Experten zogen in diesem Fall den Mann der Frau vor. Mussten alle Musiker hingegen nicht sichtbar hinter einem Paravent vorspielen, änderte sich das Urteil der Jury: Plötzlich spielte die Frau besser, weil sich die Experten nicht durch äußere Eindrücke irritieren ließen.[179]

Insofern verwundert es nicht, dass beim Blindtest zwischen Coca-Cola und Pepsi Cola der wahre Geschmack bei der Bewertung zum Ausdruck kommt und Pepsi bevorzugt wird, bei der offenen Darbietung hingegen Coca-Cola durchschlägt. Sehen Kunden die Marke Coca-Cola, verbinden sie damit automatisch alle positiven Vorstellungen und Bilder mit dieser Marke. Auch dies wurde in dem neuronalen Experiment meines Kollegen Peter Kenning bestätigt: Starke Marken führen zu einer kortikalen Entlastung, bei ihnen setzt »der Verstand aus«.[180]

Die Vernunft der Emotionen

Die »Vernunft« der Emotionen ist die Regel, nicht die Ausnahme:[181]

- Etwa 70 bis 80 Prozent aller Entscheidungen fallen unbewusst.

- Nur 0,04 Prozent aller Informationen der Außenwelt erreichen unser Bewusstsein. Viele Reize werden direkt in Verhalten umgesetzt, ohne dass wir es merken. Stellen Sie sich vor, Sie fahren auf der Autobahn auf der Überholspur mit über 200 Stundenkilometern. Rechts vor sich sehen Sie einen Lastwagen und dahinter einen PKW mit etwa gleicher Geschwindigkeit fahren. Ohne Vorwarnung wechselt der PKW plötzlich auf die linke Seite. Sie werden keine Sekunde damit verschwenden, darüber nachzudenken, was den anderen PKW-Fahrer wohl dazu bewegt hat, warum er nicht den Blinker genutzt und in den Rückspiegel geschaut hat. Stattdessen werden Sie reflexhaft voll auf die Bremse steigen. Vielfahrer gehen möglicherweise schon vorher vom Gas, weil sie mit einer solchen Reaktion intuitiv rechnen. Denken wäre in dieser Situation tödlich. Der Reflex rettet Sie.
- Nahezu alle wesentlichen Entscheidungen werden emotional getroffen.

Ein in der Zeitschrift *Science* veröffentlichter Beitrag beschreibt ein Experiment, bei dem eine Person mit einer anderen Person Geld teilen sollte. Beide profitierten nur dann, wenn jeder mit dem geteilten Betrag zufrieden war. Ansonsten gingen beide leer aus. Bei unfairen Angeboten, also dann, wenn eine Testperson der anderen 10 von 50 Euro anbot, wurden im Gehirn Bereiche aktiviert, die für negative Emotionen stehen. Das Angebot wurde abgelehnt. Keiner der Testpersonen erhielt Geld. Wenig Geld ist jedoch besser als gar keines. Wie Sie sehen, siegten hier die Gefühle über die Ratio. Bei einem als fair wahrgenommenen Angebot, etwa wenn eine Person den Betrag teilte, wurde die Gefühlswelt positiv aktiviert und der Verstand angesprochen. Das Angebot wurde angenommen.[182]

Generell ist es für Kunden umso einfacher, je weniger bewusst das Gehirn arbeiten muss. Unbewusste Programme laufen schneller ab, der Rückgriff auf bewährte Erfahrungen entlastet. Das Bewusstsein selbst ist hingegen aufwendig. Schemata entlasten und lenken unser Verhalten. Dies gilt auch für starke Marken, weil wir schematisch auf die damit verknüpften Informationen und Gefühle zurückgreifen. Alles, was neu ist, muss hingegen erst beschwerlich gelernt werden.

»Wir tun nicht, was wir wollen, sondern wir wollen, was wir tun.«

Mit dieser Aussage bringt Wolfgang Prinz, Direktor am Max-Planck-Institut für Kognitions- und Neurowissenschaften, zum Ausdruck, dass viele unserer Handlungen nicht willentlich erfolgen, sondern sich unbewusst vollziehen.[183]

Er hat Recht: In einem Experiment des amerikanischen Physiologen Benjamin Libet mussten sich Probanden zwischen zwei Tasten entscheiden. Die

Entscheidung konnte bereits aus den elektrischen Reizmustern des Gehirns abgelesen werden, bevor der Proband die Entscheidung bewusst traf. Seither haben weltweit Forscher Libets Experiment wiederholt und verfeinert, stets mit demselben Befund: Bevor wir uns bewusst zu entscheiden glauben, hat das Gehirn die Entscheidung bereits vorweggenommen.[184]

Wir alle kennen eine Vielzahl solcher Beispiele. Ich mag gerne Uhren und habe mir vor einiger Zeit eine alte Rolex Submariner aus dem Jahr 1957 in sehr gutem Zustand gekauft. Wahrscheinlich war bei mir auch die Kaufentscheidung schon getroffen, als ich die Uhr zum ersten Mal sah – rein emotional. Ich hatte mich in die Uhr mit dem schlichten Ziffernblatt mit herrlicher Patina, der frei stehenden Krone ohne die übliche Crownguard und dem schönen, mit den Farben der Zeiger korrespondierenden Armband direkt verliebt. Aber wenn mich jemand fragt, warum ich die Uhr gekauft habe, dann führe ich natürlich rationale Gründe an wie etwa, dass ich mit der Uhr super tauchen kann. Das kann ich mit anderen zwar auch – und ich tauche gar nicht, aber Grund ist Grund.

Genauso selbstbewusst sind die Gründe meiner Frau für den Kauf des nächsten Paars Schuhe, obwohl unser Schuhraum voll ist. Dankenswerterweise hat meine Frau mir einen kleinen Bereich davon für meine Schuhe überlassen.

Wenn wir uns auf die rationalen Begründungen der Kunden verlassen, sind wir häufig verloren.

Als ich Werner Kroeber-Riel die Ergebnisse einer Studie vorlegte, in der die Befragten angaben, umweltbewusst zu handeln, erwiderte mein alter Lehrvater trocken: »Schau mal in die Mülltonnen der Befragten. Da liegt die Wahrheit.« So war es auch, einfach enttäuschend.

Wenn wir jetzt Revue passieren lassen, was diese doch tief greifenden Erkenntnisse für die Marke bedeuten, lassen sich daraus zwei zentrale Aspekte ableiten:

1. Kunden suchen nach Entlastung. Darauf gehe ich in Kapitel 20 ein.
2. Die geheimen Verführer durch Emotionalisierung, Ästhetisierung und das Erlebbarmachen der Marke gewinnen an Bedeutung.

Das Qualitätspatt der Angebote ist den meisten bewusst. Ein Indikator sind die Testergebnisse von Stiftung Warentest, bei denen 85 Prozent aller Produkte mit gut oder sehr gut bewertet werden.[185] Wenn wir von Qualität reden, geht es also nicht um die sachlich-funktionale Qualität, sondern um die erlebte Qualität.

In einer IRES-Befragung wurden Top-Manager gefragt, was sie an

Produkten und Marken am meisten fasziniert. An erster Stelle nannten 34 Prozent der Befragten die hervorragende Qualität, ein für Experten wenig überraschendes Urteil. Schaut man jedoch in einzelne Produktkategorien, bei denen die Gründe für die Faszination der Marken erfragt wurden, änderte sich das Bild: Bei Autos stand plötzlich das Design mit 44 Prozent an erster Stelle, gefolgt von Sicherheit und Zuverlässigkeit mit 40 Prozent, und bei IT lagen Komfort und Arbeitserleichterung mit 29 Prozent vorne.[186]

Reflektiert dies einen Wandel der Ansichten, bei denen die Qualität als gelernte Bastion nur noch reflexartig genannt wird, oder birgt der Begriff Qualität verschiedene Betrachtungsperspektiven? Vielleicht ist es eine Kombination aus beiden Aspekten. Kürzlich sprach mich der Marketingleiter eines deutschen Bierbrauers darauf an, dass man sich wieder mehr um die Qualität kümmern müsse. Er meinte damit den Geschmack des Bieres. Dabei brauen alle deutschen Bierbrauer nach dem deutschen Reinheitsgebot. Zudem sind selbst sie nicht in der Lage, ihr eigenes Bier in Blindproben von anderen vergleichbaren Bieren zu unterscheiden.

Somit stellt sich die berechtigte Frage, welche Qualität gemeint ist, da dies Auswirkungen auf die Marketinginvestments zur Differenzierung von Marken und zur Abschöpfung der Preisbereitschaft bei Kunden hat. Das wird umso wichtiger, wenn die Qualität nur schwer prüfbar ist, man sich dieser Mühe nicht unterziehen möchte oder die Qualitäten schlicht austauschbar sind.

Die erlebte Qualität macht den Unterschied

Ein Pelikan-Füllfederhalter mag faktisch besser sein als ein Montblanc, allerdings würde dies kein Kunde glauben, weil die erlebte Qualität etwas anderes sagt. Erlebte Qualität hat viele Facetten, die zur Marke passen müssen. Die erlebte Qualität hängt eng mit Design und Ästhetik zusammen. So dominieren bereits heute beim Handy-Kauf das Design und die Marke die Kaufentscheidung, weit vor technischen Features. Die Ästhetisierung des Konsums wird weite Bereiche unseres Lebens umfassen.

Hässlichkeit verkauft sich schlecht.

Aus der Forschung meines ehemaligen Mitstreiters Tobias Langner am Institut für Marken- und Kommunikationsforschung und von anderen Forschungsgruppen weiß ich, dass durch Ästhetik ein erhebliches Preispremium erzielt werden kann. Bei ästhetikaffinen Kunden beträgt dieses bei Toastern 64 Prozent. Selbst wenig ästhetikaffine Kunden würden für den Toaster 47 Prozent mehr bezahlen.[187] Ästhetik wirkt doppelt: Sie wirkt emotional und schlägt auf das Verhalten durch. Und sie beeinflusst indirekt die empfundene Qualität eines Produktes.

Wie stark nonverbale Eindrücke wirken, möchte ich an einem letzten, sehr eindrücklichen Beispiel beschreiben. In einem Forschungsprojekt mit Procter & Gamble analysierten ehemalige Kollegen von mir am Institut für Konsum und Verhaltensforschung die Wirkung der Werbung für Babyprodukte. Untersucht wurden Mütter mit ihrem ersten Kind, welche die *Eltern*-Zeitschrift lasen, also hoch involviert waren und nichts falsch machen wollten. In die Untersuchung einbezogen wurden drei verschiedene Werbungen für Pampers, eine Werbung des Wettbewerbers Fixies sowie für Beba-Nahrungsmittel und Penaten-Creme.[188]

Die Werbeanzeigen unterschieden sich stark hinsichtlich ihres Informationsgehaltes. Manche waren sehr textlastig, andere zeigten fast ausschließlich Bilder von niedlichen Babys mit oder ohne Mütter. Manche Bilder vermittelten eine Sachbotschaft, indem etwa zwei Babyhintern gezeigt wurden, von denen der mit der Pampers-Windel trocken war und der mit der anderen Windel nass, andere zeigten gut gelaunte Babys in einer schönen Atmosphäre.

Zu diesen Anzeigen wurden Protokolle lauten Denkens durchgeführt, das heißt, die Mütter mussten laut alle ihre Gedanken äußern, die sie zu den unterschiedlichen Werbungen hatten. Das Ergebnis war erstaunlich: Nur etwa die Hälfte aller geäußerten Gedanken betraf die Werbebotschaft direkt (Pampers-Windeln halten trockener), viele Gedanken hatten nur indirekt mit der Werbebotschaft zu tun (Habe ich noch genug Pampers zu Hause?) oder gar keinen Bezug dazu (Ich liebe mein Baby). Die Variationsbreite der direkt auf die Werbebotschaft bezogenen Aussagen war gering, obwohl manche Werbungen viele Informationen umfassten, andere hingegen fast keine.

Die größten Unterschiede (28 Prozentpunkte!) zeigten sich hingegen bei der Kodierung der geäußerten Gedanken danach, ob diese positiv, negativ oder neutral waren. Mit anderen Worten: Bei den Gefühlen gab es die größten Unterschiede! Am besten schnitt eine Penaten-Werbung ab, in der die Mütter nur ein süßes Baby sahen, das sich mit einem Finger an das Ohr fasste, am schlechtesten die Werbung für Fixies, vollgestopft mit Informationen und einer riesigen Produktverpackung. Gefühle und nonverbale Eindrücke dominierten – selbst bei hoch involvierten Müttern mit ihrem ersten Kind. Sie wirkten positiv auf die Markeneinstellung.

Nonverbale Eindrücke dominieren verbale Eindrücke

Verhaltensforschern zufolge wird der Eindruck, den wir uns von Marken bilden, zu 80 Prozent durch nonverbale Signale gebildet. Der Eindruck ist somit dominant sensorisch.[189] Die multisensuale Erlebbarkeit von Marken an allen relevanten Kontaktpunkten ist wesentlich für die Prägung eines klaren Markenbildes.

Das ist evolutionstheoretisch erklärbar. Menschen mussten sehr früh lernen, auf bestimmte nonverbale Signale zu reagieren, um zu überleben. Deshalb wirken solche Signale auch stärker automatisch, sie werden leichter aufgenommen, verarbeitet und gespeichert.

Dies hat Paivio schon früh im Rahmen seiner Imagery-Theorie ermittelt. Er belegte, dass reale Eindrücke hinsichtlich ihrer Gedächtniswirkungen Bildern überlegen sind, Bilder aber wiederum deutlich der Sprache überlegen sind. Dieser Effekt wird als Bildüberlegenheitswirkung bezeichnet. So wurden Bilder in den Untersuchungen von Paivio mehr als doppelt so gut erinnert wie konkrete Wörter.[190]

Sie können sich dies sehr einfach vor Augen führen: Ein Klavier in der Realität hinterlässt einen tiefer gehenden Eindruck als ein Klavier auf einem Bild oder als geschriebenes Wort. Eine schöne Frau, die sich mit einem eng anliegenden Kleid auf einer Couch räkelt, hinterlässt im realen Leben einen tiefer gehenden Eindruck als auf einem Bild oder in einer verbalen Beschreibung der Situation.

Müssten Sie eine solche Szene vollständig verbal beschreiben, würde dies zudem viel Zeit in Anspruch nehmen.[191] Es käme dabei sicherlich auch zu Informationsverlusten, weil wir bildliche Szenen hinsichtlich der Stimmung und anderer emotionaler Eindrücke kaum perfekt wiedergeben können. Aus Sicht der Betrachter dauert es zudem viel länger, den Beschreibungstext zu lesen, als sich das Bild anzuschauen. Bilder werden quasi automatisch, das heißt einfacher und ohne große Anstrengung aufgenommen und sind entsprechend leichter zu verarbeiten und zu speichern. Die Aufnahme von Sprache ist dagegen aufwendig und anstrengend. Deshalb meinte auch mein Lehrvater Kroeber-Riel treffend:

»Bilder sind schnelle Schüsse ins Gehirn.«[192]

Wir können uns Bildern und anderen nonverbalen Eindrücken nicht verwehren. Mehr noch: Die Intensität des Erlebens steigt, je mehr kohärente Eindrücke auf uns einströmen.

Die kohärente Vermittlung nonverbaler Reize

Diese multisensorische Verstärkung tritt dann auf, wenn kohärente Reize mit unterschiedlichen Sinnesorganen aufgenommen und verarbeitet werden und dadurch den sinnlichen Eindruck verstärken. Die Neuronen im Gehirn feuern dann bis zu zwölf Mal häufiger als bei herkömmlichen oder nicht zueinander passenden Darbietungen. Ich möchte dies an einem simplen Beispiel erläutern: Wenn Sie eine karibische Schönheit vor einer schwarzen Wand sehen, hinterlässt dies einen anderen Eindruck, als wenn dieselbe karibische Schönheit an einem weißen Strand mit blauem Meer steht, das Meeresrauschen zu hören ist und die Dame sich rhythmisch zu den Klängen einer Steeldrum-Band bewegt.

Umgekehrt wird der Eindruck geschwächt, wenn nicht zueinander passende Reize über unterschiedliche Sinneskanäle angeboten werden. Mit meinen Mitarbeitern am Institut für Marken- und Kommunikationsforschung haben wir hierzu Experimente zu Musik, Gerüchen, Bildern und haptischen Eindrücken vorgenommen mit dem immer gleichen Ergebnis:

Kohärenz verstärkt, Inkonsistenz schwächt.

Wer würde schon gerne einen Burger essen, der nach Wald riecht, und dabei Mozart hören?

Wie wichtig das Erlebbarmachen einer Marke und die Interaktion mit den Kunden sein kann, zeigt das Beispiel Starbucks. Der Unternehmensgründer Howard Schultz befürchtete, dass die US-Kaffeehauskette zum freudlosen Fast-Food-Imperium verkommen könne. In einer E-Mail an seine Führungskräfte schrieb er:»Wir haben eine Reihe von Entscheidungen getroffen, die in der Rückschau dazu geführt haben, dass die Starbucks-Erfahrung verwässert wurde.« Die Läden hätten ihre Seele verloren, es würde nicht mehr nach frisch gemahlenem Kaffee riechen, jeder Shop wirke immer mehr wie ein Laden einer Kette … Es sei demnach Zeit,»das Erbe, die Tradition und die Leidenschaft für die wahre Starbucks-Erfahrung wieder hervorzurufen«. Starbucks sei »ein Rückzugsraum, eine private Ecke zwischen Arbeit und zu Hause, ein sicherer Ort, gemacht nur für dich«.[193]

Genau dies sollten Kunden in einem Starbucks-Café erleben und spüren, durch die multisensuale Gestaltung des Outlets und durch die Interaktion mit den Mitarbeitern. Viele Entscheidungen der letzten Jahre minderten jedoch diese Erfahrung: So lösten neue automatische Espressomaschinen die alte La Marzocca ab. Dadurch ging zwar alles schneller, sodass ein Problem bei der Geschwindigkeit des Services gelöst wurde, gleichzeitig verschwanden damit jedoch auch die Romantik und das Schauspiel, das der Kunde beim Kaffeebrühen und Milchaufschäumen erlebte.[194] Das Preispremium, das Starbucks mit seinem Kaffee realisiert, geht jedoch genau auf dieses Erleben und die besondere Interaktion mit den Kunden zurück.

Setzen Sie dieses Erleben einmal gegen das Erleben Ihrer Marke oder gegen das Erleben des Besuches einer Bank, egal ob im realen Leben oder im Internet. Wo stehen Sie mit Ihren Bemühungen, die Marke erlebbar zu machen?

Einfluss unterschiedlicher Sinneseindrücke

Nach wie vor gelten zwar visuelle Reize als dominant, weil ein Großteil der Sinneseindrücke über den Sehnerv aufgenommen wird. Allerdings müssen Werte, wonach generell 83 Prozent der Reize visuell, 11 Prozent akustisch und nur ein ganz geringer Teil über den Geruch, den Geschmack und die Berührung aufgenommen werden sollen, differenzierter betrachtet werden.[195]

Der Grund liegt auf der Hand: Zunächst betrachten Sie etwas, bevor Sie es berühren, probieren und so weiter. Allerdings können Sie sich sicherlich auch sehr gut vorstellen, dass Sie bereits an einer Straßenecke den Geruch von Lebkuchen oder einer Bratwurst riechen oder laute Geräusche hören und sich dadurch lenken lassen, bevor Sie ein entsprechendes Geschäft sehen. Abercrombie & Fitch hat sich dies zunutze gemacht: Oft riechen Sie ein Geschäft, bevor Sie es sehen.

Die Wichtigkeit der fünf Sinne für Kunden schwankt je nach Produktkategorie. Bei Sportbekleidung liegt beispielsweise der Einfluss des Sehens bei 87 Prozent, der des Tastens und Fühlens hingegen bei 82 Prozent. Beim Kauf einer Stereoanlage wiederum liegen die Werte für das Anschauen bei 86 Prozent, die fürs Hören bei 82 Prozent. Bei Autos liegt der Einfluss des Sehens bei 78 Prozent, der des Hörens bei 44 Prozent sowie der des Fühlens bei 46 Prozent. Und bei Softdrinks, Eiscreme und Burgern dominiert der Geschmacksnerv mit jeweils weit über 80 Prozent, hingegen ist das Sehen hier mit Werten von 26 bis 34 Prozent eher von untergeordneter Bedeutung.[196]

Demzufolge können Sie sich nicht alleine auf die visuelle Ausgestaltung Ihrer Marke verlassen. Vielmehr sind alle Sinne der Konsumenten anzusprechen und genau zu ermitteln, welche Sinnesorgane für die eigenen Produkte und Dienstleistungen am wichtigsten sind.

Die Marke über alle Sinne erlebbar machen

Nach Johannes Engelkamp sind einige wichtige Aspekte bei der multisensualen Gestaltung von Marken zu beachten, um wirksam Gedächtnisstrukturen zur Marke aufzubauen und zu vertiefen.[197] Das Gedächtnismodell von Engelkamp sieht für sprachliche sowie für nonverbale Reize getrennte Eingangssysteme vor, in denen der jeweilige Reiz verarbeitet wird. Demnach stehen für unterschiedliche Sinneseindrücke unterschiedliche Eingangssysteme zur Verfügung. Die in den jeweiligen Eingangssystemen verarbeiteten Reize gelangen wiederum in ein konzeptuelles System.

Wenn Sie beispielsweise das Wort »Rose« lesen, würde dieses Wort genauso als Rose im konzeptuellen System abgespeichert werden, als würden Sie die Rose als Bild oder in der Realität sehen oder riechen. Treffen gleichzeitig verschiedene Reize in unterschiedlichen Eingangssystemen ein, so wird die Verarbeitung erschwert, wenn die verschiedenen Sinneseindrücke unterschiedliche Inhalte vermitteln. Dadurch kommt es zu einer Aufnahmekonkurrenz, die sowohl die Verarbeitung erschwert als auch die Speicherung der Inhalte behindert.

Hingegen führen übereinstimmende Reizwahrnehmungen zur besseren und intensiveren Verarbeitung und somit zu einer besseren Speicherung von Markeninhalten.

Zueinander passende multisensuale Reize verstärken die Markenwirkungen.

Dies zeigen auch Ergebnisse der Brand-Sense-Studie. Danach ist die Zahl der aktivierten sensorischen Erinnerungen umso größer, je höher die Zahl der sensorischen Kontaktpunkte für eine Marke ist, auf welche die Kunden zurückgreifen können.[198] Zudem erhöht es die Preisbereitschaft und stärkt die Markenbindung.

Deshalb ist es für Unternehmen wichtig, ihre Marken multisensual zu entwickeln. Dies kann sich auf das Markenprodukt selbst und auf die Markenkommunikation beziehen.

Synästhetik verstärkt den Markeneindruck.

Multisensuale Reize spielen zur Vermittlung von Markeninhalten und zur Stärkung von Marken zunehmend eine wichtige Rolle. Ich kann nur dazu raten, die ganze Klaviatur multisensualer Reize zu nutzen, weil sie bei den Konsumenten oft unbewusst einen Beitrag zur Verankerung der Marke leisten. Zudem sind synästhetische Wirkungen erzielbar, die eine Multiadditivität der Wirkung erzielen sollen.

Häufig reicht ein Sinn nicht aus, um etwas in Gänze zu erfassen: Schmecken ohne Riechen ist fast nicht denkbar und natürlich hinterlässt auch der visuelle Eindruck beim Schmecken Wirkung: Das Auge isst mit.

Welche frappierenden Effekte daraus resultieren können, zeigte ein Versuch mit Profiweinverkostern. Wenn Weißwein geschmacksneutral rot eingefärbt wurde, konnten die Verkoster den Wein nicht mehr als Weißwein identifizieren. Die Sinne lenken unser Denken und unser Urteilen. Wer schon einmal ein Blind Dinner mitgemacht hat, weiß, wie schwierig es ist, Produkte auf dem Teller korrekt zu identifizieren.

In unserer Forschung konnten wir zwar eine deutliche Verstärkerwirkung bei der Nutzung mehrerer Reize im Vergleich zum Einsatz von nur einem Reiz feststellen, allerdings keine Multiadditivität.[199] Möglicherweise ist dies jedoch darauf zurückzuführen, dass wir primär Einstellungswirkungen und explizites Wissen erfragt, jedoch kein implizites Wissen analysiert haben. Da solche multisensualen Reize jedoch häufig beiläufig und unbewusst wahrgenommen werden, ist es wahrscheinlich, dass sie besonders stark das implizite Wissen beeinflussen können.

Die Klaviatur multisensualer Reize nutzen

Singapore Airlines zeigt, wie es geht. Schon 1973 hat die Fluglinie das Singapore Girl ins Leben gerufen, Sinnbild für die emotionale Erfahrung der Passagiere während der Flugreise. Im Zuge der Einführung des Singapore Girls wurden die alten Uniformen vernichtet und neue aus feinstem Stoff entwickelt. Der Stoff ist passend zum Kabinendekor gemustert. Die Stewardessen von Singapore Airlines werden bis zum Make-up regelrecht durchgestylt. Ihnen standen zwei Farbkombinationen zur Auswahl, die dem im Gestaltungshandbuch dokumentierten Markenfarbschema der Airline entsprachen.

Selbst die Aufnahmeregeln für Kabinenpersonal sind streng reglementiert. Mitglieder der Kabinencrew waren grundsätzlich Frauen unter 26 Jahren. Ihre Figur musste in die speziell gefertigten Uniformen passen, ihr Aussehen sich mit den Models in der Kommunikation messen lassen. Selbstverständlich gab es auch strikte Verhaltensanweisungen, wie die Passagiere anzusprechen sind, wie das Essen zu servieren ist und so weiter.

Ein Beispiel: Die Teller sind so zu platzieren, dass das Logo von Singapore Airlines an einer bestimmten Stelle ist. Spielt ein Passagier am Teller herum und verschiebt die Lage des Logos, drehen die Stewardessen den

Teller selbstredend wieder in die korrekte Position. Bis zu den Ansprachen des Flugkapitäns wurde alles markenkonform durchgestylt. Ende der 90er-Jahre wurde der Duft »Stefan Floridian Waters« für Singapore Airlines eingeführt, zur Vervollständigung des multisensualen Erlebens. Vielflieger erkennen den Duft bereits beim Einstieg in das Flugzeug.

Idealerweise sollte jedes einzelne nonverbale Element so stark sein, dass es für sich genommen wirkt, und gleichzeitig so gut integriert, dass es die Wirkung der Marke verstärkt und ein klares und nachhaltiges Markenbild aufbaut.

Selbsttest: Wie gut sind Sie im Einsatz multisensualer Reize für Ihre Marke?

Für Ihre eigene Marke sollten Sie sich kritisch folgende Prüffragen stellen:

- Nutzt Ihre Marke sämtliche verfügbaren Sinne an den möglichen relevanten Kontaktpunkten?
- Gibt es eine erkennbare, spürbare Beziehung zwischen den verschiedenen Kontaktpunkten? Wie konsequent setzen Sie die sensorischen Reize um?
- Durch welche sensorischen Maßnahmen heben Sie sich konkret vom Wettbewerb ab? Wie innovativ sind Sie in der Nutzung sensorischer Reize?
- Assoziieren Ihre Kunden die sensorischen Reize mit Ihrer Marke, und wenn ja, welche besonders? Stützen die sensorischen Reize die Authentizität Ihrer Marke?
- Wie klar und wie gut aufeinander abgestimmt sind die sensorischen Signale für Ihre Kunden?

Kapitel 17

Die Massen nutzen: Wie werde ich zum Gesprächsstoff?

»If you do build a great experience, customers tell each other about that. Word of mouth is very powerful.« (Jeff Bezos, Gründer von Amazon)

Mundpropaganda ist in unserem Leben tief verankert: Wir klicken die Website an, von der Kollegen erzählen, lesen die Bücher, die Verwandte empfehlen, und kaufen das Fernsehgerät, zu dem uns unser bester Freund rät. Word of Mouth ist der elementare Faktor hinter 20 bis 50 Prozent unserer Kaufentscheidungen.[200] Obwohl Werbung immer noch einen hohen Stellenwert hat, ist Mundpropaganda mindestens zehn Mal effektiver, aus zwei Gründen:

1. Kunden hören viel stärker auf die Ratschläge von Freunden, Bekannten und Experten, also neutrale Quellen mit hoher Glaubwürdigkeit, als auf Kommunikation durch Marken. Dadurch ist automatisch die Beeinflussungswirkung höher.

2. Mundpropaganda erfolgt zielgerichteter als Massenkommunikation. Menschen sprechen über Themen, wenn sie glauben, dass sie andere interessieren oder ihnen etwas bringen. Sie wenden sich somit zielgerichtet an eine interessierte Gruppe.

Trotz der Präsenz von Social Media, Blogs, E-Mails und Co. findet Word of Mouth laut Keller und Fay Group nach wie vor zu 90 Prozent im persönlichen Austausch statt.[201] Das Gespräch mit Kollegen beim Essen oder mit Freunden beim Sport hat immer noch den höchsten Stellenwert.

Worüber Menschen sprechen, wird stark durch Werbung beeinflusst, die bestimmte Themen erst auf die Agenda der Konsumenten bringt. Wie die Untersuchung von Graham und Havlena zeigt, hat Werbung einen signifikanten Einfluss auf die ausgelöste Offline- und Online-Mundpropaganda sowie auf Suchanfragen im Internet und Besuche von Webseiten.[202] Massenkommunikation setzt Impulse zur Multiplikation durch Meinungsführer.[203]

Was bringt Menschen dazu, Mundpropaganda zu betreiben und Botschaften weiterzuleiten?

In seinem lesenswerten Beitrag zum Stand der Forschung des Word of Mouth identifiziert Jonah Berger fünf Schlüsselfunktionen, warum Menschen Botschaften miteinander austauschen.[204]

- Erstens dient es dem *Impression Management*. Es trägt zur Selbstverstärkung bei. Zudem kann die eigene Identität vermittelt werden oder man hat schlicht etwas zum Erzählen. Jeder kennt das Phänomen: Der Tipp eines neuen Insider-Restaurants, der dezente Hinweis auf den Kauf einer Kelly Bag von Hermès und so weiter.
- Zweitens dient es der *Steuerung von Emotionen*. Menschen können dadurch ein emotionales Ereignis besser verarbeiten oder sich über eine negative Erfahrung austauschen. Zudem können Dissonanzen reduziert werden, indem Kunden sich an dem Unternehmen rächen, das die negativen Erfahrungen auslöste. So hatte ich von VineFine eine Software zur Verwaltung meines Weinkellers geordert, die ich nicht zum Laufen brachte. Ich schrieb eine Mail an die Firma – ohne Reaktion. Stattdessen kam dann per Mail eine Aufforderung, die neue Weinsoftware im Internet zu bewerten. Sie können sich vorstellen, wie meine Bewertung war. Danach fühlte ich mich aber besser.
- Drittens dient es der *Informationsgewinnung*. Kunden suchen nach Rat, wie sie Probleme lösen können. Wer erstmals einen Oldtimer kauft, findet bestimmt einen Experten im Bekanntenkreis, der ihn beim Kauf berät. Wer unangenehme Gerüche in seiner Wohnung mit Febrèze beseitigen konnte, wird diesen Tipp sicher an alle weitergeben, die mit ähnlichen Problemen zu kämpfen haben.
- Viertens hilft es beim *Aufbau sozialer Bindungen*, indem es Sichtweisen verstärkt, die mit anderen geteilt werden, oder soziale Einsamkeit reduziert. Wenn Ihnen beispielsweise bewusst ist, dass Manager bevorzugt über Fußball, Autos und Frauen sprechen, können Sie sich entsprechend über diese Themen annähern. Manchmal hilft es alleine schon, Anteilnahme an der Durststrecke eines Fußballclubs zu zeigen. Zumindest wirkt dies bei meinem jüngsten Sohn immer, der sein Herz an Borussia Dortmund verschenkt hat.
- Zu guter Letzt dient es auch der *Beeinflussung Dritter,* wenn Sie beispielsweise über die Vorzüge Ihres Arbeitgebers schwärmen.

Der soziale Austausch und das Sich-anderen-Mitteilen sind wichtige Bestandteile des menschlichen Alltags. Die Bedeutung der persönlichen Interaktion betonte Pierre Bourdieu in seiner *Social Capital Theory:* Er identifizierte die Beziehungen und Interaktionen zwischen Menschen als Werthebel. Es geht somit um soziale Einflussnahme, die Wert sowohl für denjenigen schafft, der eine Botschaft verbreitet, als auch für den Empfänger dieser Botschaft.[205]

Generell ist die Mundpropaganda für jede Marke nutzbar: für ein DAX-Unternehmen wie für ein Restaurant um die Ecke. Allerdings müssen die Marken die Menschen dazu bringen, über sie zu reden.

Wie kann man Mundpropaganda ankurbeln?

Bourdieu gibt die Antwort: Marken müssen Wert für andere schaffen, also einen emotionalen oder sachlichen Nutzen bieten. Zwei Beispiele dazu:

In den USA stellt die Marke Blendtec Mahlwerke beziehungsweise Zerkleinerungsmaschinen für die Küche her. Trotz hervorragender Leistungsstärke verlief der Verkauf der Produkte schleppend, die Marke war kaum bekannt. Dies änderte sich mit der Einstellung eines neuen Marketingleiters, der feststellte, dass montags Sägespäne auf den Fluren lagen, weil der Inhaber am Wochenende immer Holz in den Maschinen zerkleinerte, um sich selbst von der Funktionsstärke zu überzeugen. Dies war die zündende Idee für die Erstellung simpler Videos mit der einfachen Botschaft: Blendtec hackt alles klein. Der Firmengründer zeigte auf diesen Videos, wie die unterschiedlichsten Dinge im Mixer kleingehackt werden: von Murmeln über kleine Baumstämme bis zu einem iPad. Die Videos starteten immer mit der Frage: »Will it blend?« und wurden auf YouTube gestellt.

Der Erfolg war herausragend: In der ersten Woche wurde das erste Video sechs Millionen Mal angeschaut. Die Videoserie erreichte mehr als 300 Millionen Zuschauer, der Abverkauf stieg innerhalb von zwei Jahren um 700 Prozent.[206] Offensichtlich können Botschaften durch Mundpropaganda auch in solchen Produktkategorien verbreitet werden, die weder im Fokus der Öffentlichkeit stehen, weil sie im heimischen Bereich genutzt werden, noch hoch emotional involvieren.

Auch die in die Jahre gekommene Körperpflegemarke Old Spice konnte ihre Clips über eine erotische, humoristische Videokampagne mit dem Fußballstar Isaiah Mustafa bis zu 43 Millionen Mal verbreiten. Durch das amüsante Bedienen von Klischees und überraschende Szenenwechsel, wie sich Frauen ihren Traumpartner vorstellen, wurde die Marke neben dem Marktführer Axe positioniert. Möglich war dies nur durch die unzähligen Gespräche zur Marke, die durch die humorvollen Videos angeregt worden waren.

Auf Basis bisheriger Forschungsergebnisse lassen sich folgende Prinzipien aufstellen:[207]

- Social Currency: Menschen erzählen weiter, was sie gut aussehen lässt.
- Auslöser: Menschen geben weiter, was sie leicht in Erinnerung behalten.
- Emotionen: Menschen teilen emotionale Inhalte, wenn sie Anteil nehmen.
- Öffentlichkeit: Menschen geben wieder, was öffentlich erkennbar ist.
- Praktischer Wert: Menschen verbreiten Informationen, die anderen helfen.
- Geschichten: Menschen erzählen gerne Geschichten.
- Markenpassung: Es hilft nur, was zur Marke passt.

Social Currency bedeutet, dass Geschichten diejenigen hebeln, die sie weitergeben, weil sie sich als Experten fühlen beziehungsweise etwas wissen, das für andere nutzbringend ist. Menschen, welche die Idee verbreiten, fühlen sich als Insider gut. Ein typisches Beispiel aus dem täglichen Leben sind Restauranttipps. Durch diesen Mechanismus wurden beispielsweise auch vente priveé oder brands for friends erfolgreich. Es ist zu erwarten, dass gerade Menschen, die offen für Neues sind, besonders dadurch angesprochen und zu Multiplikatoren werden.

Auslöser zu finden heißt, den Kontext für das eigene Produkt oder die Marke zu berücksichtigen und zu überlegen, durch welchen Hinweisreiz man den Bezug dazu auslösen kann. Bei Liedern kann dies beispielsweise der Titel sein, der auf ein bestimmtes Thema referenziert. Wird im Titel ein bestimmter Tag genannt, zum Beispiel »I don't like mondays«, wird das Lied wegen des Auslösers signifikant öfter an diesem Tag gehört. Für einen Pizza-Lieferservice kann der Auslöser ein Spot mit einem Türklingeln sein, weil dies an die gelieferte Pizza und das positive Gefühl dabei erinnert. Ein Auslöser bei Giotto ist, dass es zu Kaffee oder Espresso gehört, bei Knoppers, dass es als »kleines Frühstückchen« genutzt werden kann.[208]

Emotionen sind innere Erregungen, die mehr oder weniger bewusst sowie angenehm oder unangenehm erlebt werden.[209] Sie haben eine Stärke (stark oder schwach aktivierend), eine Richtung, das heißt, sie können als angenehm oder unangenehm empfunden werden, und eine Qualität, das heißt, man kann sie konkret beschreiben (zum Beispiel Liebe oder Hass als starke Emotionen) und sie mehr oder weniger bewusst erleben. Weitergegeben werden solche Emotionen, die stark aktivieren und hinsichtlich ihrer Qualitätsausprägung intensiver wahrgenommen werden.

Das Zeug zur Verbreitung haben stark erregende Emotionen. Deshalb wurde das von Domino's-Mitarbeitern in YouTube gestellte Video, auf dem

Mitarbeiter Pizza aufs Übelste mit Körpersekreten belegten, schnell millionenfach verbreitet: Die dahinterstehenden Gefühle waren Ekel und Wut über dieses Verhalten. Im positiven Sinne sind ähnlich starke Gefühle bei der Geburt eines Kindes im Spiel: überschäumende Freude und Liebe sowie das Bedürfnis, zu beschützen, was dazu führt, dass sich die frohe Botschaft in Windeseile verbreitet.

Evian wirbt mit einem viralen Spot, in dem sich Menschen in Schaufenstern oder Spiegeln immer als kleine Babys sehen. Sobald sie sich bewegen, macht das Baby die identischen Körperbewegungen. Damit vermittelt die Marke, dass Evian ein Jungbrunnen ist. Dieser Spot wurde ebenfalls millionenfach geteilt, weil er emotional und gleichzeitig humorvoll ist. In beiden Fällen fällt es den Empfängern der Botschaft leicht, das Ganze mitzuempfinden und für die weitere Verbreitung zu sorgen.

Manche Marken bewerben sich selbst, weil sie *öffentlich* konsumiert werden. Wichtig hierbei sind sichtbare Signale, die die Marke konnotieren. Bei Burberry ist dies beispielsweise das unverkennbare Muster, Louboutin-Schuhe haben immer eine rote Sohle. Ähnlich verhält es sich bei den Nike-Lifestrong-Bändern, die an den Handgelenken der Träger erkennbar sind. Bei MacBooks war früher der Apfel so positioniert, dass er für den Nutzer sichtbar war, während er heute so positioniert ist, dass er von Außenstehenden gesehen wird, wenn das MacBook benutzt wird. Apple ist hier noch einen Schritt weiter gegangen, sodass der öffentliche Konsum der Marke für Außenstehende markenkonform abläuft.

Die Vermittlung eines *praktischen Nutzens* hilft ebenfalls, wie das Beispiel »Will it blend?« gezeigt hat. Hierbei spielen die klare visuelle Vermittlung und das Inszenieren des Nutzens eine zentrale Rolle. Carglass zeigt seit Jahren in seinen Spots, dass beschädigte oder gerissene Autoscheiben in kürzester Zeit höchst professionell repariert werden – mit großem Erfolg.

Sie können Menschen mit Fakten bombardieren. Die Wirkung dieser Fakten wird jedoch immer geringer sein als eine einzige spannende *Geschichte*, die Sie gut wiedergeben können. Viele nicht kommerzielle Unternehmen machen sich dies bei Spendenaktionen seit Jahren zunutze. Statt über die Zahl der toten Kinder in einem afrikanischen Land aufzuklären, wird das Schicksal eines verhungernden Kindes gezeigt, was die Spendenbereitschaft im Vergleich zu den nackten Fakten signifikant erhöht, weil es berührt und diese Geschichte weitererzählt werden kann.

Der Hinweis auf die Leistungsstärke eines Bentley durch PS-Zahl, Newtonmeter oder Beschleunigungswerte wirkt nicht so stark wie die Geschichte der Bentley-Boys, die versessen darauf waren, ein standhaftes Auto mit unglaublicher Power zu bauen, und in den 30er-Jahren mehrfach hintereinander das 24-Stunden-Rennen von Le Mans gewonnen haben.[210] Insofern haben Keller und Fay Recht, wenn sie auf Basis ihrer Studienerkenntnisse betonen: »Stories are how emotions are best conveyed; people like to share stories. If a brand story fits with the consumer's stories, it will be shared; if not, it will not.«[211]

Geschichten sind das Trojanische Pferd, um Botschaften einfach und überzeugend zu kommunizieren.

Der Kern der Botschaft muss allerdings stimmen und relevant sein. Wie wichtig er ist, zeigen schon die frühen Ergebnisse von Allport und Postman, welche die Verbreitung von Gerüchten analysierten. Sie kamen zu dem Schluss, dass die Anzahl der geteilten Informationen bei jedem weiteren Teilen der Geschichte dramatisch abnahm. Rund 70 Prozent der Informationen gingen bei den ersten fünf bis sechs Weitergaben verloren.[212] Der Kern der Story blieb aber gleich: Die Menschen gaben die kritischen Details weiter und vergaßen den Rest oder schmückten ihn anders aus. Ein Beispiel für eine gelungene Geschichte ist der virale Spot *Evolution* von Dove, der zeigt, wie eine normal aussehende Frau durch ausgiebiges Schminken und Bildbearbeitung in eine Schönheit verwandelt wird. Die Kosten für den Spot lagen bei knapp über 100 000 Euro. Er wurde dafür aber mehr als 16 Millionen Mal betrachtet, die Besuche auf der Website stiegen um mehr als das Dreifache und er sorgte für erhebliches Absatzwachstum.[213]

Die Verbreitung von Botschaften ist kein Selbstzweck: Sie muss der Marke dienen und auf das Markenkonto einzahlen.

Leider wird häufig von der puren Verbreitung auf den Erfolg geschlossen. Das ist zu kurz gesprungen. Ein Beispiel: Jung von Matt drehte für Edeka ein Video, das auf YouTube gestellt wurde und sich auch zur Überraschung der Agentur rasend schnell und millionenfach verbreitete. Ein älterer Mann sang mit dunkler Stimme »supergeil«. In dem Spot saß der Protagonist in einer Badewanne, in die er Lebensmittel kippte, um darin zu baden. Geht man so mit Lebensmitteln um, wenn man sie liebt? Es stellt sich die Frage, was das mit der Edeka-Botschaft »Wir lieben Lebensmittel« zu tun hat und ob es zur weiteren Profilierung der Marke beiträgt und dadurch den Abverkauf fördert.

Studienergebnisse von Huang und Kollegen belegen, dass provokative virale Spots zwar öfter weitergeleitet werden, allerdings die Kaufabsicht beeinträchtigen.[214] Die Autoren empfehlen deshalb, dass Manager auf die Balance von *Markenimage* und aktivierenden Inhalten achten sollten. Die Zalando-Spots »Schrei vor Glück« treffen markenkonform in das Herz der

Zielgruppe. Die Spots zeigen immer Situationen, in denen der Empfänger eines Zalando-Paketes einen Freudenschrei ausstößt, weil er die neuen Produkte erhalten hat. Über diese Spots wurde häufig gesprochen, mit durchschlagender Wirkung zur Profilierung der Marke und zur Förderung der Bestellungen im Online-Shop.[215]

Die aufgeführten Punkte dienen als Checkliste zur Beurteilung der Erfolgswirksamkeit von Maßnahmen zur Aktivierung von Mundpropaganda. Nicht jeder der genannten Punkte muss erfüllt sein, wenn allerdings kein Aspekt berücksichtigt wird, ist die Erfolgswahrscheinlichkeit gering.

Schließlich übt die Marke auch einen großen Einfluss aus:[216] Kunden sprechen mehr über starke Marken als über schwache. Dem Nutzer des Social Web verschafft Audi mehr soziale Anerkennung als Opel. Dies heißt nicht, dass die Social-Media-Strategie von Opel schlechter sein muss als die von Audi. Der Marke Opel ist allerdings aufgrund des schlechteren Images eine natürliche Grenze im Bereich Social Media gesetzt. Insofern kann es auch nicht verwundern, dass Opel 700 000 Likes weniger auf Facebook hat als Audi, dass H&M mit 65 800 Followern auf Twitter vor bonprix mit 1 342 liegt oder dass die YouTube-Videos von Levi's etwa fünf Mal häufiger angesehen werden als die von Jack & Jones.

In einer Studie von Lovett, Peres und Shachar wurden 697 Marken aus 16 Kategorien analysiert, über die Kunden in den USA am meisten sprechen. Dabei wurde sowohl Online- als auch Offline-Word-of-Mouth berücksichtigt. Gemessen wurden soziale, emotionale, funktionale und gemischte Charakteristika wie das Involvement sowie das wahrgenommene Risiko.[217]

Es zeigte sich, dass Menschen mehr über eigenständige Marken als über undifferenzierte Marken sprechen. Deshalb profitieren die Top-100-Interbrand-Marken mehr von Mundpropaganda als andere. Die Markenstärke hat einen großen Einfluss auf Word of Mouth. Dieser Effekt ist online größer als bei persönlichen Treffen, weil man im persönlichen Kontakt die Marken sieht, die ein anderer trägt oder nutzt. Es wird zudem mehr über Marken gesprochen, auf die Kunden stolz sind und die Premium-Charakter haben, besonders online. Zudem wird öfter über sichtbare (Burberry) als über nicht sichtbare Marken (Strenesse) gesprochen. Deshalb fordern die Autoren, »sprechende Marken« zu entwickeln, um die Sichtbarkeit zu erhöhen.

Relevanz fördert die Mundpropaganda in der realen Welt. Ferner erhalten überraschendere Marken mehr Mundpropaganda, hingegen nimmt mit steigender Zufriedenheit das WoM ab. Kunden sprechen auch lieber über vertraute Marken und solche, über die sie mehr wissen. Das hat natürlich etwas mit Expertentum und Social Currency zu tun. Über komplexe Marken wird mehr in der Offline-Welt gesprochen. Zudem steigt die Mundpropaganda mit zunehmendem Risiko. Dahinter steht die Absicherung durch Urteile anderer sowie die Idee des Ratgebens. Rat ist umso gefragter, je komplexer und risikobehafteter ein Produkt ist.

Marken und deren Eigenschaften spielen somit eine entscheidende Rolle für Word of Mouth. Marken, die bereit sind zu säen und eine langfristige Strategie verfolgen, sind dabei im Vorteil. Dies bedingt langfristige Investitionen, um das soziale Kapital der Marke aufzubauen.[218]

Grenzen des Word of Mouth erkennen

Nicht alles, was glänzt, ist Gold, so auch bei Mundpropaganda. So ist die Beeinflussungswirkung durch Word of Mouth höher, wenn die Marke noch relativ unbekannt ist.[219] Bei bekannten Marken wurden hingegen nur marginale Effekte festgestellt. Zudem ist rund 50 Prozent des Word of Mouth neutral. Oft hat Word of Mouth auch keinen Effekt auf den Empfänger, entweder weil dieser gerade keinen Bedarf hat oder weil das Ganze wieder vergessen oder als nicht glaubwürdig empfunden wird.

Zudem wollen auch nur rund 20 Prozent andere mit Mundpropaganda beeinflussen. Häufig geht es vielmehr darum, eine Beziehung aufzubauen, eine Diskussion zu entfachen oder schlicht positive Emotionen auszulösen. Oft ist einzig die Weiterleitung das Ziel. Positive Mundpropaganda kann Reaktanz auslösen, negatives Word of Mouth jedoch auch eine tiefere Auseinandersetzung mit einem Thema stimulieren. Last but not least geht es aber nicht nur um die Wirkung beim Empfänger. Je häufiger ein Vermittler der Botschaft darüber spricht, umso leichter fällt ihm der Zugriff auf die Marke.

Teil IV:

Markenwachstum identitätskonform gestalten

Kapitel 18

Wachstum hat viele Facetten

Professor Lehner, ehemaliger Vorstandsvorsitzender von Henkel, sagte einmal: »Persil bleibt Persil, weil Persil nicht Persil bleibt.« Marken müssen sich weiterentwickeln und immer wieder ein Stück weit neu erfinden, ohne ihren Kern zu verlieren. Deshalb initiierte Lehner bei Henkel ein in dieser Form einzigartiges Innovationsprogramm für Wachstum. Genauso wenig, wie Persil heute in seiner Urform noch existieren würde, bestünde auch Nivea heute nicht allein mit der klassischen Creme in der runden Dose.

Innovationen sind der Motor für Wachstum

Spätestens hier liegt die Vermutung nahe, dass der Vergleich zwischen Menschen und Marken hinkt. Dem ist aber nicht so. Wie Menschen greifen auch Unternehmen auf zwei Überlebensinstinkte zurück. Der erste Instinkt sichert die eigene Existenz. Hier ist zu klären, was sie essen und trinken, wo sie schlafen und so weiter. Dabei sind die Antworten, die sie heute geben, eine Fortschreibung und Verlängerung der Erfahrungen aus der Vergangenheit. Es ist eine Renovation und kein revolutionärer Sprung.

Der zweite Instinkt sorgt bei Menschen für das Weiterleben der Art durch Fortpflanzung. Zwar können Kinder nicht das eigene Leben verlängern, aber sie können unsere DNA und unseren Namen weitertragen.[220]

Renovation kann bei Menschen viele Facetten haben und sich auf innere und äußere Werte beziehen sowie auf das, was sie gerade tun. Innere Werte betreffen die Weiterentwicklung jedes Menschen auf Basis seiner Erfahrungen und Lernkurven. Äußere Werte betreffen die Weiterentwicklung etwa durch sportliche Betätigung oder durch äußere Eingriffe: Arnold Schwarzenegger sah als Jugendlicher anders aus als auf dem Weg zu Mister Universum. Manche Frauen und Männer älteren Semesters erhoffen sich durch Botox und kleinere Schönheitsoperationen ewige Jugend. Diese Form der Veränderung und des Aufhübschens gibt es auch bei Marken, wo durch

Relaunches eine Anpassung an den Zeitgeist und die Marktentwicklung erfolgt.

Wie bei Geburten sind *Innovationen* schwieriger zu managen. Sie sind im Tagesgeschäft nicht einfach unterzubringen. Der Weg von der Entdeckung zur Verwertung ist ein langer – ähnlich wie bei einer Schwangerschaft. Innovationen benötigen wie Kinder im Mutterleib Schutz, um langsam wachsen zu können. Manchmal ist die Schwangerschaft gar nicht erwünscht. Bei Nestlé hätte Nescafé seinen Bruder Nespresso nicht gewollt – wodurch dem Unternehmen Wachstumspotenzial entgangen wäre. Mehr Geburten sind zudem nicht immer besser. Kinder müssen gehegt und gepflegt werden. Sie durchlaufen einen Sozialisationsprozess, damit sie nicht nur den Namen, sondern auch das Wertegerüst übernehmen können.[221]

Bei Marken sind zu viele Innovationen ebenfalls schwer zu managen und können zur Verwässerung beitragen. Beck's Gold war noch sehr erfolgreich. Die anschließende Multiplikation vieler Markendehnungen mit unterschiedlichen Geschmacksrichtungen von Beck's Green Lemon über Beck's Chilled Orange und Beck's Level 7 bis zu Beck's Ice führte hingegen zu gegenseitigen Kannibalisierungen, zum Wachstum auf niedrigem Niveau bei entsprechend steigenden Komplexitätskosten und zur Verwässerung der Marke, weil Beck's sich durch die Markendehnungen zunehmend vom Markenkern entfernte.

So wichtig Innovationen für Marken sind, so wenig resultiert Wachstum ausschließlich aus Innovationen. Vielmehr ist die Markenführung ein kontinuierlicher Entwicklungsprozess, um die Marke veränderten Ansprüchen im Markt anzupassen und das Wachstum auszuschöpfen. Zwei grobe Richtungen sind hier denkbar.

Die Marke zeitgemäß weiterführen

Audi hat sich seit den 70er-Jahren kontinuierlich entwickelt. Der Marke haftete das Image an, bevorzugt von Beamten genutzt zu werden, die in Hut und Hosenträgern gemächlich auf der Überholspur fahren – zum Ärger anderer Verkehrsteilnehmer. Erst die Vision von Ferdinand Piech, Audi zum Wettbewerber von Mercedes-Benz und BMW zu machen, brachte die Marke in Schwung. Dies erfolgte nicht schlagartig, sondern in kleinen Schritten. Ein Meilenstein der Entwicklung war der Vierradantrieb und dessen Benennung als Audi Quattro.

Systematisch wurde in die Vorteile des Vierradantriebs investiert und dieses Alleinstellungsmerkmal entsprechend unterstützt und kommuniziert. Walter Röhrl gewann mit Audi die Rallye-Weltmeisterschaft, ein Audi fuhr in der Werbung eine Skisprungschanze hoch, ein Inuit-Eskimo erklärte seinem Sohn in einem Fernsehspot die Spur eines Bären und die eines Audi Quattro und so weiter. Parallel dazu wurde systematisch an dem Design und der Qualität der Autos gearbeitet und eine Aufholjagd bei den Modellreihen gestartet. Audi war längst nicht immer Innovationsführer.

Durch die Vielzahl dieser kleinen Schritte in allen für den Kunden erlebbaren Bereichen hat sich Audi zu einer sportlichen und technikorientierten Marke entwickelt, mit der wir alle klare Vorstellungen verknüpfen. Sie ist heute auf Augenhöhe mit BMW und Mercedes-Benz. Eine klare Vision, die klare Definition der Markenwerte, ein Höchstmaß an Disziplin und die Fähigkeit des »make things work« haben die Marke nach vorne katapultiert.

Die schlummernden Wachstumspotenziale der Marke ausschöpfen

Dies kann durch die Entwicklung neuer Produkte, die Ansprache neuer Zielgruppen und den Eintritt in neue Märkte erfolgen. In den 90er-Jahren gab es ein überschaubares Angebot von Modellen mit dem Audi 80/90, dem Audi 100/200 und dem Audi Quattro. Heute gibt es den A1, A3, A4, A5, A6, A7, A8, Q3, Q5, Q7, TT, R8, RS und den e-tron. Allein der A6 hat sechs verschiedene Varianten, die fast beliebig ausgestattet werden können. So stehen allein 13 verschiedene Motoren zur Verfügung.[222] Jedes Automodell adressiert unterschiedliche, klar definierte Zielgruppen, um deren Bedürfnisse und Wünsche zielgenau zu erfüllen. Zudem ist Audi in den unterschiedlichsten Märkten unterwegs, weil heute die Musik für das Wachstum in den Emerging Markets spielt, allen voran Asien mit China. Nur durch solche Maßnahmen lassen sich Wachstumspotenziale ausschöpfen.

Diese Wachstumsoptionen sind nicht unabhängig voneinander. Die Ansprache neuer Zielgruppen bedingt oft auch die Entwicklung zielgruppenkonformer Produkte unter der Marke. Der Eintritt in neue Märkte bedarf häufig entsprechender Anpassungen auf der Produktebene. Beispielsweise wurde oft systematisch an Etikett und Flasche von Spirituosen gearbeitet, um kleine Fortschritte zu erzielen, die zwar in der Marktforschung messbar waren, aber von Kunden am Regal kaum bewusst wahrgenommen wurden. Zudem wurde gern versucht, mit Alkopops auch jüngere Menschen anzusprechen. Dabei galt: Je süßer, desto besser.

Welche Wachstumsstrategie ist die richtige für Ihre Marke?

Generell besteht die Möglichkeit, die vorhandenen Potenziale einer Marke weiter auszuschöpfen oder mit neuen beziehungsweise veränderten Produkten und Dienstleistungen aufzuwarten. Letzteres beleuchte ich im nächsten Kapitel. Um das Wachstum der Marke systematisch auszuschöpfen, ist aber zunächst eine Prozessanalyse sinnvoll: Die Stufen des Kauftrichters sind im Vergleich zu Wettbewerbsmarken genauer zu analysieren. Hier werden je nach Marktforschungsanbieter unterschiedliche Schritte vorgeschlagen. Folgende Stufen sind aus meiner Sicht sinnvoll:

- Bekanntheit: Wie bekannt ist Ihre Marke?
- Markenimage: Wie klar ist Ihr Markenimage?
- Relevanz (relevant set): Ist die Botschaft relevant für Kunden, sodass Ihre Marke in die engere Auswahl gelangt?
- Erste Wahl (first choice): Sind Sie mit Ihrer Marke erste Wahl beim Kunden?
- Kauf: Wird Ihre Marke tatsächlich gekauft?
- Loyalität und Bindung: Kaufen die Kunden wiederholt Ihre Marke?
- Weiterempfehlung: Geben sie die Marke aktiv an andere weiter?

Bei den jeweiligen Stufen ist der Engpass für das Markenwachstum zu ermitteln und das daraus resultierende Potenzial auszuschöpfen. Engpass bedeutet, dass immer dann Handlungsbedarf besteht, wenn die Werte auf einer Stufe oder die Transformation von einer Stufe zur nächsten im Vergleich zum stärksten Wettbewerber schlechter sind.

Markenbekanntheit

Die Markenbekanntheit ist notwendig für den Markterfolg. Ziel ist die Erhöhung der gestützten (das Wiedererkennen) oder der ungestützten Bekanntheit (das aktive Erinnern). Bei niedriger Bekanntheit sind zunächst Maßnahmen zu ergreifen, um die Bekanntheit systematisch zu fördern. Es wäre wenig sinnvoll, Investments in Wachstum anders zu nutzen, wenn hier der Engpass liegt.

Hier gibt es einige typische Fehler, die ich häufig beobachte und die vermieden werden können. Bei geringem Budget wird oft zu viel gewollt: Manager nutzen zu viele Kommunikationskanäle und warten mit zu vielen

Botschaften auf. Das Gegenteil hilft: Konzentration. Konzentration auf die wichtigsten Kanäle, auf eine Botschaft sowie auf eine klar definierte Zielgruppe.

Ein Beispiel: K-fee wurde über Nacht bekannt, obwohl das Marketingbudget gering war und kein großer Werbedruck hinter der Marke stand. Zeitungen und Fernsehsender berichteten über die Marke, ohne dass sie dafür bezahlt wurden. Videoportale im Internet führten die K-fee-Spots auf den ersten Plätzen, ohne dass Platzierungen erkauft wurden. Sogar Jay Leno berichtete über die Marke in seiner Late Night Show. Nach 19 Tagen hatten schon über 60 000 Menschen den TV-Spot der Marke im Internet gesehen. Nach dem Erreichen dieser kritischen Masse schossen die Viewer-Zahlen weiter in die Höhe.

Unter dem Motto »So wach warst du noch nie« sendet K-fee Werbespots, die zunächst eine einnehmende Ruhe ausstrahlen, welche durch ein plötzlich auftauchendes schreiendes Monster zerstört wird. Im Internet löste dieser Spot Begeisterungsstürme aus und wurde von den Betrachtern weitergeleitet. Die zunächst für das Fernsehen konzipierten Spots wurden mit einem Link am Ende des Clips versehen, der die Betrachter auf die K-fee-Homepage leitet. 12 Prozent der Viewer nutzten ihn. Die Clips generierten über 7 Millionen Kontakte. Dabei wurden sie ausschließlich auf der K-fee-Homepage zum Download bereitgestellt.

Generell ist bei zu geringer Bekanntheit die Mediaaussteuerung gezielt auf den Prüfstand zu stellen, die Botschaft zu fokussieren, die Aktivierungs- und Durchschlagskraft der Kommunikation zu prüfen (Ist die Kommunikation so aufmerksamkeitsstark, dass sie sich im Wettbewerbsumfeld durchsetzen kann?) sowie die Markeninszenierung zu analysieren (Wird die Marke häufig, oft und klar und deutlich in der Kommunikation gezeigt oder in Szene gesetzt?). Ich erlebe häufig, dass Kunden zwar ein Kommunikationsmittel erinnern und wiedergeben, allerdings nicht die beworbene Marke nennen können. Der Grund: zu schwaches Branding und eine zu wenig differenzierende formale Gestaltung.

Findet der Kauf der Marke am Point of Sale statt, kann das Wiedererkennen der Marken ausreichen (passive Markenbekanntheit). Entsprechend wichtig ist hier eine prägnante und diskriminationsfähige Verpackung. Meister Proper erkennen Kunden schon von Weitem an dem Bild des Meister Proper, Schauma an der einzigartigen Form des Produktes. Ist der Kauf entkoppelt vom Point of Sale, etwa bei Versicherungen, spielt die aktive Bekanntheit eine wichtigere Rolle, weil in der Regel der Kunde aktiv wird.

Klarheit des Markenimages

Das Markenimage ist der zentrale Treiber für den Markenerfolg.[223] Wenn Sie im Selbsttest Beck's und Veltins Bier vor Ihr inneres Auge rufen, werden Sie keine Probleme haben, mit Beck's klare Inhalte wie das grüne Schiff und die maritime Welt zu verknüpfen, hingegen wird es Ihnen bei Veltins schwerer fallen. Beck's hat kein Imageproblem, sondern eher ein Problem auf den folgenden Stufen. Viele Biere haben hingegen ein Imageproblem, weil sich mit ihnen nicht so klare Images verknüpfen lassen wie bei Beck's, Jever oder Radeberger. Dann ist zunächst das Markenimage zu schärfen und es müssen Konzepte entwickelt werden, die dieses klar, einfach, bildhaft und verständlich auf den Punkt bringen.

Relevanz (relevant set) und erste Wahl (first choice)

Je spitzer die Zielgruppe ist, die Sie mit der Marke ansprechen möchten, umso mehr Kunden schließen Sie aus. Porsche ist ein typisches Beispiel dafür, Jever Pils (friesisch-herb) ebenfalls. Je breiter hingegen Zielgruppe und Positionierung sind, umso wichtiger ist es, dass die Marke wichtige kategoriespezifische Nutzen adressiert, um die Kundenbedürfnisse zu treffen und für sie relevant zu sein.

Ein Beispiel: Die ERGO Versicherung hat mit großem finanziellen Druck in der Kommunikationskampagne »Versichern heißt Verstehen« dafür geworben, dass ERGO den Kunden zuhört und sie besser versteht als andere Versicherungen. Die ersten Erfolge stellten sich schnell ein: Bekanntheit und Imagewerte schossen nach oben. Doch ist diese Aussage auch für den Abschluss einer Versicherung relevant? Ohne Frage mag niemand das Fachchinesisch der Versicherungen, das ich selbst mit Studienabschluss kaum verstehe. Doch der wichtigste Nutzen lautet hier »Schutz«. Wird dieser Nutzen nicht erkennbar erfüllt, ist dies ein Hemmschuh, zur relevanten Alternative und zur ersten Wahl für einen Kauf zu werden.

Zum Teil existieren auch Barrieren, durch welche die Relevanz eines Nutzens infrage gestellt wird. Deshalb ist den *Barrieren* tiefer auf den Grund zu gehen. Die wirklichen Treiber innerhalb einer Produkt- oder Dienstleistungskategorie müssen besser verstanden werden.

Ein Beispiel: Aspirin Plus C ist eine Kopfschmerztablette, die in Wasser aufgelöst und getrunken wird. Nach jahrelangen Erfolgen stagnierten die Absätze beziehungsweise waren sogar rückgängig. Wettbewerber wie

Dolormin oder Ratiopharm Paracetamol stiegen hingegen im Marktanteil. Um zu ergründen, weshalb trotz hoher Bekanntheit und des guten Images von Aspirin die Marke an der Erste-Wahl-Barriere scheiterte, wurde eine umfängliche Marktforschung durchgeführt. Es zeigte sich, dass die Kunden die Wirkung von Aspirin Plus C anzweifelten, weil die Tablette in Wasser aufgelöst wurde. Die Kunden glaubten, dass Dolormin stärker wirkt als Aspirin. Mit der Kenntnis dieser Barriere wurde die Kommunikation für Aspirin Plus C umgestellt – mit Erfolg. Es wurde vermittelt, dass die Tablette durch das Auflösen im Wasser schneller und intensiver wirkt, weil der Wirkstoff schneller in die Blutbahn dringt.[224]

Vermutlich besteht bei den Teekapseln wie bei Special.T von Nestlé eine ähnliche Barriere, weil der Teegenuss mit einer längeren Ziehdauer des Tees verknüpft ist. Dies wird bei Nutzung von Teekapseln aber nicht erlebbar.

Ich empfehle daher folgende Fragen, um zu prüfen, ob die Marke für Kunden relevant ist und zur ersten Wahl werden kann:

- Sprechen Sie mit der Positionierung ein wichtiges Bedürfnis der Kunden an? Welches konkret?
- Verankern Sie durch die Positionierung die Marke in der Erlebnis- und Erfahrungswelt der Kunden? Wie genau?
- Lösen Sie durch die Positionierung ein wichtiges Problem für die Kunden? Wenn ja, welches?
- Ist die Positionierung für Ihre Zielgruppe relevant? Wenn ja, wie relevant?
- Differenzieren Sie sich durch die Positionierung klar vom Wettbewerb? Wodurch genau?
- Kommunizieren Sie die Positionierung überzeugend durch klare Bildmotive oder durch überzeugende Argumente? Wie und wodurch konkret?
- Stellen Sie den Nutzen einzigartig in Bild und Wort dar? Wodurch?

Kauf der Marke

Aus der Einstellungsforschung wissen wir, dass eine positive Einstellung unter bestimmten Bedingungen zum Kauf eines Produktes oder einer Dienstleistung führt.[225] Die Einschränkung »unter bestimmten Bedingungen« ist wesentlich, denn: Selbst wenn Ihre Marke erste Wahl beim Kunden ist, heißt das noch lange nicht, dass sie auch tatsächlich gekauft wird.

Ein Beispiel aus dem Bereich Unterhaltungselektronik. Hier wurden für ein Unternehmen die Kontaktpunkte und deren Einfluss auf den Kauftrichter analysiert. Es zeigte sich, dass die Marke hervorragende Werte auf den ersten Stufen des Kauftrichters hatte, im Vergleich zum stärksten Wettbewerber diese allerdings nur weit unterproportional in Verkäufe ummünzte.

Der Grund lag am Point of Sale: Dort wurden potenzielle Kunden von Verkäufern oder durch Preisaktionen, verkaufsaktivere Gestaltungen und ansprechendere Präsentationen der Wettbewerber umgelenkt. Die Manager im Unternehmen korrigierten daraufhin ihre Strategie und leiteten Investments von Massenkommunikation in Maßnahmen am Point of Sale um, weil der Engpass am Ort des Kaufabschlusses lag.

Häufige Ursachen hier sind zu schwache Präsenz im Handel, das Verkaufspersonal, das aktiv andere Marken empfiehlt, Aktionen der Wettbewerber am Point of Sale, der Preis als Hemmschuh, mangelnde Inszenierung und schlechte Darbietung der Marke am Point of Sale oder auch eine zu schwache Präsenz im Internet, wenig verkaufsaktive Websites, schlechte Kundenbewertungen und so weiter.

Loyalität und Bindung

Wiederholungskäufe werden meist nicht getätigt, weil das Produkt oder die Dienstleistung die Kunden nicht überzeugt. Dann ist auf Ursachensuche zu gehen. Die konkreten Gründe für die aus Kundensicht mangelnde Performance sind zu ergründen und mögliche Verbesserungsvorschläge aus Sicht der Kunden bei der Produktoptimierung abzuleiten.

Solche Maßnahmen zielen auf die Markenloyalität ab, also den wiederholten Kauf der Marke. Noch besser ist allerdings der Aufbau einer starken Bindung zur Marke. Eine solche Bindung ist emotional. Je stärker die emotionale Bindung zu einer Marke ist, umso eher verzeihen Kunden ihr auch einmal eine etwas schlechtere Performance.

Hierzu zwei Beispiele aus der Studie zum Image von Automobilmarken, die ich mit meinen Mitarbeitern vom Institut für Marken- und Kommunikationsforschung durchführte.[226] Die Automobilmarke Mini wurde von allen Kunden mit Abstand am emotionalsten bewertet. Die Kunden bewerteten jedoch auch das Preis-Leistungs-Verhältnis als mit Abstand am schlechtesten. Nun könnten Sie meinen, dass dies die Wiederkaufbereitschaft negativ beeinflusst, aber weit gefehlt: Wegen der hohen emotionalen Bindung bekundeten die Kunden eine extrem hohe Wiederkaufbereitschaft.

Bei Mercedes-Benz war zum damaligen Zeitpunkt die Bindung an die Marke ebenfalls hoch, obwohl das Image und die Nutzungserfahrungen deutlich hinter denen der Wettbewerber BMW und Audi lag. Der Grund: der hervorragende Service in den Werkstätten.

Weiterempfehlung

Word of Mouth ist ein wichtiger Wachstumshebel. Bei einer Bank, für die wir in der Beratung arbeiten, wird ein Großteil des Wachstums durch Mundpropaganda zufriedener Kunden erzielt. Es ist die mit Abstand glaubwürdigste Form der Kommunikation, wenn Dritte positiv über eine Marke sprechen. Persönliche Empfehlungen wirken immer stärker als andere Maßnahmen.

In der oben erwähnten Automobilstudie stellten wir fest, dass die Weiterempfehlungsrate bei BMW und Audi deutlich höher war als bei Mercedes-Benz – und dies, obwohl die Bindung gerade bei Mercedes-Benz-Kunden sehr hoch war. Der Grund lag in der Verschlechterung des Markenimages bei Mercedes-Benz. Das Design wirkte sogar negativ auf das Markenimage und es gab klare Qualitätsdefizite. Es liegt auf der Hand, dass Kunden dann nur ungerne eine Marke weiterempfehlen, weil sie mit ihrer Empfehlung bei Bekannten und Verwandten im Wort stehen.[227] In der Zwischenzeit hat sich Mercedes-Benz dieser Probleme mit einer überzeugenden Strategie angenommen und sie gelöst: mit klarem Fokus auf überzeugendes Design und die sprichwörtliche Mercedes-Qualität.

Marktbezogene Innovationen systematisch betreiben

Innovationen im Unternehmen fördern: die richtigen Fragen stellen

Die Bedeutung von Innovationen brachte Peter F. Drucker frühzeitig zum Ausdruck. In seinem Klassiker *The Practice of Management* hob der Management-Guru hervor, dass Geldverdienen kein wesentliches Unternehmensziel sei, sondern einen Kunden zu finden. Die Bereitschaft eines Kunden, für ein Produkt oder eine Dienstleistung zu zahlen, »verwandelt wirtschaftliche Ressourcen in Wohlstand«.[228] Unternehmen müssen demnach zwei zentrale Funktionen erfüllen: Marketing und Innovation. Dabei ist das Marketing auf die Marke auszurichten, da Kunden – sofern nicht der Preis das zentrale Kaufkriterium ist – keine Produkte, sondern Marken kaufen. Die Frage »Was möchte der Kunde kaufen?« ist um die Frage »Warum soll ein Kunde meine Marke kaufen?« zu erweitern.[229]

Manager sind sich der Bedeutung von Innovationen bewusst. Der Umsatzanteil mit neuen Produkten liegt branchenübergreifend bei 19,9 Prozent, die Investitionen in Forschung und Entwicklung betrugen 2013 2,84 Prozent des BIP.[230] Aus Markensicht muss jedoch nicht jedes Unternehmen als Erstes mit neuen Entwicklungen aufwarten, im Gegenteil: Dies hängt stark von der Positionierung der Marke ab.

Im Volkswagen-Konzern wäre es sicher zweckmäßig, dass die Marke Audi, die für Vorsprung durch Technik steht, die Innovationen als Erstes in den Markt bringt, während bei VW eher ausgereifte Produkte und Features sinnvoll sind. Die Marke muss nicht immer Erster sein.

Allerdings wird dies im Konzern nicht immer so umgesetzt. Oft zählt, wer die Innovation entwickelt hat. Entsteht sie bei VW, findet die Erstnutzung dort statt. Es wird somit von innen nach außen gedacht und weniger von der Positionierung der Marken im Markt und aus Sicht der Wahrnehmung der Kunden. Dadurch verschenken die Entscheider meiner Meinung nach vorhandenes Potenzial. Diskutieren Sie mit den Verantwortlichen darüber, wird als Begründung für dieses Verhalten ins Feld geführt, dass es nicht einfach sei, den Ingenieuren eine Innovation wegzunehmen und einer anderen Marke zu geben. So nachvollziehbar dies sein mag, so wenig effektiv und effizient ist es aus Markensicht.

Zudem ist nicht jede Innovation aus Kundensicht ein durchschlagender Erfolg. Entsprechend lassen sich Innovationen dahingehend einteilen, ob die neuen Produkte beziehungsweise Dienstleistungen neu für das Unternehmen und/oder für den Markt sind. Innovationen sind nur solche Produkte und Dienstleistungen, die neu für den Markt sind.

Bei aller Euphorie bezüglich der Relevanz von Innovationen dürfen somit folgende Aspekte nicht außer Acht gelassen werden:[231]

- Innovationen sind je nach Branche unterschiedlich relevant. Mit 52 Prozent Umsatzanteil neuer Produkte am Gesamtumsatz liegt der Bereich Automobilbau oben, die Nahrungs- und Genussmittelbranche rangiert hingegen mit einem Anteil von 8,4 Prozent weit hinten.[232]
- Es gibt nur wenige echte »Breakthrough«-Innovationen, die einen Markt wesentlich verändern. Das iPhone ist eine solche Innovation, ebenso wie die Suchmaschine Google. Viele Innovationen sind lediglich inkrementelle Verbesserungen und Weiterentwicklungen.
- Viele Innovationen scheitern im Markt. Bei Konsumgütern liegt die Floprate bei 70 Prozent,[233] während sie bei Industriegütern wegen der engen Beziehung zu den Kunden und der genauen Kenntnis ihrer Bedürfnisse bei unter 30 Prozent liegt.

Diese Auflistung ist zunächst ernüchternd. Allerdings können Unternehmen den Erfolg von neuen Produkten entscheidend beeinflussen: So liegt die Erfolgsquote neu eingeführter Produkte bei Procter & Gamble im Gegensatz zur Konsumgüterbranche bei über 75 Prozent. Procter & Gamble dokumentiert das Erfahrungswissen schriftlich, um daraus für künftige Innovationen zu lernen.[234]

Zudem ist ein intensives Testen der Ideen, Entwürfe und Umsetzungen erforderlich. Ferrero macht dies vorbildlich: Hier werden neue Produkte und Marken intensiv bis zum Point of Sale getestet und erst dann eingeführt, wenn kritische Erfolgskennziffern, die das Unternehmen beispielsweise an die Verkäufe und die Akzeptanz der Produkte richtet, erfüllt sind.[235]

In vielen Unternehmen scheitern mögliche Innovationen häufig bereits intern, weil sich viele Manager im Gefängnis ihrer gelernten Kenntnisse von Branche beziehungsweise Produktkategorie bewegen. Das Know-how der Manager ist ihr eigenes Gefängnis. Die Interpretation möglicher innovativer Ansätze erfolgt aus dem Vorurteil dieser Kenntnisse heraus. Ihre üblichen Phrasen lauten unter anderem: »Das haben wir immer schon so gemacht.« »Das funktioniert bei uns nicht.« »Das haben wir alles schon ausprobiert.« Deshalb kommen viele bahnbrechende Innovationen auch von außerhalb einer Branche, weil die Initiatoren dort mit einer noch geradezu unverstellten Naivität vorhandene Dinge infrage stellen. Sie sind eben nicht in den vorhandenen Strukturen, Prozessen und Denkweisen gefangen. Unternehmen sind deshalb gut beraten, den Innovationsprozess außerhalb der üblichen Routinen laufen zu lassen und dabei auch junge Mitarbeiter zu involvieren, die zu oft mit Floskeln abgespeist und dadurch demotiviert werden. Zudem sind auch frühzeitig Marketingmanager in solche Prozesse zu involvieren, um den Kundennutzen nicht aus dem Auge zu verlieren.

Neben diesen allgemeinen Anforderungen ergeben sich spezifische Erfolgsfaktoren bei Innovationen für Marken aus den folgenden Facetten.

Welche Art von Innovation ist erfolgversprechend?

Generell ist zwischen Prozess- oder Produktinnovationen sowie technischen oder sozialtechnischen Innovationen zu differenzieren. Bei Banken kann dies die Vereinfachung des Zahlungsverkehrs durch Mobile Banking sein, bei Fluglinien die bevorzugte Behandlung von Vielfliegern mit Senator-Status, für die eine schnelle und bequeme Abwicklung vom Gate zum Flugzeug wichtig ist, um Reisezeit zu sparen. Ersteres ist eine Produktinnovation, Letzteres eine sozialtechnische Prozessinnovation.

Oft denken Manager primär an forschungs- und entwicklungsgetriebene Push-Innovationen, wie zum Beispiel das Navigationssystem oder die Digitalkamera. Gerade solche Innovationen sind rechtzeitig durch die Kundenbrille auf ihre Relevanz zu prüfen.

Mercedes-Benz und BMW hatten mit der Einführung der Navigationssysteme bei der S-Klasse und beim 7er erst dann Erfolg, als zusätzlich Fernsehempfang eingebaut wurde. Der Grund: Kunden mit Chauffeur orderten das Navigationssystem zunächst nicht. Die Kunden erwarteten, dass ihr Chauffeur den Weg kannte, für den Fahrer war es ein Eingriff in seinen Aufgabenbereich. Erst durch das Fernsehen wurde das Navigationssystem auch für Chauffeure interessant, weil es die langen Wartezeiten versüßte.

Marktgetriebene Pull-Innovationen werden hingegen durch das Marketing angekurbelt, weil im Markt Kundenbedürfnisse entdeckt wurden, die noch nicht oder nicht hinreichend befriedigt werden. Beispiel für eine solche Innovation ist Nivea In-Dusch Body Milk, ein Duschgel, das schon während des Duschens den Körper eincremt. Der Consumer Insight war hier, dass sich viele Menschen nach dem Duschen nicht eincremen, weil dies zum einen zeitintensiv ist und zum anderen die Creme danach auf der Haut klebt und das beim späteren Ankleiden unangenehm ist.[236]

Von zentraler Bedeutung zur Einschätzung der Erfolgswahrscheinlichkeit von Innovationen ist der Entwicklungsstand des Marktes: Je gesättigter der Markt und je vergleichbarer die Produkte, umso mehr schlagen Erlebniseigenschaften statt Sacheigenschaften durch. In solchen Märkten gibt es selten »Breakthrough«-Innovationen, mit denen sich eine Marke wirklich treiben ließe. Vielmehr stehen Weiterentwicklungen und Verbesserungen im Vordergrund, deren Kundennutzen zum Teil zwar vorhanden ist, jedoch zwischen Wettbewerbern selten zu extremen Marktanteilsgewinnen führt, weil er von allen Konkurrenten gleichermaßen angeführt wird.

Gerade auf gesättigten Märkten mit erlebnisbetonten Kunden sind sozialtechnische Innovationen wichtig. Hier sollten Sie an den Kundenbedürfnissen ansetzen und Veränderungen im Bedürfnis- und Wertesystem der Kunden als Basis für Entwicklungen nehmen.

Der Automobilmarkt ist ein beredtes Beispiel. Technische Innovation wie SIPS, i-Drive, Hybrid, FSI oder DSG sind den meisten Kunden weder bekannt noch können sie korrekt den relevanten Marken zugeordnet werden. Solche technischen Weiterentwicklungen werden schlicht auch erwartet. Modellinnovationen wie die Einführung von Vans oder Sport Utility Vehicles (SUVs) wirken viel stärker im Markt als die meisten technischen Innovationen. Gerade bei SUVs ist dies nachvollziehbar: Besonders für ältere Menschen ist es angenehmer, höher in ein Auto einsteigen zu können und einen besseren Überblick im Straßenverkehr zu haben. Dies ist ein rationaler Grund für den Kauf der SUVs, andere Gründe sind eher emotionaler Natur.

Beispiel Swatch: In einem stark rückläufigen Schweizer Uhrenmarkt, der durch asiatische Konkurrenten mit ihren Quartzuhren unter Druck geraten war, wurde die Innovation von Nicolas Hayek zum Game Changer. Es war eine Abkehr von rein sachlich-funktionalen Produkteigenschaften einer Uhr zu der Frage, welche weiteren Funktionen eine Uhr im Leben der Menschen erfüllen kann.[237]

Ausgangspunkt dafür waren die Befriedigung von Lust- und Spaßbedürfnissen und der Trend zu größerer Individualität der damals jungen Generation. Daraus wurde das Uhrenkonzept geboren. Die Swatch wartete halbjährlich mit neuen Kollektionen auf. Die Marke brachte mit trendigen und flippigen Uhren und Armbändern Farbe und Abwechslung in den langweiligen Uhrenmarkt. Die Uhr wandelte sich von einem reinen Zeitmesser zu einem individuellen Lifestyle- und Mode-Accessoire.[238]

Möglicherweise revolutioniert sich in Kürze der Uhrenmarkt wieder. Ausgehend von einem zunehmenden Gesundheits-, Ernährungs- und Wellness-Verständnis und den Optionen der Digitalisierung zeigen Uhren nicht nur die Zeit an, sondern begleiten Menschen als Gesundheits- und Wellnessmanager und bieten dazu Real-Time-Informationen. Wenngleich der Verkauf der technisch noch nicht ausgereiften iWatch in Deutschland hinter den Erwartungen zurückbleibt, trifft auch diese Innovation den Zeitgeist und den Bedarf der Menschen.

Für marktgetriebene Innovationen benötigen Manager Kenntnisse über ein sich veränderndes Kundenverhalten, um sich darauf einstellen zu können.

Hier schwächeln viele Hersteller noch, es liegt Potenzial brach. Beispiele wie Swatch (die Lifestyle-Uhr), Sport Utility Vehicles (Eskapismus erleben, der Welt entfliehen, Dominanz zeigen), die iWatch (als Gesundheits- und Kommunikationsmanager) und der Aufbau wirksamer Erlebniswelten als Innovationen (Marlboro vermittelt Abenteuer und Freiheit) zeigen, wie es geht. Consumer Insights, aber auch der Transfer von Ideen aus anderen Märkten können hier wertvolle Ansätze liefern.

Empfinden die Kunden die Innovation als neu und relevant?

Was technisch möglich ist, stößt bei Kunden noch lange nicht auf Gegenliebe.[239]

Ein deutscher Druckmaschinenhersteller baute die technisch aufwendigste Druckmaschine und erlitt im Ergebnis hohe Marktanteilsverluste an Wettbewerber, die ihre einfacheren Produkte 20 Prozent billiger anbieten konnten. Offensichtlich wurden die technischen Neuerungen nicht als so wichtig empfunden, dass eine entsprechende Zahlungsbereitschaft zu realisieren war. Mit der Innovation hatte sich der Hersteller quasi aus dem Markt herauskalkuliert.

Auch die Einführung technisch aufwendiger Haushaltsgeräte Mitte der 90er-Jahre war wegen zu komplexer Bedienung ein Riesenflop. Zwar wirkten hier die Versprechungen der totalen Übersicht und Steuerung der Geräte von praktisch jedem Ort verführerisch, allerdings wurde bei der Bedienung die Rechnung ohne den Wirt gemacht: Sie war zwar für Techniker verständlich, aber nicht für Kunden.

Um den Grad der Neuheit zu beurteilen, gleichen Kunden das neue Angebot mit Schemavorstellungen zu bereits vorhandenen Angeboten ab. Dabei laufen die Beurteilungsvorgänge je nach Produktinvolvement der Konsumenten unterschiedlich ab.

Bei hohem Produktinvolvement sind die Beurteilungsprozesse intensiv und komplex.[240] Es wird eine Vielzahl von Eigenschaften des neuen Angebots mit gespeicherten Angeboten verglichen. Bei geringem Involvement erfolgt hingegen ein oberflächlicher Mustervergleich anhand weniger besonders hervorstechender Merkmale des Produktes.

Die Übereinstimmung vorhandener Vorstellungen mit dem neuen Produkt bestimmt den wahrgenommenen Neuheitsgrad.

Ich möchte dies am Beispiel des BMW-Rollers C1 erläutern, der nur geringe Akzeptanz im Markt fand. Der BMW C1 weist große Ähnlichkeiten mit herkömmlichen Rollern auf, es gibt nur wenige Abweichungen: Der Überrollbügel und der Anschnallgurt ermöglicht das Fahren ohne Helm. Da diese Abweichungen nicht sehr groß sind, wird sich der empfundene Neuigkeitsgrad in Grenzen halten.

Bei der Relevanz der Innovation stellt sich die Frage, ob die Kunden außen- oder innenorientiert sind: Bei einer Brille würden Kunden diese dann als Sehhilfe oder um gut auszusehen kaufen, ein Auto hingegen zur reinen Fortbewegung oder zur Faszination. Dies erklärt auch, weshalb die meisten Geländewagen niemals Schlamm unter den Reifen gesehen haben. Kunden kaufen sie, um ein Stück weit der Realität zu entfliehen und Dominanz im Straßenverkehr zu haben. Somit geht es bei der Relevanz um den Nutzen für den Kunden: »What's in it for me?«

Zurück zum BMW C1: Reicht der sachliche Nutzen durch den Überrollbügel und trifft dieser den Bedarf der Kunden? Da Fahrer trotz Überrollbügel bei schlechtem Wetter auch mit dem BMW C1 nicht trocken ans Ziel kommen, ist ein weiterer wichtiger Nutzen nicht erfüllt. Zudem ist fraglich, ob der BMW C1 einen emotionalen Nutzen beim Kauf hinzufügt. Er hat sich mir zumindest nicht erschlossen, im Gegenteil: Vielleicht wirkt es auf bestimmte Zielgruppen sogar uncool, sich mit einem Zweirad mit Überrollbügel einen Weg durch den Verkehr zu bahnen.

Die empfundene Neuheit und Relevanz ist also dadurch konkretisierbar, ob ein Angebot

- eine marginale beziehungsweise starke Nutzenverbesserung (z. B. Persil Megaperls) aufweist und
- eine in Teilen neue beziehungsweise völlig neue Bedürfnisbefriedigung (z. B. Swatch-Uhr, Navigationssystem) ermöglicht.

Der daraus resultierende Kundennutzen steht immer in Beziehung zum Kaufrisiko: je höher der Neuigkeitsgrad, desto größer das Risiko. Dies wirkt auf die Geschwindigkeit der Diffusion, weil bei hohem Risiko zunächst nur Innovatoren kaufen werden. Zudem ist die Preisbereitschaft bei hohem

Neuigkeitsgrad und Nutzen für die Kunden größer. Da der Neuigkeitsgrad des C1-Rollers sowie dessen Relevanz für den Kunden niedrig waren, wird entsprechend auch die Preisbereitschaft nicht hoch sein.

Ich empfehle, folgende Prüffragen systematisch zu beantworten:

- Wird durch die Innovation ein sachorientierter oder ein emotionaler Nutzen angesprochen? Welcher konkret?
- Wie wichtig ist dieser Nutzen aus Kundensicht? Auf welcher Position in der Nutzenhierarchie befindet sich dieser Nutzen?
- Wie gut ist der Nutzen durch das Produkt oder durch die Dienstleistung selbst vermittelbar und erlebbar? Wie differenzierend wirkt dies?
- Wie hoch ist die Preisbereitschaft für diesen Nutzen im Vergleich unterschiedlicher Nutzenbündel?

Wie notwendig ist die Innovationsführerschaft aus Markensicht?

Hier ist die Markenidentität Gradmesser für die Bedeutung der Innovationsführerschaft. Es ist zu entscheiden, ob eine Pionierrolle notwendig oder die Rolle eines Folgers einzunehmen ist. Erhebt eine Marke wie Audi den Anspruch »Vorsprung durch Technik«, muss sich das in Innovationen widerspiegeln, um diese Ambition zu beweisen.

Viele Marken wollen jedoch andere Images und kaufrelevante Eigenschaften vermitteln. Steht eine Automarke wie Volkswagen für Zuverlässigkeit, lange Haltbarkeit und »da weiß man, was man hat«, wäre sie gut beraten, Innovationen erst dann zu realisieren, wenn sich die ersten Kinderkrankheiten gelegt haben. Es geht also nicht darum, für bestimmte Marken keine Innovationen zuzulassen, sondern um die Frage, wann eine Innovation genutzt wird.

Mit meinen Mitarbeitern führe ich oft intensive Diskussionen gerade bei mittelständischen Unternehmen sowie B2B-Unternehmen, weil reflexhaft immer »innovativ« als Markenwert genannt wird. Schauen Sie dann genau dahinter, stellen Sie fest, dass diese Aussage nicht durch harte Fakten begründbar ist.

So kommt auch der Hidden Champion Sto, der führend bei Wärmedämmung an der Fassade ist, nicht immer als Erster mit neuen Produkten in den Markt. Vielmehr wird so lange an Details getüftelt, bis die Manager dann das mit Abstand beste Produkt in den Markt bringen können, das

Kunden sehr gut, einfach und verlässlich anwenden können. Entsprechend haben wir hier »innovativ« durch »fortschrittlich« ersetzt, bei der BASF wird statt von »innovativ« von »pioneering« gesprochen. Ein kleiner, aber feiner Unterschied, weil sich »pioneering« auf eine Haltung und auf eine Offenheit des Unternehmens für neue Herausforderungen bezieht – mit den entsprechenden Konsequenzen für das Thema Innovationsführerschaft.

Wie sind Innovationen aus Markensicht zu interpretieren?

Innovationen sind identitätskonform umzusetzen. Loewe muss die Flachbildschirmtechnologie zweifelsfrei anders interpretieren als LG, damit der Design-Anspruch gewahrt bleibt. Wie schwierig dies ist, zeigen die Probleme bei Loewe, weil der Gestaltungsspielraum bei Flachbildschirmen deutlich eingeschränkt ist und Samsung ebenfalls mit hervorragendem Design aufwartet.

Möglicherweise verschließen die jeweilige Markenidentität und Markenpositionierung sogar den Weg zu Innovationen. Eine Marke wie Mövenpick Fine Foods lebt von der Ideologie des Firmengründers Ueli Prager, den kleinen, ungezwungenen täglichen Genuss zu bieten – mit bester Qualität, hausgemachten Rezepten und herausragendem Geschmack. Nach dem Verkauf der Mövenpick-Eissparte an Nestlé habe ich mit dem Management von Mövenpick Wachstumsoptionen für die Marke entwickelt und bewertet. Viele dieser Markendehnungen sind heute im Markt. Sie reichen von Schokolade oder Joghurt bis hin zu anderen Spezialitäten. Was damals als Wachstumsoption ausgeschlossen wurde, waren hingegen kalorienarme Produkte. Der Fruchtanteil bei Mövenpick-Marmelade und der Fettanteil bei den Joghurts sind deshalb so hoch, weil dadurch der Geschmack am besten transportiert werden kann. Diätinnovationen würden diesem Anspruch widersprechen und wären somit aus Markensicht infrage zu stellen.

Wie kann eine Innovation wirksam vermarktet und kommuniziert werden?

Es ist bekannt und belegt, dass die Vermarktung einer Innovation eine wichtige Rolle für ihren Erfolg spielt, weil sonst viele Innovationen bei der herrschenden Angebotsvielfalt und Kommunikationsflut die Kunden nicht erreichen.

Folgende Fragen sind unter anderem zu klären:

- Welche Kunden werden durch die Innovation angesprochen? Welche Kunden sollen zuerst adressiert werden? Welche Kanäle sind dazu geeignet?
- Welche Multiplikatoren können genutzt werden, um die Innovation positiv zu unterstützen?
- Wie und wodurch kann der Nutzen sichtbar gemacht werden? Wie kann der Nutzen visuell in Szene gesetzt werden? Wie schnell kann der Nutzen durch den Kunden erfasst werden?
- Wodurch kann die Überlegenheit des Nutzens gegenüber bisherigen Ansätzen vermittelt werden?
- Welchen Preis ist die Innovation dem Kunden wert?
- Durch welche Distributionskanäle kann der Nutzen am besten zum Ausdruck gebracht und in Szene gesetzt werden? Gibt es Möglichkeiten, den Nutzen dort zu demonstrieren? Wenn ja, wie genau?

Viele Innovationen scheitern an der Vermarktung. Sie werden im Markt bei den relevanten Zielgruppen nicht hinreichend wahrgenommen. Oder es ist nicht klar, welcher Nutzen aus der Innovation für die Zielgruppe resultiert.

Sony hatte schon 2004 – lange vor Kindle und iPad – einen E-Reader entwickelt. Trotz technischer Überlegenheit schaffte es Sony allerdings nicht, sowohl die Leser als auch die Herausgeber vom Nutzen eines E-Readers zu überzeugen. 2007 brachte dann Amazon seinen Kindle heraus. Trotz geringerer technischer Attraktivität gelang dem Kindle durch die Verknüpfung mit dem Amazon-Online-Shop der Durchbruch, da der Nutzen für die Kunden in der Vermarkungsstrategie des Unternehmens klarer kommuniziert wurde.[241]

Fazit: Beim Stellhebel Marketinginnovationen sollten entwicklungsgetriebene Push-Innovationen bereits in sehr frühen Phasen durch die Kundenbrille betrachtet und marktgenerierte Pull-Innovationen systematisch entwickelt werden. Dazu ist eine Sensibilisierung des Topmanagements erforderlich. Technische Innovationen sind demnach immer marken- und kundenbezogen zu interpretieren und zu vermitteln.

Marktgetriebene Innovationen auf Basis von Consumer Insights und Scouting

Marketinginnovationen sind durch Consumer Insights und Scouting-Maßnahmen zu treiben.

In dem Projekt Moonraker war der Volkswagen-Konzern mittels Scouting-Maßnahmen Verbrauchertrends auf der Spur.[242] Dazu wurden unterschiedliche Methoden eingesetzt. Mitarbeiter besuchten innovative Unternehmen, nahmen am Leben und den Tagesabläufen von Kunden teil, führten Beobachtungen durch und so weiter. Durch das Projekt wurden interessante Einsichten gewonnen. Beispielsweise wurde in Indien festgestellt, dass viele Inder mit Kopfbedeckung ins Auto stiegen und die Autos entsprechend zu niedrig waren. Zudem aßen Inder auch sehr häufig im hinteren Teil des Autos und vermissten entsprechende Ablageflächen. Aus diesen Hinweisen ließen sich Konsequenzen für die kulturspezifische Anpassung der Automodelle ableiten.

Procter & Gamble entwickelte auf Basis von Consumer Insights die Toilettenpapiermarke Kandoo, die dem Bedarf von Kindern gerecht wird, die der Pampers entschlüpft sind. Das Unternehmen stellte fest, dass die Akzeptanz von Pampers bei Kleinkindern begrenzt ist, weil diese Marke mit der Zeit verknüpft wurde, in der das Kind noch nicht eigenständig zur Toilette gehen konnte, sondern Höschenwindeln nutzen musste. Mit einer einfach bedienbaren, kindgerechten Portionierpackung, großen, leicht handhabbaren und nicht klebenden Feuchttüchern wurde das Produkt zudem dem Bedarf der Kleinkinder gerecht, die beim Toilettengang oft noch Probleme bei der Anwendung kleiner Toilettenpapiertücher hatten, weil sie nicht treffgenau wischen konnten. Zudem konnte mit den Feuchttüchern der Po besser gereinigt werden, sehr zur Freude von Eltern und Kindergärtnerinnen.

Mit einer professionellen Vermarktung wurden Mütter wie Kleinkinder zielgruppengerecht angesprochen. Kindern wurde das Gefühl gegeben, dass sie sich wie Könige auf einem Thron fühlen können und es mit Kandoo alleine bewerkstelligen können. Eltern wurden die Vorzüge von Kandoo vor Augen geführt – mit großem Erfolg.[243] Die Einführung einer neuen Marke war notwendig, weil ansonsten die Akzeptanz des Produktes gelitten hätte.

Marktinnovationen können sich entsprechend auf Zielgruppen beziehen, wie bei Dove, wo natürliche und echte Frauen angesprochen werden, auf ein Design wie beim Apple iPod, auf Vertriebswege wie bei dem neuen Storekonzept von Vorwerk, die bislang nur den Direktvertrieb pflegten, oder auf Kommunikation wie bei Red Bull, um nur ein paar Beispiele zu nennen.

Zentral ist die frühzeitige Einbeziehung der Kunden in solche Prozesse und die Nutzung von Consumer Insights. So hat eBay beispielsweise die experimentelle Herangehensweise an die Produktentwicklung institutionalisiert. eBay nutzt die Feedbackschleife des Testens neuer Ideen bei Kunden. Das daraus resultierende Feedback dient als Input für Anpassungen oder für das Platzieren neuer Angebote auf der Website. Meg Whitman, CEO von eBay, sagt hierzu: »Es war immer eine der Philosophien von eBay, den Markt zu beobachten, zu sehen, was sich entwickelt, und dann einen Schritt mitten hinein zu machen. ... Das Programm ›Voice of the Customer‹ ist unser formalisiertes Kundenbewertungsforum, mit dem wir unsere neuen Ideen testen. Sie stimmen über alles ab, was mit eBay passieren soll.«[244]

Den Engpass lösen: Kunden sind sich oft ihrer Bedürfnisse nicht bewusst

Beim Einbeziehen der Kunden sind ebenfalls Hürden zu überwinden. Kunden sind sich oft ihrer Bedürfnisse nicht bewusst oder können diese nicht in Worte fassen. Deshalb machen Kunden nur selten unmittelbar Lösungsvorschläge. Sie können allerdings sehr wohl Probleme oder Wünsche äußern.

Zudem ändert sich der Bedarf je nach Kontext: Unter Zeitdruck sind die Ansprüche an ein Essen anders als an einem Wochenende, wo es um den puren Genuss geht. Wenn Sie alleine essen, reicht möglicherweise ein Schnellgericht zum Aufwärmen, während Sie sich bei Gästen, die Ihnen wichtig sind, ins Zeug legen. Deshalb ist es sinnvoll, von einer eher isolierten Betrachtung des Kundenbedarfs zu einer kontextuellen Betrachtung zu wechseln. Je nach Kontext kann sich der Kundenbedarf grundlegend ändern.[245]

»Der Kopf ist rund, damit das Denken die Richtung wechseln kann.«
(Francis Picabia, 1879–1953)

Beim Perspektivwechsel werden Menschen und deren Verhaltensweisen und Bedürfnisse in unterschiedlichen Umfeldern analysiert. Dies fördert oft neue Erkenntnisse zutage. Deshalb ist es wichtig, den engen Blickwinkel vom Produkt auf das Umfeld eines Kunden zu erweitern.

Die zentrale Frage zu Beginn ist demnach, ob es primär um eine Verbesserung eines vorhandenen Produktes geht oder darum, in einem erweiterten Rahmen Optionen für Wachstum zu vermessen.

Im ersten Fall reicht der Fokus auf das Produkt, dessen Nutzung und Handhabung, die Erfahrungen mit dem Produkt und die Wünsche an das Produkt.

Bei Dany Schoko-Sahne-Pudding zeigten Befragungen der Kunden, dass diese frustriert waren, unten im Becher keine Sahne mehr zum Pudding zu haben. Mit der Lösung eines breiten und flachen Bechers wurde dieses Problem zur Zufriedenheit gelöst. Die Aussage »Sahne bis zum letzten Löffel« kommunizierte das klar und deutlich. Marktanteile und Wertschöpfung stiegen, weil der neue Becher statt 200 Gramm nur noch 115 Gramm umfasste, der Preis jedoch von 35 Cent auf 37 Cent stieg. Zudem verdoppelte sich der Marktanteil innerhalb von sechs Jahren von 4,8 auf 9 Prozent.[246]

Im zweiten Fall sind hingegen Perspektiverweiterungen zweckmäßig.

Perspektivwechsel mit dem Wachstumsdiamanten systematisch betreiben

Der Wachstumsdiamant dient dem Perspektivwechsel. Er reflektiert die Marke und ihre Kunden in unterschiedlichen Kontexten.[247] Erfasst werden dabei neben den klassischen Kundenbedürfnissen und Lebensstilen auch das soziale Umfeld, ob privat oder beruflich, die Orte, an denen sich die Kunden aufhalten, der zeitliche Rahmen, in dem sich die Kunden bewegen, das kulturelle Umfeld und die Lebensphase, in der sich die Kunden befinden.

Die Optionen, die sich aus einer solchen Betrachtung ergeben, erläutere ich exemplarisch am Beispiel Tee: Was das soziale Umfeld betrifft, unterscheidet sich der Five o'clock Tea deutlich vom Tee zum Familienpicknick oder bei einer Party Jugendlicher. Hinsichtlich des kulturellen Umfeldes weichen die chinesische und die russische Teezeremonie voneinander ab, in Taiwan, China und Südostasien ist der Bubble Tea, ein kühl servierter, mit Milch und Fruchtsirup dargereichter Tee der Renner. Dieser wird wie ein Milchshake zubereitet und mit dicken Strohhalmen getrunken.

In frühen Lebensphasen ist möglicherweise Eistee beliebt, in späten Lebensphasen der Blasen- und Nierentee. Nachts der Tee zum Einschlafen, morgens der Hallo-wach-Tee oder auf die Jahreszeiten abgestimmt der Winter-, Sommer-, Frühlings- und Herbsttee. Schließlich gibt es noch kundenspezifische und lebensstiltypische Entwicklungen wie die Silk Hachets zu absoluten Premiumpreisen oder die Designtees von Arizona Tea mit hochwertigen Produkten und auffälliger Verpackung ohne Konservierungsstoffe und künstliche Farbstoffe. Vom Ready-to-Drink-Tee bis hin zum Baden mit Tee und dem Parfait von grünem Tee ist alles möglich.

Wie das Beispiel Tee zeigt, lassen sich aus unterschiedlichen Facetten des Wachstumsdiamanten neue Teekreationen bilden. Je nach Kontext (alte oder junge Menschen, Genuss alleine oder mit anderen zusammen, Tee am Abend oder morgens) ergeben sich andere Optionen.

Die Bestandteile des Wachstumsdiamanten können in jedem Produktbereich analysiert und sinnvoll miteinander verknüpft werden. Dazu drei Beispiele:

- Ein Manager, der viel unterwegs ist, Wert auf sein Äußeres legt und vor einem Business-Meeting noch eine Kleinigkeit essen geht und dabei sein Hemd verkleckert, wird dankbar sein für den Ariel-Pocket-Stift für unterwegs, mit dem er sein Hemd vor dem Treffen provisorisch reinigen kann.
- Für Kunden, die Nutella-Brotaufstrich mögen, jedoch häufig außer Haus und unter Zeitdruck, vielleicht sogar während der Fahrt mit der Bahn eine Kleinigkeit essen wollen, ist Nutella & Go!, das heißt Nutella mit Grissini, die perfekte Lösung.
- In den USA stellten mein Kollege Clayton Christensen und sein Forschungsteam fest, dass Milchshakes in Schnellrestaurants in 40 Prozent aller Fälle morgens gekauft wurden oder von Familien mit Kindern. Im ersten Fall waren es Menschen, die mit dem Auto zur Arbeit fuhren und sich die lange Fahrzeit mit einem Milchshake versüßen wollten. Der Grund: Autofahrer konnten ihn mit einer Hand trinken, ohne sich zu bekleckern, und wegen seiner Dickflüssigkeit konnten sie ihn länger trinken als andere Alternativen.[248] Bei den Familien mit Kindern wollten die Eltern ihre Kinder mit etwas ruhigstellen, das gesundheitlich verträglich war. Allerdings war hier der dickflüssige Milchshake für die Eltern nervig, weil es länger dauerte, bis die Kinder den Milchshake getrunken hatten, als sie für ihre Mahlzeit brauchten. In der Konsequenz erschien es deshalb notwendig, für diese unterschiedlichen Verwendungszwecke und -situationen unterschiedliche Arten von Milchshakes anzubieten. Für die Autofahrer wurden noch dickflüssigere Milchshakes mit Fruchtteilchen entwickelt, die mittels Prepaid-Karte aus einem Automaten gezogen werden konnte, ohne lange Wartezeiten am Tresen im Laden in Kauf nehmen zu müssen. Für die Kinder wurden hingegen dünnflüssige Milchshakes entwickelt, die sie schneller trinken konnten.

Gerade aus der Kombination der Facetten des Wachstumsdiamanten, also des sozialen Umfelds, der physischen Orte, des zeitlichen Rahmens, des kulturellen Umfelds und der Lebensphase, lassen sich viele Ideen für neue Produkte und Dienstleistungen entwickeln. Weil Kunden oft nicht in der Lage sind, zu äußern, was sie sich wünschen, steht das gesamte Repertoire qualitativer Forschung zur Verfügung, wie beispielsweise:[249]

- Beschatten: Hier werden Nutzer oder Kunden beobachtet, um ihre Alltagsroutine in der jeweiligen Umgebung besser verstehen zu können.

- Erstellung von Charakterprofilen: Auf Basis von Personenbeobachtungen können Profile mit detaillierten Verhaltensweisen erstellt werden.
- Foto-/Videobeobachtung: dient der Dokumentation des Verhaltens, zum Beispiel bei der Nutzung eines Produktes.
- Den eigenen Kunden spielen: typische Reaktionen der Kunden nachspielen oder selbst eine Erfahrung als Kunde machen, um ein besseres Gefühl für deren Bedürfnisse zu erhalten.
- Collagen aus Bildern zum Generieren neuer Themen.
- Assoziationen zu Entwürfen oder Produktmerkmalen, um so eine Bewertung zu erhalten.
- Rollenspiele: Probleme wichtiger Interessengruppen identifizieren und sich den Kunden emotional nähern.
- Verhaltenslandkarten und soziale Netzwerke: Hier werden soziale Beziehungen aufgezeichnet sowie Positionen in einem Raum im Zeitablauf dokumentiert, um dadurch Aufschlüsse über das Verhalten zu erlangen.
- Auswertung von Kommentaren in sozialen Netzwerken, um zu erfahren, was Kunden mit Blick auf Ihre Marke und auf Wettbewerbsmarken umtreibt.

Hilfestellungen leisten auch die Beobachtung von Szenen sowie Entwicklungen in richtungweisenden Medien oder der Rückgriff auf Trends, die von Zukunftsforschern aufgespürt wurden und auf die Marke übertragbar sind. In allen Fällen spielen die Verdichtung der zentralen Informationen zu Trends und die Analyse der möglichen Konsequenzen für den eigenen Bereich die zentrale Rolle. Wenn beispielsweise das Thema Gesundheit an Bedeutung gewinnt und hier Themen wie Ernährungswissen, gesunde Ernährung, Bio-Boom und E-Health eine große Rolle spielen, müsste ein Hersteller wie Ferrero genau analysieren, welche Ansatzpunkte sich daraus für neue Produkte oder Anforderungen an vorhandene Produkte ergeben könnten.

Kapitel 20

Marken wirksam dehnen und Allianzen bilden

Wie weit lässt sich eine Marke dehnen?

Die Markenstärke in den Köpfen der Kunden ist das Fundament für Wachstum. Kunden wissen bei starken Marken, was sie erwartet. Sie vertrauen diesen Marken und bauen eine Bindung zu ihnen auf. Maggi ist der gute Helfer in der Küche. Kunden verbinden mit Maggi den prägnanten Farbcode Gelb und Rot, die klassische Maggi-Würze, die Bequemlichkeit beim Kochen und so weiter. Dies ist der Ansatzpunkt für künftiges Wachstum. Maggi entwickelt laufend neue Produkte, um den Kunden die Arbeit in der Küche zu erleichtern und für Vielfalt beim Essen zu sorgen – mit großem Erfolg und viel Augenmaß.

Einiges geht, einiges geht nicht: Würden Sie gerne Eis von Maggi essen oder einen Smoothie von Maggi trinken? Alleine der Gedanke daran lässt einen schaudern, weil diese Vorstellungen heftig mit dem kollidieren, was wir an positiven Vorstellungen zur Marke gespeichert haben. Welches sind nun die Voraussetzungen für eine wirksame Markendehnung?

Ohne Markenkraft keine wirksame Markendehnung.

Schwache Marken strahlen nicht aus. Natürlich will jede Marke wachsen, aber nicht jede hat das Zeug dazu. Die Markenstärke ist der Motor für Wachstum.[250]

Wachstum ist entweder möglich durch neue Produkte wie den Panamera bei Porsche oder den Raumerfrischer bei Frosch, durch die Ansprache neuer Zielgruppen wie bei BMW durch den i3, mit dem Kunden adressiert werden, denen Nachhaltigkeit wichtig ist, oder durch den Eintritt in neue Märkte, wie bei der Eroberung des chinesischen Marktes durch deutsche Automobilhersteller.

Bei der Markendehnung wird die Kraft der Marke genutzt, um entweder neue Produkte in einer vorhandenen Kategorie einzuführen (zum Beispiel unterschiedliche Düfte bei Meister-Proper-Reinigungsmitteln oder Geschmacksrichtungen bei Milka-Tafelschokolade) oder in eine neue Kategorie einzudringen (zum Beispiel Meister-Proper-Waschmittel oder Milka-Schokodrinks).[251]

In beiden Fällen streben Manager einen positiven Imagetransfer auf das Erweiterungsprodukt an. Das Image der Marke soll positiv auf das neue Produkt ausstrahlen und ihm deshalb bessere Erfolgsaussichten bescheren als bei einer neuen Marke. So schätzen Manager die Kosteneinsparungen bei einem neuen Produkt unter einer vorhandenen Bier- oder Schokoladenmarke gegenüber der Einführung einer neuen Marke auf 40 bis 60 Prozent, je nach Stärke der jeweils betrachteten Marke.[252] Die Dehnung von Krombacher zu Krombacher Radler wäre demnach günstiger und erfolgversprechender durchführbar als bei König Pilsener.

Zudem sollte das neue Produkt positiv auf das Markenkonto einzahlen. Die Marke profitiert davon, weil sie durch neue Produkte noch sichtbarer wird, Kunden häufiger mit ihr in Kontakt kommen und bei Passung des Produktes zur Marke die Kaufwahrscheinlichkeit steigt. Zudem wächst bei Zufriedenheit mit der Nutzung die Markenbindung.

Aber: Jede Regel hat Ausnahmen, so auch bei starken Marken.

Marken, die als Synonym für eine Kategorie stehen, haben einen eingebauten Wachstumsbegrenzer.

Es gibt Marken, die als Synonym für eine Kategorie genutzt werden. Statt Papiertaschentuch sprechen wir von Tempo, statt von Höschenwindeln von Pampers und der Nuss-Nougat-Brotaufstrich heißt Nutella. Hier ist die Stärke die Schwäche, denn durch diese funktionale Verknüpfung mit der Kategorie fällt das Dehnen schwer. Oder würden Sie gerne Ihren Gästen auf einem festlich gedeckten Tisch Tempo-Servietten präsentieren?

Die Grenzen der Kategorie lassen sich hier nur dann sprengen, wenn statt der funktionalen Verknüpfung der Marke mit der Kategorie (Nivea = Creme) die Marke mit einem Nutzen oder Erlebnis verknüpft wird (Nivea = Pflege). Dies setzt Vorarbeit voraus sowie einen Nutzen, der glaubwürdig mit der Marke verknüpft werden kann. Nivea ist dies erfolgreich gelungen.[253]

Zudem gilt: Wer zu spät kommt, den bestraft das Leben. Tempo hat dies leidvoll erfahren, als die Marke zu spät und ohne erkennbaren Vorteil in den heiß umkämpften und vom Preis dominierten Toilettenpapiermarkt eingetreten ist. Offensichtlich schützt die Marke nicht vor einem Misserfolg, wenn eine Dehnung nicht zu Ende gedacht wird.

Vieles ist denkbar, nur weniges möglich. Die Passung entscheidet über Erfolg oder Misserfolg.

Für das Wachstum mit der Marke lautet der erste Schritt: Quantity breeds Quality. Über Kreativsitzungen, interne Prozesse, aber auch unter Einbeziehung von Kunden sind möglichst viele potenzielle Felder zur Markendehnung aufzutun.[254]

Im zweiten Schritt ist die Vielzahl potenzieller Optionen zu prüfen und weiter zu analysieren. Aus Markensicht entscheidend ist dabei der Markenfit: Darunter verstehe ich die Passung der Marke zu der jeweils angestrebten neuen Kategorie. Wenn also drei Marken das Gleiche tun, kommt häufig etwas anderes dabei heraus, denn: Die Passung macht den Unterschied.

Die Marken Knorr, Schwartau und Chiquita beispielsweise sind in den Markt für Smoothies eingetreten. Die Erfolge dieser Marken waren nachweislich sehr unterschiedlich. Dies wäre vorab durch einen Test auf Passung feststellbar gewesen: Die Passung von Knorr ist in der neuen Kategorie am geringsten, Kunden verknüpfen Knorr wie Maggi vor allem mit Gewürzmischungen, Zutaten und Fertiggerichten zur Unterstützung beim Kochen. Bei Schwartau ist die Passung bereits größer: Wer aus Früchten Marmelade machen kann, kann auch Smoothies produzieren. Den besten Fit hatte jedoch Chiquita: Den Weg von der frischen Frucht zum Smoothie können die Kunden am schnellsten nachvollziehen. Die Passung ist da. Zudem werden hier negative Aspekte (mit Zuckerzusatz wie bei Schwartau) gar nicht erst evoziert.

Sowohl unsere Forschung als auch weltweite Studien zu Markendehnungen bestätigen immer wieder: Der Fit ist der zentrale Erfolgstreiber für Markendehnungen.[255] Er kann sich dabei entweder auf die Produktfunktionalität, auf das Markenkonzept oder auf die Zielgruppe beziehen.

Bei der *Produktfunktionalität* wird ein Markentransfer dann positiv beurteilt, wenn

- die *Herstellungskompetenz* positiv bewertet wird, etwa bei Computer, Notebook und Tablet,
- die *Produkte* sich *komplementär* zueinander verhalten, etwa »alles für den gedeckten Tisch« bei Villeroy & Boch, oder
- die Produkte *substituierbar* sind, etwa die blend-a-med Zahnbürste und die blend-a-med-Elektrozahnbürste.

Die höchste Erfolgswahrscheinlichkeit liegt bei der Herstellungskompetenz, die geringste bei der Substituierbarkeit.[256] Geht es um die reine Funktionalität, sind die Dehnungsmöglichkeiten eingeschränkter als bei der Dehnung eines Markenkonzeptes, bei dem Erlebnisse und Nutzen im Vordergrund stehen. Insofern hat eine funktional geprägte Marke wie Timex ein geringeres Dehnungspotenzial als die emotional geprägte Marke Rolex.[257]

Beim *Markenkonzept* kann eine Erlebniswelt erfolgreicher zur Markendehnung genutzt werden als ein Nutzenversprechen. Deshalb ist die Erlebniswelt von Armani oder Boss weiter dehnbar als die eher nutzengeprägte Welt des Sportbekleidungsherstellers Odlo. Wichtig für den Erfolg der Markendehnung ist ferner die Ansprache der gleichen *Zielgruppe*, weil hier natürlich das verfestigte Markenimage besonders gut wirken kann und den Erfolg der Markendehnung unterstützt.

Bei der *Analyse der Passung* schadet ein Perspektivwechsel nicht. Was heißt dies konkret? Meiner Erfahrung nach unterscheiden sich die Ergebnisse, wenn Kunden gebeten werden – um bei dem obigen Beispiel zu bleiben –, an Schwartau zu denken und zu beurteilen, ob die Marke zu Smoothies passt, oder an Smoothies zu denken und zu entscheiden, ob Schwartau in diesen Bereich passt. Der unterschiedliche »Prime« ruft andere Vorstellungen hervor. Im ersten Fall testen Sie gegen die evozierten Vorstellungen zur Marke, im zweiten Fall zu den ausgelösten Vorstellungen zur Kategorie.

So verlockend die Kapitalisierung der Marke durch Dehnung ist, so gut sollte dieser Schritt analysiert werden. Dabei spielen die Attraktivität des potenziellen Marktes, Zahl und Art der Wettbewerber und die Absatzmittler eine wesentliche Rolle. Je mehr etablierte Wettbewerber im Markt vorhanden sind und je ähnlicher deren Positionierung zum eigenen Image ist, umso schwieriger wird ein Markterfolg. Ein mangelnder Zugang zu Absatzmittlern kann ebenfalls ein Problem sein.[258]

Mit Blick auf das Unternehmen spielen hingegen technologische und fertigungsbezogene Fähigkeiten, finanzielle Ressourcen sowie Know-how und Management Skills eine wesentliche Rolle für potenzielle Markendehnungen. Attraktive Optionen sind demnach auf Make-or-buy-Entscheidungen zu prüfen: Wachstumsbegrenzer lassen sich durch die Vergabe von Markenlizenzen an einen geeigneten Partner umgehen. Dies ist eine einträgliche Einnahmequelle ohne große Risiken, wenn die Markenvorgaben an den Partner, also den Lizenznehmer, klar definiert sind. Viele Bekleidungshersteller wie Boss oder Armani nutzen die Markenlizenzierung zur Vermarktung von Parfums und vielfältigen Accessoires (Schuhe, Gürtel, Uhren, Schmuck und so weiter) unter ihrem Namen – und dies mit großem Erfolg.[259]

Allerdings sollten Manager sich dadurch nicht zu sehr verführen lassen, denn: Nicht jede Dehnung führt zum Erfolg. Manager sollten die Grenzen der Marke akzeptieren. Die Gier nach Wachstum scheint teilweise grenzenlos. Entsprechend wird alles aus der Marke herausgeholt, teilweise sogar mehr, als sie hergibt. Harley Davidson hat es bei Markenlizenzierungen schon mit rosa Kleidern für Mädchen und Mädchenspielzeug versucht, Joop! ist auf der Jagd nach Profit mit Unterhosen auf Discounter-Wühltischen gelandet.

Bei der Dehnung gibt es eine *Vielzahl von Richtungen*: Eine Marke kann in eine neue Kategorie gedehnt werden, wie Meister Proper von Reinigungsmittel zu Waschmittel, oder innerhalb der Kategorie nach oben, wie VW dies mit dem Phaeton umgesetzt hat, oder sie kann nach unten gedehnt werden, wie bei Mercedes-Benz mit der A-Klasse.

Eine Produktlinienerweiterung nach unten in günstigere Preiskategorien ist immer leichter als eine Produktlinienerweiterung nach oben. Eine höher positionierte Marke kann dann ihre ganze Begehrlichkeit ausspielen. Sie ist aber auch gefährlicher: Forschungserkenntnisse belegen, dass als wenig passend empfundene Markendehnungen bei Produktlinienerweiterungen der Marke mehr schaden als solche in neuen Produktkategorien. Eine Dehnung nach unten macht die Marke stärker vergleichbar mit Marken, die bislang nicht als Vergleichsmaßstab herangezogen wurden. Dies kann indirekt zur Aufwertung anderer Marken und zur Abwertung der eigenen Marke führen, wenn in der neuen Kategorie Abstriche bei der Produktqualität gemacht werden müssen, um sich preislich nicht zu stark vom Wettbewerb zu entfernen. Die erste A-Klasse hat nicht dazu beigetragen, die Marke Mercedes-Benz zu stärken, sondern vom Markenkonto abgehoben. Die erlebbare Qualität, zum Beispiel im Innenraum des Fahrzeuges, stimmte nicht mit den Markenvorstellungen überein, im Gegenteil: Ein VW Golf wurde als wertiger erlebt.

Eine Produktlinienerweiterung nach oben, zum Beispiel bei Automobilen von der Mittel- zur Oberklasse oder von der Ober- zur Luxusklasse, ist schwieriger und langwieriger, weil das Markenimage hier zunächst nicht trägt. Die Marke trifft auf ein höheres Anspruchsniveau der Kunden, das häufig schon durch andere starke Marken erfüllt wird, im Falle des VW Phaeton von Mercedes-Benz, BMW und Audi.

Zudem spielt auch hier das Image der Marke eine wichtige Rolle: Je stärker sachgetrieben das Image ist, umso schwieriger wird es, weil in solchen Kategorien stärker emotionale Eigenschaften bei der Kaufentscheidung durchschlagen. Möglicherweise ist es dann besser, die Muttermarke als Kompetenzunterstützer zu nehmen und die neue Marke stärker in den Vordergrund zu stellen. Nicht umsonst brachte Toyota mit Lexus oder Hyundai mit Genesis eine neue Marke auf den Markt, die als Angreifer der etablierten Marken im Premium-Bereich eingesetzt werden.

Dehnung durch Ansprache neuer Zielgruppen

Der Schritt in eine neue Produktkategorie geht oft mit der Ansprache einer neuen Zielgruppe einher. Die Marke kann dann durch die Ansprache passender Zielgruppen über verschiedene Segmente hinweg ausgebaut werden. Boss hat dies dadurch vollzogen, dass neben der klassischen Herrenbekleidung stärker jüngere Lebensstilsegmente mit der Marke Hugo angesprochen wurden und der Schritt in den Bereich Sportswear gewagt wurde. Zudem wurde die Herrenmarke von dem damaligen CEO Bruno Sälzer nach anfänglichen Startschwierigkeiten wegen mangelnder Passgenauigkeit der ersten Kollektionen auch erfolgreich auf das Frauensegment erweitert. Nivea fokussiert sich in jüngerer Zeit stark auf die Pflege für den Mann, um dieses wichtige Marktsegment zu erobern.

Die Beispiele zeigen, dass der Schritt zur Ansprache neuer Zielgruppen sehr verlockend ist, vorab jedoch aus meiner Erfahrung die Konsequenzen eines solchen Handelns durch folgende Fragen geprüft werden sollten:

- *Ist das Markenimage für die neue Zielgruppe relevant?* Weil die Marke Boss bei der Damenmode zunächst Business-Frauen adressierte, war hier eine Relevanz gegeben, da diese im Geschäftsleben auch ihren »Mann« stehen. Zudem ist der Aspekt der natürlichen Pflege bei Nivea relevant für Männer, die sich stärker der Körperpflege widmen.
- *Welche Anpassungen der Marke zur Befriedigung zielgruppenspezifischer Bedürfnisse sind erforderlich?* Diese Anpassungen können sich auf die Marke selbst und deren Inhalte, auf die Produkte und die Kommunikation beziehen. So sind spezifische Männerprodukte von Nivea sinnvoll, weil die Hautanforderungen zwischen Mann und Frau variieren. Zudem ist in der Kommunikation eine unterschiedliche Ansprache zu wählen, um die Zielgruppe besser zu erreichen. Ein tief greifender Einschnitt wäre hingegen die Variation oder Erweiterung des Markenimages.
- *Verändern die notwendigen Anpassungen das Markenimage substanziell?* Die Darstellung einer harten Männerwelt bei Nivea kann die Aspekte Natürlichkeit und sanfte Pflege in ihrer Ausprägung negativ verändern.

Bei Prüfung dieser Frage zeigen sich die Grenzen für die Ansprache neuer Zielgruppen. Wie bei der Einführung neuer Produkte unter einer Marke kann auch hier bei zu geringem Fit zwischen der Markenidentität und den Bedürfnissen der neuen Zielgruppe die Ansprache einer solchen Zielgruppe die Marke verwässern. So verführerisch die Ansprache neuer Zielgruppen durch eine Marke ist, sollte sie dennoch mit Bedacht vorgenommen werden.

Die Grenzen der Marke sind dehnbar. Hier gilt oft das Motto: »The winner takes it all!«

Je größer vorangegangene Erfolge bei Markendehnungen, umso größer das Vertrauen in die Marke, dass auch die nächste Markendehnung ein Erfolg wird.[260] Entsprechend erweitern Markendehnungen den Bereich, für den die Marke steht. Zu starken Marken haben Kunden klare Vorstellungen im Kopf. Jede weitere Markendehnung stellt eine Veränderung und Erweiterung dieses Markenschemas dar. Nivea hat dies über viele Jahre erfolgreich praktiziert, von der klassischen Creme über Gesichtscreme, Hautcreme, Sonnenschutzmittel, Haarshampoo, Deo und so weiter. Dies führt zwangsläufig dazu, dass das Feld für jede weitere Markendehnung besser bestellt wird.

Dies geht allerdings nur so weit, wie durch solche Maßnahmen das Image der Marke nicht verwässert wird. Jede fehlgeschlagene Markendehnung schadet der Marke. Je stärker die Marke ist, umso später zeigt sich ein solcher negativer Effekt. Es erfolgen dann zwar regelmäßig Abbuchungen vom Markenkonto, diese werden jedoch meist erst mit erheblicher Zeitverzögerung sichtbar. Folglich muss deshalb in entsprechende Stützmaßnahmen zum Erhalt der Markenstärke investiert werden.

Kommunikation kann helfen, Hürden zu überwinden.

Heutzutage haben die meisten Marken naheliegende Erweiterungsoptionen bereits ausgeschöpft. Deshalb bieten sich Wachstumsoptionen meist nur noch in Bereichen, die mit einem höheren Risiko verbunden sind, weil sie weiter vom Markenkern entfernt sind und die Passung der Marke mit der neuen Kategorie nicht hoch ist. Diese Passung kann durch Marketingmaßnahmen verbessert werden, um die Akzeptanz zu steigern. Hier bieten sich im Wesentlichen drei Möglichkeiten.

Die kommunikative Auslobung der Passung

Würde die Marke Dallmayr auch Pralinen im Handel anbieten, wäre die Passung hoch. In der Kommunikation könnten dominant die mit Dallmayr verbundenen Elemente genutzt werden: die Farben Gold und Braun, das Münchner Traditionshaus, die Exklusivität und so weiter. Würde die Dehnung in den Bereich Rührkuchen erfolgen, wäre die Passung weitaus geringer. Dann wäre es sinnvoller, eine Kombination markentypischer Elemente von Dallmayr mit typischen Aussagen und Bildern aus der neuen Kategorie zu vermitteln, die von Dr. Oetker dominiert wird. Dadurch wird unseren Studienergebnissen zufolge die Akzeptanz der Markendehnung deutlich erhöht.[261]

Die Reinigungsmittelmarke Frosch ist diesen Weg konsequent gegangen. Frosch hat als Öko-Pionier umweltverträgliche Produkte angeboten und den Wirkraum der Marke systematisch erweitert – zunächst durch die Ausweitung des Produktprogramms im Markt für Reinigungsmittel. Das Vertrauen der Kunden in die Marke und die Signale aus der Marktforschung, nach denen der Marke von Verbrauchern auch leichte Wohlfühlelemente sowie eine Kompetenz im Bereich Duft zugeschrieben wurden, waren nützlich für den Eintritt in das hochwertige Segment der Dufterfrischer.

Zu diesem Zeitpunkt wurde der Markt noch von wenig natürlichen Dufterfrischern dominiert, während in Hotels und Restaurants bereits die Nutzung natürlicher Raumbedufter mittels Gläsern und Duftstäbchen zunahm. Beim Sprung in das neue Segment wurde der Markenkern von Frosch bewahrt. Das Unternehmen setzte bei der Produktgestaltung auf natürliche Duftstoffe, die durch Rattanstäbchen in die Luft abgegeben werden. Die Submarke Frosch Oase bewirkte die Differenzierung zu Scheuermitteln. Die durch Kommunikation vermittelte Positionierung als »natürlicher Duft für Raum und Seele« sorgte für eine glaubwürdige Passung in der neuen Produktkategorie. Der Erfolg war entsprechend groß.[262]

Die Einführung von Subbrands

Porsche war gut beraten, Subbrands einzuführen, denn Porsche war der 911, ein Mythos, für Kenner das Synonym für Porsche. Um die Akzeptanz der neuen Modelle zu erhöhen, war es deshalb wichtig, ihnen über die Porsche-Gene hinaus eine eigene Identität zu geben als Hinweis auf neue und von der Ikone abweichende Nutzen des Modells. Bei Automodellen erfolgt dies primär durch das Design, das diesen Eindruck verstärkt. Zudem war es sinnvoll, den Boxster, Caymann, Cayenne, Panamera und Macan einzuführen, statt bei einer Zahlenkombination wie beim 911er zu bleiben.

Die Nutzung von Limited Editions

Kunden suchen Anregungen, Stimulation, Abwechslung und Neues. Diesem Bedürfnis können Manager gerecht werden und die Grenzen der Marke erweitern, indem sie Limited Editions einführen, also Produkte, die es nur für eine begrenzte Zeit oder in einer begrenzten Zahl gibt.

Durch das *Knappheitsprinzip* wird *Begehrlichkeit* ausgelöst. Zudem ist das Experimentierfeld bei Limited Editions auch größer als bei herkömmlichen Produkten. Weil es hier eine zeitliche oder mengenmäßige Begrenzung gibt, können sich Gestaltung oder Produktinhalte weiter vom Markenkern entfernen als sonst üblich.

Mein ehemaliger Mitarbeiter Kai Winter und ich konnten belegen, dass Limited Editions eher akzeptiert werden, weil die Neugierde dominiert und Kunden wissen, dass es sich nur um ein begrenztes Angebot handelt.[263] Ritter Sport ist beispielsweise die Schokolade für »Knacker« und nicht für »Lutscher«. Bei Limited Editions könnte von diesem typischen Element abgewichen oder gar mit der klassischen quadratischen Verpackung experimentiert werden – bis zu einem gewissen Punkt. Alle anderen Anläufe von Ritter Sport, bei denen neue Produkte mit einer anderen als der quadratischen Form auf den Markt gebracht wurden, sind bislang gescheitert, weil dies ein wesensprägendes Merkmal der Marke ist.

Die Wahl eines Partners für eine Markenallianz

Geraten Sie bei der Markendehnung wegen geringer Passung in Gefahrenbereiche, bieten sich Allianzpartner als Alternative an. Durch Allianzpartner ist eine Win-win-Situation gestaltbar, wenn die komplementären Stärken des Partners in einer neuen Produktkategorie genutzt werden können.

Die American Marketing Association analysierte in einer Studie, ob ein digitales Bildverarbeitungsprodukt besser unter der Marke Sony, der Marke Kodak oder unter beiden Marken zu vermarkten wäre. Das Ergebnis ist beeindruckend und klar: 80 Prozent der Konsumenten bevorzugten ein gemeinsames digitales Bildverarbeitungsprodukt beider Marken, während nur jeweils 20 Prozent eine Kaufabsicht äußerten, wenn das gleiche Produkt nur unter dem Namen Sony oder nur unter dem Namen Kodak angeboten würde.[264] Darin spiegeln sich eine klare Kompetenzvermutung sowie eine ebenso klare Kompetenzverteilung.

Vier Punkte sind aus meiner Sicht für eine erfolgreiche Markenallianz wichtig:[265]

1. Die Marken müssen zueinander passen. Die Kombination einer Billig- und einer Premium-Marke wäre demnach keine gute Idee. Hingegen passt ein Jacobs Cappuccino Special zu Toblerone-Schokolade.
2. Die beteiligten Marken müssen sich sinnvoll ergänzen, ansonsten gäbe

es keine Hebelwirkung. Dies ist bei elektrischen Zahnbürsten von Braun und Oral B gegeben. Philips und Nivea brachten einen Elektrorasierer mit Schaum auf den Markt. Auch hier ist die technische Kompetenz von Philips sinnvoll um die Pflegekompetenz von Nivea ergänzt worden.
3. Der Produktfit ist ebenfalls wichtig. Die Produkte sollten im weitesten Sinne mit dem übereinstimmen, was man von einer der beiden Marken gewohnt war oder was damit assoziierbar ist, wie bei dem Beispiel der digitalen Bildverarbeitung von Sony und Kodak.
4. Beide Marken sollten über eine gewisse Markenstärke verfügen.

Die mit meinem ehemaligen Mitarbeiter Jörn Redler erarbeiteten Studienergebnisse belegen, dass ein Allianzprodukt mit sich ergänzenden Marken das Beste aus zwei Welten repräsentiert und entsprechend besser beurteilt wird als eine Einzelmarkierung, wenn die Marken zueinander passen. Mehr noch: Die Manager können systematisch Einfluss auf die Wahrnehmung und Akzeptanz einer Markenallianz nehmen. Dies haben wir in einer Experimentalreihe belegt.

Wichtig ist hierbei, welche Marke den Kopf der Allianz bildet und wer in der Kommunikation (auf Verpackungen, im Internet und so weiter) dominant auftritt. Ausgangspunkt unserer Überlegungen waren die Ankerheuristiken unserer Kollegen Daniel Kahneman und Amos Tversky.[266] Danach müsste eine dominante Marke den Anker zur Beurteilung einer Markenallianz bilden, während die untergeordnete Marke lediglich der Adjustierung dient und weniger zur Allianz beiträgt.

Die Annahme bestätigte sich. Wird eine Verpackung für Schoko-Crispie-Reis-Cerealien von Milka (Schokokompetenz) und Uncle Ben's (Reis- und Röstkompetenz) dominant in Lila und mit Milka als Kopf der Allianz dargestellt, werden stärker Vorstellungen zu Milka auf das neue Produkt übertragen. Umgekehrt verhält es sich, wenn die Verpackung dominant das Orange von Uncle Ben's und Uncle Ben zeigt und den Namen dominant abbildet.[267]

Wie bei Markendehnungen gefährden ein fehlender Fit zwischen den Marken oder negative Veränderungen bei der Partnermarke die eigene Marke. Ich hatte einmal die Gelegenheit, einen solchen Fall bei Henkel zu diskutieren. Es ging um die Marke WC Frisch, die mit dem Allianzpartner Alessi anstelle von WC-Steinen einen WC-Surfer entwickelt hatte. Man konnte ihn im Inneren der Toilette befestigen, damit er nach jeder Spülung einen angenehmen Duft abgibt. Die Manager hatten nur die Vorteile für ihre Marke im Auge, dachten aber nicht daran, was dies möglicherweise für Alessi bedeuten könnte. Zum damaligen Zeitpunkt benutzten wir zu Hause häufig ein Alessi-Körbchen für Croissants und Brötchen zum Frühstück. Nach dem Termin fand das Körbchen bei mir erst einmal keine Verwendung mehr. Aber: Die Zeit heilt die Wunden.

Wachstum zulasten der Marke führt zur Verwässerung des Images und kann tödlich sein.

Beim Markenwachstum gibt es nur eine harte Währung: die Identität der Marke. Sie ist zu hüten wie ein Schatz. Grenzüberschreitungen werden bestraft. Nach Jahren erfolgreicher Markendehnung musste Nivea dies leidvoll erfahren. Die Dehnung in den Bereich der dekorativen Kosmetik war der Schritt in die Gefahrenzone. Nivea entfernte sich dadurch zunehmend von wichtigen Markensignalen wie den Farben Blau und Weiß oder dem Pflegeaspekt. Der Markenauftritt entsprach nicht mehr den Vorstellungen der Kunden. Zur besseren Passung mit Kosmetik wurden die Schönheit fokussiert und Farben aufgegriffen, die für die jeweilige Kategorie typisch waren.

Die Marke Nivea verlor ihr Gesicht und wurde immer mehr so wie die Wettbewerber. Sie war in den Regalen und in der Kommunikation kaum noch erkennbar. Ihre frühere Stärke durch die hohe Kontinuität und die Integration der wesentlichen Markenkennzeichen zur Wirkungsverstärkung ging dadurch verloren. Das Management hat diese Fehlentwicklung inzwischen korrigiert und ist wieder konsequent auf den alten Erfolgskurs zurückkehrt. So diagnostiziert Beiersdorf-Chef Stefan Heidenreich: »Die Beständigkeit der Markenführung war nicht gegeben«, und stellt nun wieder die gelernten Markensignale in den Mittelpunkt. Auf jedem Produkt ist ein blauer Kreis mit weißem Nivea-Schriftzug zu sehen.

Marken können sich nicht selbst treu bleiben, nur Manager können das.

Vielleicht ist dies der Grund, warum manche Marken erfolgreicher unterwegs sind als andere. Deshalb gilt auch: Marken werden immer von innen zerstört. Insofern sollten Manager ihre Marke als wichtigstes immaterielles Gut im Unternehmen hüten und pflegen und mit Augenmaß weiterentwickeln.

Teil V:
Identität wahren

Kapitel 21

Der Verwässerung und Markenerosion entgegenwirken

Marken haben Grenzen. Diese Grenzen gilt es zu akzeptieren – wie bei Menschen auch. Ein Kurzstreckenläufer konzentriert sich auf zwei bis drei Disziplinen, in denen er seine Schnelligkeit ausspielen kann, ein Zehnkämpfer lebt davon, dass er diverse Disziplinen von ihren Abläufen und Anforderungen her gut umsetzen kann, und ein Triathlet ist ein Extremausdauersportler. Niemand würde einen Triathleten bei Olympischen Spielen auf die 100-Meter-Bahn schicken. So ist das auch bei Marken.

Die Grenzen der Marke werden bestimmt durch ihre Identität.

Die Identität dient als Richtschnur für das Handeln im Sinne der Marke und für deren mögliches Wachstum. Ohne Frage ist die Identität ein lebendes System: Mit dem Wandel des Umfelds ist eine Anpassung der Identität erforderlich, ansonsten verschwindet die Marke aufgrund mangelnder Relevanz vom Markt. Allerdings muss eine solche Entwicklung mit Augenmaß erfolgen.

Vielfach beobachte ich, dass Manager ihre Marken melken und dadurch langfristig womöglich auf die Schlachtbank legen. Der Ausflug von Harley-Davidson in die Welt der rosa Kleider und Plüschtiere, den ich bereits erwähnt habe, ist ein solches Beispiel. Sie mögen nun zu Recht denken, dass es absurder kaum noch geht. Das Ganze wurde aber vom Management abgesegnet: Der Ausverkauf des American Dream und der Männerwelt voller Freiheit und Abenteuer wurde dadurch entweder in Kauf genommen oder es wurden Brücken gebaut, über die man normalerweise nicht gehen würde.

Eine Marke kann zu Tode gedehnt oder verramscht werden, bis sie ihr Gesicht und damit ihre Begehrlichkeit verliert. Joop! ist ein Beispiel dafür. Die einst geschätzte Marke des kreativen Designers verlor ihren Glanz, als sie in Preisaktionen auf Wühltheken erhältlich war – selbst beim Discounter.

Marken müssen sich auf ihre Stärken fokussieren. »Konzentration ist der Schlüssel zum wirtschaftlichen Erfolg.« (Peter F. Drucker)

Ich bin fest davon überzeugt, dass Marken immer von innen zerstört werden. So war es bei Nokia, so war es bei Nixdorf und auch bei einer Marke wie Kettler geht die Selbstzerstörung weiter, obwohl Sport und Fitness ein wachsender Markt sind. Erfolg macht oft selbstgefällig, gierig und unvorsichtig oder eben auch träge und verleitet zum Besitzstandwahren. All dies sind keine guten Voraussetzungen dafür, dass eine Marke auch in der Zukunft prosperiert.

Peter Haller und Wolfgang Twardawa sprechen in ihrem Buch *Die Zukunft der Marke* von einem Marken-Burnout. Die Zahl der Marken mit Burnout ist von 37 Prozent im Zeitraum 2007/2009 auf 42 Prozent im Zeitraum 2011/2013 gestiegen. Der Hauptgrund ist, dass solche Marken ihre Stammkäufer verlieren, die für den größten Teil des Umsatzes zuständig sind. So hat jede Marke im Durchschnitt 33 Prozent Stammkäufer, die für 59 Prozent des Umsatzes stehen.[268] Die Marken vergraulen ihre Kunden. Die Kunden laufen weg, weil sie in der Marke nicht mehr das finden, was sie suchen und bislang auch erleben konnten. Sie werden oft durch illoyale Gelegenheitskäufer ersetzt, was die Marketingkosten exponentiell ansteigen lässt. Das Markensterben beginnt.

Viele Marken sind von der Bildfläche verschwunden, weil sie notwendige Anpassungsschritte entweder nicht vollzogen oder ihre Marke verwässert haben: Kodak, Zündapp, Kreidler, Nordmende-Fernsehgeräte, Nixdorf-Computer, Saab, um nur einige zu nennen.

Folgende Erosionsmerkmale für Marken sind dabei besonders weit verbreitet:

- fehlende Einzigartigkeit und mangelnde Innovationskraft
- häufige Preisaktionen
- schlechter Service
- mangelnde Konsistenz und Kontinuität
- häufige Wechsel der Entscheidungsträger
- Anreizdefizite zur langfristigen Markensteuerung

Erosion durch fehlende Einzigartigkeit und mangelnde Innovationskraft

Diese Erosion verläuft schleichend, weil sich Wirkungen erst mittel- bis langfristig zeigen. Kurzfristig verschmerzen Marken eine mangelnde Innovationskraft. Sie leben von der Substanz. Mittel- bis langfristig hingegen wirken die fehlende Einzigartigkeit und die mangelnde Innovationskraft stark negativ auf das Markenimage, das Markenvertrauen und die Wiederkaufabsicht. Selbst die Markenbekanntheit geht bei manchen Marken zurück. Aus Kundensicht ist dies nachvollziehbar: Durch Innovationen aktualisiert eine Marke sich bei Kunden und schafft neue Kontaktpunkte und mehr Nutzungsmöglichkeiten. Dies wirkt grundsätzlich positiv auf das Image, weil etwas passiert.

Sät eine Marke nicht rechtzeitig für künftige Erträge, hat dies langfristig negative Folgen. Es wirkt sich nachteilig auf Marktanteil und Gewinn aus. Aufgrund dieser Gewinnrückgänge fehlen die finanziellen Mittel, um die Innovationskraft der Marke sicherzustellen. Als Ausweg versuchen Manager dann, Marktanteile durch Preiszugeständnisse zu halten. Das verstärkt die Erosionskette durch häufige Preisaktionen.[269]

Nixdorf ist in diese Falle getappt. Dort wurden zu spät die Entwicklungen im Computermarkt antizipiert, das Management hatte zu lange auf das alte Erfolgsmodell gesetzt.

Erosion durch häufige Preisaktionen

Häufige Preisaktionen im Handel sind tückisch, weil sie kurzfristig die Markenbekanntheit, das Markenimage, das Markenvertrauen und die Wiederkaufabsicht erhöhen. Zudem wirken sie positiv auf Marktanteil und Gewinn. Dieser kurzfristige Mehrabsatz der Marke geht jedoch primär auf Markenwechsel zurück und an zweiter Stelle auf die Vorverlegung von Käufen sowie die Bevorratung von Kunden.[270]

Mittelfristig zeigen sich erste Markenerosionen durch Rückgang des Markenimages sowie des Markenvertrauens. Diese Entwicklung drückt sich allerdings noch nicht in ökonomischen Größen aus. Langfristig schlagen dann negative Effekte durch: Bei 83 Prozent der Marken kommt es zu starken Imageeinbußen und zu einem Verlust des Markenvertrauens, bei 56 Prozent der Marken geht die Wiederkaufabsicht zurück. Das führt zum Rückgang des Marktanteils sowie zu erheblichen Gewinneinbußen.

Preisaktionen erziehen Kunden dazu, auf den Preis zu achten, und ihr Verhalten entsprechend darauf einstellen. Es ist das Phänomen des Smart Shopping: »Geld sparen = clever.«

Smart Shopper oder System Beater haben eine starke Markenpräferenz bei gleichzeitig hoher Preissensibilität. Im Prinzip kapitalisieren diese Käufer ihre Erfahrungen mit den Marketingmaßnahmen der Unternehmen. Sie reagieren auf die Aktionitis von Unternehmen und warten, bis die von ihnen präferierten Marken besonders günstig angeboten werden. Aus Erfahrung wissen sie, dass solche Angebote immer wiederkehren und sie eine präferierte Marke früher oder später günstig kaufen können. Durch die Aktionitis schaufeln sich Unternehmen ihr eigenes Grab, weil sie Investitionen in die Marken nicht durch entsprechend hohe Preise kapitalisieren können. Manche Marken sind deshalb, obwohl sie starke Markenpräferenzen bei den Konsumenten aufgebaut haben, nur noch durch Sonderangebote zu vermarkten. Typisches Beispiel ist die Kaffeemarke Jacobs Krönung.

Smart Shopper oder System Beater sind das Resultat verfehlter Markenführung. Es ist ein Kundensegment, das ständig wächst. Kurzfristige Aktionitis darf allerdings nicht zulasten der Marke gehen, sonst lassen sich Markeninvestitionen nicht kapitalisieren. Bei den Fernsehbieren werden bereits heute etwa zwei Drittel des Umsatzes über Preisaktionen gemacht. Das ist Vernichtung von Wertschöpfung.

Erosion durch schlechten Service

Was Unternehmen partout nicht begreifen wollen: Schlechter Service vergrault Kunden auf Dauer. Nach einer aktuellen Studie von Zendesk kaufen 59 Prozent der mit dem Service unzufriedenen Kunden beim nächsten Mal woanders. 39 Prozent der unzufriedenen Kunden kommen über einen Zeitraum von mindestens zwei Jahren nicht mehr zurück. Und da 95 Prozent der Befragten negative Erlebnisse mit anderen teilen, kann ein schlechter Service geradezu desaströse Folgen haben. Die Argumente sind jedoch immer die gleichen: Aus Kostengründen werden bestimmte Services ausgelagert, um die Profitabilität zu steigern. Dies führt oft zur Verschlechterung des Services; manche Kunden erleben hier regelrechte Anachronismen.[271]

Als Fahrer eines 7er BMW erhalten Sie eine schwarze Karte. Es ist Ihr Aufstieg in den sogenannten Premium Club, über den Sie eine Reihe von Vorteilen haben: Sie erhalten bestimmte Hotelangebote und Arrangements günstiger, bekommen Einladungen zu speziellen Events, eine Sixt-Karte und so weiter. So weit, so gut. Auf der anderen Seite werden allerdings bei den BMW-Niederlassungen drastische Einschnitte vorgenommen, um Kosten zu sparen. So wurde beispielsweise der Telefonservice ausgelagert.

Während ich bislang die Vorteile der Premium-Karte noch nicht genutzt habe (da mag ich ein Einzelfall sein), ist mir ein reibungsloser Service hingegen wichtig. Mit Einführung des externen Telefonservices hatte ich zum ersten Mal Probleme, einen schnellen Serviceslot zu erhalten. Ich musste über eine Woche warten, weil die Dame am Telefon mich nicht kannte und ihr nicht bewusst war, dass ich die meiste Zeit unterwegs und nicht zu Hause bin. Es interessierte sie auch nicht, sie optimierte vielmehr stoisch die Zeiten für BMW, aber nicht für mich. Vielleicht war es nur eine Einzelerfahrung, doch diese kleine Geschichte illustriert sehr gut die Erosion aufgrund mangelhafter Serviceleistungen.

Erosion durch mangelnde Kontinuität

Ähnlich verhält es sich bei der Erosion wegen mangelnder Kontinuität und Konsistenz der Maßnahmen. Typische Beispiele hierfür sind Marken wie HB oder Camel. Auch hier setzen Erosionserscheinungen erst mittel- bis langfristig ein. Besonders schön lässt sich dies bei der Zigarettenmarke Camel beobachten, die von 1975 bis 1990 mit dem Camel-Man warb, der meilenweit alleine durch den Dschungel lief, um sich danach mit einer Camel Filter zu belohnen.[272] Die Marktanteile stiegen (siehe Kapitel 12). Nach 1990 wurde die Kampagne geändert und erhielt ständig wechselnde Kommunikationsansätze. Der Marktanteil ging dramatisch zurück.

Kontinuität heißt nicht Erstarrung. Allerdings bedarf es einer gewissen Konstanz, um Markenwerte in den Köpfen der Anspruchsgruppen verankern zu können.

Erosion durch häufige Managerwechsel

Vor einiger Zeit saß ich in der Präsentation eines aufgeweckten und ehrgeizigen Produktmanagers eines großen internationalen Konsumgüterherstellers. Es ging um das Thema Markenerweiterung. Hierzu wurde eine wirklich gute Idee vorgestellt, die Marke in einer völlig neuen Produktkategorie zu implementieren (sie wurde mittlerweile auch erfolgreich umgesetzt). Begleitet wurde dieser junge Manager von einem Vertreter der Werbeagentur, die das Unternehmen bereits seit Jahren betreute.

Wie immer in solchen Sitzungen fragte ich bei der Umsetzung nach den Markenwerten, Cross-Selling-Effekten der Markendehnung auf vorhandene Produkte, Entwicklungstendenzen, Wettbewerbern im Markt und so weiter, um abschätzen zu können, ob es noch weiteres Optimierungspotenzial gibt. Überraschenderweise konnte mir der junge Produktmanager nicht alle Fragen beantworten. Stattdessen schaltete sich der Begleiter von der Werbeagentur ein, der die Markenhistorie im Detail kannte und meinen Fragen Rede und Antwort stehen konnte.

Ein erschreckendes Bild, weil die Marke ja durch die Manager des Unternehmens gelenkt werden sollte und nicht durch Externe. Dazu reicht es nicht, sich nur an Zahlen und Potenzialen zu orientieren, sie müssen die Marke auch verstehen und die Entwicklungsschritte der Marke kennen.

Bei einem Unternehmen wie Werner & Mertz würde dies nicht passieren. Hier haben die Manager ein tiefes Verständnis ihrer Marke. Es besteht ein kollektives Gedächtnis, das vor Markenmissbrauch schützt. Sowohl der geschäftsführende Gesellschafter Reinhard Schneider als auch der Marketingleiter Wolfgang Feiter kennen die Entwicklung einer Marke wie Frosch ganz genau. Entsprechend wird ihre Weiterentwicklung systematisch betrieben. Interessant dabei ist, dass Herr Feiter schon seit mehr als 17 Jahren für das Unternehmen tätig ist.

Dies ist nicht falsch zu verstehen: Es geht mir nicht darum, dass Mitarbeiter über viele Jahre hinweg im Unternehmen in einer Position bleiben. Das hilft zwar, ist aber nicht das alleinige Mittel, um Erosionen entgegenzuwirken. Zudem kann es im schlechtesten Fall auch zur Erstarrung führen, wenn nicht regelmäßig die eigenen Glaubensbekenntnisse infrage gestellt werden. Allerdings ist es notwendig, ein System zu implementieren, in dem sichergestellt wird, dass die verantwortlichen Manager Tiefenkenntnisse über die Marke aufweisen und sich der Markenhistorie bewusst sind.

Ansonsten passiert das Wechseln um des Wechselns willen: Die Fa-Frau, die in der Fernsehwerbung für das Duschgel in einem Bikini in die Wogen des Meeres gestürzt ist, verschwand, bis sie wiederentdeckt und mit Erfolg wieder eingesetzt wurde, ebenso der Apfelbiss bei blend-a-med als Zeichen gesunder Zähne, der heute in einem anderen Kontext für die Marke wieder genutzt wird. All dies ist Markenkapital, das mit dem richtigen Wissen sinnvoll genutzt oder bei mangelnder Kenntnis schnell vernichtet werden kann.

Erosion durch falsche Anreizsysteme

Verglichen mit amerikanischen Unternehmen waren deutsche Unternehmen lange Jahre eher vorsichtig und abwägend unterwegs. Die Perspektive war durchweg langfristig ausgerichtet. Zum einen entspricht dies der deutschen Mentalität, zum anderen ist es in einem vom Mittelstand geprägten Land, wo die Unternehmer selbst ihr Geld einsetzen, nicht verwunderlich.

Doch die Popularität des Shareholder-Value-Konzepts hat dazu geführt, dass Maßnahmen der Markenführung danach beurteilt werden, inwieweit sie den Unternehmenswert steigern. Dagegen ist zunächst nichts einzuwenden, da Unternehmen ohne Wachstum und Gewinn nicht überleben können. Allerdings kann die Konzentration auf finanzwirtschaftliche Größen dazu führen, dass die für den Markenaufbau relevanten verhaltenswissenschaftlichen Größen wie Markenbekanntheit, Markenimage, Markenvertrauen oder Markenbindung nicht hinreichend berücksichtigt werden. Der Aufbau eines Markenimages als Voraussetzung für einen Kaufakt ist nur langfristig zu realisieren.

Markeneigentümer sind dagegen oft an kurzfristigen und finanziell messbaren Erfolgen interessiert. Hier klafft eine Professionalitätslücke bei der Operationalisierung und der Erfassung des Markenerfolgs. Eine einseitige Orientierung an kurzfristigen quantitativen Erfolgsgrößen verstellt oft den Blick für eine kontinuierliche Markenführung und kann kontraproduktiv wirken.

Kurzzeitdenken ersetzt kein langfristiges Markenkonzept

Da die falsch verstandene Shareholder-Value-Manie viele Finanzanalysten und Vorstände erfasst hat, ist fraglich, ob Marken in einem solchen System tatsächlich beachtet werden. Gary Hamel, ehemaliger Shareholder-Value-Protagonist, meint dazu treffend: »Die Unternehmen haben jahrelang Aktienkurse mit dem eigentlichen Spiel verwechselt.«[273] Kennzeichen einer solchen Fixierung ist die starke Fokussierung auf Aktienkurse, Aktienpakete als Managergehalt und »lächerlich ungeduldige« Investoren.

In einem solchen Shareholder-Value-getriebenen System bringt mancher Manager sein Unternehmen in Gefahr, um auf dem Papier gut dazustehen. Quartalsweises Erfolgsdenken steht einer langfristigen Markenführung diametral entgegen. Wachstum um jeden Preis kann einhergehen mit der Verwässerung der Marke.[274]

Viele Kontroll- und Entlohnungsmechanismen sind ausschließlich auf kurzfristige und ökonomische Größen ausgerichtet. Ich habe schon Vorstandsmeetings erlebt, bei denen das Markencontrolling ausschließlich anhand von finanziellen Kennzahlen erfolgte. In der Konsequenz kamen Marken nur dann auf den Prüfstand, wenn die finanzielle Performance nicht stimmte. Die dahinterliegenden verhaltenswissenschaftlichen Größen und deren Veränderungen spielten in solchen Meetings keine Rolle.

Markenmanager werden somit nicht danach beurteilt, ob sie zur Bildung von Markenpräferenzen beitragen oder nicht. Entsprechend passt sich der Markenführungsstil an: Strategien werden am zeitlichen Rahmen der Erfolgsbewertung ausgerichtet (vierteljährlich, halbjährlich, jährlich), eine Berücksichtigung von langfristigen Wirkungen erfolgt nicht. Zwar sind Umsatz- und Ertragskontrollen zwingend erforderlich, sie dürfen jedoch nicht einseitig eingesetzt werden. Das kann im Extremfall dazu führen, dass kurzfristige Maßnahmen zur Steigerung der Abverkäufe durchgeführt werden, obwohl sie langfristig die Marke schädigen können. Das kann zu fatalen Fehlsteuerungen führen.

Um eine Marke wirksam durch turbulente Märkte steuern zu können, ist die Entwicklung eines fundierten Zielsystems zwingend erforderlich. Dieses Zielsystem muss

- relevante Zielgrößen darstellen,
- Beziehungen zwischen einzelnen Zielgrößen darlegen und
- Wirkungen und Kausalbeziehungen zwischen den in Beziehung zueinander stehenden Zielgrößen aufzeigen.

Die Größen liegen auf der Hand: Zuallererst sind dies die Markenbekanntheit als notwendige Bedingung für den Markenerfolg und das Markenimage als hinreichende Bedingung. Wir müssen Marken kennen und ein positives Bild davon haben. Dies stärkt dann wiederum das Vertrauen und die Bindung in die Marke. Nach dem Kauf einer Marke kann Markenzufriedenheit aufgebaut werden, was sich wiederum positiv auf das Vertrauen und die Bindung sowie auf Wiederholungskäufe auswirkt. Mit diesen Größen haben wir in unserer Studie »Are brands for ever« 68 Prozent der Käufe und Wiederkäufe für die Marken erklärt.[275]

Verhaltenswissenschaftliche Zielgrößen fungieren somit als Leistungstreiber, die mit zeitlichem Vorlauf gegenüber ökonomischen Zielgrößen signalisieren, wo gegebenenfalls gegenzusteuern ist.[276] Ökonomische Erfolgsgrößen wie Absatzmengen, Marktanteile, Umsätze und so weiter resultieren aus diesen verhaltenswissenschaftlichen Größen. Die alleinige Steuerung anhand ökonomischer Größen ist nicht nur wenig sinnvoll, sondern sogar gefährlich, weil diese in der Wirkungskette weit hinten liegen.

Der Beleg, dass die verhaltenswissenschaftliche Markenstärke sich positiv auf Finanzkennzahlen eines Unternehmens auswirkt, wurde schon mehrfach erbracht.[277] Eine besonders interessante Studie stammt von Natalie Mizik und Robert Jacobson.[278] Die Forscher untersuchten von 1993 bis 2004 die Wirkung der Markenstärke auf den finanziellen Wert von Unternehmen. Dazu wurden insgesamt 275 Monomarken wie Starbucks, Yahoo! oder Wal-Mart herangezogen.

Im Ergebnis zeigte sich, dass die wahrgenommene Markenrelevanz und die Markenenergie, also die Fähigkeit der Marke, sich veränderten Kundenbedürfnissen anzupassen, einen wesentlichen Einfluss auf die Aktientwicklung nahmen. Zudem spielt die Differenzierung der Marke im Sinne der Unterscheidbarkeit von anderen Marken eine wichtige, wenn auch zeitlich verzögerte Rolle. Veränderungen in der Wahrnehmung der Einzigartigkeit einer Marke dienen zur Vorhersage der künftigen finanziellen Leistungsstärke, die wiederum die Aktienentwicklung beeinflusst.

All diese genannten Zielgrößen belegen den Erfolg des Markenmanagements und sind in einem Brand-Performance-Measurement-System abzubilden. Ein solches Brand Performance Measurement sollte sich zukunftsorientiert an den Zielsetzungen des Unternehmens ausrichten.[279]

Ohne ein gedankliches Modell der Zielsysteme der Markenführung ist ein sinnvolles Performance Measurement kaum möglich.

Deshalb sind in einem Kontrollcockpit auch weichen Faktoren der Markenführung Rechnung zu tragen, um den Beitrag der Markensteuerung zum Aufbau einzigartiger und relevanter Gedächtnisstrukturen zur Marke erfassen zu können.

Eine einseitige Orientierung an kurzfristigen monetären Größen kann zu Fehlentscheidungen führen. Verhaltenswissenschaftliche Zielgrößen wie das Markenimage oder die Markenbekanntheit sind zwingend mit zu berücksichtigen.

Mit einer wertorientierten Marketingsteuerung ist es allerdings nicht weit her. Dies konnte ich in einer Studie mit KPMG und meinem Institut für Marken- und Kommunikationsforschung ermitteln. Dabei gaben rund 100 Top-Manager von Unternehmen Auskunft darüber, welche Rolle das Marketing in ihrem Unternehmen spielt und inwieweit eine konsequente Planung und Steuerung des Marketings stattfindet.[280]

Die Ergebnisse sind ernüchternd. In jedem dritten Unternehmen existierten keinerlei Ansätze für eine wertorientierte Marketingsteuerung. Zwei Drittel der Befragten sehen Marketingausgaben zwar als Investition an, doch fehlt eine Analyse des Wertbeitrags der Markenmaßnahmen. Hier stellt sich auch die Gretchenfrage, woran sich der Wertbeitrag bemisst: Sind es reine Absatz- und Umsatzzahlen, sind es Profitabilitäts- und Rentabilitätskennziffern oder Marken- und Kundenwerte?

Da der Wertbeitrag den langfristigen Unternehmenserhalt sichern soll, müssten die Kennziffern diesem Aspekt auch Rechnung tragen. Absatz- und Umsatzzahlen können jedoch auch kurzfristig gepuscht werden, um das, was in der Fabrik produziert wird, auch abzusetzen. Langfristig kann dies allerdings der Marke und somit dem dauerhaften Werterhalt und der Wertsteigerung schaden. Entsprechend sollte sich der Wertbeitrag an dem orientieren, was Wert schafft: der Marke und den Kunden.

Bedenklich ist auch, dass zwischen den Verantwortlichen kaum Kommunikation stattfindet. In jedem zweiten Unternehmen gibt es nur einen »geringen« Austausch zwischen Marketing und Controlling. 35 Prozent der Beteiligten empfinden die Abstimmung als »schwierig«. Als Hauptgrund wird eine völlig unterschiedliche Herangehensweise an die Beurteilung des Erfolgs von Marketingmaßnahmen angeführt. 60 Prozent der befragten Manager bestätigen, dass es keine gemeinsamen Performance-Kennzahlen zwischen Marketing und Controlling gibt.

Anstelle von Renditekennziffern oder Deckungsbeiträgen werden nicht finanzielle Größen wie Imagegewinn oder ein erhöhter Bekanntheitsgrad als Zielgrößen verwendet. Somit wird in unterschiedlichen Sprachen gesprochen, jeder hat seine eigene »Währung«. Hier klafft eine Riesenlücke.

Die Analyseverfahren sind vorwiegend darauf ausgelegt, die kurzfristigen Effekte aufzuzeigen. Diese einseitige Fokussierung auf leicht messbare Kurzfristeffekte kann zu Fehlentscheidungen führen. Kurzfristig erzielen Preisnachlässe für Automobile am Jahresende, die Manager zur Zielerreichung ihrer Absatzzahlen einsetzen, den gewünschten »Erfolg«. Ob sie langfristig das Image einer Marke nach unten ziehen, wird dadurch nicht abgebildet. Was kurzfristig wirkt, kann demnach langfristig Wert vernichten.

Zudem erfolgt die Marketingsteuerung in der Regel retrospektiv und nicht zukunftsgerichtet. Die wenigsten Manager in den befragten Unternehmen stellen sich in Bezug auf ihre Marketingaktivitäten die Fragen: »Was will ich erreichen?« Und: »Welche Maßnahmen sind dazu erforderlich?« Vielmehr leiten 69 Prozent der Unternehmen das Marketingbudget schlicht vom Vorjahresumsatz ab. Am stärksten ausgeprägt ist dies bei kleinen Unternehmen. Das ist mehr als überraschend, weil es ja gilt, entsprechend den Zielen die Maßnahmen zu planen und diese dann auch mit Budgets hinsichtlich der zu erwartenden Wirkungen und Zielbeiträge für das Unternehmen zu versehen. Ein solcher Ansatz wäre dann auch die Grundlage für die Kontrolle und die zu wählenden Kontrollgrößen und -systeme.

Marketing und Controlling sollten gemeinsam Performance-Measurement-Systeme entwickeln und dabei qualitative und quantitative Größen zu einem integrativen Ganzen mit Aussagekraft zusammenführen. Dabei sollte nicht nur an Hard Facts angesetzt werden, sondern auch ein Umdenken bei den relevanten Entscheidern bewirkt werden, die für die Durchsetzung einer wertorientierten Marketingsteuerung benötigt werden.

Kapitel 22

Komplexität managen und Brand Confusion vermeiden

Kunden nicht überfordern

Menschen können mit Komplexität nur schwer umgehen. Dies gilt für Kunden ebenso wie für Manager. Will man als Marke Kunden wirksam bedienen, ist das Motto von Albert Einstein der Imperativ:

»Macht alles so einfach wie möglich, nicht einfacher.«

Ist diese Forderung nicht gegeben, verwirren Marken ihre Kunden mehr, als dass sie ihnen helfen. Manager sind gut beraten, sich dem Thema Komplexität zu widmen, um den Kunden ihre Angebote überzeugend und klar vermitteln zu können. Dies möchte ich am Beispiel des Marmeladenexperiments erläutern.

Das Marmeladenexperiment

Dieses richtungweisende Experiment haben zwei meiner Kollegen durchgeführt, deren Forschungsschwerpunkt auf der Erforschung von Komplexität liegt. Sheena Iyengar und Mark Lepper präsentierten Testpersonen zwei mit Marmelade bestückte Regale.[281] Das eine Regal umfasste sechs Marmeladensorten, das andere Regal bot 24 Sorten zur Auswahl. Anschließend beobachteten und befragten die beiden Forscher Kunden am Regal.

War das Regal mit vierundzwanzig Marmeladensorten bestückt, blieben wesentlich mehr Kunden vor dem Regal stehen als bei dem mit sechs Sorten. Konkret: Bei dem Regal mit 24 Sorten blieben 60 Prozent der Kunden stehen, bei dem mit sechs Sorten nur 40 Prozent. Dass eine Präsentation mit mehr Marmeladen generell mehr Aufmerksamkeit erzielt als eine mit wenigen Sorten, war zu erwarten.

Überraschend war allerdings, dass der Anteil kaufender Kunden an dem

Regal mit 24 Sorten nur bei 2 Prozent lag, bei dem mit sechs Sorten hingegen bei 12 Prozent. Weniger bringt mehr ist hier die Erkenntnis.

Ein Überangebot führt zu Kaufaufschub oder Kaufverzicht, eine Reduktion des Angebots hingegen zu einem höheren Käuferanteil. Zudem erleben die Käufer bei einem überschaubaren Angebot weniger Dissonanzen und Frust beim Kauf.

Das können Sie sich an dem Marmeladenbeispiel plastisch vor Augen führen: Die Wahl zwischen Erdbeere, Himbeere, Kirsche, Aprikose, Orange oder Heidelbeere fällt leicht. Bei Erdbeere, Erdbeer-Rhabarber, Erdbeer-Vanille oder Walderdbeere als vier von 24 Optionen ist die Entscheidung hingegen schwerer.

Laut Allensbacher Werbeträger-Analyse gibt ein Drittel der Befragten an, dass sie häufiger etwas kaufen möchten, aber nichts finden, was ihnen gefällt, und dies trotz oder gerade wegen des ständig wachsenden Angebots.[282]

Dies habe ich einmal in einem Kaufhaus feststellen können, wo die Logistik umgestellt und die Zentrallager aufgelöst wurden. Das hatte zur Konsequenz, dass mehr Ware direkt in das Kaufhaus geliefert wurde. Die Maßnahme führte allerdings nicht zu dem gewünschten Effekt, dass die Kunden mehr Auswahl als vorher empfanden. Genau das Gegenteil trat ein. Stellen Sie sich eine Herrenabteilung auf gleicher Fläche vor, wo sich das Angebot unterschiedlicher Anzüge verdoppelt. Dass dies die Übersicht erschwert, Kunden bei der Überfülle an Ware keine Lust zur Suche nach einem passenden Anzug haben und frustriert sind, liegt auf der Hand.

Daraus die Schlussfolgerung zu ziehen, die Sortimente im Handel drastisch zu beschränken und den Aldi-Weg zu gehen, wäre falsch. Interessanterweise bevorzugen Kunden nämlich größere Sortimente gegenüber kleineren.[283] Sie lieben somit die Vielfalt, wenn sie keine Auswahl aus dem Sortiment treffen müssen. Bei der Entscheidung für ein Produkt präferieren Kunden hingegen ein kleineres Sortiment.[284]

Das liegt an dem erhöhten kognitiven Aufwand zur Produktwahl, wenn keine klaren Präferenzen vorliegen oder die Kunden nicht hinreichend zwischen den Produkten differenzieren können.[285]

Zu viel verwirrt offensichtlich die Kunden. Sie finden sich immer schlechter im Dschungel der Marken zurecht. Zudem verfügen sie nur über begrenzte Informationsverarbeitungskapazitäten, wie schon Miller 1956 mit seiner »Magical Number 7 +/– 2« feststellte, wonach Menschen nur sieben plus/minus zwei Informationseinheiten im Kurzzeitgedächtnis behalten können. Daran hat sich bis heute nichts geändert. Kunden entwickeln deshalb Mechanismen, um ihre Konfusion in Grenzen zu halten. Geläufige Mechanismen sind:[286]

- *abschotten*, das heißt, Kunden wenden sich von dieser Marken- und Kommunikationsflut ab, wo es geht,
- *umgehen oder ausweichen*, indem sich Kunden entweder auf bewährte Angebote verlassen und sich markentreu verhalten oder dort hingehen, wo sie Erleichterung erhalten oder empfinden, zum Beispiel zu Aldi,
- *vereinfachen*, indem Kunden auf verdichtete Informationen zurückgreifen, zum Beispiel auf Qualitätsurteile von Stiftung Warentest, auf eine Marke mit klarem Markenversprechen oder auf den günstigsten Preis bei vergleichbaren Angeboten, und schließlich
- *picken*, indem Kunden bestimmten Angeboten nur wenig Zeit widmen: 2 Sekunden zur Betrachtung von Anzeigenwerbung, 6 Sekunden zum Betrachten von Direct Mails, 3,5 Sekunden zur Entscheidung für eines von 16 Produkten. Ausgewählt wird dann das, was Aufmerksamkeit erregt und gefällt oder was den eigenen Interessen entspricht.

Das Makroproblem können Sie weder lösen noch positiv beeinflussen. Ein Handelsunternehmen entscheidet schließlich über die Zahl der Marken, die es führt, ein Internetshop ebenfalls. Hier geht es aus Herstellersicht mehr darum, wie man aus der Angebotsfülle herausstechen kann. Mag das beispielsweise für Maggi im Supermarktregal noch leichtfallen, wird es im Internetshop schon zur Herausforderung, wenn ein Kunde nach Suppen sucht und dann alle Angebote gemeinsam präsentiert bekommt.

Das Mikroproblem ist allerdings lösbar: Sie können Ihre eigenen Angebote so zusammenstellen und präsentieren, dass Sie es dem Kunden leicht machen.

Um die Komplexität auf ein sinnvolles Maß zu reduzieren und es den Kunden einfach zu machen, sind die unterschiedlichen Facetten zu identifizieren, die zur Verwirrung von Kunden führen. Die Brand Confusion umfasst aus meiner Erfahrung folgende Aspekte, die jeweils anderer Maßnahmen bedürfen:[287]

- Brand Confusion durch unklare Markensignale: Es erfolgt eine Verwässerung des Markenimages, was zur Verwirrung bei Kunden bis hin zur Abkehr von der Marke führt. Darauf bin ich im vorangegangenen Kapitel bereits eingegangen.
- Brand Confusion durch Grenzüberschreitung: Eine Marke wird zu weit gedehnt und verliert dadurch die Bedeutung für ihre Kunden. Auch darauf bin ich im vorangegangenen Kapitel bereits eingegangen.
- Brand Confusion durch komplexe Produktprogramme: Das unter der Marke geführte Produktprogramm erschließt sich den Kunden nicht und führt deshalb zur Verwirrung.

- Brand Confusion bei Mehrmarkenstrategien und Markenarchitekturen: Die Beziehungen der Marken zueinander sind unklar, was zu Unübersichtlichkeit führt, die Komplexität unnötig erhöht und Kunden verwirrt.

Im Folgenden gehe ich auf die beiden letztgenannten Punkte ein.

Brand Confusion durch komplexe Produktprogramme

Komplexe Produktprogramme entstehen aus meiner Erfahrung dann, wenn durch zu viele Markendehnungen die Zahl der Produkte explodiert und es dadurch für die Kunden schwierig wird, die Übersicht zu bewahren. Zudem stelle ich oft fest, dass es zwar in einem bestimmten Zeitraum einheitliche Benennungssysteme gibt, diese aber im späteren Verlauf durch andere ergänzt werden.

Melitta zum Beispiel hatte die Kaffeefiltertüten »classic«, »mild« und »kräftig«. Das war für Kunden einfach zu verstehen. Die Sorten gab es ungebleicht (braun) und gebleicht (weiß). Dann kam Bambus hinzu. Wenn ein Kunde nun ökologieorientiert ist und gleichzeitig kräftigen Kaffee aufbrühen möchte, hätte er ein Problem. Bambus wächst schnell nach, also müsste er diese Filtertüte kaufen. Da allerdings der andere Filter kräftigen Kaffee brüht, steckt er in einem Dilemma. Die neue Einteilung in Orginal, Gourmet, Mild, Doseur, Intense und Natura macht es nicht wirklich besser.

Bei Tork, der Hygienepapiermarke für den B2B-Bereich von SCA, gab es ein ähnliches Problem. Hier wurden historisch bedingt Namen aus bestimmten Zeitzyklen zunehmend miteinander kombiniert. So gab es die Bezeichnungen U-Tork, M-Tork, E-Tork und so weiter, einfache Nummern wie Tork 606 oder Tork 909, semibeschreibende Namen wie Tork Matic oder Tork Offset, Leistungsbeschreibungen wie strong, fresh, plus oder soft und so weiter. Irgendwann waren alle diese Namensbestandteile kombinierbar. Die Verwirrung war vorprogrammiert.[288]

Das Ganze wird umso mehr erschwert, wenn die Produkte sich untereinander ähneln und nur schwer voneinander zu unterscheiden sind. Dadurch fällt es Kunden schwer, dem jeweiligen Produkt einen klaren Nutzen zuzuordnen, der es rechtfertigt, das Produkt im Programm zu führen. In der Konsequenz kannibalisieren sich Produkte gegenseitig.

Worauf ist nun zu achten, um eine Markenverwässerung durch zu komplexe Produktprogramme und daraus resultierende Brand Confusion bei Kunden zu vermeiden? Vier Punkte scheinen mir wichtig:

- Magical Number 7 +/– 2
- Markenselbstähnlichkeit wahren
- sichtbare Differenzierung der Produkte im Produktprogramm schaffen
- Mental Convenience sicherstellen

Magical Number 7 +/– 2

Bei zu viel Komplexität steigen Kunden aus. Mit meiner ehemaligen Mitarbeiterin Olga Spomer konnte ich dies in einer Experimentalreihe klar beweisen. Wir hatten dazu sowohl die Zahl der Produkte innerhalb einer Produktlinie (drei, sieben, fünfzehn) als auch die Zahl der Informationen auf den jeweiligen Produkten (vier, neun, zweiundzwanzig) systematisch variiert. Im Ergebnis zeigte sich hinsichtlich der Wirkung der Produktlinien eine umgekehrte U-Funktion: Zu wenig Produkte und zu wenig Informationen auf dem Produkt untergraben die Kompetenz der Marke, entsprechend wird die Produktlinie schlechter bewertet als eine mittlere Ausprägung davon. Zu viele Produkte und zu viele Informationen schaden hingegen ebenfalls, die Beurteilung der Produktlinie verschlechtert sich, die Auswahl eines Produktes fällt schwerer.[289]

Wir haben das Ganze auch an Herstellerregalen im Handel analysiert und Vorschläge zur Optimierung gemacht. Optimal scheint eine Produktlinie mit sieben plus/minus zwei Produkten zu sein, so wie Miller dies schon 1956 allgemein für Informationen postuliert hat.

Was heißt das nun für Hersteller, die mehr Produkte anbieten? Ich würde hier klar empfehlen, über sinnvolle Bündelung und Gruppierung im Produktprogramm nachzudenken. Bei Maggi erfolgt beispielsweise eine Zweiteilung in Maggi Suppen für Genießer, also die teurere Produktlinie, und in Maggi Guten Appetit Suppen. In jeder der beiden Kategorien gibt es übrigens genau neun verschiedene Produkte.

Markenselbstähnlichkeit wahren bei notwendiger Differenzierung der Produkte

Je mehr Produkte unter einer Marke geführt werden, umso größer ist die Gefahr der Verwässerung. Unternehmen passen entweder ihre Produkte zu stark an Branchenstandards an und verlieren dadurch relevante Markensignale oder sie entwickeln primär aus dem Produktnutzen heraus die Gestaltung von Produkt und Verpackung. Relevante Markensignale gehen dann verloren. Teilweise glauben Manager auch, der Markenname alleine würde die Selbstähnlichkeit sicherstellen.[290]

Ein Beispiel dazu: Die Schokoladenmarke Milka hatte es in den 90er-Jahren bei den Verpackungen mit der Selbstähnlichkeit übertrieben. Dies ging zulasten der Differenzierbarkeit unterschiedlicher Produkte im Produktprogramm. Alle Verpackungen hatten dominant den Farbcode Lila und waren mit der lila Kuh versehen. So weit, so gut. Allerdings konnten die Kunden dadurch nicht mehr auf den ersten Blick die unterschiedlichen Geschmackssorten erkennen, weil die Abbildungen der Schokoladenteile und die verbale Auslobung, zum Beispiel Zartbitter, zu klein waren und durch die hohe Selbstähnlichkeit dominiert wurden.

Logischerweise waren die Kunden deshalb davon überzeugt, dass der Wettbewerber Ritter Sport ein größeres Angebot habe als Milka, weil man hier zwar ebenfalls die Selbstähnlichkeit durch die quadratische Verpackung und das Quadrat mit der Marke in der Mitte der Verpackung wahrt, aber dennoch klar die Unterschiede kommuniziert: Die Marzipanschokolade ist rot verpackt, auf der Nussschokolade sind Nüsse abgebildet und so weiter.

Über die Jahre hinweg hat sich Milka des Problems angenommen und es gut gelöst. Die Selbstähnlichkeit ist durch die Nutzung der Farbe und der Kuh immer noch gegeben, allerdings wurde die Differenzierungskraft durch klar erkennbare Merkmale erhöht: Auf einer Hälfte der Schokoladenverpackung wird nun die jeweilige Geschmacksrichtung durch Verwendung entsprechend großer, appetitlicher Abbildungen und unterschiedlicher dazu passender Farbcodes gezeigt. Bei Karamellschokolade wird der typische Karamellton genutzt, bei Schokolade mit Kirschen werden die Kirschen abgebildet und so weiter.

Mental Convenience

Produktlinien müssen sich Kunden einfach erschließen, das heißt, sie müssen »mentally convenient« gestaltet sein. Kunden übernehmen nur ungern die Aufgabe, sich die Unterschiede zwischen Produkten einer Produktlinie selbst zu erschließen. Eine Produktlinie ist dann »mentally convenient« gestaltet, wenn der Kunde sie leicht und ohne große Anstrengung versteht.[291]

Ein Beispiel für mögliche Auswirkungen von Produktlinien, die mehr oder weniger der gedanklichen Bequemlichkeit der Konsumenten Rechnung tragen, bietet der Markt für Schmerzmittel. Aspirin und Spalt starteten 1985 mit vergleichbaren Marktanteilen (15,5 versus 13,3 Prozent) und den gleichen Ansätzen für weiteres Marktwachstum. Beide Marken wollten dadurch wachsen, dass die klassischen Angebote um Linienerweiterungen ergänzt wurden.

1997 hatte sich die Marktsituation dramatisch verändert: Aspirin hatte Spalt deutlich hinter sich gelassen und Marktanteile gewonnen, Spalt hingegen dramatisch an Marktanteilen eingebüßt. Einfluss auf die Marktanteilsentwicklung mag auch die gute Pressearbeit von Bayer zum Thema Acetylsalicylsäure gehabt haben, aber der Einfluss der Sortimentsstruktur von Aspirin und von Spalt ist nicht zu übersehen. 1997 betrug der Marktanteil von Aspirin 19,2 Prozent und der von Spalt nur noch 2,9 Prozent.[292]

Ein entscheidendes Problem bei Spalt war die mangelnde Logik der Subbrands in diesem Sortiment: Neben der klassischen Spalt-Tablette wurden zusätzlich Spalt ASS, Spalt N, Spalt A+P sowie die verständlichen Spalt plus Coffein, Spalt für die Nacht sowie Doppelt-Spalt compact eingeführt. Die Unterschiede zwischen Spalt ASS, Spalt N und Spalt A+P erschließen sich Kunden nicht auf den ersten Blick. Spalt N kann nicht für Nacht stehen, weil es ein solches Produkt in der Produktlinie schon gibt. Konfusion ist das Resultat. Konsumenten können sich unter solchen Angeboten wenig vorstellen. Der Zugang zu den differenzierenden Nutzen dieser Subbrands fällt schwer.

Aspirin hat im gleichen Zeitraum neben der klassischen Aspirin-Tablette drei weitere Produkte eingeführt. Bei Aspirin direkt können Kunden ableiten, dass sie schnell wirken, ebenso wie Kunden bei Aspirin forte nachvollziehen können, dass diese Aspirin-Tabletten besonders stark sind. Und dass Aspirin plus C Vitamin C enthält, ist ebenfalls einleuchtend. Die Umsetzung der Linienerweiterung ist gedanklich einfach gestaltet. Kunden finden einen direkten Zugang dazu.

In der Zwischenzeit hat Spalt aus den Fehlern gelernt und deutlich nachgelegt: Spalt Forte, Spalt Migräne, Spalt Kopfschmerz und Spalt Mobil ist ebenso verständlich wie Spalt plus Coffein N.

Zurück zu Tork: Tork hat die Unklarheit der Benennungen ebenfalls in einem intensiven Prozess gelöst, der mit der internen Bestandsaufnahme aller Produkte mit den jeweiligen Benennungen startete. Darauf aufbauend wurden Konzepte entwickelt, um die Namensvielfalt wirksam zu reduzieren und Klarheit im Programm zu schaffen. Im Ergebnis wurde eine Nomenklatur gewählt, die den Qualitätsstandard der Produkte kennzeichnet: universal, advanced, premium. Die Verpackungen wurden je nach Qualitätsstandard entsprechend höherwertig gestaltet. Zu diesen drei Linien kamen nur noch deskriptive Beschreibungen für die einzelnen Produkte hinzu. Kunden und Mitarbeiter haben dies positiv goutiert, weil es ihnen den Zugang zu den richtigen Produkten deutlich erleichterte.[293]

Brand Confusion bei Mehrmarkenstrategien

Kunden werden dann durch Mehrmarkenstrategien verwirrt, wenn ein Unternehmen zu viele Marken im Markt führt und deren Rollen nicht geklärt sind. Dies trifft vor allem dann zu, wenn mehrere Marken im gleichen Markt geführt werden. Unilever führt im Margarinemarkt beispielsweise Marken wie Rama, Sanella, Becel, Du Darfst oder Lätta. Henkel führt im Waschmittelmarkt Marken wie Persil, Weißer Riese oder Spee.

Marken auf spezifische Bedürfnisse abstimmen

Mehrmarkenstrategien sind nur dann sinnvoll, wenn jede Marke ihre eigenen Territorien belegt.[294] Es ist somit zu klären, wie der relevante Markt im Rahmen der vorhandenen Bedürfnisstrukturen bestmöglich segmentiert werden kann. Hier gilt der klassische Segmentierungsgrundsatz: So viel Differenzierung wie nötig, so viel Standardisierung wie möglich![295]

Durch Mehrmarkenstrategien können unterschiedliche Preispräferenzen, Bedürfnisse oder Distributionskanäle angesprochen werden.

Bei der Oetker-Gruppe steht im Sektmarkt Fürst von Metternich für einen hochpreisigen Sekt, Carstens SC für das mittlere Preissegment und Rüttgers Club für den Preiseinstieg. Bei Unilever ist Rama-Margarine für die Familie und Lätta für sportliche, körperbewusste Personen. L'Oreal führt Plenitude in Supermärkten, Vichy ist nur in Apotheken erhältlich.

Neben dem Preis ist die Abstimmung auf spezifische Bedürfnisse unterschiedlicher Kundensegmente für die erfolgreiche Führung mehrerer Marken im Markt essenziell. Vereinfacht gesprochen können hier Eigenschaften oder Anwendungssituationen hervorgehoben, Sachnutzen thematisiert oder ein spezifisches Erlebnis vermittelt werden.

Zurück zu Unilever. Im Markt für Margarine werden hier durch die verschiedenen Marken alle genannten Ebenen bedient: Becel können Kunden herzgesund und cholesterinbewusst genießen. Die Senkung des Cholesterinspiegels steht im Vordergrund (Eigenschaft und Nutzen). Du Darfst richtet sich an Frauen, denen die Marke das Leben leichter machen möchte, indem sie hilft, Gewicht zu reduzieren (Nutzen). Lätta steht für Frische, Leichtigkeit und Lebensfreude (Erlebnis), Sanella für Backen (Anwendungssituation), Bertolli für ein mediterranes Lebensgefühl (Erlebnis) und Rama für die Familienmargarine, die Gesundheit und Wohlbefinden gewährleistet (Nutzen und Erlebnis).

Diese Einteilung wirkt überzeugend, die Marken sind klar auf unterschiedliche Segmente ausgerichtet. Allerdings dürfen die verantwortlichen Produktmanager hier nicht Gefahr laufen, bei den anderen Marken zu wildern, indem beispielsweise unter Lätta eine cholesterinsenkende Margarine angeboten würde. Und genau da wird es schwierig, weil es Menschen gibt, die sich durch Lätta angesprochen fühlen, aber ihr Cholesterin senken müssen. Umgekehrt können sich auch Menschen, die ihr Cholesterin senken müssen und deshalb Becel nehmen, vital fühlen. Sicherlich ist dies ein Grund dafür, weshalb unter Becel ein Produkt mit dem Namen Becel vital eingeführt wurde. Geht dies nun zulasten von Lätta?

Dieses einfache Beispiel zeigt, dass Einteilungen, bei denen die Ebenen zwischen Eigenschaften, Nutzen und Erlebnissen gemischt werden und gemeinsam zum Einsatz kommen, Probleme hervorrufen können.

Rollen der Marken im Markt klären

Analog zur Portfolio-Matrix der Boston Consulting Group lassen sich Marken dahingehend einteilen, welche Rolle sie im Markenportfolio einnehmen sollen. Mein Kollege David Aaker hat hierzu eine Einteilung entwickelt, der ich im Grundsatz folge.[296] Aufbauend auf seinen Überlegungen ist es sinnvoll, zwischen Power Brands, flankierenden Marken (Flanker Brands), Marken, die gemolken werden können (Cash Cow Brands), sowie künftig an Bedeutung gewinnenden Marken (Future Power Brands) zu unterscheiden.

Übertragen wir diese Einteilung auf die oben genannten Beispiele, so wäre Persil eine Power Brand, die heute schon für einen entsprechenden Erfolgsbeitrag sorgt und auch künftiges Wachstum generieren soll. Entsprechend ist in eine solche Marke zu investieren. Eine flankierende Marke dient meist zum Schutz einer Power Brand. Sie wird genutzt, um diese von Angriffen anderer Marken abzuschirmen. Wenn Wettbewerber beispielsweise mit preisaggressiven Waschmitteln im Markt antreten, wäre es die Aufgabe von Spee, durch entsprechende preislich attraktive Angebote die Power Brand Persil zu schützen, damit diese nicht unnötig intensiv in den Preiskampf verwickelt wird, sondern ihre Rolle als das beste Waschmittel weiterverfolgen kann. Eine Cash Cow wäre Weißer Riese. In eine solche Marke würde man nur die notwendigen Erhaltungskosten investieren, die aus der Marke resultierenden Gewinne hingegen in zukunftsträchtige Marken investieren, etwa in eine gänzlich ökologische Waschmittelmarke.

Prägnanz- und Diskriminationsfähigkeit prüfen

Wie wichtig die Umsetzung ist, habe ich schon mehrfach betont. Bei der Prägnanz- und Diskriminationsfähigkeit geht es darum, klar und unterscheidbar die unterschiedlichen Positionierungseigenschaften der Marken in dem jeweiligen Markt zu verdeutlichen: in der Kommunikation, auf Verpackungen, im Design und so weiter. Effem ist dies lange Zeit im Markt für Katzenfutter sehr gut gelungen.

Aus tiefenpsychologischen Untersuchungen wusste das Unternehmen, dass die Beziehungen zwischen Menschen und Katzen unterschiedlich sind. Manche Beziehung wurde als partnerschaftlich beschrieben mit Bildern, die einen Menschen zeigten, wie er einer Katze die Hände auf den Rücken legte. In anderen Fällen wurde eine Liebesbeziehung zu einem Katzenbaby skizziert, die in den Bildern auf dem Schoß des Menschen lag. Und schließlich wurde eine Katze als freiheitsliebender Streuner beschrieben.[297]

Diese Erkenntnisse dienten als Basis für eine prägnante und differenzierende Umsetzung der Positionierungen für drei Marken: Die Marke Sheba stand für die Liebesbeziehung zur Katze. In Fernsehspots wurde der Katze das Futter liebevoll auf einem Porzellanteller angerichtet und zum krönenden Abschluss noch etwas Dill darauf gegeben. Bei Whiskas ging es um die partnerschaftliche Beziehung, in der sich die Katze wohlfühlt. Das Wohlfühlen wurde durch das Schnurren der Katze vermittelt, wenn sie gestreichelt wurde. Kitekat war hingegen für freiheitsliebende Katzen gedacht. Paradigmatisches Bild war die Katzentür, durch welche die Katze das Haus verlassen konnte, wann immer sie wollte.

Die Kriterien, wie man die Wahrnehmbarkeit und Eigenständigkeit sicherstellen kann, wurden in Kapitel 11 erläutert. Folgende Prüffragen bieten sich aus meiner Sicht an:

- Welches sind aus strategischer Sicht die wichtigsten Elemente zur Förderung der Wiedererkennung?
- Wie und in welcher Reihenfolge werden diese Elemente wahrgenommen? Zentrale oder periphere Wahrnehmung?

- Wie und wodurch unterscheiden sich diese Elemente von den anderen Marken in der Mehrmarkenstrategie? Wie stark ist die Differenzierung?

Kannibalisierung der Marken im Auge behalten

Markenportfolios bedürfen der laufenden Überprüfung, weil sich die Kundenbedürfnisse und die Wettbewerbssituation ändern können und es auch durch die unter den jeweiligen Marken geführten Produkte zu Verschiebungen kommen kann. Die Grundidee der Mehrmarkenführung liegt ja darin, dass ein Unternehmen höhere Marktanteile mit mehr Marken erzielt und Marktsegmente vom Zugriff durch Wettbewerber abschottet. Dies gelingt dann, wenn die Marken klare Territorien besetzen und sich voneinander unterscheiden. So haben die Marken Persil, Spee und Weißer Riese von Henkel klare Territorien belegt: Persil ist das beste Waschmittel, Spee die schlaue Art zu waschen und Geld zu sparen und der Weiße Riese das ergiebige Waschmittel.

Je weniger sich die Marken unterscheiden, desto höher wird die Kannibalisierungsgefahr. Kannibalisierung bedeutet, dass eine Marke im Markenportfolio einer anderen Marke Marktanteile abnimmt. Generell lassen sich Kannibalisierungen nicht vermeiden, sie sollten allerdings in einem klar definierten Rahmen bleiben.

Im Volkswagen-Konzern sind die Kannibalisierungen zwischen Skoda, VW und Audi bei Weitem nicht so hoch, wie dies Außenstehende erwarten würden. Trotz vieler Ähnlichkeiten können Kunden sich bei den Marken nach oben entwickeln, was auch so wahrgenommen wird.

Als Faustregel für die Kannibalisierung gilt: Solange die zusätzlichen Einnahmen des Markenportfolios durch Marktanteilsgewinne vom Wettbewerb die erwarteten und nicht erwarteten Kannibalisierungseffekte bei den eigenen Marken überkompensieren, ist die Mehrmarkenführung effizient.[298]

Management von Markenportfolios

Zum Management von Markenportfolios liegen interessante Erkenntnisse aus einer umfassenden Studie von Kai Vollhardt vor.[299] Insgesamt wurden 348 Markenportfolios unterschiedlichster Branchen analysiert, um die Einflussfaktoren auf die Effektivität des Markenportfoliomanagements sowie auf den Markterfolg und die Profitabilität zu ermitteln. Es zeigt sich, dass die Effektivität des Markenportfoliomanagements einen erheblichen Einfluss auf den Markterfolg und auf die Profitabilität der jeweiligen Unternehmen hatte. Unternehmen mit umfassendem Portfoliomanagement wiesen im Vergleich zu Unternehmen mit einem schwachen Markenportfoliomanagement eine um 60 Prozent höhere Effektivität und eine um 18 Prozent höhere Profitabilität auf.

Die Effektivität des Markenportfoliomanagements wurde dabei vor allem beeinflusst durch

- den Grad der Formalisierung,
- den Teamspirit und die abteilungsübergreifende Zusammenarbeit,
- die Ressourcenkomplementarität und den Ressourcenzugang sowie
- die Top-Management-Partizipation.

Die Formalisierung bezieht sich auf klar definierte Abläufe zur Steuerung des Portfolios, auf festgelegte Richtlinien zur Steuerung und deren Dokumentation in Handbüchern sowie auf Stellenbeschreibungen. Offen gestanden bin ich immer wieder verwundert darüber, dass selbst in großen Unternehmen solche Unterlagen, die der Orientierung dienen und im Kern Prozesse und Prüfgrößen zur Steuerung des Portfolios umfassen, nicht oder nur rudimentär vorliegen.

Teamspirit und abteilungsübergreifende Zusammenarbeit umfassen das Zusammengehörigkeitsgefühl und die Art und Weise, wie der Austausch gepflegt und institutionalisiert wird.

Die Ressourcenkomplementarität meint die Fähigkeiten, welche die Abteilungen in das Markenportfolio einbringen, während der Ressourcenzugang den Zugriff auf notwendige Daten, wie etwa Marktforschung, kennzeichnet. Auch hier erfolgt oft verblüffend wenig Standardisierung. Wir haben bei einem Unternehmen mit verschiedenen Marken in ein und demselben Markt analysiert, wie Werbetrackings, Markenstärkemessungen und Marktanalysen durchgeführt wurden. Fast jede Marke nutzte hierfür andere Vorgehensweisen, Methoden und Marktforschungspartner. Selbst die Identitäts- und Positionierungstools unterschieden sich von Marke zu Marke. Für das Top-Management, das für jede Marke andere Ansätze vorgestellt bekommt, ist dies mehr verwirrend als erhellend. Synergien werden nicht genutzt, Informationsverluste sind vorgeprägt.

Womit wir beim Thema Top-Management-Partizipation wären. Vorgaben müssen vom Top-Management kommen. In wichtigen Punkten ist es sinnvoll, Marktforschungsdaten in ein und derselben Währung zu haben.

In manchen Streitfällen zwischen Marken bedarf es des Eingriffs durch das Top-Management. Und schließlich werden ein partizipativer Gedanke und ein entsprechender Austausch ebenfalls durch das Top-Management gefördert und nachgehalten oder gehemmt. Dazu zählt für mich auch, dass das Management klar festlegt, wo und in welchen Bereichen die notwendigen Synergien durch alle Marken zu nutzen sind und in welchen Bereichen die Entscheidungsfreiheiten der Marken liegen.

Brand Confusion bei Markenarchitekturen

Es ist interessant, wie Manager das Problem bei Markenarchitekturen thematisieren: Meiner Erfahrung nach stört in erster Linie die Unordnung in der Kommunikation für die verschiedenen Marken, die ein Unternehmen führt. Festgemacht wird das meist an dem kleinsten kommunikativen Element, nämlich der Visitenkarte. Der Reflex ist entsprechend groß, eine formale Lösung für das Problem zu finden und die Markenarchitektur durch Überarbeitung des Corporate Design aufzuhübschen. Hier setzt man an der Wirkung an und nicht an der Ursache. Das ist aus meiner Sicht klar zu kurz gesprungen.

Durch eine Markenarchitektur soll die Anordnung der Marken eines Unternehmens so festgelegt werden, dass die Beziehungen zwischen den Marken und ihren Produkten sowie deren Über- und Unterordnungsverhältnisse klar werden. Zu der horizontalen Betrachtung, wie viele Marken in einem Markt oder in unterschiedlichen Märkten geführt werden, kommt hier noch die vertikale Betrachtung.

Unternehmensmarken wie Unilever oder Nestlé haben eine Vielzahl untergeordneter Marken. Zu Nestlé gehören beispielsweise Maggi, Nescafé, Nespresso, Thomy, San Pellegrino oder KitKat. Eine Marke wie Maggi wiederum hat unterschiedliche Produktkategorien, die ebenfalls mit entsprechenden Namen versehen sind. Ähnlich ist dies bei Unilever mit Marken wie Langnese, Rama, Knorr, Dove oder Axe. Unter Langnese verbergen sich wiederum unterschiedliche Marken wie Magnum, Nogger, Capri oder Langnese Cremissimo.

Im Sinne einer Architektur steht also Unilever als Dachmarke ganz oben, dann kommt beispielsweise die Marke Langnese für den Eisbereich, unter der eine Marke wie Magnum steht, die selbst wiederum unterschiedliche Produkte aufweist (Magnum Classic, Magnum White, Magnum Pink, Magnum After Dinner und so weiter). In B2B-Bereichen ist dies häufig sehr ähnlich. Wir finden hier oft bis zu fünfstufige Markenarchitekturen vor.

Beredtes Beispiel bei B2B-Unternehmen ist dann häufig die Struktur des eigenen Internetauftritts, der durch Komplexität kaum noch zu übertreffen ist. Für Manager stellt sich nun die Frage, wie sie die Wirkung innerhalb des Portfolios erhöhen können, also Synergien nutzen, damit die Unternehmensmarke positiv auf ihr untergeordnete Marken ausstrahlt. Dies ist ohne Frage bei BMW und den untergeordneten Modellmarken gelungen. Allerdings bedarf es fallbedingt auch mehr Eigenständigkeit für untergeordnete Marken, weil sie sich an andere Kundengruppen richten oder für andere Werte stehen, die im Markt relevant sind. Es wäre sicherlich nicht sinnvoll, bei einer Marke wie San Pellegrino, die für italienisches Lebensgefühl steht, die Unternehmensmarke Nestlé prominent zu platzieren oder gar deren Wertegerüst zu kommunizieren.

Generell lassen sich folgende Optionen unterscheiden:

1. Es wird nur die Unternehmensmarke kommuniziert. Das ist bei BASF, Siemens oder auch in weiten Bereichen bei Bosch der Fall. Diese Vorgehensweise wird als Branded-House-Strategie bezeichnet.
2. Es werden nur Einzelmarken kommuniziert. Lange Jahre verfuhr Procter & Gamble auf diese Weise mit Marken wie Ariel, Lenor oder Meister Proper. Dieses entgegengesetzte Ende der Skala wird als House-of-Brands-Strategie bezeichnet.
3. Es werden gemischte Strategien gewählt, bei denen die Unternehmensmarke mit anderen Marken gemeinsam gezeigt wird. Hierbei kann entweder die Unternehmensmarke dominant sein, wie etwa bei Bosch Service, oder sie wird gleichberechtigt mit der anderen Marke gezeigt wie bei Rexroth Bosch Gruppe. Oder die andere Marke wird durch die Unternehmensmarke unterstützt, wie dies bei BBT Thermotechnik GmbH der Fall war, wo Bosch Gruppe lediglich zur Unterstützung ergänzt wurde. In der Zwischenzeit heißt dieser Bereich Bosch Thermotechnik.

Studien zufolge nehmen die reinen House-of-Brands- und Branded-House-Strategien zugunsten gemischter Strategien ab.[300] Bei Unternehmen wie Procter & Gamble, Unilever und Nestlé standen lange Jahre Familienmarken wie Maggi bei Nestlé oder Produktmarken wie Mondamin bei Unilever im Vordergrund. Derzeit werden verstärkt Anstrengungen unternommen, um die Unternehmensmarke mit den Produkt- und Familienmarken zu verknüpfen und aufzuladen. Dadurch erwartet man langfristig Synergien durch eine gestärkte Unternehmensmarke. Zudem ist es für Kunden immer wichtiger, zu erfahren, welches Unternehmen hinter den Produktmarken steht.

Aus meiner Sicht nimmt die Herausforderung zur wirksamen Gestaltung von Markenarchitekturen zu, weil die Produktportfolios wachsen und durch Unternehmensaufkäufe zwangsläufig die Frage auftritt, wie ein neues Unternehmen in eine vorhandene Markenarchitektur zu integrieren ist.

Es scheint nur logisch, dass Manager sich dann wie Förster oder Architekten verhalten müssen. Förster entscheiden zur Erzielung des maximalen Ertrags aus einem Wald, welche Bäume gefällt oder zugeschnitten werden müssen, damit sich daraus ein optimales Wachstum ergibt. Bäume, die zugeschnitten werden, danken dies mit frischem Wuchs. Und Architekten bauen nicht nur schöne Häuser, sie berechnen auch eine Statik, die das Ganze wirksam trägt.

So hatte beispielsweise die BayWa strategische Zukäufe im Bereich der erneuerbaren Energien getätigt. Diese Unternehmen wurden zunächst nur mit loser Anbindung an BayWa geführt. Nach einem intensiven Analyseprozess unter Einbindung der jeweiligen Geschäftsführer der akquirierten Unternehmen zeigte sich allerdings, dass aufgrund der inhaltlichen Kongruenz und der Stärke der Unternehmensmarke BayWa im Vergleich zu den anderen Unternehmen eine Integration zweckmäßig war. Entsprechend wurde in der BayWa Markenarchitektur ein neuer Bereich BayWa r.e. Renewable Energies gebildet, in dem die anderen Marken aufgingen.

Auf einige wesentliche Aspekte zur wirksamen Gestaltung einer Markenarchitektur gehe ich im Folgenden ein.

Nicht von innen nach außen denken

Eine Ursache für die unnötige Erhöhung der Komplexität einer Markenarchitektur ist das Denken von innen nach außen. Der Grund für dieses Verhalten liegt auf der Hand: Es geht immer um Stolz und Abgrenzung. Stolz auf das, was Manager in einem bestimmten Bereich geschaffen haben, und Abgrenzung des eigenen Bereichs von anderen Unternehmensbereichen. Manager nehmen Freiheiten für sich in Anspruch und arbeiten gezielt darauf hin, dass es zu einem Subbranding für den Bereich oder zu einer eigenständigen Benennung kommt, bei der die Unternehmensmarke nur noch unterstützende Funktion hat.

Oft sind solche Maßnahmen jedoch weder zweckmäßig noch zielführend. Bei einem Hidden Champion im Dienstleistungsbereich wurden über Jahre hinweg immer mehr Bereiche gekennzeichnet. Einerseits adressierte man die unterschiedlichen Zielgruppen durch Ergänzung der Unternehmensmarke mit einem Subbranding. Andererseits wurden auch bestimmte Produktbereiche und Services selbst markiert und mit der Unternehmensmarke verknüpft. Teilweise erhielten die Subbrands auch eigene Logos.

Sie können sich leicht vorstellen, wie komplex eine solche Markenarchitektur wird, wenn Sie bedenken, dass die jeweiligen Zielgruppen auch mit bestimmten Services oder Produkten von ein und demselben Unternehmen angesprochen wurden. Broschüren für bestimmte Zielgruppen waren oft gespickt mit Subbrands.

Nachdem wir in einem Identitätsprozess mit den Managern hinterfragt hatten, ob solche Subbrandings notwendig sind und einen Erfolgsbeitrag leisten, wurden alle Subbrandings abgeschafft. Zum einen trugen sie nicht eigenständig zum Erfolg bei, zum anderen galten die Markenwerte der Unternehmensmarke gleichermaßen für jeden Bereich. Es erfolgte eine volle Fokussierung auf die Unternehmensmarke, wodurch sich in der Konsequenz die Durchsetzung der Unternehmensmarke im Markt erhöhte.

Ein Beispiel, das Sie sicherlich alle noch plastisch vor Augen haben, ist die Telekom. Bis zum Jahr 2006 herrschte bei der Telekom tatsächlich ein Markenchaos. Die Zahl der Subbrands und zusätzlicher Benennungen war kaum noch überschaubar. Es gab T-Com, T-Mobile, T-Online, T-Online Business, T-Systems, T-One, T-DSL, T-ISDN, T-Punkt und T-Vote-Call. Im Jahr 2007 erfolgte ein harter Schnitt: eine Konzentration auf die Telekom, auf T-Mobile und T-Home. Im Jahr 2010 fand dann eine komplette Fokussierung auf das T der Telekom statt als Signal dafür, dass Kunden hier alles aus einer Hand bekommen. Unabhängig davon, wie die Serviceleistungen der Telekom empfunden werden, war dies der richtige Schritt. Oder vermissen Sie eine der anderen Marken?

Zur Analyse und Optimierung einer Markenarchitektur empfehle ich zwei Schritte.

Den Spagat zwischen Synergien und notwendiger Eigenständigkeit managen

Diese Analyse zeigt, ob und in welchem Umfang eine Differenzierung erforderlich wird. Je größer die inhaltlichen Synergien sind, umso mehr Markeninhalte können auf die Submarken übertragen werden und umso weniger Notwendigkeit besteht zur Eigenständigkeit.[301]

Ein typisches Beispiel hierfür ist BMW. Da die BMW-Werte gleichermaßen für alle Modelle gelten, sind hier die Synergien maximal. Entsprechend erhalten alle Modelle – vom 1er bis zum 7er – dieselben Werte. Dennoch sind notwendige zielgruppenspezifische Anpassungen möglich, weil die Zielgruppen und deren Bedürfnisse bei einem 1er anders sind als bei einem 7er.

Möchte man einen der BMW-Werte stärker betonen oder den Werten noch etwas hinzufügen, gibt es neben den Zahlen Ergänzungen: M für besonders sportliche BMWs, i hingegen für nachhaltige BMWs mit Elektromotor.

Je geringer die Synergien, umso größer die Notwendigkeit der eigenständigen Gestaltung einer der Unternehmensmarke untergeordneten Marke. Da die Marken Persil, Spee und Weißer Riese klar im Waschmittelmarkt positioniert sind und sich inhaltlich stark von der Unternehmensmarke Henkel unterscheiden, wäre es nicht zweckmäßig, Henkel dominant auf den Verpackungen zu zeigen. Vielmehr ist es hier sinnvoll, die Produktmarken durch die Dachmarke zu unterstützen, indem diese klein auf den Verpackungen erscheint und somit das Vertrauen und den Qualitätsanspruch, den Kunden mit Henkel verbinden, auf die Produktmarken überträgt.

Dabei ist auf die Verträglichkeit der Marken zu achten. Schwarzkopf als Haarpflegemarke gehört ebenfalls zu Henkel und ist mit Marken wie Poly, Taft oder Syoss erfolgreich. Hier wäre es wenig akzeptanzfördernd, wenn auf der Vorderseite der Verpackung prominent Henkel als Unternehmensmarke abgebildet wäre, so wie im Waschmittelmarkt.

Stärke, Rolle und Hebel der Marken innerhalb der Markenarchitektur prüfen

Stärke, Rolle und Hebel der Marken hängen eng miteinander zusammen. In einer Markenarchitektur kann eine Marke nur dann von einer anderen profitieren, wenn diese eine gewisse Markenstärke aufweist.[302] Das Thema Stärke ist oft ein riesiges Dilemma bei Konsumgüterunternehmen, weil hier die Produktmarken meist eine höhere Bekanntheit und ein besseres Image aufweisen als die Unternehmensmarke selbst. Hier ist aus Managementsicht die Frage entscheidend, wie die Kraft der Produkt- und Familienmarken nutzbar ist, um die Unternehmensmarke aufzuladen.

Die Rolle bezieht sich auf die Bedeutung der Marken für den Kunden beim Kauf. Mein Mitarbeiter Sören Bräutigam und ich haben hierzu Marken analysiert, um ihre Rolle zu messen. Faktisch beschränkt sich dies auf ein paar Fälle: Entweder war die Produktmarke völlig dominant und Treiber für den Kauf, wie bei Snickers von Masterfoods oder Persil von Henkel, oder es gab eine mehr oder weniger gleichberechtigte Rolle, wie etwa bei Gillette Fusion Rasierklingen oder bei dem Parfum Obsession von Calvin Klein, oder die Unternehmensmarke dominierte, wie bei HP Laser Jet oder bei dem Handy Nokia 6510.[303]

Ein Hebel ist dann gegeben, wenn eine Marke eine bessere Einschätzung bei einer anderen Marke bewirkt. Nach unseren Ergebnissen wird eine schwache Produktmarke in der Tendenz immer besser bewertet, wenn eine Unternehmensmarke dazu gezeigt wird. Fügt man zu einer Marke wie Nuts (Schokoriegel) die Unternehmensmarke Kraft oder Nestlé hinzu, verbessert sich die Gesamteinschätzung des Riegels. Die Gesamteinschätzung einer starken Produktmarke wie Twix verbessert sich hingegen nur bei einer starken Unternehmensmarke wie Nestlé. Bei der schwachen Unternehmensmarke Kraft kommt es stattdessen zu einer Abwertung der Marke.

Mehr Marken sind somit nicht immer besser. Dies hätten zumindest informationsökonomische Theorien suggeriert, wonach mehr Qualitätssignale immer besser wirken als wenige. Vielmehr hängt die Wirkung von der Stärke und der Passung der Marken ab. Wenn Henkel von vielen Konsumenten neben Aspekten wie Qualität und Vertrauen in erster Linie mit Waschmitteln in Verbindung gebracht würde, wäre die empfundene Passung zu Schwarzkopf niedrig. Demnach würde sich eine Unterstützung der Schwarzkopf-Marken mit Henkel auf der Vorderseite der Verpackung negativ auf die Akzeptanz auswirken.

Die Ausführungen zeigen, dass viele Unternehmen in einem Dilemma stecken. Sie verfügen zwar über starke Produkt- und Familienmarken, die Unternehmensmarke ist jedoch häufig schwach und wenig in den Köpfen der Kunden verankert. Da die Markenführungskosten aber immer aufwendiger und teurer werden, liegt es im Interesse der Unternehmen, ihre Unternehmensmarke zu stärken, damit sie positiv auf vorhandene oder neu einzuführende Marken ausstrahlen kann. Zudem verlangen auch Kunden immer mehr nach Transparenz. Sie wollen wissen, welches Unternehmen hinter den Produkten steht.

Wege zur Stärkung einer schwachen Unternehmensmarke

Grob gesprochen können Manager zur Stärkung der Unternehmensmarke entweder die vorhandenen Marken nutzen oder sie durch andere Maßnahmen aufladen.

Der natürlichste Weg ist die Nutzung vorhandener Marken, indem entweder eine Produktmarke allein mit der Unternehmensmarke präsentiert wird oder mehrere Marken gleichzeitig mit der Unternehmensmarke kommuniziert werden. Unilever setzt darauf, in der Kommunikation eine Produktmarke mit der Unternehmensmarke zu unterstützen und entsprechend über die Vielzahl der Kontakte mit Kommunikation für Produktmarken die Unternehmensmarke aufzuladen. Nestlé zeigt hingegen die Unternehmensmarke mit mehreren Produkt- und Familienmarken, um dadurch die Dachmarke zu laden. In manchen dieser Spots wurde auf den Gründer Henri Nestlé verwiesen und in diese Geschichte verschiedene Produkt- und Familienmarken eingebunden.

Meine ehemaligen Mitarbeiter Susanne Goertz und Christian Brunner haben sich mit der Wirkung der oben gezeigten Optionen auseinandergesetzt. Basis waren Überlegungen zur Impression-Management-Theorie, also wie man andere Menschen beeindrucken kann. Hierzu gibt es eine ganze Reihe wirksamer Beeinflussungstechniken. Zeigt ein Unternehmen viele starke Produktmarken mit einer wenig bekannten Unternehmensmarke, würde mein Kollege Robert Cialdini von der Beeinflussungstechnik »basking in reflected glory« sprechen.[304] Diese Strategie nutzen viele Stellensuchende in ihren Bewerbungen: Sie zeigen möglichst viele und eindrucksvolle Stationen ihres beruflichen Lebens, um über die Unternehmen, für die sie tätig waren, zu beeindrucken.

Genauso wäre dies bei einer wenig bekannten Unternehmensmarke: Auch sie kann Kunden mit Marken beeindrucken, die zu ihr gehören. Wir konnten klar belegen, dass Portfoliowerbung, bei der mehrere Marken gemeinsam mit einer Unternehmensmarke gezeigt werden, im Vergleich zur Darbietung einer Produktmarke mit der Unternehmensmarke zu einer deutlich besseren Einschätzung der Unternehmensmarke führt.

Allerdings ist die Zahl der gezeigten Marken kritisch: Bei hoher Verarbeitungstiefe wirkte eine mittlere Zahl gezeigter Produktmarken besser als wenige oder viele. Bei geringer Verarbeitungstiefe war hingegen mehr besser: Die Testpersonen setzten sich dann nicht so intensiv mit der Kommunikation auseinander, deshalb beeindruckten mehr Marken auch stärker.[305]

Bei den gezeigten Marken muss es sich allerdings um starke Marken handeln. Bei schwachen Marken konnten wir keine positiven Effekte messen. Zudem war die Wirkung besser, wenn die Passung der Produktmarken untereinander als hoch empfunden wurde. Bei Nestlé würde die Passung mit Herta, San Pellegrino und Maggi eher als gering empfunden werden, die mit KitKat, Lion, Nuts und Choco Crossies hingegen hoch (Schokoladenriegel/-snacks). Bei einer niedrig empfundenen Passung einzelner Marken innerhalb eines Portfolios kann die gemeinsame Darbietung auch negative Folgen für die Bewertung der Produktmarken haben.[306]

Auch hier können entsprechende Maßnahmen Abhilfe schaffen. Üblicherweise bilden Menschen Kategorien aufgrund von Ähnlichkeiten zwischen Produkten und Marken (zum Beispiel Süßigkeiten, alles zum Essen und so weiter). Sind solche Übereinstimmungen nicht auf den ersten Blick erkennbar, können Ad-hoc-Kategorien gebildet werden. Würde man den Tagesablauf einer Familie zeigen, in dem morgens die Marken Nesquik, Nescafé und Herta, mittags die Marken Maggi und Thomy und abends die Marken KitKat und Mövenpick Eis auftauchen, könnte eine Ad-hoc-Kategorie »alles für den Tag« entstehen.

Dies können Manager dadurch fördern, dass sie einen Rahmen für ein Produktportfolio bilden. Genau das hat Susanne Goertz mit Marken gemacht, die als nicht zueinander passend wahrgenommen wurden. In identisch gestalteten Werbeanzeigen wurden einmal die Marken ohne Rahmen präsentiert (Die starken Marken von Nestlé), einmal hingegen mit Rahmen (Kein Picknick ohne die starken Marken von Nestlé). Hierdurch wurden die Passung und die Wirkung auf die Unternehmensmarke positiv verstärkt.[307]

Die Logik hinter diesen Überlegungen ist immer die gleiche: Wie kann ich vorhandene Marken wirksam nutzen, um die Unternehmensmarke zu stärken? Bei dem B2B-Unternehmen Schaeffler ist es sinnvoll, die starken Marken INA, FAG und LuK zu zeigen, da dadurch die geballte Kompetenz der Schaeffler Gruppe zum Ausdruck kommt. Da die Marken zudem hinsichtlich wichtiger Anforderungen zueinander passen und sich synergetisch zueinander verhalten, ist hier mit einer schnelleren Aufladung von Schaeffler zu rechnen.

Dies ist somit die naheliegende, allerdings nicht die einzige Möglichkeit, eine Unternehmensmarke aufzuladen. Meine Mitarbeiterin Vanessa Rühl hat belegt, dass die Vermittlung von Kompetenznachweisen durch Qualitätszeichen oder vertrauensbildende Maßnahmen durch Corporate Social Responsibility ähnliche Wirkungen erzielen wie die Darbietung eines Markenportfolios.[308] Allerdings wird dadurch weder der Bezug zwischen der Unternehmensmarke und den Produktmarken hergestellt noch werden dadurch Produktmarken gestärkt. Somit sind diese Maßnahmen aus meiner Sicht zunächst nur zweite Wahl und nur dann sinnvoll, wenn die Unternehmensmarke selbst mit spezifischen Inhalten aufgeladen werden soll.

Wenn Sie sich in Ihrer Rolle als Markenmanager ein Stück weit als Förster und Architekt verstehen, sollte kein Platz für Wildwuchs entstehen. Dennoch beobachte ich, dass viele Marken im Zeitablauf verwässern und dadurch möglicherweise auch ihre Marktrelevanz verlieren und sterben. Diesem Aspekt ist das letzte Kapitel gewidmet.

Kapitel 23

Große Persönlichkeiten sterben – starke Marken nicht

Die Persönlichkeiten aus dem ersten Teil dieses Buches leben heute nicht mehr, Mutter Teresa ebenso wenig wie Mahatma Gandhi oder Nelson Mandela. Menschen sind sterblich. Ihr Gedankengut und ihre Werke überleben. Große Persönlichkeiten tragen sich in die Geschichtsbücher ein. Ihr Wirken wird durch Geschichten und das, was sie geschaffen haben, weiterverbreitet. Niemand von uns kennt Mozart persönlich, aber seine Kompositionen faszinieren uns. Immanuel Kant hat sich mit seinen Gedanken ebenso ein Monument für die Nachwelt errichtet wie Michelangelo oder die Brüder Grimm.

Große Persönlichkeiten sind auch nach ihrem Tod Vorbild für Folgegenerationen. Dies trifft auf die oben genannten Persönlichkeiten zu. Manchmal erwachsen auch Dynastien aus großen Persönlichkeiten. Werte und Haltungen können dann von Generation zu Generation vermittelt und gelebt werden. Der Kennedy-Clan ist ebenso wie der Bush-Clan ein Beispiel dafür. Es ist schon erstaunlich, dass sowohl der Vater George Bush als auch sein Sohn George W. Bush Präsident der USA wurden.

Hier zeigt sich ein System, das auch auf Marken zutrifft: das der Vererbung. Neu heranwachsende Generationen tragen die Familiengene weiter. Es gibt Familiendynastien, die über Jahre erfolgreich unterwegs sind. Sie tragen auch den Namen weiter. Insofern hinkt selbst hier der Vergleich nicht.

Zahlreiche Marken blicken auf eine lange Historie zurück. Knorr gibt es seit 1838, Dr. Oetker seit 1891, Maggi seit 1897, Aspirin und Miele seit 1899, Mercedes seit 1900 und Persil seit 1907.

Über die Jahre konnten Konsumenten über die Zahl der Kontakte, die Nutzung und die Zufriedenheit mit den Angeboten eine Beziehung zu diesen Marken aufbauen. Die Marken leisten oft einen wesentlichen Beitrag im Leben der Menschen, weil sie es bereichern und strukturieren.

Aufgrund der intensiven Markenbeziehungen und der daraus resultierenden Bindung an die Marken genießen solche Marken ein besonderes Vertrauen. Viele davon finden sich bei den von den Lesern des Reader's Digest jährlich gewählten »Most trusted brands« wieder (zum Beispiel Aspirin, Miele, Nivea, Odol, Persil).[309]

Alle diese Marken profitieren von einem Markenguthaben, das sie im Laufe der Zeit bei den Anspruchsgruppen aufgebaut haben. Sie entwickeln sich allerdings laufend weiter und passen sich veränderten Marktbedingungen und dem jeweiligen Zeitgeist an, sei es durch die sukzessive Weiterentwicklung ihrer Markenidentität, die Aufnahme neuer Produkte oder den Eintritt in neue Märkte. Allerdings sind auch viele Marken von der Bildfläche verschwunden, weil sie notwendige Anpassungsschritte entweder nicht vollzogen haben oder durch nicht markenkonforme Veränderungen verwässert wurden.

Um Marken am Leben zu erhalten, sind drei Dinge wesentlich:

- die genaue Kenntnis der Marke und ihrer konstituierenden Merkmale,
- die Disziplin, die Marke auch konsequent zu leben und umzusetzen, sowie
- die ständige Bereitschaft zur Anpassung, um das Markensystem am Leben zu erhalten.

Genaue Kenntnis der Markenidentität

Um Marken auf Kurs zu halten, ist eine genaue Kenntnis der Identität und der konstituierenden Merkmale der Marke erforderlich. Dieses Wissen muss das gesamte Unternehmen durchdringen. Dahinter steht immer eine Frage: Passt eine bestimmte Maßnahme zur Marke oder nicht? Zahlt sie auf das Markenkonto ein oder nicht?

Als Mercedes-Benz die erste A-Klasse auf den Markt brachte, war die Idee, ein Einstiegsmodell für junge Leute anzubieten, um sie an die Marke heranzuführen. Mit der A-Klasse wagte sich Mercedes in eine neue Modellkategorie, die seit jeher durch den VW Golf dominiert war.

Diese Strategie ging jedoch bei dem ersten Modell in mehrfacher Hinsicht nicht auf: Statt jungen wurden vor allem ältere Menschen von der A-Klasse angezogen. Das Auto wurde für viele Käufer der letzte statt der erste Mercedes-Benz. Zudem entsprachen weder das Design des Fahrzeugs noch dessen Verarbeitung im Innenraum den Anforderungen an einen Mercedes und dem Bild von Mercedes. Während Sie beim Gang durch ein Museum auch als Nicht-Autokenner unschwer den großen Unterschied zwischen VW und Mercedes greifen können, würde bei einer Blindbeurteilung der VW

Golf gegenüber der A-Klasse vermutlich als das höherwertige Modell identifiziert werden.

Dies war sicherlich ein Grund dafür, weshalb sich das Image der Marke Mercedes-Benz über die Jahre verschlechterte. Die A-Klasse hob vom Markenkonto ab, statt darauf einzuzahlen.

Natürlich können Sie für ein solches Modell minutiös den Preis berechnen, zu dem Sie es auf den Markt bringen. Allerdings wäre es aus meiner Sicht sinnvoller gewesen, sich die Frage zu stellen, wie ein Automodell von Mercedes-Benz in der Golf-Klasse aussehen sollte, damit es auch wirklich als Mercedes-Benz wahrgenommen wird.

In der Zwischenzeit hat Mercedes-Benz mit der zweiten Modellreihe der A-Klasse alles richtig gemacht und die Weichen für markenkonformes Wachstum gestellt. Dadurch und durch die neuen Modellreihen mit ihrem zeitgemäßen Mercedes-typischen Design ist das Unternehmen wieder zurück auf der Erfolgsspur – und dies mit steigenden Imagewerten.

Macht der Disziplin: vom Marshmallow-Experiment lernen

Wenn es einen Persönlichkeitsfaktor gibt, der erfolgreiche von weniger erfolgreichen Menschen unterscheidet, dann ist dies die Disziplin, das heißt die Willenskraft dieser Menschen.

Der Psychologe Walter Mischel von der Columbia University in New York bewies das in den 60er-Jahren eindrücklich in einem faszinierenden Experiment.[310] Er setzte Kinder vor einen Marshmallow und erklärte ihnen: Wenn sie den Marshmallow 20 Minuten unberührt ließen, würden sie eine zweite Süßigkeit als Belohnung bekommen. Aßen sie den Snack vor Ablauf der Zeit oder riefen sie das Aufsichtspersonal, bliebe es bei einem Marshmallow. Die Testergebnisse sind spannend und aufschlussreich: Einige Kinder aßen den Marshmallow sofort auf oder scheiterten nach wenigen Minuten. Andere Kinder hielten ohne Probleme die vorgeschriebene Zeit durch, wieder andere setzten ausgeklügelte Methoden ein, um sich abzulenken und das hochgesteckte Ziel zu erreichen. Das Experiment ist heute ein Klassiker.

Über das Experiment und seine Folgen hat Walter Mischel das Buch *The Marshmallow Test. Mastering Self-Control* geschrieben.[311] Darin erklärt er, wie die Resultate mit den späteren Lebensleistungen der Versuchspersonen zusammenhängen. Diese Beziehung zwischen der Willenskraft und dem Erfolg im Leben macht das Werk so spannend. Die Kinder, die in dem

Experiment durchhielten, haben Jahrzehnte später erfolgreichere Wege im Berufs- und im Familienleben eingeschlagen als jene mit weniger Willensstärke. Mischels Hypothese lautet deshalb: Wer eine starke Willenskraft hat und sich auf langfristige Ziele konzentriert, wird ein erfolgreiches und zufriedenes Leben führen.

Natürlich sind nicht nur die Menschen erfolgreich, die mit Willensstärke geboren werden, während andere ihrem genetischen Hang zur Faulheit erliegen. Mischel geht vielmehr davon aus, dass die genetische Apparatur zwar eine Tendenz zu hoher oder niedriger Willensstärke vorgibt, allerdings jeder Einzelne die Fähigkeit zur eigenen Selbstkontrolle verbessern kann. Auch Menschen, die nicht mit der richtigen Genetik ausgestattet sind und nicht das Glück hatten, eine gute Schule zu besuchen oder motivierende Eltern zu haben, können ihr Gehirn trainieren und auf Erfolgskurs bringen.

Sein Kollege Roy Baumeister geht sogar so weit, zu sagen, dass bis heute die Willenskraft oder Disziplin der einzige Prädiktor für den späteren Erfolg im Leben ist. Er beweist dies in seinem lesenswerten Buch *Die Macht der Disziplin* an zahlreichen Beispielen aus Langzeitstudien.[312]

Marken können keine Disziplin und Willenskraft aufbringen. Dazu bedarf es der Menschen im Unternehmen, allen voran der Inhaber oder Top-Manager.

Insofern heißt Disziplin mit Blick auf die Markenführung, dass das Top-Management

- konsequent die Einhaltung der Markenwerte prüft und für ihre Durchsetzung im gesamten Unternehmen sorgt;
- mit gutem Beispiele vorangeht und die Markenwerte auch konsequent lebt. Hier gilt das Motto »Walk your Talk«. Top-Manager sind Vorbilder. Sie müssen sich dieser Rolle bewusst sein und sie annehmen. Immer da, wo Manager voll und ganz hinter der Marke stehen, ist die Implementierung einer Marke nach innen wesentlich leichter;
- den Menschen im Unternehmen ermöglicht, die Markenwerte nicht nur zu verinnerlichen, sondern auch eigene Beiträge dazu zu leisten. Betroffene sind zu Beteiligten zu machen. Besonders vielversprechend ist, wenn Mitarbeiter für ihre Verantwortungsbereiche eigene Ziele im Sinne der Marke ableiten können, weil das Commitment zu selbst entwickelten Zielen weitaus größer ist als zu Zielen, die vorgegeben werden. Es geht also um die Integration der Mitarbeiter in die Markenbewegung;

- Fehlverhalten konsequent sanktioniert und markenkonformes Verhalten belohnt. Das ist leichter gesagt als getan, gerade was Fehlverhalten betrifft, weil der Erfolg oft jedes Mittel heiligt. Wie gefährlich allerdings eine solche Haltung sein kann, wenn eine Marke kurzfristig zulasten ihrer Markenwerte gemolken wird, haben die Beispiele im vorangegangenen Kapitel gezeigt.

Bereitschaft zur Anpassung: Wandel als Chance für die Marke begreifen

Nichts ist so konstant wie der Wandel. Während manche Unternehmen allerdings Mauern bauen, um sich vor dem Wandel zu schützen, bauen erfolgreiche Unternehmen Windmühlen, um von dem Wandel zu profitieren. Wie wir gesehen haben, ist die Marke ein lebendes Konstrukt. Die Identität der Marke ist nicht fix, sie entwickelt sich im Laufe der Zeit. Veränderungen der internen und externen Rahmenbedingungen machen somit auch einen Wandel in der Identität erforderlich. Allerdings vollzieht sich dies nicht schlagartig oder mit einer Abkehr von alten Werten, sondern in dosierten Schritten.

Gerade die Digitalisierung beschleunigt die Entwicklungen und die Veränderungsprozesse ungemein. Das kann auch starke Marken ins Wanken bringen, wenn der Anpassungsprozess nicht adäquat verläuft.

Amazon wurde im Jahr 1994 von Jeff Bezos als elektronisches Buchgeschäft gegründet. Mitte 1995 wurde das erste Buch über die Web-Plattform Amazon.com verkauft. 1996 erzielte das Unternehmen einen Umsatz von 15,7 Millionen US-Dollar. Im darauffolgenden Jahr betrug der Umsatz bereits 147,8 Millionen US-Dollar. 1998 folgten die ersten Schritte in Richtung Internationalisierung. Das Produktportfolio wurde kontinuierlich ausgebaut. Heute gibt es kaum etwas, das nicht online über Amazon bestellt werden kann. Im Jahr 2015 betrug der Gesamtumsatz laut Amazon-Geschäftsbericht 107 Milliarden US-Dollar.

Zum Vergleich dienen die entsprechenden Daten des 1963 gegründeten Handelsriesen Metro, eins der weltweit größten Handelsunternehmen mit Sitz in Deutschland. Laut Geschäftsbericht 2015 lag der Jahresumsatz bei 59,2 Milliarden Euro – mit allen Online- und Offline-Aktivitäten. Es erzielte somit nur knapp 55 Prozent des Umsatzes von Amazon, einem reinen Online-Händler.

Noch dramatischer ist der Unterschied an der Börse: Amazon wird laut

Börsenkurs im Februar 2016 mit etwa 272 Milliarden US-Dollar bewertet, die Metro Group mit knapp 8,45 Milliarden Euro. Amazon ist eine echte Gefahr für die Metro-Group. Dies zeigt sich besonders im Elektrobereich, wo Media Markt und Saturn jahrelang die Märkte dominierten. Sie verteidigten lange das Filialgeschäft und entschieden sich erst sehr spät für die Online-Vermarktung. Zudem standen auch interne Querelen mit den Eigentümern diesem Schritt zunächst entgegen. Das kann schnell dazu führen, dass ein Unternehmen erhebliche Bedeutungsverluste in Kauf nehmen muss. Im schlimmsten Fall verschwindet eine Marke dann vom Markt, weil sie nicht mehr wettbewerbsfähig ist.

Wandel als Chance: Rügenwalder Mühle

Wie der Wandel als Chance betrachten werden kann, zeigt die Rügenwalder Mühle, die aus schnöder Wurst eine Marke gemacht hat. Die Geschichte dieser Marke begann 1834 in dem beschaulichen pommerschen Dorf Rügenwalde. Es ist ein Ort, in dem das Metzgerhandwerk eine lange Tradition hat. Der Metzgermeister Carl Müller war bereits damals wegen seiner außergewöhnlich guten Wurstwaren mit besten Zutaten über die Region hinaus bekannt. Schon damals gab der Metzger seiner Wurst, auf die er stolz war, ein eigenes Zeichen, die rote Rügenwalder Mühle mit den Teewurstflügeln. Nach dem Zweiten Weltkrieg zog die Rügenwalder Mühle nach Bad Zwischenahn um. Geblieben ist die Philosophie der Verwendung von Zutaten mit bester Qualität und Frische.[313]

In den 90-er-Jahren ging das Unternehmen dann einen großen Schritt. Das große Sortiment wurde von nahezu 400 Artikeln auf drei Artikelgruppen reduziert: die Rügenwalder Teewurst, die Pommersche Leberwurst und den Schinkenspieker, also besonders wichtige und umsatzstarke Produkte in Deutschland. Allein die Rügenwalder Teewurst machte damals schon 50 Prozent der Gesamttonnage aus. Die Konzentration wurde als Schlüssel zum Erfolg gesehen. Das Ziel von Inhaber Christian Rauffus war, die erste Marke im Commodity-Markt Wurst aufzubauen.

Dieser Schritt wurde konsequent gegangen. In der ersten Erfolgsstufe wurden folgende Maßnahmen ergriffen:

• Es wurde eine klare und unverkennbare Markenidentität entwickelt. Dabei konzentrierte Rügenwalder sich auf die Herkunft, die Handwerkskunst mit dem besten Geschmack und die guten, qualitativ hochwertigen und frischen Zutaten sowie das Gefühl von Natürlichkeit, Geselligkeit, Traditionell-Bodenständiges und Fröhlichkeit.

- Es wurden klare und unverkennbare Markensignale entwickelt, welche die jeweiligen Inhalte transportieren sollten: die Rügenwalder Mühle und Szenen aus der guten alten Zeit mit Menschen, welche die Wurst gemeinsam am Tisch genießen.
- Es wurde rechtzeitig antizipiert, dass die Bedientheken für Wurst zunehmend durch SB-Regale ersetzt werden. Rügenwalder startete sehr früh mit innovativen Verpackungen.

Im Jahr 2006 war die Rügenwalder Mühle die Nummer eins für Teewurst, für Leberwurst und im Brühwurstsegment mit dem Schinkenspieker. Der Umsatz hat sich in zwölf Jahren mehr als verdreifacht, und das trotz des Festhaltens an einem Preispremium von über 100 Prozent. Die Rügenwalder Mühle ist seit 2006 auch umsatzmäßig die Nummer eins im Kühlregal.

In der zweiten Erfolgsstufe wurden wesentliche Markeninhalte beibehalten, die Marke jedoch zeitgemäßer gestaltet. Aspekte, die früher stärker fokussiert wurden, wie die gute alte Zeit und das kräftige Reinhauen in stark belegte Wurstbrote, wurden ersetzt, weil sich ein zunehmend bewussterer Konsum abzeichnete. Dabei wurde mit dem Fernsehmoderator Jörg Pilawa ein glaubwürdiger Presenter eingesetzt, die Rügenwalder Mühle als Signal jedoch beibehalten. Im nächsten Schritt wurden Mitarbeiter in der Kommunikation in Szene gesetzt, um die Menschen hinter der Handwerkskunst glaubwürdig zu zeigen. Die Spots erzielten im ZDF die höchsten Sympathiewerte, die Mitarbeiter wurden auch auf den Verpackungen der Produkte gezeigt und mit Statements zur Herstellung der Wurst abgebildet. Zudem wurde systematisch an Innovationen gearbeitet, die den Menschen durch anders gestaltete Verpackungen einen Nutzen bieten.

Ein Beispiel: Mit dem Mühlen-Würstchen wurde die schnöde Wurst als »To-go«-Produkt für unterwegs und zwischendurch etabliert, ob am Schreibtisch, in der Schule oder zu Hause. Rügenwalder eroberte dadurch Zweitplatzierungen neben der herkömmlichen Würstchenplatzierung im Supermarkt, weil das Produkt den Kundenbedarf traf. Die innovative Verpackung ist mit ihrem Inhalt von 300 Gramm kleiner als die herkömmlichen Verpackungen und für unterwegs geeignet: Die Würstchen stehen darin, sie liegen nicht.

Dadurch passt sie in jeden Cupholder im Auto und kann auch unterwegs oder am Arbeitsplatz genutzt werden. Die Würstchen schwimmen nicht in schmierigem Wasser, aus dem man sie mit den Fingern herausfischen muss, sondern sind im wahrsten Sinne des Wortes eine saubere Angelegenheit.

Dadurch definiert Rügenwalder ein neues, bislang unberührtes Segment, erzielt ein Preispremium und gewinnt schnell Marktanteile hinzu: Die Würstchen treffen ins Herz der Kunden. Und natürlich ist es ein weiterer Kontaktpunkt, der auf die Markenwerte einzahlt, weil die Verpackung unverkennbar die Signale von Rügenwalder aussendet. So kann Innovation eben auch funktionieren.

Die dritte Erfolgsstufe zeigt, wie vorausschauend die Rügenwalder Mühle agiert. Statt sich auf herkömmliche Wurst zu konzentrieren, erkannte die Geschäftsführung den zunehmenden Bedarf an vegetarischen Produkten und entwickelte den Ehrgeiz, auch hier besondere Produkte mit besten Zutaten und höchster Qualität zu entwickeln – und dies ebenfalls mit nachhaltigem Erfolg. In der Zwischenzeit machen diese Produkte bereits 15 Prozent des Umsatzes aus, Tendenz steigend.

Bei all diesem Wandel ist sich die Rügenwalder Mühle in ihren Kernwerten treu geblieben. Es geht immer um das Thema Handwerkskunst, um herausragende Qualität, Frische und Geschmack. Dieses Markenversprechen wird jeden Tag eingelöst. Ferner ist es der Glaube an die Kraft der Marke, die dem Unternehmen auch geholfen hat, den BSE-Skandal nahezu schadlos zu überstehen. Die Rügenwalder Mühle ist das Markensignal der Marke. Aus einer klaren Markenvision wurden systematisch markenadäquate Innovationen entwickelt, die zum einen einfach sind und zum anderen einen sichtbaren Nutzen für den Kunden bringen. Die Rügenwalder Mühle kann Vorbild für konsequente Markenarbeit sein. Denn nichts ist so stetig wie der Wandel.

Markenarbeit beginnt jeden Tag aufs Neue: Stillstand ist Rückschritt.

Anmerkungen

1 In dieser an der University of Nebraska durchgeführten Studie sahen sich auch 68 Prozent der Kollegen unter den Top 25. In der Forschung spricht man hier vom illusorischen Überlegenheitseffekt (Cross, 1977). Mehr solcher wunderbaren Erkenntnisse dazu, dass sich Menschen vorhersehbar irrational verhalten, findet man in der lesenswerten Forschung und den wirklich beglückenden Büchern meines Kollegen Dan Ariely (2010a und b, 2015).
2 Damasio, 2010, 2011.
3 Domizlaff, 2005.
4 Aaker, 2005.
5 Azoulay/Kapferer, 2005.
6 Maasburg, 2001.
7 Gandhi, 2009.
8 Schneider, 1993.
9 Mandela, 2013.
10 Elis, 2011.
11 Messner, 2012.
12 Interbrand, 2015.
13 PriceWaterhouseCoopers et a., 2006.
14 Esch, 2014.
15 Esch, 2014.
16 Interbrand, 2015; Trendence, 2015.
17 Havas, 2015.
18 Esch, 2014.
19 Haller/Twardawa, 2014.
20 Esch, 2014.
21 Esch, 2014.
22 Spitzer, 1996.
23 Esch et al., 2006.
24 Esch/Möll et al., 2012.
25 Kenning/Plassmann et al., 2005.
26 Pringle/Gordon, 2002.
27 Esch, 2014.
28 Esch, 2009.
29 Statista, 2014.
30 SIMS, 2003.
31 EMC, 2014.
32 Kroeber-Riel/Esch, 2015.
33 Kroeber-Riel/Esch, 2015.
34 Graham/Havlena, 2007.
35 Kroeber-Riel/Esch, 2015, S. 65.
36 Miller, 1956.
37 Kroeber-Riel/Esch, 2015.
38 Brünne/Esch/Ruge, 1987.
39 AWA, 2012, 2013, 2014.
40 Esch/Klein, 2014.

41 Als Juden wurden er, seine Frau und seine Eltern am 25. September 1942 ins Ghetto Theresienstadt deportiert. Sein Vater starb dort 1943, seine Mutter wurde in der Gaskammer von Auschwitz ermordet, ebenso sein Bruder Walter, seine Frau starb im KZ Bergen-Belsen. Frankl wurde am 19. Oktober 1944 von Theresienstadt nach Auschwitz gebracht, von dort wenig später in das KZ-Kommando Kaufering und schließlich in das Lager Türkheim, ein Außenlager des KZ Dachau, wo er am 27. April 1945 von der US-Armee befreit wurde.
42 Frankl, 2014.
43 Esch, 2014.
44 Schnabel, 2014, S. 28.
45 Oerter/Montada, 2012.
46 Prinz, 2013.
47 Lewin, 2012.
48 Schnabel, 2014, S. 27.
49 Schnabel, 2014, S. 28.
50 Morhart et al., 2015.
51 Würth, 2014.
52 Osterwalder/Pigneur, 2010.
53 Drucker, 2000, S. 23.
54 Collins/Porras, 1996, S. 68 f.
55 Esch, 2014, S. 91.
56 Mead, 1973, S. 177.
57 Frey/Haußer, 1987.
58 Esch, 2014.
59 Kahneman, 2012.
60 Reynolds/Guttmann, 1988.
61 Aaker, 2005.
62 Azoulay/Kapferer, 2005.
63 Kroeber-Riel/Gröppel-Klein, 2013.
64 Plutchik, 1980.
65 Fournier, 2005.
66 Maier/Esch/Knörle, 2009.
67 Lieberknecht/Esch, 2014.
68 Coombs/Avrunin, 1977.
69 Maier/Esch/Knörle, 2009.
70 Ries/Trout, 2012.
71 ESCH. The Brand Consultants, 2014.
72 Schneider, 1993.
73 Esch, 2014.
74 Kroeber-Riel/Esch, 2015.
75 Sebastian/Simon, 1989.
76 Rothschild, 1987, S. 156.
77 Kanter, 1981.
78 BBDO, 2009.
79 Kroeber-Riel/Esch, 2015.
80 Esch, 2014.
81 Sternthal/Craig, 1982, S. 109.
82 Esch/Elste, 2013.
83 Kroeber-Riel/Esch, 2015.
84 Towers Watson, 2012.
85 Collins/Porras, 1996, S. 75.
86 Collins/Porras, 1996, S. 73.
87 Helm/Meiler, 2003, S. 202.
88 von der Oelsnitz, 2000, S. 158 ff.
89 Collins/Porras, 1991, S. 46 f.
90 Lacey, 1986.
91 Esch, 2014.
92 Esch, 2015.
93 Drucker, 2000.

94 O. V., 2015.
95 Hamann, 2015, S. 21.
96 Hatch/Schultz, 2008, S. 183.
97 Brown/Starkey, 2000, S. 102.
98 Von Clausewitz, 2003.
99 Dobbs/Manyika/Woetzel, 2015.
100 Collins, 2001.
101 Bossidy/Charan, 2002, S. 21.
102 Esch, 2014.
103 Collins, 2001.
104 Bossidy/Charan, 2002.
105 Collins, 2001, S. 13.
106 Stepstone, 2011.
107 Stepstone, 2011.
108 Stepstone, 2011.
109 Apple, 2013.
110 Esch/Schmitt, 2012, S. 15.
111 3M, 2013.
112 Kienbaum, 2015.
113 Esch/Gawlowski/Hanisch, 2012, S. 13.
114 Esch/Knörle/Strödter, 2014.
115 Esch/Knörle/Strödter, 2014.
116 Friedman/Hatch/Walker, 1998; van Dick, 2004.
117 Krüger, 2012.
118 ESCH. The Brand Consultants, 2015; Esch/Seibel, 2016.
119 Momberger, 2006.
120 Gallup, 2015.
121 Stepstone, 2011.
122 Towers Watson, 2012.
123 Esch/Vallaster, 2004.
124 Ehren, 2005.
125 Keller/Aiken, 2009.
126 Buckley/Williams, 2005; Esch/Fischer/Strödter, 2009.
127 Esch/Knörle/Strödter, 2014.
128 Kotter, 1995, S. 89.
129 Kroeber-Riel/Esch, 2015.
130 Esch/Knörle/Strödter, 2014, S. 104 f.
131 Wentzel/Tomczak/Herrmann, 2012, S. 408.
132 Esch/Knörle/Strödter, 2014, S. 109.
133 Esch/Knörle/Strödter, 2014, S. 109 f.
134 Esch/Vallaster, 2005.
135 Hilti, 2012.
136 Esch/Knörle/Strödter, 2014.
137 Henkel, 2007.
138 Deloitte, 2012.
139 Kroeber-Riel/Esch, 2015.
140 Kroeber-Riel/Esch, 2015.
141 Kroeber-Riel/Esch, 2015.
142 Kroeber-Riel/Esch, 2015.
143 Esch, 2014.
144 Kroeber-Riel/Esch, 2015.
145 Munzinger, Musiol, 2008, S. 22.
146 Wind et al., 2013.
147 Kroeber-Riel/Esch, 2015.
148 Esch, 2011, S. 228 ff.
149 Esch, 2011.
150 Esch, 2011, S. 228 ff.
151 Laroche et al., 2013, S. 433 f.
152 Fulgoni/Lispman, 2014, S. 15.

153 Kroeber-Riel/Esch, 2015.
154 Endmark, 2009.
155 Esch, 2011.
156 Esch 2012, S. 151 f.
157 ESCH. The Brand Consultants, 2013.
158 Petty/Cacioppo, 1983.
159 Esch et al., 2014.
160 Esch, 2014.
161 Esch/Klein/Knörle/Schmitt, 2016.
162 Esch/Kochann, 2013b.
163 Esch/Klein/Knörle/Schmitt, 2016.
164 Esch/Brunner/Petri, 2016.
165 Wallace et al., 2014.
166 Rimé, 2009, S. 65 ff.
167 Esch/Seibel, 2014.
168 Godes et al., 2005.
169 McLuhan, 1957.
170 Descartes, 2013.
171 Damasio, 2011.
172 Damasio, 2010.
173 Damasio, 2011.
174 Damasio, 2010.
175 Damasio, 2010.
176 Esch, 2007.
177 Kant, 2011.
178 Esch, 2007; Willis/Todorov, 2006, S. 592 ff.
179 Gladwell, 2005, S. 254.
180 Kenning et al., 2005.
181 Esch, 2007.
182 Esch, 2007.
183 Prinz, 2013.
184 Libet, 2004.
185 Michael, 1994.
186 Esch, 2007.
187 Esch, 2014.
188 Kroeber-Riel/Esch, 2015.
189 Lindstrom, 2011, S. 29.
190 Paivio, 1990; Kroeber-Riel, 1993.
191 Kroeber-Riel/Esch, 2015.
192 Kroeber-Riel, 1993.
193 Henry, 2007, S. 69.
194 Henry, 2007, S. 69.
195 Braem, 2009, S. 192.
196 Esch, 2014, in Anlehnung an eine Studie von Millward Brown (2005) mit 3500 Kon-
    sumenten in 13 Ländern.
197 Engelkamp, 1997.
198 Lindstrom, 2011, S. 95.
199 Esch/Roth, 2005; Esch/Rempel, 2007.
200 Berger, 2013, S. 9.
201 Esch/Klein, 2014.
202 Graham/Havlena, 2007.
203 Kroeber-Riel/Esch, 2015, S. 65.
204 Berger, 2014.
205 Bourdieu, 1998.
206 Berger, 2013, S. 17, 18.
207 Berger, 2013; Esch, 2014.
208 Esch, 2014.
209 Kroeber-Riel/Esch, 2015.
210 Esch, 2014.

211 Keller/Fay, 2012, S. 499.
212 Allport/Postman, 1947.
213 Berger, 2013, S. 192.
214 Huang et al., 2013.
215 Esch, 2014.
216 Esch/Klein, 2014.
217 Lovett/Peres/Shachar, 2013.
218 Liu-Thompkins, 2012.
219 Romaniuk, 2012.
220 Mock, 2014.
221 Mock, 2014.
222 Diese Entwicklung zeigt sich bei allen Automobilmarken gleichermaßen (siehe auch die Beiträge in Esch, 2013).
223 Esch/Langner/Schmitt/Geus, 2006.
224 Krüger/Stumpf, 2013, S. 80.
225 Kroeber-Riel/Gröppel-Klein, 2013.
226 Esch/Knörle/Gawlowski/Hanisch, 2011.
227 Esch/Knörle/Gawlowski/Hanisch, 2011.
228 Drucker, 2000.
229 Esch, 2004, S. 32.
230 ZEW Mannheimer Innovationspanel, 2012; Statistisches Bundesamt, 2014.
231 Esch, 2014, S. 371.
232 ZEW Mannheimer Innovationspanel, 2012.
233 Haller/Twardawa, 2014.
234 Momberger, 2006, S. 106 f.
235 Einen interessanten Überblick, warum bestimmte Innovationen im Markt scheitern, bieten Tina Müller und Hans-Willi Schroiff in ihrem Buch *Warum Produkte floppen* aus ihrer gemeinsamen Erfahrung bei Henkel.
236 Esch, 2014, S. 370 f.
237 Magyar/Magyar, 1987.
238 Magyar/Magyar, 1987.
239 Esch, 2014, S. 374.
240 Esch, 1998.
241 Allen, 2012.
242 Seith, 2006.
243 Esch, 2014.
244 Citrin/Smith/Stimpel, 2006, S. 183.
245 Joachimsthaler, 2008.
246 Haller/Twardawa, 2008.
247 Esch, 2014, S. 379 f.
248 Christensen/Cook/Hall, 2005.
249 Heuer, 2005, S. 48.
250 Esch, 2014, S. 411 f.
251 Esch, 2014, S. 418.
252 Sattler/Völckner, 2007, S. 96.
253 Esch, 2014, S. 454.
254 Esch, 2014, S. 455 f.
255 Völckner/Sattler/Kaufmann, 2007.
256 Baumüller/Erbenich, 2006.
257 Park/Milberg/Lawson, 2005, S. 979.
258 Lines/Hem/Gronhaug, 2001.
259 Binder, 2005. Lizenzierungen bieten mit Lizenzgebühren zwischen 2 und 12 Prozent vom Umsatz des Lizenznehmers eine attraktive Rendite ohne nennenswerten Kapitaleinsatz.
260 Esch, 2014, S. 456.
261 Esch, 2014, S. 469 f.
262 Esch, 2014, S. 421.
263 Esch/Winter, 2009, 2010.
264 Blackett/Russel, 1999, S. 19.

265 Esch, 2014, S. 497.
266 Tversky/Kahnemann, 1974; Esch/Redler, 2005.
267 Esch/Redler, 2005; Esch/Schmitt/Redler/Langner, 2009.
268 Haller/Twardawa, 2014.
269 Kirchgeorg/Klante, 2005, S. 345 f.
270 Gedenk/Neslin, 2000, S. 370 ff.
271 Zendesk, 2013.
272 Kroeber-Riel/Esch, 2015.
273 Esch, 2014, S. 50.
274 Esch, 2002a.
275 Esch/Langner/Schmitt/Geus, 2006.
276 Horváth/Kaufmann, 1998, S. 42.
277 Aaker/Jacobsen, 1994, 2001; Barth et al., 1998.
278 Mizik/Jacobsen, 2008.
279 Klingebiel, 1999; Gleich, 1997.
280 Esch/Beyer, 2011; Esch/Beyer/Gawlowski/Neudecker, 2011.
281 Iyengar/Lepper, 2000.
282 AWA, 2004.
283 Berger/Draganska/Simonson, 2007, S. 462 f.
284 Chernev, 2006.
285 Iyengar/Lepper, 2000, S. 1003 f.; Raghunathan, 2005, S. 120 f.
286 Esch, 2014, S. 33, 2005; Kroeber-Riel/Gröppel-Klein, 2013.
287 Esch, 2005.
288 Hartnagel/Esch/Winter, 2009.
289 Spomer, 2014; Esch/Spomer, 2014.
290 Esch, 2014.
291 Esch, 2014; Spomer, 2014.
292 Andresen/Nickel, 2005, S. 781.
293 Hartnagel/Esch/Winter, 2007.
294 Kapferer, 2012.
295 Esch, 2014, S. 363.
296 Aaker, 2004, S. 23 f.
297 Karmasin, 2007, S. 114 f., 2007.
298 Lomax et al., 1997, S. 28.
299 Vollhardt, 2007.
300 Laforet/Saunders, 1999; Laforet/Saunders, 2005.
301 Esch, 2014; Esch/Bräutigam, 2005.
302 Esch, 2014.
303 Esch/Bräutigam, 2005.
304 Cialdini, 2013.
305 Esch/Brunner, 2010.
306 Esch/Goertz, 2008.
307 Esch/Goertz, 2008.
308 Esch/Rühl, 2015.
309 Reader's Digest, 2014.
310 Mischel, 2014.
311 Mischel, 2014.
312 Baumeister/Tierney, 2012.
313 Rauffus/Röben/Esch, 2009.

Literatur

3M (2013): Die 15-Prozent-Regel von 3M – Mythos und Wirklichkeit, http://die-erfinder.3mdeutschland.de/innovationskultur/die-15-prozent-regel-von-3m-%E2%80%93-mythos-und-wirklichkeit.

Aaker, D. A. (1996): Building Strong Brands, Free Press, New York.

Aaker, D. A. (2004): Brand Portfolio Strategy, Free Press, New York, London, Toronto, Sydney.

Aaker, D. A. (2011): Brand Relevance. Making Competitors Irrelevant, Jossey-Bass, San Francisco.

Aaker, D. A., Jacobsen, R. (1994): The Financial Information Content of Perceived Quality, in: Journal of Marketing Research, Jg. 31, Mai, S. 191–201.

Aaker, D. A., Jacobsen, R. (2001): The Value Relevance of Brand Attitude in High-Technology Markets, in: Journal of Marketing Research, Jg. 38, November, S. 485–493.

Aaker, D. A., Joachimsthaler, E. (2009): Brand Leadership, The Free Press, New York.

Aaker, J. L. (2005): Dimensionen der Markenpersönlichkeit, in: Esch, F.-R. (Hrsg.) (2005): Moderne Markenführung, 4. Aufl., Wiesbaden: Gabler, S. 165–176.

Aiken, C., Keller, S. (2009): The irrational side of change management, in: The McKinsey Quarterly, Jg. 18, Nr. 2, S. 101–109.

Allen, F. E. (2012). Why Great Innovations Fail: It's All in the Ecosystem, http://www.forbes.com/sites/frederickallen/2012/03/05/why-great-innovations-fail-its-their-ecosystem/#58dfb0d56b53, zugegriffen am 03.02.2016.

Allport, G., Postman, J. (1947): The Psychology of Rumor, Holt & Company, New York.

Anderson, J. R. (2007): Kognitive Psychologie. Eine Einführung, 6. Aufl., Heidelberg: Spektrum der Wissenschaft Verlagsgesellschaft.

Andreasen, N. (2002): Brave New Brain: Geist – Gehirn – Genom, Springer Verlag, New York, Berlin.

Andresen, T., Nickel, O. (2005): Führung von Dachmarken, in Esch, F.-R. (Hrsg.) (2005). Moderne Markenführung Wiesbaden: Gabler, S. 765–796.

Apple (2013): Jobs at Apple, http://www.apple.com/jobs/us/index.html.

Ariely, D. (2010): Denken hilft zwar, nützt aber nichts. Warum wir immer wieder unvernünftige Entscheidungen treffen, Knaur Taschenbuch Verlag, München.

Ariely, D. (2010): Fühlen nützt nichts, hilft aber. Warum wir uns immer wieder unvernünftig verhalten, Droemer Verlag, München.

Ariely, D. (2015): Wer denken will, muss fühlen, Droemer Verlag, München.

AWA (2004): Allensbacher Markt- und Werbeträgeranalyse, Allensbach: Institut für Demoskopie.

AWA (2011): Allensbacher Markt- und Werbeträgeranalyse, Allensbach: Institut für Demoskopie.

AWA (2013): Allensbacher Markt- und Werbeträgeranalyse, Allensbach: Institut für Demoskopie.

AWA (2014): Allensbacher Markt- und Werbeträgeranalyse, Allensbach: Institut für Demoskopie.

Azoulay, A., Kapferer, J.-N. (2005): Do Brand Personality Measures really Measure Brand Personality?, Journal of Brand Management, Jg. 11, Nr. 2, S. 143–155.

Barrow, S., Mosley, R. (2005): The Employer Brand: Bringing the Best of Brand Management to People at Work, John Wiley & Sons, New York.

Barth, M., Clement, M., Foster, G., Kasznik, R. (1998): Brand Values and Capital Market Valuation, in: Review of Accounting Studies, Jg. 3, Nr. 1–2, S. 41–68.

Baumeister, R., Tierney, J. (2012): Die Macht der Disziplin. Wie wir unseren Willen trainieren können, Campus Verlag, Frankfurt.

Baumüller, N., Erbenich, C. D. (2006): Die fünf Erfolgsfaktoren des Markentransfers, in: McKinsey Akzente, Heft 1/2006, S. 32–37.

BBDO (2009): Brand Parity Studie 2009, Düsseldorf.

Berger, J. (2013): Contagious – Why Things catch on, Simon & Schuster, New York u. a.

Berger, J. (2014): Word of Mouth and Interpersonal Communication: A Review and Directions for Future Research, in: Journal of Consumer Psychology, Jg. 24, Nr. 4, S. 586–607.

Berger, J., Draganska, M., Simonson, I. (2007): The Influence of Product Variety on Brand Perception and Choice, in: Marketing Science, Jg. 26, Nr. 4, S. 460–472.

Binder, C. U. (2005): Lizenzierung von Marken, in: Esch, F.-R. (Hrsg.) (2005), Moderne Markenführung, 4. Aufl., Gabler Verlag, Wiesbaden, S. 523–548.

Blackett, T. Russell, N. (1999): What is Co-Branding?, in: Blackett, T., Boad, B. (Hrsg.) (1999): Co-Branding – The Science of Alliance, Houndsmill u. a.: Macmillan, S. 1–21.

Blackett, T., Boad, B. (Hrsg.) (1999): Co-Branding – The Science of Alliance, Macmillan, Houndsmill u. a.

Bossidy, L., Charan, R. (2002): Execution. The Discipline of Getting Things Done, Crown Publishing Group, New York.

Bourdieu, P., (1998): Praktische Vernunft. Zur Theorie des Handelns, Edition Suhrkamp, Berlin.

Brakus, J. J., Schmitt, B. H., Zarantonello, L. (2009): Brand Experience: What is it? How is it measured? Does it Affect Loyalty?, in: Journal of Marketing, Jg. 73, Mai, S. 52–68.

Braem, H. (2009): Die Macht der Farben, 9. Aufl., Langen Müller/Herbig, München.

Brünne, M.; Esch, F.-R.; Ruge, H.-D. (1987): Berechnung der Informationsüberlastung in der Bundesrepublik Deutschland, Bericht des Instituts für Konsum- und Verhaltensforschung an der Universität des Saarlandes, Saarbrücken.

Brown, A. D., Starkey, K. (2000): Organizational Identity and Learning: A Psychodynamic Perspective, in: The Academy of Management Review, Jg. 25, Ausg. 1, S. 102–120.

Buckley, E., Williams, M. (2005): Internal Branding, in: Tybout, A. M., Calkins, T. (Hrsg.) (2005): Kellogg on Branding, John Wiley & Sons, New Jersey, S. 320–326.

Carpenter, G., Glazer, R., Nakamato, K. (1994): Meaningful Brands from Meaningless Differentiation: The Dependence on Irrelevant Attributes, in: Journal of Marketing Research, Jg. 31, Nr. 3, S. 339–350.

Chernev, A. (2006): Decision Focus and Consumer Choice among Assortments, in: Journal of Consumer Research, Jg. 33, Juni, S. 50–59.

Chernev, A., Hamilton, R. (2006): Too Much of a Good Thing? Option Attractiveness and Assortment Choice, Working Paper, Kellog School Management, Northwestern University, Evanston, IL 60208.

Christensen, C. M., Cook, S., Hall, T. (2005): Wünsche erfüllen statt Produkte verkaufen, in: Harvard Business Manager, März, S. 71–86.

Cialdini, R. B. (2013): Die Psychologie des Überzeugens: Wie Sie sich selbst und Ihren Mitmenschen auf die Schliche kommen. Gebundene Ausgabe. Verlag Hans Huber, Bern.

Citrin, J. M., Smith, R. A., Stimpel, C. (2006): Das Geheimnis außergewöhnlicher Karrieren. Die fünf Prinzipien für den Weg an die Spitze, Campus Verlag, Frankfurt, New York.

Clancy, K. J., Trout, J. (2002): Brand Confusion, in: Harvard Business Review, März, S. 3.

Collins, J. (2001): Good To Great. Why some Companies make the Leap … and others don't, Harper Business, New York.

Collins, J. C., Porras, J. I. (1991): Organizational Vision and Visionary Organizations, in: California Management Review, Jg. 34, Nr. 1, S. 30–52.

Collins, J. C., Porras, J. I. (1996): Building Your Company's Vision, in: Harvard Business Review, Jg. 74, Nr. 5, S. 65–77.

Coombs, C. H., Avrunin, G. S. (1977): Single-peaked functions and the theory of preference, in: Psychological Review, 84 (2), S. 216–230.

Cross, K. Patricia (1977): Not Can But Will College Teachers Be Improved?, in: New Directions for Higher Education, Jg. 17, S. 1–15.

Damasio, A. R. (2011): Ich fühle, also bin ich, 9. Aufl., List Verlag, München.

Damasio, A. R. (2010): Descartes' Irrtum: Fühlen, Denken und das menschliche Hirn, 6. Aufl., List Verlag, München.

Davis, S. M., Dunn, M. (2002): Building the Brand-Driven Business, Jossey-Bass, San Francisco.

Deloitte: Deloitte Media Release (2012): Deloitte Leadership Academy launches new leadership content with gamification mechanics, Zugriff online unter: http://www.deloittedigital.com/au/news/deloitte-leadership-academy-launches-new-leadership-content, Zugriff am 28.08.2013.

Descartes, R. (2013): Abhandlung über die Methode, richtig zu denken und Wahrheit in den Wissenschaften zu suchen, 2. Aufl., Edition Holzinger, Berlin.

Dobbs, R., Manyika, J., Woetzel, J. (2015): No ordinary Disruption. The Four Global Forces Breaking all the Trends, Public Affairs Books, New York.

Domizlaff, H. (2005): Die Gewinnung des öffentlichen Vertrauens. Ein Lehrbuch der Markentechnik, 7. Aufl., MarketingJournal, Hamburg.

Drucker, P. F. (2000): Die Kunst des Managements, Econ, Düsseldorf.

Ehren, H. (2005): Wenn Moral-Apostel mogeln, Financial Times Deutschland, Zugriff am 18.03.2005.

Elis, A. (2011): Mein Traum ist länger als die Nacht. Wie Bertha Benz ihren Mann zu Weltruhm fuhr, dtv Sachbuch.

EMC (2014): EMC Digital Universe. Online unter: http://www.emc.com/leadership/digital-universe/index.htm#2014.

Endmark (2009): Endmark Claim Studie 2009, Köln.

Engelkamp, J. (1997): Das Erinnern eigener Handlungen. Hogrefe-Verlag, Göttingen.

Esch, F.-R. (1998): Sozialtechnische Forschung und Entwicklung in Unternehmen, in: Kroeber-Riel, W., Behrens, G., Dombrowski, I. (Hrsg.) (1998): Kommunikative Beeinflussung in der Gesellschaft. Gabler, Wiesbaden, S. 363–398.

Esch, F.-R. (2002): Die Marke als Wertschöpfer, in: Frankfurter Allgemeine Zeitung, Kompendium der modernen BWL, Nr. 71 vom 25.03.2002, S. 25.

Esch, F.-R. (2002): Die Macht der Bilder: Markenwerbung zwischen Hirn und Herz, in: Frankfurter Allgemeine Zeitung, Nr. 280, 02.12.2002, S. 24.

Esch, F.-R. (2003): Marken – Auf der Suche nach Identität, in: Frankfurter Allgemeine Zeitung, Nr. 88, 14.04.2003, S. 24.

Esch, F.-R. (2003): Einfachheit als Erfolgsrezept im Marketing, in: Frankfurter Allgemeine Zeitung, Nr. 255, 03.11.2003, S. 24.

Esch, F.-R. (2004): Die Positionierung der Marken, in: Frankfurter Allgemeine Zeitung, Nr. 279, 29.11.2004, S. 22.

Esch, F.-R. (2005): Das Ende marktorientierter Unternehmensführung?, in Frankfurter Allgemeine Zeitung, Nr. 61, 14.03.2005, S. 27.

Esch, F.-R. (2006): Leben die Mitarbeiter ihre Marke?, in: Frankfurter Allgemeine Zeitung, Nr. 7, 09.01.2006, S. 19.

Esch, F.-R. (2007): Die Qualität des Erlebens, in: Frankfurter Allgemeine Zeitung, 21.05.2007, S. 22.

Esch, F.-R. (2008): Kommunikation auf den Punkt gebracht, in: Frankfurter Allgemeine Zeitung, 05.05.2008, S. 22.

Esch, F.-R. (2009): Luxusmarken: Glänzend markiert, in: Marketingprofile, Heft 11–12, S. 10–12.

Esch, F.-R. (2011): Wirkung integrierter Kommunikation, 5. Aufl., Gabler Verlag, Wiesbaden.

Esch, F.-R. (2012): Die Marke muss Geschichten erzählen, in: Frankfurter Allgemeine Zeitung, Nr. 55, 03.03.2012, S. 14.

Esch, F.-R. (2013): Am Kontaktpunkt kommt es zum Schwur, in: Frankfurter Allgemeine Zeitung, 18.02.2013, S. 18.

Esch, F.-R. (Hrsg.) (2013): Strategie und Technik des Automobilmarketing, Springer Gabler Verlag, Wiesbaden.

Esch, F.-R. (2014): Strategie und Technik der Markenführung, 8. Aktualisierte und erweiterte Auflage, Vahlen Verlag, München.

Esch, F.-R. (2014): Die Zukunft der Marke: Herausforderungen an die Markenführung, in: Transfer – Werbeforschung & Praxis, Heft 2, S. 70–77.

Esch, F.-R. (2014): Verzahnung von Marke und Geschäftsmodell, in: Markenartikel, August, Sonderheft 111 Jahre Markenverband, S. 92–95.

Esch, F.-R. (2015): Die Gene des Siegers, in: Absatzwirtschaft, 58. Jg., Heft 5, S.

Esch, F.-R. (2015): Warum zu uns? Die richtigen Mitarbeiter gewinnen!, in: Absatzwirtschaft, 58. Jg., Heft 7/8, S. 26–28.

Esch, F.-R., Armbrecht, W. (Hrsg.) (2009): Best Practice der Markenführung, Gabler, Wiesbaden.

Esch, F.-R., Baum, M., Frisch, J. C. (2013): Aufbau von Markencommitment bei Mitarbeitern, in: Die Unternehmung, Heft 3, 67. Jg., S. 246–270.

Esch, F.-R., Beyer, S. (2011): Auch Marketing sollte Werte schaffen, in: Frankfurter Allgemeine Zeitung, 14.06.2011, S. 14.

Esch, F.-R., Beyer, S. Gawlowski, D., Neudecker, N. (2011): Ein Potemkin'sches Dorf, in: Markenartikel, Heft 11, S. 100–103.

Esch, F.-R., Bräutigam, S. (2003): Markenarchitektur: Stimmt die Statik?, in: Absatzwirtschaft, 46. Jg., Sonderheft Marken, März, S. 40–47.

Esch, F.-R., Bräutigam, S. (2005): Analyse und Gestaltung komplexer Markenarchitekturen, in: Esch, F.-R. (Hrsg.) (2005), Moderne Markenführung, 4. Aufl., Wiesbaden: Gabler, S. 839–861.

Esch, F.-R., Brunner, C. B. (2010): Der Einfluss des Markenportfolios auf die Dachmarke durch Portfolio-Werbung – Eine Untersuchung zur gegenseitigen Stärkung von Dachmarke und Produktmarken, in: Marketing ZFP, 32. Jg. Heft 3, S. 146–163.

Esch, F.-R., Brunner, C. B., Gawlowski, D., Goertz, S. (2010): Der Einfluss von Portfolio-Werbung auf die Einstellung und das Image von Dachmarken: eine empirische Untersuchung, in: transfer – Werbeforschung & Praxis, Heft 2, S. 6–30.

Esch, F.-R., Brunner, C., Petri, J. (2016): Strategische Planung und Umsetzung einer Integrierten Kommunikation – die Nachfragerperspektive, in: Bruhn, M.,

Esch, F.-R., Langner, T. (Hrsg.) (2016): Handbuch Marketingkommunikation, Band 1, Strategien der Kommunikation, Springer Verlag, Wiesbaden.

Esch, F.-R., Elste, R. (2013): Weniger ist mehr, in: Harvard Business Manager, Februar, S. 7–9.

Esch, F.-R., Fischer, A., Strödter, K. (2009): Interne Kommunikation: Erfolgreiche Verankerung der Marke im Denken und Handeln der Mitarbeiter, in: Bruhn, M.,

Esch, F.-R., Gawlowski, D., Hanisch, J. (2012): Neue Potenziale durch den Einsatz von Social Media realisieren, Personal Quarterly, 64. Jg. Heft 3, S. 10–15.

Esch, F.-R.; Goertz, S. (2008): Portfoliowerbung zur Stärkung von Dachmarken – theoretische Grundlagen und empirische Erkenntnisse, in: Marketing ZFP, 30. Jg., Heft 2, S. 77–91.

Esch, F.-R., Klein, J. (2014): Wann passt Social Media zur Marke?, in: Absatzwirtschaft, Heft 5, S. 38–39.

Esch, F.-R., Klein, J., Knörle, C., Schmitt, M. (2016): Strategie und Steuerung des Customer Touchpoint Management, in: Esch, F.-R., Bruhn, M., Langner, T. (Hrsg.) (2016): Handbuch Marketingkommunikation, Band 4, Controlling der Kommunikation, Springer Verlag, Wiesbaden.

Esch, F.-R., Knörle, C., Gawlowski, D., Hanisch, J. (2011): Automotive Brand Excellence – Starke Marken als Erfolgsfaktor im Automobilmarkt, in: Esch, F.-R. (Hrsg.), Studies in Automotive & Mobility Management, AIM, EBS Business School, Oestrich-Winkel.

Esch, F.-R., Knörle, C., Strödter, K. (2014): Internal Branding. Wie Sie mit Mitarbeitern die Marke stark machen, Vahlen Verlag, München.

Esch, F.-R., Kochann, D. (2013): Momente der Wahrheit, in: Markenartikel, Sonderheft zum 75-jährigen Bestehen, Heft 5, 75. Jg., S. 116–118.

Esch, F.-R., Langner, T., Schmitt, B., Geus, P. (2006): Are brands forever? How brand knowledge and relationships affect current and future purchases, in: Journal of Product and Brand Management, Jg. 15, Nr. 2, S. 98–105.

Esch, F.-R., Maier, F., Knörle, C. (2007): SWISS – Phoenix aus der Asche, in: Absatzwirtschaft, Sonderheft Marken, S. 42–49.

Esch, F.-R., Möll, T. (2009): Marken im Gehirn = Emotionen pur. Konsequenzen für die Markenführung, in: Esch, F.-R., Armbrecht, W. (Hrsg.): Best Practice der Markenführung, Gabler Verlag, Wiesbaden, S. 21–35.

Esch, F.-R., Möll, T., Schmitt, B., Elger, C., Neuhaus, C., Weber, B. (2012): Brands on the brain: Do consumers use declarative information or experienced emotions to evaluate brands?, in: Journal of Consumer Psychology, Jg. 22, S. 75–85.

Esch, F.-R., Puhlmann, A., Knörle, C., Klaus, A. (2014): Marken müssen auf die Kunden zugehen, in: Absatzwirtschaft, 57. Jg., Sonderausgabe zum Deutschen Marketing-Tag, Heft 12, S. 48–50.

Esch, F.-R., Redler, J. (2005): Anchoringeffekte bei der Urteilsbildung gegenüber Marken-allianzen: Die Bedeutung von Markenbekanntheit, Markenimage und Produktkatego-riefit, in: Marketing ZFP, 27. Jg., Heft 2, S. 79–97.

Esch, F.-R., Rempel, J.-E. (2007): Integration von Duftstoffen in die Kommunikation zur Stärkung von Effektivität und Effizienz des Markenaufbaus, in: Marketing ZFP, 29. Jg., Heft 3, S. 145–162.

Esch, F.-R., Roth, S. (2005): Der Beitrag akustische Reize zur integrierten Markenkom-munikation: Zur Integrationswirkung akustischer Reize in Abhängigkeit von der Inter-aktion mit visuellen Reizen und dem Involvement, in: Marketing ZFP, 27. Jg., Heft 4, S. 215–235.

Esch, F.-R. , Rühl, V. (2015): Aufbau von Vertrauen in Unternehmensmarken und dessen Transfer im Rahmen von Markenarchitekturen, in: Marketing ZFP, 37. Jg., Heft 3, S. 153 – 167.

Esch, F.-R., Schmitt, B., Redler, J., Langner, T. (2009): The Brand Anchoring Effect: A Judgment Bias Resulting from Brand Awareness and Temporary Accessibility, in: Psy-chology and Marketing, Jg. 26, Nr. 4, S. 383–395.

Esch, F.-R., Schmitt, M. (2012): Employer Branding – Yin und Yang in Einklang bringen, in: Markenartikel, 74. Jg., Heft 12, S. 14–18.

Esch, F.-R., Schmitt, M., Spomer, O. (2012): Ganz schön einfach?, in: Markenartikel, Heft 6, Jg. 74, S. 46–49.

Esch, F.-R., Seibel, F. (2014): Alle Macht der Markenführung!, in: New Business, Nr. 37, S. 22–25.

Esch, F.-R., Spomer, O. (2014): Gestaltung der Informationsmenge zur Erzielung von Men-tal Convenience bei Produktlinien im FMLG-Bereich, in: Marketing ZFP, 36. Jg., Heft 1, S. 37–53.

Esch, F.-R., Tomczak, T., Kernstock, J., Langner, T., Redler, J. (2014): Corporate Brand Management, 3. Aufl., Gabler Verlag, Wiesbaden.

Esch, F.-R., Vallaster, C. (2004): Mitarbeiter zu Markenbotschaftern machen: Erfolg durch konsequente Führung, in Markenartikel, 66. Jg., Heft 2, S. 8–12, 44, 47.

Esch, F.-R., Winter, K. (2009): Limited Editions – Aufregend anders, in: Markenartikel, Heft 9, S. 52–55.

Esch, F.-R., Winter, K. (2010): Wirkung von Limited Editions, in: Marketing ZFP, 31. Jg., Heft 4, 2009, S. 234–254.

ESCH. The Brand Consultants (2013): Customer Touchpoint Management – Studienergeb-nisse, Saarlouis.

ESCH. The Brand Consultants (2014): Employer Branding Studie 2014.

ESCH. The Brand Consultants (2015): White Paper Customer Touchpoint Management, Saarlouis.

ESCH. The Brand Consultants (2015): B2B-Brand Excellence Studie, Saarlouis.

ESCH. The Brand Consultants (2015): Candidate Experience Studie: Marken leiden unter schlechten Bewerbungsverfahren, Saarlouis.

Fournier, S.M. (2005): Markenbeziehungen – Konsumenten und ihre Marken, in: Esch, F.-R. (Hrsg.) (2005c), Moderne Markenführung, 4. Aufl., Gabler, Wiesbaden, S. 209–237.

Frankl, V. E. (2014): ... trotzdem ja zum Leben sagen. Ein Psychologe erlebt das Konzen-trationslager, 6. Aufl., Kösel Verlag, München.

Frey, H.-P., Haußer, K. (Hrsg.) (1987): Identität. Entwicklungen psychologischer und sozio-logischer Forschung. Enke Verlag, Stuttgart.

Friedman, B., Hatch, J., Walker, D. (1998): Delivering on the Promise: How to Attract, Manage, and Retain Human Capital, The Free Press, New York.

Fulgoni, G., Lipsman, A. (2014): Numbers, please: Digital game changers: How social media will help usher in the era of mobile and multi-platform campaign-effectiveness measurement, Journal of Advertising Research, Jg. 54, Nr. 1, S. 11–16.

Gallup (2015): Präsentation zum Gallup Engagement Index 2015, www.gallup.com.

Gandhi, M. K. (2009): Eine Autobiographie oder Die Geschichte meiner Experimente mit der Wahrheit, 9. Aufl., Verlag Hinder + Deelmann, Gladenbach/Hessen.

Gigerenzer, G. (2013): Risiko. Wie man die richtigen Entscheidungen trifft, 2. Aufl., C. Bertelsmann Verlag, München.

Gladwell, M. (2005): Blink: The power of thinking without thinking, Back Bay Books, New York.

Gleich, R. (1997): Performance Measurement, in: Die Betriebswirtschaft, 57. Jg., Heft 1, S. 114–117.

Godes, D., Mayzlin, D., Chen, Y., Das, S., Dellarocas, C., Pfeiffer, B., Libai, B., Sen, S., Shi, M., Verlegh, P. (2005): The firm's management of social interactions. Marketing Letters, Jg. 16, Nr. 3–4, S. 415–428.

Graham, J., Havlena, W. (2007): Finding the ›Missing Link‹: Advertising's Impact on Word of Mouth, Web Searches, and Site Visits, Journal of Advertising Research, Jg. 47, S. 427–435.

Gress, F., Kiefer, H., Esch, F.-R., Roth, S. (2009): Aktives Management der Corporate Brand BASF, in: Esch, F.-R., Armbrecht, W. (2009), Best Practice der Markenführung, Gabler Verlag, Wiesbaden, S. 79–100.

Haller, P., Twardawa, W. (2008): Building Best Brands. Die Keydriver der Champions, Serviceplan, München.

Haller, P., Twardawa, W. (2014): Die Zukunft der Marke. Handlungsempfehlungen für eine neue Markenführung, Springer Gabler Verlag, Wiesbaden.

Hamann, G. (2015): Software statt Spoiler, in: Die Zeit, Nr. 9, 26.02.2015, S. 21.

Hartnagel, A., Esch, F.-R., Winter, K. (2009): Mental Convenience im Produktprogramm der B2B-Marke Tork, in: Esch, F.-R., Armbrecht, W. (Hrsg.), Best Practice der Markenführung, Gabler Verlag, Wiesbaden, S. 243–257.

Hatch, M. J., Schultz, M. (2008): Taking Brand Initiative, Jossey-Bass, San Francisco.

HAVAS (2015): Meaningful Brands 2015, online unter: http://www.havas.com/csr/our-global-platforms/news/meaningful-brands-2015.

Heath, C., Heath, D. (2008): Made to Stick. Why Some Ideas Survive and Others Die, Random House, New York.

Helm, R., Meiler, R. C. (2003): Unternehmensvision, Interne Kommunikation und Effizienz des Wissensmanagments, in: Controlling, Heft 3, S. 201–207.

Henkel (2007): Innovationsoffensive von Henkel mit dem PR Report Award ausgezeichnet (April 2007), Zugriff online unter www.henkel.de.

Henry, A. (2007): Verschwundene Romantik, in: Wirtschaftswoche, Nr. 10., S. 68.

Heuer, S. (2005): Den Kunden erkunden, in: McKinsey Wissen, 4. Jg., Dezember, S. 46–52.

Hilti (2012): Interne Präsentation im Rahmen des Vaillant Marketingbeirats, 2012.

Horváth, P., Kaufmann, L. (1998): Balanced Scorecard – Ein Werkzeug zur Umsetzung von Strategien, in: Harvard Business Manager, 20. Jg., Heft 5, S. 39–48.

Huang, J., Su, S., Zhou, L., Liu, X. (2013): Attitude Toward the Viral Ad: Expanding Traditional Advertising Models to Interactive Advertising, Journal of Interactive Marketing, Jg. 27, S. 36–46.

HYVE (2012): Mit Co-Creation zur erfolgreichen Deo-Innovation: Nivea Invisible for Black & White Case Study, online unter: http://de.slideshare.net/HYVE/mit-cocreation-zur-erfolgreichen-deoinnovation-nivea-invisible-for-black-white-case-study.

Ind, N. (2004): Living the Brand – How to Transform Every Member of Your Organization into a Brand Champion, 2. Auflage, Kogan Page, London/Sterling.

Interbrand (2015): BEST GLOBAL BRANDS 2015, www.interbrand.com.

Isaacson, W. (2011): Steve Jobs. Die autorisierte Biografie des Apple-Gründers, C. Bertelsmann Verlag, München.

Iyengar, S. S., Lepper, M. R. (2000): When Choice Is Demotivating: Can One Desire Too Much of a Good Thing?, in: Journal of Personality and Social Psychology, Jg. 79, Nr. 6, S. 995–1006.

Izard, C. E. (1999): Die Emotionen des Menschen: Eine Einführung in die Grundlagen der Emotionspsychologie, 4. neu ausgest. Aufl., Beltz, Weinheim u. a.

Joachimsthaler, E. (2008): Marketing auf Innovationskurs, mi Fachverlag, München.

Kahnemann, D. (2012): Schnelles Denken, langsames Denken, Siedler Verlag, München.

Kant, I. (2011): Kritik der reinen Vernunft, Anaconda Verlag, Köln.

Kanter, D. L. (1981): It Could Be: Ad Trends Flowing From Europe to U. S., Advertising Age, 9. Februar, S. 49–52.

Kapferer, J. N. (2012): The New Strategic Brand Management. Advanced Insights and Strategic Thinking, Kogan Page, London.

Karmasin, H. (2007): Produkte als Botschaften, Konsumenten, Marken und Produktstrategien, 4. Aufl., Verlag Moderne Industrie, Heidelberg.

Keller, E., Fay, B. (2012): Word of Mouth Advocacy: A New Key to Advertising Effectiveness, in: Journal of Advertising Research, Jg. 52, Nr. 4, Dezember, S. 459–464.

Keller, K. L. (2013): Strategic Brand Management. Building, Measuring and Managing Brand Equity, 4. Auflage, Upper Saddle River/HJ, Prentice Hall.

Keller, S., Aiken, C. (2009): The inconvenient truth about change management, McKinsey, New York.

Keller, S., Price, C. (2011): Beyond Performance – How Great Organization Build Ultimate Competitive Advantage, John Wiley.

Kenning, P., Plassmann, H., Deppe, M., Kugel, H., Schwindt, W. (2003): Die Entdeckung der kortikalen Entlastung. Neuroökonomische Forschungsberichte – Teilgebiet Neuromarketing, Nr. 1, Westfälische Wilhelms-Universität Münster.

Kenning, P., Plassmann, H., Deppe, M., Kugel, H., Schwindt, W. (2005): Wie eine starke Marke wirkt, in: Harvard Business Manager, Heft 3, S. 53–57.

Kienbaum Executive Research Human Resource & Management Consulting (2015): Absolventenstudie 2011/2012, http://www.kienbaum.de/Portaldata/1/Resources/downloads/brochures/Kienbaum_Absolventenstudie_2014_2015_Ergebnisbericht.pdf.

Kirchgeorg, M., Klante, O. (2005): Ursachen und Wirkungen von Markenerosionen, in: Esch, F.-R. (Hrsg.) (2005c), Moderne Markenführung, 4. Aufl., Gabler Verlag, Wiesbaden. S. 329–350.

Klingebiel, N. (1999): Performance Measurement: Grundlagen – Ansätze – Fallstudien, Gabler Verlag, Wiesbaden.

Kotter, J. P. (1995): Leading Change: Why Transformation Efforts Fail, Harvard Business School Press.

Kreutzer, R. T., Land, K.-H. (2013): Digitaler Darwinismus. Der stille Angriff auf Ihr Geschäftsmodell und Ihre Marke, Springer Gabler Verlag, Wiesbaden.

Kroeber-Riel, W. (1993): Bildkommunikation, Vahlen Verlag, München.

Kroeber-Riel, W., Esch, F.-R. (2015): Strategie und Technik der Werbung, 8. aktualisierte und erweiterte Aufl., Kohlhammer Verlag, Stuttgart.

Kroeber-Riel, W, Gröppel-Klein, A. (2013): Konsumentenverhalten, 10. Aufl., Vahlen Verlag, München.

Krüger, D. (2012): Lufthansa: Mit Employer Branding die Richtigen finden, in: Tomczak, T., Esch, F.-R., Kernstock, J., Herrmann, A. (Hrsg.), S. 317–336, Gabler Verlag, Wiesbaden.

Krüger, R., Stumpf, A. (2013): Jede Marke kann wachsen! Wie Sie Wachstumsbarrieren systematisch durchbrechen, 2. Aufl. Springer Gabler Verlag, Wiesbaden.

Lacey, R. (1986): Ford, the Men and the Machine. Little Brown and Company, Boston.

Laforet, S., Saunders, J. (1999): Managing Brand Portfolios: Why Leaders Do What They Do, in: Journal of Advertising Research, Jg. 39, Nr. 1, S. 51–66.

Laforet, S., Saunders, J. (2005): Managing Brand Portfolios: How Strategies Have Changed, in: Journal of Advertising Research, Jg. 45, Nr. 1, S. 314–327.

Laforet, S., Saunders, J. (2007): How Brand Portfolios Have Changed: A Study of Grocery Suppliers Brands from 1994 to 2004, in: Journal of Marketing Management, Jg. 23, Nr. 1–2, S. 39–58.

Langner, T., Esch, F.-R. (2006): Markenästhetik: Management eines geheimen Verführers, in: Absatzwirtschaft, Sonderheft Marken, S. 18–25.

Laroche, M., Kiani, I., Economakis, N., Richard, M. O. (2013): Effects of Multi-Channel Marketing on Consumers Online Search Behavior, in: Journal of Advertising Research, Jg. 53, Nr. 4, S. 431–443.

Lewin, K. (2012): Feldtheorie in den Sozialwissenschaften, Büchler & Co., Wabern bei Bern.

Libet, B. (2004): Haben wir einen freien Willen?, in: Christian Geyer (Hrsg.): Hirnforschung und Willensfreiheit. Zur Deutung der neuesten Experimente. Suhrkamp Verlag, Berlin.

Lieberknecht, J., Esch, F.-R. (2014): So geht Branding heute, in: Absatzwirtschaft, 57. Jg., Heft 4, S. 42–45.

Lieberknecht, J., Esch, F.-R. (2014): Rebranding: Vom Ende her denken, in: Esch, F.-R., Tomczak, T., Kernstock, J., Langner, T., Redler, J. (2014): Corporate Brand Management, 3. Aufl., Gabler Verlag, Wiesbaden, S. 139–148.

Lindstrom, (2011): Brand Sense. Warum wir starke Marken fühlen, riechen, schmecken, hören und sehen können, Campus Verlag, Frankfurt/Main.

Lines, R., Hem, L. E., Gronhaug, K. (2001): Contextual Influences on Consumers' Evaluations of Brand Extensions, in: Gröppel-Klein, A., Esch, F.-R. (Hrsg.) (2001), European Advances in Consumer Research, Jg. 5, Association for Consumer Research, Provo/UT.

Liu-Thompkins, Y. (2012): Seeding Viral content: How the Quality of a Viral Message Drives the Diffusion of Online Videos, in: Journal of Advertising Research, Jg. 52, Nr. 4, Dezember, S. 465–478.

Lomax, W., Hammond, K., East, R., Clemente, M. (1997): The Measurement of Cannibalization, in Journal of Product and Brand Management, Jg. 6, Nr. 1, S. 27–39.

Lovett, M. J., Peres, R., Shachar, R. (2013): On Brands and Word of Mouth, in: Journal of Marketing Research, Jg. 1, August, S. 427–444.

Maasburg, L. (2001): Mutter Teresa. Die wunderbaren Geschichten, Pattloch Verlag.

Maier, F., Esch, F.-R., Knörle, C. (2009): Wie Phoenix aus der Asche – Repositionierung der Marke SWISS, in: Esch, F.-R., Armbrecht, W. (Hrsg.), S. 145–172.

Magyar, K. M., Magyar, P. K. (1987): Marketingpioniere: Internationale Marketinghits wagemutiger Unternehmen, Moderne Industrie, Landsberg/Lech.

Mandela, N. (2013): Der lange Weg zur Freiheit, 16. Aufl., Fischer Verlag, Frankfurt/Main.

McLuhan, M. (1957): Understanding Media: The Extensions of Man, The MIT Press, Cambridge.

Mead, G. H. (1973): Geist, Identität und Gesellschaft, Suhrkamp Taschenbuch Verlag Wissenschaft, Frankfurt/Main.

Messner, R. (2012): Die Freiheit, aufzubrechen, wohin ich will, Malik, National Geographic.

Michael, B. M. (1994): Herstellermarken und Handelsmarken … wer setzt sich durch?, Grey Gruppe Deutschland, Düsseldorf.

Michelli, J. A. (2006): Starbucks Experience, in: Leadership Excellence, Jg. 23, Nr. 11, S. 10.

Miller, G. A. (1956): The magical number seven, plus or minus two: Some limits on our capacity for processing information, in: Psychological Review, Jg. 63, Nr. 1, S. 81–97.

Mischel, W. (2014): The Marshmallow Test. Mastering Self Control, Hachette Book Company, New York.

Mizik, N., Jacobson, R. (2008): The financial value impact of perceptual brand attributes, in: Journal of Marketing Research, Jg. 45, Nr. 1, S. 15–32.

Momberger, W. (2006): 25 Prozent mehr Umsatz, in: Wirtschaftswoche, Nr. 34, 21. August 2006, S. 106–107.

Mock, E. (2014): Was treibt uns an?, in: Good. Das Magazin der Zukunftsfragen, Nestlé, 2014, S. 63.

Morhart, F. M., Malär, L., Guèvremont, A., Girardin, F., Grohmann, B. (2015): Brand Authenticity: An Integrative Framework and Measurement Scale, in: Journal of Consumer Psychology, Jg. 25, Nr. 2, S. 200–218.

Müller, T. Schroiff, H.-W. (2013): Warum Produkte floppen. Die 10 Todsünden des Marketings, Haufe Verlag, Freiburg.

Munzinger, U., Musiol, K. G. (2008): Markenkommunikation – Wie Marken Zielgruppen erreichen und Begehren auslösen, Landsberg.

Oerter, R., Montada, L. (2012): Entwicklungspsychologie, 12. Aufl., Beltz PVU, Weinheim.

Osterwalder, A., Pigneur, Y. (2010): Business Model Generation: A Handbook for Visionaries, Game Changers, and Challengers, John Wiley & Sons, Hoboken, New Jersey.

o. V. (2000): Miele und Cie. – Diese Marke speichert Leistungsgeschichte, in: Absatzwirtschaft, 43. Jg., Sondernummer Oktober, S. 36–46.

Paivio, A. (1990): Mental Representations: A Dual Coding Approach, Oxford University Press, New York u. a.

Park, Milberg, Lawson (2005):

Petty, R. E., Cacioppo, J. T. (1983): Central and Peripheral Routes to Persuasion: Application to Advertising, in: Percy, L., Woodside, A. G. (Hrsg.) (1983), Advertising and Consumer Psychology, Lexington Book, Lexington/MA, S. 3–24.

Plutchik, R. (1980): Emotion: A Psychoevolutionary Synthesis, Harper & Row, New York u. a.

PricewaterhouseCoopers, Sattler, H., GfK, Markenverband, (2006): Praxis von Markenbewertung und Markenmanagement in deutschen Unternehmen: Neue Befragung 2005, in: PricewaterhouseCoopers (Hrsg.), Frankfurt.

Pringle, H., Gordon, W. (2002): Markenetikette: Die markenorientierte Servicekultur leben, Wiley, Weinheim.

Prinz, W. (2013): Selbst im Spiegel. Die soziale Konstruktion von Subjektivität, Suhrkamp Taschenbuch, Berlin.

Raghunathan, R. (2005): Strategic Issues in Concealing versus Revealing Corporate Source of Variant Brands, in: Chernev, A., McAllister, L. (Hrsg.): Special Session Summary: Product Assortment and Variety-Seeking in Consumer Choice, Advances in Consumer Research, Jg. 32, Nr. 1, S. 120–121.

Rauffus, C., Röben, B., Esch, T. (2009): Von der Wurst zur Marke: Aufbau der Dachmarke Rügenwalder, in: Esch, F.-R., Armbrecht, W. (Hrsg.): Best Practice der Markenführung, Gabler Verlag, Wiesbaden, S. 39–60.

Reader's Digest (2014). Reader's Digest European Trusted Brands 2014. www.rd-anzeigen. de.

Reichheld, F. F. (2003): The one number you need to grow, in: Havard Business Review, 12/2003, S. 47–54.

Reynolds, T. J., Gutman, J. (1988): Laddering Theory, Methods, Analysis and Interpretation, in: Journal of Advertising Research, Jg. 28, Nr. 1, S. 11–31.

Ries, A, Trout, J. (2012): Positioning. Wie Marken und Unternehmen in übersättigten Märkten überleben, Vahlen Verlag, München.

Riesenbeck, H., Perrey, J. (2005): Mega-Macht Marke. Erfolg messen, machen, managen, 2. Aufl., Redline Wirtschaft, Wien.

Rimé, B. (2009): Emotion elicits the social sharing of emotion: Theory and empirical review, Emotion Review, Jg. 1 Nr. 1, S. 60–85.

Romaniuk, J. (2012): The Various Words of Mouth. Moving Beyond the »Road-to-Damascus« Conversion, Journal of Advertising Research, März, S. 12–14.

Rothschild, M. L. (1987): Marketing Communications, Lexington, Mass.

Salzmann, R. (2007): Multimodale Erlebnisvermittlung am Point of Sale, Deutscher Universitäts-Verlag, Wiesbaden.

Sattler, H., Völckner, F. (2007), Markenpolitik, 2. Aufl., Kohlhammer, Stuttgart u. a.

Schnabel, U. (2014): Mein wahres Gesicht, in: Die Zeit, Nr. 34, 14.08.2014, S. 27–28.

Schneider, W. (1993): Die Sieger, Stern Verlag, Hamburg.

Sebastian, K.-H., Simon, H. (1989): Wie Unternehmen ihre Produkte genauer positionieren, in: Harvard Business Manager, 11. Jg., Heft 1, S. 89–97.

Seith, A. (2006): Codename »Moonraker«: VW erforscht den American Way of Life, http://www.spiegel.de/wirtschaft/codename-moonraker-vw-erforscht-den-american-way-of-life-a-394873.html, zugegriffen am 03.02.2016.

SIMS, UC Berkeley's School of Information Management and Systems (2003), How Much Information? 2003, Executive Summary, online unter: http://www2.sims.berkeley.edu/research/projects/how-much-info-2003/execsum.htm, erstellt am 30.10.2003.

Spitzer, M. (1996): Geist im Netz, Spektrum Akademischer Verlag, Heidelberg.

Spomer, O. (2014): Mental Convenience bei Produktlinien, Springer Gabler, Wiesbaden.

Statista (2014): Anzahl der privaten Programme im deutschen Fernsehen in den Jahren 2013 und 2014, http://de.statista.com/statistik/daten/studie/158624/umfrage/anzahl-der-programme-im-deutschen-fernsehen/.

Statistisches Bundesamt (2014): 11,9 Milliarden Euro für außeruniversitäre Forschung im Jahr 2013, https://www.destatis.de/DE/ZahlenFakten/GesellschaftStaat/Bildung-ForschungKultur/ForschungEntwicklung/ForschungEntwicklung.html, zugegriffen am 03.02.2016.

Stepstone (2011): Kaum Botschafter in den eigenen Reihen, http://www.stepstone.de/Ueber-StepStone/upload/StepStone_Employer_Branding_Report_2011_final.pdf, zugegriffen am 15.09.2011.

Sternthal, B., Craig, C. S. (1982): Consumer Behavior – An Information Processing Perspective, Englewood Cliffs, N. J.

Taleb, N. N. (2013): Der schwarze Schwan. Die Macht höchst unwahrscheinlicher Ereignisse, 6. Aufl., Deutscher Taschenbuch Verlag, München.

Tomczak, T., Esch, F.-R., Kernstock, J., Herrmann, A. (2012): Behavioral Branding. Wie Mitarbeiterverhalten die Marke stärkt, 3. Aufl., Gabler Verlag, Wiesbaden.

TowersWatson (2012): Global Workforce Study – Engagement at Risk: Driving strong performance in a volatile global environment, https://www.towerswatson.com/de-AT/Insights/IC-Types/Survey-Research-Results/2012/07/Towers-Watson-Global-Workforce-Study-2012-Deutschlandergebnisse.

Trendence (2015): Trendence Graduate Barometer 2015, www.trendence.com.

Tversky, A., Kahnemann, D. (1974): Judgement under Uncertainty: Heuristic and Biases, in: Science, Jg. 185, S. 1124–1131.

Van Dick, R. (2004): Commitment und Identifikation mit Organisationen, Hogrefe Verlag, Göttingen.

Völckner, F., Sattler, H., Kaufmann, G. (2007): Image feedback effects of brand extensions: Evidence from a longitudinal field study, in: Marketing Letters, Jg. 19, S. 109–124.

Vollhardt, K. (2007): Management von Markenportfolios, Gabler Verlag Wissenschaft, Wiesbaden.

von Clausewitz, C. (2003): Vom Kriege, 12. Aufl., Rowohlt Taschenbuch, Reinbek bei Hamburg.

von Thadden, E. (2014): Bin das wirklich ich?, in: Die Zeit, Nr. 34, 14.08.2014, S. 29.

von der Oelsnitz, D. (2000): Markteintritts-Management, Schäffer-Poeschel Verlag, Stuttgart.

Wallace, E., Buil, I., de Chernatony, L., Hogan, M. (2014): Who »likes« you... and why? A typology of Facebook Fans, Journal of Advertising Research, Jg. 54, Nr. 1, S. 92–109.

Wentzel, D., Tomczak, T., Herrmann, A. (2012): Storytelling im Behavioral Branding, in: Tomczak, T., Esch, F.-R., Kernstock, J., Herrmann, A. (Hrsg.), Behavioral Branding. Wie Mitarbeiterverhalten die Marke stärkt, 3. Aufl., Gabler Verlag, Wiesbaden, S. 403–420.

Willis, J., Todorov, A. (2006): First impressions making up your mind after a 100-ms exposure to a face, Psychological Science, Jg. 17, Nr. 7, S. 592–598.

Wind, Y. J., Sharp, B., Nelson-Field, K. (2013): Empirical Generalizations: New Laws for Digital Marketing. How Advertising Research Must Change, Journal of Advertising Research, Jg. 53, Nr. 2, S. 175–180.

Wiseman, R. (2013): Machen, nicht denken! Die radikal einfache Idee, die Ihr Leben verändert, 3. Aufl., S. Fischer Verlag, Frankfurt/Main.

Würth Group (2014): Geschäftsbericht.

Zendesk (2013): Zendesk Study: Gaps in Cross-Channel Customer Service Worldwide (Germany), https://www.zendesk.com/company/press/zendesk-study-gaps-cross-channel-customer-service-worldwide-germany/, zugegriffen am 03.02.2016.

ZEW Mannheimer Innovationspanel (2012): ZEW-Branchenreport Innovation, http://www.zew.de/de/publikationen/zew-gutachten-und-forschungsberichte/forschungsberichte/innovationen/, zugegriffen am 03.02.2016.

Zinnbauer, M., Warnke, S. (2013): Digitalen Erfolg steuern, in: Markenartikel, Heft 3/2013.

Register

Veronika Bellone, Thomas Matla
Praxisbuch
Dienstleistungsmarketing
Inspirationen, Strategien
und Werkzeuge für KMU

2018. 288 Seiten. Gebunden
Inklusive E-Book inside

Auch separat als E-Book erhältlich

Mit Selbstverantwortung zum Unternehmenserfolg

Die Dienstleistungsbranche ist der am schnellsten wachsende Wirtschafts-
zweig. Trotzdem ist das Angebot an hilfreicher und wirklich praxisorientierter
Marketingliteratur speziell für kleine und mittlere Unternehmen (KMU) aus
dem Dienstleistungssektor gering. Dieses Buch schließt eine Lücke und gibt
den Leserinnen und Lesern konkrete Hilfen für eigenständig durchführbare
Brainstormings, Innovationsentwicklung, Strategieumsetzung und gelingen-
des Marketing an die Hand. Veronika Bellone und Thomas Matla liefern einen
kompletten Leitfaden für KMU, zeigen Trends, Innovationen und Erfolgsfaktoren im Dienstleistungsmarketing auf und präsentieren Strategien und pra-
xiserprobte Tipps zur Entwicklung und Optimierung von Geschäftsmodellen.

campus.de

Frankfurt. New York

Marc Gruber, Sharon Tal
Where to Play
In nur 3 Schritten zu den
profitabelsten Marktchancen

2017. Ca. 240 Seiten

Auch als E-Book erhältlich

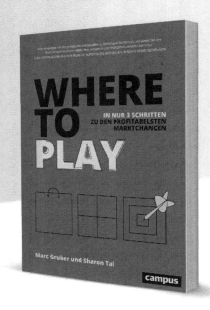

Machen Sie Ihr Spiel!

Es ist völlig egal, ob Sie ein Unternehmen gründen oder eines führen,
das dringend neue Produkte auf den Markt bringen muss. Sie stehen
immer vor einem Dilemma: Worauf sollen Sie sich konzentrieren?
Welches Spiel wollen Sie spielen? Damit Sie dies herausfinden können,
haben Marc Gruber und Sharon Tal den Market Opportunity Navigator
entwickelt. Er besteht aus drei einfachen Tools, mit deren Hilfe Sie
Ihren perfekten Blauen Ozean finden – also einen neuen, lukrativen
Absatzmarkt. Ganz im Geist der Business-Model-Bücher können Sie
Ihre Ideen und Wahlmöglichkeiten mit diesem Buch visualisieren.
Und am Ende treffen Sie viel leichter die wichtigsten Entscheidungen
und schreiben Ihre eigenen Spielregeln.

campus.de

Frankfurt. New York

Wir bringen
Marken weiter.

Menschen sind Sinnsucher.
Marken sind Sinnstifter.

Wir sind Identitätsstifter und Wegbereiter für den Erfolg Ihrer Marke.

Wir schaffen Buy-In und Commitment.
Wir nehmen die relevanten Anspruchsgruppen mit auf die Reise.

Wir bringen die maximalen PS auf die Bahn.
Wir bauen keine Luftschlösser, sondern individuell zugeschnittene Lösungen,
die zu Ihrer Marke passen.

We make things work.
Wir setzen gemeinsam mit Ihnen die Marke in wirksame Maßnahmen um:
Umsetzung ist Strategie! Nur das, was der Kunde erlebt, leistet einen Beitrag
für die Marke.

Wir gehen vorweg, nicht hinterher.
Wir sind der Vorreiter im Thema Marke und verbinden neueste Forschungserkenntnisse mit praktischen Beratungserfahrungen. Dadurch schaffen wir
für Sie impulsgebende Lösungen.

≫ www.esch-brand.com

Passion for Brands. **ESCH.**